外交官の誕生

近代中国の対外態勢の変容と在外公館

箱田恵子《Keiko Hakoda》――【著】

名古屋大学出版会

外交官の誕生

目次

第Ⅱ部　一八八〇年代以降における中国外交の変化

序　論

科挙制度の長い歴史を有する中国において職業外交官はいかにして誕生したのか。本書は坂野正高が投げかけたこの問いに答えようとするものであり、またこの問いに答えることが近代中国外交史研究に対して有する意義を明らかにせんとするものである。

坂野は日本における近代中国外交史研究を確立した研究者である。欧文・漢文史料を駆使しつつ、政治学的な手法を活かしたその研究は、「事件の列挙で編成されてきた外交史研究を事件史ばかりで完結せしめず、政治学流・中国史流の政治史・制度史の研究にむすびつけた」と評されるように、制度史的な観点を大きな特徴とする。(1)また坂野は、外交研究の分野でも重要な業績を残している。一七世紀フランスで活躍した外交官にして外交理論家のカリエールの著書を『外交談判法』と題して翻訳し、日本にカリエールを紹介したのも坂野であり、(2)また東京都立大学での「外交論」の講義ノートをもとに『現代外交の分析』を著すなど、(3)日本における本格的な外交実務・外交理論の研究者であった。(4)その坂野が、清末の外交実務家・馬建忠による専門外交官養成論を取り上げる中で投げかけたのが、冒頭の問いである。

馬建忠とは李鴻章の幕友として、経済・軍事・外交等諸方面にわたってその活動を補佐し、実務に当たった人物である。彼は一八七七年に李鴻章の命により外交・国際法・法律学を学ぶためフランスに派遣され、勉学のかたわら清国駐仏公使館の翻訳官（通訳官）を務めたが，そのフランス滞在中の一八七八年に外交および外交官制度に関する二つの意見書を作成し，専門外交官の具体的な養成方法を論じた。坂野はこの実務家による意見書を「中国において『常駐専門外交官制度』（the permanent professional diplomatic service）の意義と必要性とを，おそらく最も早く，しかもきわめて明確に説き明かした先駆的論策として画期的な意味をもつもの」と高く評価し，詳しく紹介している。[5]と同時に，中国で専門外交官という発想が定着し始めるのは，結局，辛亥革命以後のことであったと推察し，一九〇五年に廃止された科挙制度が中国社会に持った「重味」と，そのような科挙制度の伝統を有する清末・民初の中国において外交官の養成がいかに論じられたのか，また専門外交官という職業自体がどのように考えられたのかを研究する必要とを指摘した。[6]

坂野は，全人格的な修養を尊び，行政の専門技術は要求されなかった科挙官僚と，高度な技術専門職である専門外交官（職業外交官）などの西洋の近代的官僚との対比性に興味を持ったのであるが，この指摘は，それを単に相対するものとして捉えるだけではなく，この伝統的制度に規定された中国官僚社会の特質を前提とし，その特質の上で専門外交官という制度がいかに論じられ，いかなる形で導入されたのかという視点を持つ必要を述べたものでもあろう。

だが，これまでの近代中国外交制度史研究は，そうした坂野の問題提起に答えるものではなかった。

近代中国における外交官制度の展開を論じた従来の研究が，中国における職業外交官の誕生の契機として重視してきたのは，主として次の二つの制度改革である。一つは外務部期の人事制度改革で，特に帰国留学生の登用を目的として設立された儲才館の役割が注目されてきた。[7]もう一つは中華民国期に実施された「外交官・領事官試験」の導入である。[8]いずれも科挙とは対照的な新しい制度の導入をもって外交制度の近代化を説明しているが，その内容は章程・規定の検討が主であり，必ずしも人事の実態を確認した上での論ではない。実際，民国北洋政府の外交部を代表する顧維鈞や陸徴祥、顔恵慶、施肇基ら職業外交官たちは、儲才館を通じて登用されたわけでもなければ、外交官試験を経て任用されたわけでもなかった。この事実は、近代中国における職業外交官の誕生を問う上で、外交官試験制度のような西洋の近代的制度の導入を指標とし、中国官僚社会の実態と切り離してそれだけを検討することの限界を示している。この点、一八九三年に外交官試験制度を導入し、第一次世界大戦時には外務省の頂点にまでこの制度が行き渡っていた日本[9]とは事情が異なる。

しかも一八九三年と世界的に見ても早い時期に公開競争試験制度を導入した日本の外交官試験は、年齢や学歴、そして資産による制限が一切ない点で、欧米よりも公開性が徹底していた[10]。たとえば、イギリスの外務省において国家試験制度による選抜が確立したのは一九〇五年のことであり、一九一九年まで外交官試験への応募には財産制限が課されていた[11]。また、イギリスでは外務官僚と外交官・領事官は任用制度を異にし、相互転官も見られなかったのに対し、日本では三者の任用制度が共通で、相互転官も行われ、外交官としての一体感が醸成されていた[12]。つまり、西洋の近代的外交制度の導入とは言うが、そもそも同時期の西洋の外交官や外交官試験制度の実態は様々で、二〇世紀初めにあっても多分に貴族社会的雰囲気が濃厚であった。公平な試験制度による専門性の高い外交官集団の形成という点で、「近代的職業外交官」の概念により忠実なのは、むしろ日本の外交官制度であった。日本の状況を念頭に置き、イメージとしての「西洋の近代的制度」の導入だけを指標として向き合っても、中国外交の実態は見えてこないだろう。

では、「近代的職業外交官」という概念を想定して中国外交を検討することには意味がないのだろうか。

いや、中華民国北洋政権期の外交にあって、その主役はまぎれもなく職業外交官とみなされる外交官たちであった。中央政府が弱体であったにもかかわらず、北洋政権期ほど職業外交官が注目された時代はない。そして、彼らが「近代的職業外交官」であることに意味があった。川島真は北洋政権期の中国外交の性質として、外交官たちの

「近代」への志向性と、それが「中国」「中華民国」という国家のまとまりの保持において有した意義を強調している。[13] つまり、北洋政権期の外交官たちは、職業外交官としての彼ら自身のあり方を含め、外交の「近代」性を追求することにより、国家の統合に寄与したのである。対外関係のあり方とその国家のあり方が密接に関わることは言うまでもないが、外交官のあり方も国家のあり方に関わり、それが北洋政権期には特に顕著であった。中央政府が弱体であるがゆえにこそ、職業外交官の存在が重要な意味を有したのである。

では、そのような職業外交官たちは、いかにして生まれたのか。残念ながら川島の研究は、北洋政権期の外交官たちが外交官試験によって登用されたのではないということ以外、明確にしていない。[14] 川島に限らず、北洋政権期の外交を扱った研究は、職業外交官の存在を所与のものとしているが、ではその彼らがいかなる過程を経て中国外交の表舞台に登場してきたのか、単に個別の事例に言及するだけではなく、これを外交制度史の研究として明らかにしたものはまだない。

外交官試験制度が未確立の民国初期の中国に、なぜ職業外交官が存在したのか。この問題を制度史の観点から論じるにはどのような方法がありうるのだろうか。

そのために本書が注目したいのは一八七〇年代半ばから主要国に設置された清国在外公館である。なぜならこの在外公館こそが、清末の中国において西洋国際関係の受容に主導的役割を果たし、民国外交部の基礎を築いた職業外交官が誕生する母体となったからである。

清朝の在外公館とそこで活動した公使以下の在外公館員がこれまで研究対象とならなかったわけではない。むしろ早くから研究対象として注目され、研究が蓄積されてきたと言ってよい。だが、外政機関としての組織・機能に関する研究となると、実は在外公館研究は概説的なそれの域を出ていない。それは、在外公館に向けられた問題関心が特定の部分に偏ってきたからである。[15]

まず在外公館の研究は、その設立の経緯を問うところから始まった。西洋諸国にとって常駐使節の派遣は国際社会への正式な参加を意味し、それゆえに他国との対等な外交関係を認めてこなかった清朝が常駐使節の派遣に踏み切るということは、中国による「条約体制」への対応を象徴する事件として注目されたからである。[16] だがこのような問題関心に規定され、在外公館が設立されるまでの経緯の解明に研究が集中する一方で、設立後の清国在外公館について、その機能や役割が改めて問われることはなかった。[17] しかしそれは、在外公館設置の決定をもって中国の西洋国際社会への参加が達成されたとみなす西洋中心的な見方であり、在外公館が近代中国の対外態勢の変容においてどのような役割を果たしていたのかは、別に検討されなければならない。

一方、設立後の在外公館、特にそこに駐在した公使以下の清朝官員に対し関心を向けてきたのは、近代中国の知識人・官僚の海外経験とその「西洋（日本）観」を問う思想史的な研究であった。特に日清戦争以前に海外に駐在した公使や随行員がその主な研究対象となった。在外公館に対し思想史的研究の蓄積が進んだ背景には、多分に史料状況が関係していた。在外公使たちの出使報告である出使日記をはじめ、彼らの在外活動の記録として刊行されてきた史料の内容は、外交の実務に関わることよりも、彼らの西洋（日本）社会に対する見方やそれを受けての中国社会の現状に対する認識・議論など、思想に関わる内容を主としていたからである。

もっとも、在外公館の外交活動に関しても、曾紀澤や薛福成、あるいは何如璋といった在外公使による外交交渉を取り上げた専論はつとに行われており、国際法の積極的な援用や不平等条約改正の必要性の認識、属国との関係の見直しの提言など、近代的国際関係の受容という点において在外公館が中国本国に先駆けていたことが指摘されている。[18] 特に中国大陸では、近年における史料状況の変化と外交に対する関心の高まりを受け、在外公館における外交活動の事例研究が進んでいる。だが、個々の交渉過程の詳細な解明が進み、取り上げられる事例も広がる一方で、そうした外交を担う在外公館の外政機関としての位置づけは依然として不明確なままである。

在外公館の外交活動に注目し評価するということは、その外政機関としての役割を重視するということのはずである。まして近代外交の受容において主導的な役割を果したというのであれば、いよいよ在外公館が当時の中国外交において占めた位置を明らかにする必要がある。そしてそれは、清末の中国外交の総体的な理解のためにも不可欠な作業であろう。

そもそも一国の代表機関である在外公館の位置づけが改めて問われなければならないのは、清末中国における外交のあり方が関係している。中国における外交のあり方、あるいは対外態勢の変遷については、すでに川島真が当時の中国側の概念に即して整理し、清末の三つの段階、つまり「夷務」「洋務」「外務」の時代を経て、民国の「外交」につながっていくと指摘している。(19)

西洋諸国との関係はまず通商関係を主とする「夷務」として始まったが、一八六〇年頃より「洋務」の呼称が用いられるようになった。この「洋務」は対外関係の広がりを受け、通商はもとより、軍事や外交などを含む対外関係の総体を指した。一方、「外務」は西洋の外政を表す概念であったが、日清戦争以降、「洋務」の行き詰まりが認識されると、外交分野に特化して「外務」の語が用いられるようになった。このような「洋務」から「外務」への変容を組織面で表すのが、一九〇一年の総理衙門から外務部へという中央外政機構の改変であるとされる。(20)

だが、これまでの近代中国外交史研究において、この変容過程は必ずしも明確にされてこなかった。この点について岡本隆司は、これまでの外交史研究の基本的な視点・枠組みが「夷務」的な観点と民国の「民族主義」的な「外交」の観点に覆われ二分されてきたことを指摘し、それは中国の基本史料の編纂方針に端的に表れているとする。つまり、「夷務」から「洋務」への転換が進んだ同治朝期の基本史料が『籌辦夷務始末』という書名を冠し、依然として「夷務」の観念のもとにあるのに対し、それを受け継いだ「洋務を籌辦した始末」が『清季外交史料』という書名に書き換えられ、民国の「民族主義」的観点から編纂が行われたというのである。(21) 近代中国外交は、

「夷務」と「民族主義」の観念で覆われ分断されたのである。そしてこのような二分法は、近代中国の外交史を伝統的「朝貢体制」と近代的「条約体制」との対比と、後者による前者の包摂として捉える視点とも相通じるものであった。(22)

こうした近代中国外交史の基本的枠組みは、在外公館と外交官に関するこれまでの研究状況にも反映されている。「夷務」的観念と「民族主義」的「外交」の観念の二分法は一八七〇年代半ばを境とするが、常駐使節の派遣はまさにその分岐点である「海防論議」を契機として、一八七五年に決定された。このため、先に述べたように、「条約体制」による「朝貢体制」の包摂という観点から近代中国外交史を捉える研究は、常駐使節の派遣を清朝の国際社会への参加の最終段階とみなし、その派遣までの経緯に関心を注いだ。一方、民国の外交史は民族主義的課題に取り組む「職業外交官」の存在を前提とするが、そのような「職業外交官」がいかにして誕生したのかは明らかにされない。また、特に中国大陸の研究に顕著であるが、清朝の在外公使の外交活動は往々にしてその「愛国性」を基準として評価されてきた。これもまた清末の在外公館が「民族主義」的「外交」の観念に覆われていることの表れであろう。つまり、在外公館と外交官に対する研究も、「夷務」の観念と「民族主義」的「外交」の観念に分断されてきたのである。このような清末外交史と民国外交史の分断状況を克服するには、民国外交の主役である職業外交官がいかにして誕生したのかを明らかにする必要がある。

そこで本書が注目するのが、清国在外公館と「洋務」との密接な関係である。ここで言う「洋務」とは先ほど述べたように、通商や軍事、そして外交を含む対外関係の総体を指す。「洋務」という近代化を目指す政策は本来、読書人や政府当局によって担われるべき政策であったが、伝統的支配原理に抵触するがゆえに、実際には中央政府ではなく、地方の総督・巡撫の主導のもとに展開され、それが近代中国の最大の特徴である地方分権化をもたらしたことはよく知られている。

清朝の統治は、皇帝独裁の原理のもと中央集権的統治体制が整えられた一方、地方行政は本質的に分権的で、総督・巡撫をはじめとする地方官のもとで現実的で体制外的・慣習的な対応がなされていたが、「洋務」という新しい時代の要請もまた、そのような体制外的・慣習的な方法で対応された。「洋務」は「局」と呼ばれる臨時的機関で、地方官と私的な人間関係によって結ばれた幕友たちによって推進された。この幕友制度も科挙に付随した官僚社会の慣習であった[23]。近代化に伴う行政の変化・増大に対応して変容・膨張したこの地方における体制外的機関・慣習を、いかにして近代国家の行政システムの一環として定置するか、それが近代中国の直面した課題だったのである。そしてそれは「洋務」の一部であった外交についても言えるであろう。

国家の代表機関である在外公館も、実質的には地方の洋務機関である「局」と同じ体制外的機関としての性質を帯びており、特に両者は人材面で基盤を共有していた。馬建忠がそうであったように、在外公館の構成員の多くは地方督撫（総督・巡撫）のもとで「洋務」に従事していた人材であった。この体制外的機関が、二〇世紀初頭にいかにして正規の制度の中に定置されたのか、地方分権化をもたらした「洋務」と出自を同じくしながら、この在外公館からいかにして国家の統合を象徴すべき職業外交官が誕生したのか、この過程の中に中国において形成され始めた近代外交の特徴が反映されているだろう。

本書では以上のような問題関心に基づき、「洋務」の一部として始まった清国在外公館において、外交それ自体の価値が認識されていく過程と、この外交交渉の現場において外交人材が養成され、その中から民国外交部の基礎を築く職業外交官が誕生する過程を明らかにしていきたい。

第Ⅰ部　清朝在外公館の設立

外交論の古典であるニコルソンの名著『外交』によれば、外交官というものは、初期の伝令的または白旗を持った使者から、雄弁家ないし法廷弁士的段階を経て、訓練された観察者の段階へと進んだとされる。[1] このような発展を背景として、一三、四世紀のイタリア都市国家に近代的外交官職が成立し、また臨時的使節から常駐使節の派遣へという変化が起こる。一五世紀にイタリア諸国の間で始まった常駐外交使節の派遣は、しだいに西洋諸国の間に広がり、特に一六四八年のウェストファリア講和会議の後には、西洋諸国の間で常駐の使節の交換が一般的な慣行となった。その背景としては、西洋諸国間における商業的、政治的つながりの広がりとその深化があり、相手国の正確な情報を得るために現地における有能な観察者が必要になったとされる。[2]

ただし、常駐外交使節の相互派遣は、近代西洋の国際社会においては特別な意味を有した。たとえば、近代初期の中国で翻訳され、日本にも大きな影響を与えたホイートン（Henry Wheaton）の『万国公法』の原著である *Elements of International Law* では、第三章「平時における諸国家の国際的権利」第一節「在外公館員の権利」の冒頭において、

各国間における常駐外交使節の設立ほど、近代文明の発展を明瞭に際立たせる事実はない。

と説明している。[3] また、一九世紀末の国際法は「文明国の間の法」と定義されたが、ここで言う「文明国」の基準の一つとして、適切な常駐外交使節と通信の能力を持ち、国際システムの義務を果たすこと、が挙げられていた。[4] 西洋諸国にとって、常駐外交使節の派遣は国際社会の正式な構成メンバーである「文明国」が当然行うべきことで

あり、ある国家が他国へ外交使節団を派遣し、また他国からこれを接受することは、国際法上の権利（使節権）とみなされていた。(5)

しかし、この常駐外交使節とその特権に関する制度が一般条約の締結により法典化されたのは、第二次世界大戦後の一九六一年に開催されたウィーン外交関係会議においてであった。ここに至って、常駐外交使節の派遣に関わる諸規定――外交関係の開設、外交使節団の派遣と接受、階級と席次、特権と免除などにわたって、国際法が集大成されたのである（「外交関係に関するウィーン条約」）。つまり、それ以前においては、外交関係に関する国際法は、古くからの慣行を基礎にして成立したもので、ほとんどすべて不文の法であった。(6)常駐外交使節の制度は一六世紀以来の慣習法として確立していたが、このことは同時に、ことさらこの確立した制度に関する法典化の必要が生じなかったことをも意味していたのである。(7)外交関係に関する法典化の試みとして、一八一五年のウィーン会議における「外交使節の席次に関する規則」と、一八一七年のエクス・ラ・シャペル会議の「弁理公使の席次に関する規則」があるが、これらの取り決めは使節の等級を定めたごく簡単なものに過ぎない。君主の代理である常駐外交使節の階級と席次に関する無用の争いを防ぐために定められたこれらの取り決めは、一九世紀のヨーロッパにおいて外交官の専門性が確認されたことを示すものではある。(8)しかし、非常に長い間、この常駐外交使節制度はまさに西洋諸国間における普遍的な「慣習」として存在してきた。そのような「慣習」であればこそ、全く異なる世界システムを構築していた中国によるこの制度の受容は、近代西洋人の重視するところとなったのである。そして、フェアバンク門下の徐中約が、一八七五年の清朝による常駐外交使節派遣の決定をもって、その西洋国際社会への仲間入り（China's Entrance into the Family of the Nations）の最終段階とみなした理由もまた、ここにあるだろう。(9)

常駐外交使節派遣の決定を、「天朝国家」清朝の近代条約体制に対する適応をはかる指標の一つとみなす徐中約のような見方は、従来の研究の方向を規定してきた。つまり、従来の研究は、常駐外交使節制度への態度の相違を、中国と西洋の、つまり伝統的朝貢体制と近代的条約体制との世界観・国際概念の相違を表す焦点の一つとみなし、在外公館の設立過程を清朝の国際概念の変容過程として捉えることに重点を置いてきた。つまり清朝が常駐外交使節制度を受容すること自体が重要なのであって、その常駐外交使節が当時の清朝中国の中でどのように認識され位置づけられていたのか、設立された在外公館が、近代中国にとってどのような役割を果たすことになったのかが問われることはなかった。このため、当時の中国人の認識に沿いながら、常駐外交使節制度が受容される過程を改めて検討し、この制度が近代中国にとって有した意味を考える必要があるだろう。

同様のことは、領事制度にも当てはまる。領事について、現在の我々の感覚ではこれを外交官と区別するところはないが、外交使節と領事とは、その由来を異にし、その国際法上の位置づけも全く異なったものとして発展してきた。現在では、領事は主に通商、航海、自国民保護に関する問題を取り扱う国家の機関である。その法典化についても、外交使節と同様、一九六三年に「領事関係に関するウィーン条約」が結ばれ、一般的な国際法の規則が定められている。ただし、外交使節と領事にはそれぞれの性格、派遣手続き、享受する特権免除の内容に相違があり、それは代表権の有無に集約される。つまり領事は外交使節と異なり、国家代表の資格を有しない存在であり、そしてそれはこの制度の発生と発展のあり方に由来する。領事はそもそも外国に居住する商人の間で、紛争解決のために自国商人の中から仲裁人を選挙した伝統を基礎として形成された。現在の領事制度が直接の祖とするものは、十字軍遠征後に西洋諸国の通商活動が東方地方《レバント》に拡大した時に始まる。イタリア諸都市は東方諸国の君主と協定を結び、東方地方《レバント》に居留地を設けるとともに、そこに居住する自国民を保護するために官吏を派遣し、彼らに司法上・行政上の広範な権限を認めた。つまり、領事は元来外国において自国民保護のための裁判権を有するものであったが、西洋諸国の間で互いに領事を派遣するようになると、西洋における領事の権限は次第に制限されるようになった。一方、東方諸国における領事は西洋におけるような変化を受けず、領事裁判権が維持されることとなった。また、外交使節の地位や職務、特権が国際慣習法によって定められていたのに対し、領事については原則として二国間の条約（通商航海条約または領事条約）によって定められていた[10]。

つまり、一九世紀に中国が向き合うこととなった領事とは、現在の領事制度とも、また同時期の西洋諸国間の領事とも異なる、その時代特有の性質を持った制度であった。そして、清朝の官僚たちは、この新しい制度を自らの置かれた国内的および国際的環境の中で捉え、受け入れたのである。

清朝による常駐外交使節の派遣や領事館の設置を、中国と西洋の、伝統と近代の対立という枠組みで捉えたなら、清朝がこれらの制度を受容したことは、その対外体制・統治体制の転換とみなされよう。だが、当時の清朝では外交を含む「洋務」は、いわば臨時的・体制外的な組織・人員によって展開されており、一八六〇年代以降の対外関係の拡大は、必ずしも清朝の対外体制・統治体制に根本的な変容を迫ったわけではなく、むしろその統治体制の特質を基礎として、対応がなされていた。そのような清末中国において、常駐外交使節の派遣や領事館の設置は、どのように議論され、いかにして実施されたのか、設立された公使館や領事館はどのように清朝の対外関係の中に位置づけられ、どのような役割を果したのか。これらの点は、改めて問われなければならない。

この第Ⅰ部では、清朝による常駐外交使節および領事の派遣に至るまでの過程とその意味を改めて問い直し、徐中約の見解との差異を示したい。それにより、在外公館の開設を、中国による国際社会への仲間入りの最終段階ではなく、むしろその起点と捉え、それ以降の変化に重点を置く本書の問題意識を明らかにすることとする。これまでの研究史を方向づけてきた徐中約の研究を批判的に継承すると同時に、在外公館をめぐる研究の新しい方向性を提示したい[11]。

第1章　清朝による常駐使節の派遣

はじめに

一八五八年天津条約により外国使節の北京駐在が定められた。その後一八六〇年の北京条約を経て、一八六一年以降西洋諸国の公使館が開設され、清朝側ではこれに対応する機関として北京に総理衙門を設立した。しかし、清朝側による常駐外交使節（以下「常駐使節」とする）の派遣は、すぐには実施されなかった(1)。常駐使節の派遣に代わり行われたのが、一八六八年のバーリンゲーム使節団の派遣である。ロシアへの派遣例を除いて、清朝が西洋諸国へ派遣した最初の正式な外交使節であるこの使節団は、天津条約一〇年目の改定時期にあたり、外国側のさらなる要求を防ぐために派遣された。そしてこのバーリンゲーム使節団こそ、これまでの研究において清朝による常駐使節派遣を促進した要素として重視されてきたものであった。たとえば徐中約は、このバーリンゲーム使節団の成功が、清朝の官僚たちに使節派遣による外国政府との直接交渉の有益性を印象づけたと評価する。だが、徐中約は同時に、清朝が在外公館開設に踏み切るには、日本の台湾出兵と、マーガリー事件におけるウェード（Sir Thomas F. Wade）との交渉の経験というインパクトが必要であり、清朝の「進歩」を妨げたものは、清朝の官僚層に支配的な中華思想であったとする。[2]

こうした評価は、清朝の欧米を中心とする「条約体制」への適応過程の一環としてその常駐使節派遣の決定を捉える視点よりなされるものである。このように中外間の国際概念上の問題として常駐使節派遣を捉えるため、これまでの研究では、ハート（Sir Robert Hart）ら在華外国人が与えた影響とそれに対する清朝側の反応が中心に描かれてきた。[3]

しかし、一九世紀後半の清朝の対外関係は、必ずしも中央で一元的に処理されていたわけではない。伝統的な支配原理に抵触する西洋との関係は、「夷務」から「洋務」と呼び方を変えても、体制の外側に置かれ、むしろ地方督撫（総督・巡撫）のもとで推進されることとなった。中外間の国際概念上の相違を重視する視点からは、このような清朝内部の外交に関わる諸勢力の存在と、これら勢力それぞれの使節派遣との関係についてまで十分な考察は展開されない。特に李鴻章ら地方大官の対応については、それが派遣決定過程において重要な作用を有したことが指摘されながらも、十分には論じられてこなかった。また、李鴻章の自強活動と派遣された常駐使節（基本的に公使に相当）との関連についてもしばしば指摘されるところであるが、[4]なぜそのような関連を有するようになるのか、その背景についても明らかにされていない。

本章では、バーリンゲーム使節団の派遣、海防論議における「遣使」論議、マーガリー事件と謝罪使節の派遣、という「遣使」論議に関わる重要事件を中心として、李鴻章ら地方大官の対応に留意しながら、いま一度清朝側より見た常駐使節派遣の意味を問い直してみたい。

一　バーリンゲーム使節団の派遣

（1）「局外旁観論」と「新議略論」

天津条約と北京条約を経て、中外関係は新たな段階に入った。特に一八六一年のクーデターによって恭親王を中心とする総理衙門の勢力が実権を掌握すると、イギリスはこの勢力を支持し、強化する政策を採用した。駐華英米公使を中心に進められたいわゆる「協力政策」[5]である。これは、清朝に急激な西洋化を強要する代わりに、北京の政府と協力することによって、清朝自らによる漸次的「進歩」に期待するというものである。清朝側でもこの「協力政策」を背景に、西洋的外交への対応が進められた。総税務司ハートや外国公使等の助力を受けつつ、総理衙門による京師同文館（外国語学校）の開設や国際法の翻訳が行われたのである。このような中外関係の進展をさらに促進するものとして、外国公使たちは清朝に対し常駐使節を派遣するよう助言した。

もっとも、中国における排外勢力は依然有力であり、また外国側でも在華商人を中心に「協力政策」に対する反対派も存在した。こうした情勢の中、外国側より清朝の内政・外交の現状を論じ、改革の必要性を説く二通の意見書が総理衙門に提示された。ハートの「局外旁観論」とウェードの「新議略論」である。[6]

ハートの「局外旁観論」は、一八六五年一一月六日に総理衙門に提出された。ハートは在華外国人の中で最も強く清朝による在外公館設立の重要性を説いた人物であり、「局外旁観論」の中でもこの提案を繰り返している。つまり、もし在華外国公使が無理な要求をしてきたとき、外国に駐在する大臣がいなければ清朝がそれに対抗することは難しいので、使節の外国駐在は清朝に有益である、というものであった。[7]

しかし、総理衙門は当初この意見書について上奏を行わなかった。総理衙門は、ハートの論じるところは急には実行できないと判断し、あえて報告しなかったのである。[8] その代わりに行われたのが、斌椿の視察団派遣である。一八六六年二月に受理された上奏で、総理衙門は、賜暇帰国するハートに京師同文館の学生数人を同行させる形で最初のヨーロッパへの視察団派遣を奏請し、学生の監督官として同行する斌椿には、外国の地勢や風俗についての報告を命じた。[9] 総理衙門は、この視察団派遣を求める上奏において、使節派遣についてこれまで検討を重ねてきたが、経費や儀礼の点で困難があり、いままであえて奏請しなかった、とし、京師同文館の学生に各国を遊歴させることは使節派遣とは異なり、弊害も少ないと説明している。[10] この時点での総理衙門の判断は、正式な外交使節の派遣は時期尚早であるというものであった。

しかし、斌椿らが北京を出発しようとしていたころ、事態に変化が生じた。彼らが出発する二日前の一八六六年三月五日、英国公使オルコック（Sir Rutherford Alcock）から、当時英国公使館の漢文秘書官であったウェードの意見書「新議略論」が総理衙門へ送付されてきたのである。

「新議略論」の内容は先の「局外旁観論」と大差ないものであったが、その言葉遣いはさらに激烈で、恫喝、脅迫の感を免れないものであった。このため総理衙門は、その意図するところは将来紛争を起こす口実の足がかりにしようとするものであると見た。[11] 時あたかも英清天津条約改定を二年後に控えた時期でもあり、この意見書の与えた衝撃は小さくなかった。五カ月間も報告しなかったハートの「局外旁観論」も添えてこの意見書を関係地方督撫のもとに回付し、その意見を求めたことからもそれは明らかである。[12]

ハートの意見書を受けた段階では、外交使節の派遣は時期尚早であるとしていた総理衙門だが、ウェードの意見書に接し、二年後に迫った条約改定交渉における困難を恐れ、外国公使の過度な要求を回避するための手段として使節の派遣を検討し始めたのである。[13]

(2) 地方督撫らの意見

一八六七年に入ると総理衙門は天津条約改定交渉に備えて準備作業を進め、予想される外国側の要求を箇条書きにした「条説」[14]を準備し、これを基に関係督撫に意見を求めることにした。総理衙門の上奏を受け、同年一〇月一二日には上諭により、条約港所在地の将軍、督撫、通商大臣ら計一八名に意見の上奏が命じられ、総理衙門の「条説」が送付された[15]。

この「条説」の中で総理衙門は、外国側が要求してくるであろう事項として、公使の召見、電信・鉄道の設置、内地に倉庫を設けることおよび内河の汽船航行、塩の輸出入と炭鉱の開発、キリスト教布教問題、の五つとともに、「遣使」を挙げている。総理衙門は、多くの自国民が来華して通商・布教活動に従事しているため、中国に公使館を必要とする西洋各国に対し、中国の事情は異なるとしつつ、ここ十数年来、外国側は中国の虚実を熟知しているのに対し、こちらは外国の状況に暗く、また外国公使たちの不合理な要求を受けてもその本国政府に向かって問いただすこともできない、と在外使臣を有しない不利益を挙げる。ただ、清朝が外国に使節を派遣するにあたって、費用がかかる、適任者がいない、という二つの問題が存在すること、また斌椿らを西洋各国に遊歴させたがこれは出使とは異なるものであり、このような派遣を繰り返すべきではないとの考えを示し、「遣使」実現についていかにすべきか、地方督撫らに意見を求めた[16]。

これに対し、翌月より相次いで上呈された地方督撫らの答申は[17]、「遣使」について肯定的な意見が多数を占めた。しかし、総理衙門の挙げる利点を繰り返した上で、適当な人物が得られれば清朝に有益であろうとするものがほとんどであり、中には適任者が得られた時に再度検討すればいいとするもの[18]、あるいは人選・経費の問題を考え、結局は斌椿の視察団と同様の派遣を続けるべきとの考えを示すに止まっているもの[19]も見られる。費用と人材の困難についで具体的な解決策を示している左宗棠の意見も、海外事情に詳しい商人たちに各国を遊歴させるというもので[20]、外交使節の派遣とは異なるものであった。

一方、使節派遣の有益性を完全に否定しているのが福建船政局大臣・沈葆楨である。沈葆楨は、外国が頼みとしているのはその兵力と財力であって在京公使ではなく、中国の虚実を窺っているのも商人や宣教師であって在京公使ではないとし、外国公使の横暴を本国政府に訴えるという在外使節派遣の効果に疑問を呈した(21)。署直隷総督・官文の意見も同様である(22)。

総じて、地方督撫らの間では、斌椿らの派遣と同様な視察団の派遣が当面現実的な手段であるとの認識が支配的であり、彼らの間では外交使節の派遣は差し迫ったものとして考えられてはいなかった。

(3) バーリンゲーム使節団の派遣

「遣使」について地方督撫らに諮問していた総理衙門は、しかしその一方で彼らの回答を待たず、前駐華アメリカ公使バーリンゲーム（Anson Burlingame）の西洋各国への派遣を決定していた(23)。

総理衙門はハートの助言に従い、天津条約改定交渉において予想される外国側の要求、中でも電信・鉄道の建設や鉱山の開発など清朝に急激な改革を迫ることになる要求をかわすため、「協力政策」の主唱者であり、ちょうど公使の任を終え帰国することになっていたバーリンゲームを特使として派遣し、清朝の困難な現状を西洋各国の政府に説明させることにしたのである。当初使節団はバーリンゲームの他に外国人秘書官一人を派遣する予定であったが、ハートの勧めで英仏両国人を左右協理とし、また総理衙門章京の志剛・孫家穀も同行させることとした(24)。ハートが中国人官吏の同行を勧めた理由は、中国人自身の視点からなされる報告は中国人自身にとって特別な価値を有し、中国人団員の存在は、清朝の在外公館設立を促進する上で重要であると考えたからである(25)。ハートはこの使節派遣を将来の在外公館設立の準備作業と位置づけ、尽力したと思われる。

しかし、英米政府から「協力政策」への承認をとりつけることに成功したにもかかわらず、バーリンゲームは結果としてハートの期待を裏切ることとなった。

バーリンゲームが承認をとりつけた「協力政策」とは、その前提として清朝自らによる西洋的な意味での「進歩」の可能性がなければならない。このためバーリンゲームは、清朝自らが西洋各国に使節を派遣し、国際法を受容していることなどを「進歩」の証左として強調し、清朝が自ら西洋国際社会に参加した以上、清朝による自主的な内政改革を見守るべきである、と主張した[26]。彼は自らの唱える政策への承認を得るため、実際以上に清朝の「進歩」を強調したのだが、このような主張に対し、清朝のさらなる「開放」を望む側からは、それほどの用意があるならば清朝は改革を進めるべきではないかとの批判が当然起こってくる。このような意見を代弁したのがバーリンゲームの後任として駐華アメリカ公使となったブラウン（J. Ross Browne）である。彼は英清天津条約改定交渉に対する助言として次のような照会（清朝と外国の同等官の間で往復される文書）を総理衙門に送付した。

……中国による出使大臣の派遣とは、自ら望んで万国の条例に従おうとすることである。国際社会に参加した以上は、まさに国際社会の例に照らして行動すべきことを後回しにすることが、どうして許されようか。現在は当然以前のような外国を遮断していた頃とは状況が異なる。貴親王や大臣はこの点を熟慮されなければならない。すでに境界の隔たりがない以上、（中国は）外国の新しい技術を当然留意して学習すべきである。……いまは中国の盛衰の分かれ目である。本大臣（ブラウン）がそこで各事項の是非を明確にしてみるに、内河の汽船航行の許可、鉄道の建設、鉱山の開発、電線の設置および倉庫の設立、以上の各項目については、試行されることを望むものである[27]。

このようにブラウンはバーリンゲームの唱える「協力政策」に反対する立場をとり、このため駐華公使の任を解かれたが、彼の主張は在華外国商人たちには支持された[28]。

また、英国公使オルコックは、「（バーリンゲーム使節の）発言は実情と相反しており、各国の民情を欺いただけでなく、各国の為政者を誤らせ、中国にも誤りをもたらした」とし、バーリンゲームの発言が作り話であったと知った外国はさらに憤懣を増しており、このことが原因で清朝と外国とが和を失する事態になる恐れがある、との照会を総理衙門に送っている[29]。この照会に接した総理衙門は、各国との友好を願い派遣した使節を批判されて困惑し、「将来中国は出使を恐れることとなり、また各国が中国に望み、中国側でも行うべきであると思うような改革でも、このために阻まれてしまうことを深く恐れる」と回答している[30]。

総理衙門がバーリンゲーム使節団を派遣したのは、ハートの助言を受け、外国公使の無理な要求を本国政府に訴えることでこれを未然に防ぐためであった。そしてこのような措置を必要としたのは、総理衙門の政治的立場の脆弱性による。周知のように、条約改定を翌年に控えた一八六七年には、天文算学館設立をめぐって総理衙門は大学士の倭仁より激しい非難を受けていた。また、条約改定交渉の結果についても、一旦は廷臣会議の容認を受けたものの、直後に醇親王によって「駆逐洋人之法」が上奏された。このような排外派の動きを抑えたのは曾国藩であった[31]。総理衙門はその政治的立場の不安定さから、曾国藩ら地方大官の支持と、ハートら外国人の助力を必要としたのである。地方督撫らの間では外交使節派遣が差し迫ったものと考えられていなかったのに対し、条約改定交渉の責を負う総理衙門がバーリンゲーム使節団の派遣を必要としたのは、このような総理衙門の国内的立場をよく示している。つまり、総理衙門にとって、バーリンゲーム使節団の派遣は、目前の政治的困難を避けるために必要とされたものであった。

一方、ハートにとって使節派遣とは、中国と西洋とを固く結び付ける紐帯であった[32]。つまり、中国人自らの目で西洋の富強を確認することは、彼らをして自国の改革へと駆り立て、西洋人との交流を盛んにするものであり、それはさらなる改革を促すと考えられた。ハートにとってバーリンゲーム使節団の派遣はそれ自体の意味もさることながら、それによって将来清朝にもたらされるであろう影響も重要であった。このようにハートと総理衙門の間では、バーリンゲーム使節団派遣の目的に関して、必ずしも認識が一致していたわけではなかった。

この点に関して注目されるのが、李鴻章の意見である。李鴻章は先の総理衙門の「条説」に対する答申(33)の中で、「外国人がしばしば使節派遣を要請するのは、もとより中国の使節派遣をもって本心から友好を願っていることの証左であるとみなすからであるが、またその富強を我々に誇ることで、我々に鉄道・電線の利益を認識させ、外国にならって我々がこれを行い、（鉄道等の設置を）妨げないようにさせることを意図しているのである」と述べている。李鴻章には、常駐使節派遣の要求とは、西洋社会との関わりを深めることが清朝に改革をもたらすであろうとの外国側の願望によるものであるとの認識があった。その上で李鴻章は清朝側にも「遣使」を行う利点があるとし、在華外国公使の横暴に抵抗でき外交交渉にあたって相手国の法律を援用できる、西洋の兵器・技術を探究できる、の二点を挙げている。常駐使節の派遣が、西洋社会とより深く関わりを持つことになる点を理解した上で「遣使」に賛成する李鴻章と、それを防ぐために「遣使」を必要とした総理衙門、ともに「遣使」に積極的であったと言っても、その立場は異なっていた。そして、以後の「遣使」論議で重要な役割を果たすようになるのが李鴻章であった。

二　海防論議と使節派遣

これまでの「遣使」議論では、対象が当時華人のほとんど居住していない西洋諸国であったので、西洋各国が公使や領事を清朝に常駐させているのと同様な意味での「遣使」の必要はないとされてきた。

ところがここに新たな要素が登場してくる。日本である。

日本が通商条約締結を求めて使節を派遣してきた一八七〇年は、清末の政治史・外交史における一つの画期とされる。一八六〇年後半からの排外風潮の高揚は、一八七〇年の天津教案の発生へとつながり、北京の排外派は勢いを増した。この政治的雰囲気の変化は総理衙門の洋務活動に影響を与えた。その一方で、外交上重要な位置を占めるようになるのが李鴻章である。天津教案解決後、三口通商大臣は格上げされ、直隷総督が兼任する欽差大臣職となり、北洋大臣と呼ばれるこの要職に就任したのが李鴻章であった。

さて、日本の条約締結の求めに対し、総理衙門は、日本は西洋諸国とは異なるとして、条約締結は無用であるとした。これに対し、条約締結の必要性を説き、日本使節との条約交渉を担当したのが、李鴻章である。そしてこの際、李鴻章は日本に官吏を駐在させるべきとの提案を行ったのだが、その理由は、日本の有する潜在的な脅威とこれを藩屏とする可能性にあった。李鴻章は主に対日政策上の必要から日本への官吏派遣を提案したのである[34]。

こうして翌年（一八七一）締結された日清修好条規には、秉権大臣（公使）と理事官（領事）の相互派遣を規定した条項が含まれることとなった。

だが、この時点での日本への常駐使節派遣に関わる議論には、これ以上の展開は認められない。一八七三年に日清修好条規の批准書交換のため来華した副島種臣が、日本は柳原前光を弁理公使として清朝に派遣するつもりでいることを伝えたのに対し、李鴻章は「使節の常駐は費用が莫大であり、いまはじめて外交関係が成立したばかりで、まだ事務も少ないので、しばらくは人を派遣することもないと思われる」と答えている[35]。このように清朝側の公使派遣はすぐには行われなかった。

こうした状況を変えたのは、日本による台湾出兵である。

一八七四年四月に起こった日本の台湾出兵に衝撃を受けた清朝では、事件中より西洋式兵器の購入を急ぐべしとの声が総理衙門や沿海地方の督撫の間に起こった。さらに日本との交渉が妥結すると、総理衙門は海防の強化を力説し、そのため「練兵、造船、簡器、籌餉、用人、持久」の六項目について、沿海諸省の督撫に一カ月以内に具体案を覆奏させるよう奏請した。この上奏を受けて同年一一月五日、沿海督撫らに意見を徴する上諭が発せられ、いわゆる「海防論議」が始まった(36)。

李鴻章は事件発生直後より、事件収束後には日本に常駐使節を派遣すべきであると訴えていたが(37)、海防論議において寄せた答申でも、もし日本に官員を駐在させて日本の動静を探らせていたならば、今回のような事件を未然に防ぐことができたであろうし、それがだめでも、日本政府と直接交渉する方が北京で交渉するよりも都合がよいと、日本への使節派遣を行わなかったことを非難した。そしてこれ以上その実施を延期してはならないと、日本への使節派遣の必要性を強調した(38)。

日本の台湾出兵の背後に、日本政府と薩摩士族との対立と、日本政府が薩摩士族の暴走を制御できなかった事情を見た李鴻章は、大事が発生した後に使節を派遣して日本政府と交渉させても効果はなく、むしろ官員を日本に駐在させ、大事を未然に防ぐべきであると考え、日本の動静を探るためには駐日公使の早期派遣が必要と考えたのである(39)。実際、李鴻章は海防論議への答申を寄せる一方、総理衙門大臣の文祥に対して、日本へ派遣する使節は日本と関係の深い江浙出身者がよいとし、総理衙門総辦章京の周家楣（江蘇出身）を派遣してはどうかと打診している(40)。また、李鴻章は西洋の諸大国へも常駐使節を派遣すべきであるとしたが、その理由は西洋諸国に清朝の威信を示し、誼を結ぶことができる、というものであった(41)。日清修好条規の交渉時には、西洋諸国への常駐使節派遣にはなお困難ありとしていた李鴻章だが、日本の台頭とそれへの対応に迫られたことで、西洋諸国とのより積極的な交流も必要だと思うようになったのである。

この点について、より積極的な意見を述べたのが両江総督の李宗羲である。李宗羲は、洋務に明るい人物を選んで随時外国に派遣し、彼らに外国の有用な人物、新開発の兵器を随時探訪させ、外国をその招致・購買の地とするべきであるとする。また東南アジアを中国の海防の要地として重視し、その地の華人を洋務・海防の人材として召募することも提案している(42)。

地方督撫らの覆奏は、総理衙門の原奏とともに、一八七五年三月六日には一旦廷臣会議に付された。一カ月後覆奏されてきた親王らや通政使・于凌辰、大理寺少卿・王家璧らの奏文は、再び総理衙門によって検討されることとなった。使節を日本および西洋各国に駐在させるという李鴻章らの提案に関しては、礼親王らの奏文がいずれも実行に差し支えないとし、総理衙門に状況を斟酌して厳密な処理を行うよう下命せられることを求めていた(43)。

一八七五年五月一四日付で受理された総理衙門の「奏覆海防事宜疏」は、海防論議に一応の結論を出したものだが、総理衙門の諮問した六項目のほかに地方督撫らから挙げられた重要な提案については、この上奏文に添付した片奏の中で箇条書きにして回答していた。礼親王らの答申を受けた総理衙門はここで、「遣使」問題について、本来それとは無関係であるはずの洋学局・算学科設置の問題と関連づけた議論を展開したのである。

総理衙門の回答はまず、李鴻章・沈葆楨らの提案する洋学局・算学科設置の要求は、詔により、外国に出使する人材を求めた漢代の故事や、宋の司馬光が十科の設置を議論した意図にならおうとしたものであって、科挙と並行して実施しても相矛盾しないものであり、王家璧らの称するような、洋学をもって科挙を変えようというものではない、と述べた上で、

かつ使節派遣には予め人材を蓄えておく必要があり、学局を設立して人材を育成し、専門の科目を設けてこれを選抜するのでなければ、外国に出使する人材を得ることはできない。このことはもとより将来順を追って処

置すべきことである。しかし、現在の状況を調べるに、日本、あるいは露・米・英・仏・独等は、あるものは侵略の意図を抱き、あるものは連合すべき誼があり、使節派遣は恐らくこれ以上実施を延期することはできない情勢にある。しかし、洋学局・算学科は慌しく実施できるものではないので、まず現在できる方法を議論しなければならない。

と説明し、出使候補者を推薦するよう李鴻章ら地方督撫に命じられることを奏請した(44)。

洋学局・算学科の設置とは、李鴻章が洋務人材の育成を推進する目的で提案したものである。李鴻章は海防論議の中で、自強のためにはあえて制度改革も行わなければならないとして、科挙には「洋務進取の格」を別に設け、また洋学局を各省に設置し、民間の日用や兵器の製造に密接な関係を有する格致・測算・地理・汽船・機械・兵法・砲法・化学・電気学の各学科を洋学局に設けて学ばせることを奏請していた。また算学科の設置とは、以前に沈葆楨が無用の武挙を廃止して算学科を設置するよう求めていたことから、李鴻章が自説を展開するにあたりその上奏の中で引用したものを指している(45)。

これに対し于凌辰は、東洋の小国の脅威を口実にして、この機に乗じて西洋技術の導入を推し進めようとしていると李鴻章を激しく非難した(46)。王家璧も李鴻章は洋学をもって科挙を変えようとしているとして批判し、「いま経史・章句の学を棄てて、ことごとく洋学に傾斜しようとしているが、試みに訊ねるが、電学や算学、科学、技芸の学は果たしてそれで敵を防ぐことができるのか」と、洋学局設立の提案を非難していた(47)。

総理衙門は、民間の日用・兵器の製造に関連する各学問の学習を目的とした洋学局設置の要求を、出使人材の育成を意図したものであると説明することで、このような非難を抑える一方、国際環境の切迫を理由に、人材育成に時間を要する洋学局の設置は先送りにしたのである。総理衙門の「奏覆海防事宜疏」は総辦章京の周家楣によって起草されたものであるが、その草稿では、洋学局・算学科の設置は「振興の要計」であるとして、李鴻章の議論通りに計画実施すべきであるとしていた[48]。結局、この点は大きく改められたわけであり、周家楣の草稿でこれほど大きく改変された項目は他にはない。ここからは洋学局の設置をめぐる議論に対し、総理衙門がいかに対応に苦慮していたかが見てとれよう。

今回の「遣使」議論は、総理衙門からではなく、地方督撫の側から提起されている点で、先の天津条約改定交渉の際の議論とは異なっている。そして地方督撫の議論は、日本の台頭に対応する必要から生じたものであった。さらに日本の台湾出兵を契機とした海防の推進は、外国人顧問の招致や兵器購入といった自強活動上の観点から西洋諸国とのより積極的な交流も急務であることを地方督撫に認識させたのである。

だが、それ以上に興味深いのは、この「遣使」議論において見せた総理衙門の対応である。政治的地位の脆弱な総理衙門は、重要な対外問題において李鴻章ら地方大官の支持を必要とした。一方で海防の強化のために洋務を推進しようとする李鴻章に対しては、保守派から激しい非難も起こっており、総理衙門はそうした保守派と李鴻章との間のバランスを取るかのような対応を採らざるを得なかったのであろう。海防論議における議論を通じて、総理衙門の「遣使」との関わり方や、その政治・外交上における役割が変化していることが確認できる。

以上のように、日本の台頭と海防の強化とを契機として清朝による常駐使節の派遣が原則として決定されたが、懸案の人材問題については、地方督撫より推薦させる形で解決が図られたのであった。

三　初期の常駐使節と李鴻章

一八七五年五月、海防論議を通じて海外に常駐使節を派遣することが原則的に決定されたが、清朝が最初の在外公館を設置する直接のきっかけとなったのが、同じ年に発生したマーガリー事件である[49]。英国公使ウェードは、雲南とビルマとの間の境界地域で起こった英国公使館書記官マーガリー（Augustus Raymond Margary）の殺害事件に乗じて、清朝との懸案を一挙に交渉の俎上に載せようと、強硬な姿勢を採った。ウェードは、当時外国電信の終点が上海であったことを利用し、交渉が停滞すると本国との連絡を口実に北京から上海に引き揚げ、その都度最後通牒をつきつけるなど清朝側を脅迫した。

先に述べたように、徐中約は清朝による常駐使節の派遣を促進したものとして、このウェードとの交渉の経験とハートや他の在華外国公使の役割を重視する。彼の研究に沿ってマーガリー事件の交渉と使節派遣の動きとを整理すると次のようになる。ウェードの強硬な姿勢に苦慮した清朝は一八七五年八月、状況改善の第一歩として、ウェードの要求に応じて事件解決後の謝罪使節派遣を決定した。しかし、ウェードの強硬な姿勢は変わらず、翌年六月には交渉を断絶して上海に引き揚げてしまった。状況打開のため清朝はハートに調停を依頼、このような緊迫した状況の中、ハートは改めて清朝が在外使節を派遣し、外国政府と直接交渉することの有用性を李鴻章らに説き、他の在華外国公使たちも同様の忠告を行った。つまり、マーガリー事件は、在外使節の存在が在華外国公使の横暴を防ぎ、何よりも利益となるものであるという教訓を清朝に与えた、というのである[50]。

だが、マーガリー事件の交渉時期、使節派遣については、ハートと李鴻章らの間には異なった反応が見られるのである。この点についてはこれまで注意が払われてこなかったので、本節ではハートとともに李鴻章らの使節派遣に関わる動きを考察することとする。

（1）出使英国大臣派遣の決定

一八七五年初めにマーガリー殺害の報を受けたウェードは、四月には総理衙門との交渉を中断して上海へ向かったが、事態打開の糸口を求めて八月には天津の李鴻章のもとを訪れた。李鴻章との交渉の中でウェードは、清朝側による外交姿勢の変化の証拠を求めて七カ条の要求を李鴻章に提出するとともに[51]、漢文秘書官メイヤーズ（William F. Mayers）を北京に派遣し、この要求について総理衙門と協議させた[52]。この七カ条の要求の内、第六、第七項目が謝罪使節の派遣に関するものであった。その内容は、雲南の事件について、清朝朝廷の謝罪の意を英国に表明するため使節を派遣すること、この使節は英国への往き帰りにはインドを経由し、インド総督と英国ビルマ・雲南間の通商について取り決めを行うこと（第六項目）と、使節派遣の上諭は（中外臣民に公示すべきものとして内閣を経由して発布される）明発上諭とすること（第七項目）である[53]。

この要求を受けた李鴻章は、使節派遣については総理衙門もその意思があるが、適当な人物もおらず、また雲南の事件がまだ調査中であることを挙げて、いますぐの派遣は難しいと思われる旨をウェードに伝えた。また使節にインドを経由させ貿易章程を協議させることには反対した[54]。李鴻章は総理衙門にこれらのウェードとの会談の模様を報告するとともに、使節派遣について、ウェードの要求は性急に過ぎるが、まず先に使節派遣の決定を行い、事件解決後に派遣すれば英国で使節が困難を蒙ることもないであろう、とし、また使節にインドを経由させて通商交渉を行わせるとの要求については拒否すべきである、と自らの考えを伝えている[55]。

八月二二日に総理衙門からメイヤーズに提出された回答書では、謝罪使節派遣について、「いま雲南の事件のため、まず官員を英国に派遣し親交を深め、並びに雲南の事件は朝廷の予想外であり、決して他意のあるものではないことを表明させることはできる」とし、使節にインドを経由させ通商交渉を行わせるとの要求については、国書を携帯する使節は英国に直行すべきであるとして、これを拒絶した[56]。

しかし、総理衙門の回答に対してウェードは満足せず、さらに態度を硬化させていることが李鴻章より報告された[57]。総理衙門が英国への使節派遣を上奏したのはこの直後である。八月二八日に受理された奏文の中で総理衙門は、ウェードの要求は修好の見地からなされたものであり、「過度に拒絶して口実を与えて戦闘に至るようなことがあってはなりません」と述べ、使節派遣は本来事件解決後に行うべきものだが、前もって派遣を承諾することを妨げるものではないとの李鴻章の意見は、「誠に急脈緩受（急事に対処するに緩和の方法をもってする）の策です」とし、出使英国の正使一員、副使一員の派遣を奏請した。また、副使一員については特に、常駐使節派遣をにらんで総理衙門がすでに候補人員として推薦していた九人の中から選抜されることを求めている[58]。

総理衙門の奏請を受けて、八月二十八日に郭嵩燾、許鈐身を出使英国大臣に任じる上諭が下った[59]。九月七日には明発上諭によって、郭・許の英国派遣と、随行員および翻訳官（通訳官）の人選は李鴻章が郭・許とともに当たるべき旨が命じられた[60]。

以上の経緯から、この英国への使節派遣の決定は李鴻章の提案を参考になされたものであること、そしてこの段階では、副使に常駐使節の候補者が当てられるなど将来の常駐使節派遣を視野に入れたものであったことが窺われる。ただし、当初からこの謝罪使節が常駐使節を兼ねることが確定していたわけではないようである。

たとえば、一八七五年一〇月一四日の『申報』には、このたびの使節派遣を常駐公使のそれであるとする見方は憶測を免れないと評する一方、マーガリー事件に対して英国との友好を表明するための特使であるとの見解を示す記事が掲載されている[61]。

また、李鴻章は一八七五年末に郭嵩燾の弟・郭崑燾へ宛てた書簡の中で、常駐使節派遣の必要性を説きつつも、今回の郭嵩燾らの英国派遣は一時的なものであると述べており、常駐公使のそれであるとは明言していない[62]。海防論議を通じて主要国への常駐使節派遣が原則的に決定していたとはいえ、ウェードの要求に応じて使節派遣を急遽決定したという経緯に加え、肝心のマーガリー事件の交渉が停滞し、清英間の緊張状態が続く中では、郭嵩燾らの英国派遣にはなお不確定要素が多かったのであろう。

だがハートは、この郭嵩燾らの英国派遣について異なった認識を示している。一八七五年九月九日の『タイムズ』紙には、ハートから海関のロンドン局長キャンベル（James Duncan Campbell）へ送られた郭嵩燾・許鈐身の駐英公使任命を知らせる電信が転載されている[63]。そして同時に、キャンベルはハートの指示を受けて清朝公使館用の物件を探し始めていた[64]。

ただ、この指示は後にハート自身から取り消されている。一八七六年一月二六日付のキャンベル宛書簡では、郭・許の使節団はアメリカを経由し、百年祭を見物するなどゆっくりと旅をしながら英国に向かうと思われると述べ、彼らは英国到着後に自分たちで公使館を手配するつもりであり、彼らには時間も金もあるので我々が手を煩わす必要はない、と伝えている。さらに部外秘と念を押した上で、

> ウェードの電信は誤っている。ウェードが特別使節と謝罪書について語ったのは李鴻章であって、決して総理衙門ではない。郭・許はいわゆる「特別使節」などではない。常設の公使館を開設するために英国に向かうのであり、謝罪書を携行するためではない。

と付記している[65]。ハートは、今回の使節派遣が総理衙門の手による常駐公使の派遣であって、ウェードの謝罪使節派遣の要求によるものではないと説明しているが、先に見てきた郭嵩燾らの英国派遣決定までの経緯と、この書簡の内容とが矛盾していることは明らかである。ウェードの七カ条の要求は、その漢訳文が総理衙門の奏文にも付さ

れており、第六項目の謝罪使節派遣の要求もその中に確認できる[66]。ウェードの要求に対しその回答を寄せたのも総理衙門であり、この要求について李鴻章と総理衙門の間で情報が異なるということはあり得ない。

第一節で見てきたように、ハートは常駐使節の派遣は在華外国公使との交渉において清朝に有益であると説いてきた。マーガリー事件の発生により清英間が緊張する中、使節派遣が清朝による自主的な行動であると主張することは国際社会における清朝の地位を高めるものであるとハートは考えたのかもしれない。『タイムズ』紙への電信転載も対外的アピールの一手段であったのかもしれない。だがそれ以上に興味深いのは、常駐使節の派遣が総理衙門の主導によるものであると強調されている点である。斌椿の視察団やバーリンゲーム使節団などこれまでの使節派遣は、随行員の選定などハートの助力を受けながら、総理衙門の主導のもとに行われてきた。それに対し今回の英国への派遣は、李鴻章が随行員および翻訳官の人選を行うこととされた。こうした状況に対し、あくまで外交の中心は総理衙門であり、またその顧問的存在である自分こそが、この常駐使節の派遣に対し影響力を持っていると、主張しているかのようである[67]。

また徐中約は、ハートが李鴻章に英国への使節の早期派遣を助言したことの影響を重視しているが、この点についても李鴻章とハートの間には見解の相違が認められる。

ハートは、一八七六年七月、三度上海に引き揚げてしまったウェードに会うため上海に向かった。途中天津に立ち寄ったハートは、李鴻章と許鈴身に対して、英国に使節を派遣し、英国本国と直接交渉すべきと忠告した。許鈴身がこれに対して、いつ出発することになろうとも自分は必ず同行するつもりだと、英国行きへの意欲を見せたところ、ハートは、もっと声望のある大官が同行した方がよい、総理衙門大臣の毛昶熙などが適している、と述べ、また自分が使節に同行して援助したい、とも申し出た[68]。

しかし李鴻章は、ハートの唱える使節の派遣および天津海関道らより伝えられた他国に仲裁を要請すべきとの在華外国人の提案について、どちらもそれほど力になるものとは思われない旨、総理衙門に伝えている。[69]

同じ頃ハートは李鴻章に宛てた書簡の中で次のような助言を行っている。つまり、マーガリー事件について使節を派遣して英国政府と交渉する場合、その使節が不確実なことを述べて後日ウェードの示す証拠と符合しないことが明らかにされたら、かえって交渉に有害であるので、この点留意すべきである、と。[70]だがこの助言を受けた李鴻章は、

ウェードは総じてマーガリー事件に対する清朝側の調査・処罰は不実であると言っています。英国に派遣された使節が事実を述べたところで、ウェードやグローブナーらの主張するところとは、明らかに符合しません。ましてすでにグローブナーが英国に帰国しているいま、英国では衆口一致しており、なおさら交渉の余地はないでしょう。

と、総理衙門に報告したのである。[71]マーガリー殺害の状況に関して、現地の少数民族の仕業であるとする清朝側と、雲南の地方官吏が事件に関与しているとしてあくまで彼らの処罰を要求するウェードとの間で、議論は平行線をたどっていた。また、雲南での調査に当たった英国公使館員グローブナー（T. George Grosvenor）は、すでに調査結果を携えて英国に帰国していた。このため、李鴻章は議論をロンドンに移しても無駄であると考えたのであった。

使節の早期派遣と英国本国での交渉を助言するハートと、その助言を受けた李鴻章の反応にはかなりの開きが認められる。また、派遣される使節の構成についても、ハートは許鈐身の派遣には消極的で、むしろ総理衙門大臣の派遣を求め、また自分自身が使節に同行しようとの意志を見せている。ハートが総理衙門と自分の影響を強めようとするのに対し、李鴻章はハートの主張する使節の早期派遣とその効果には懐疑的であった。

このようにハートと李鴻章とは、使節派遣に対して異なった対応を示していたのである。

それでは李鴻章は使節派遣に対してどのような考えを持っていたのか、以下ではこの点の検討を行うこととする。

(2) 初期の常駐使節と李鴻章

ウェードの要求により英国への使節派遣が考慮されていた頃、李鴻章は両江総督の沈葆楨へ宛てた書簡の中で、

(黄)子寿は最近非常に洋学に関心を持っているが、その目指すところは出使にある。私の考えでは、日本への派遣が最も適しているであろう。だが、総理衙門はしばしば使節派遣を言うが、ついに実行されていない。

と述べている。[72] 黄彭年（字は子寿）は出使候補者として、李鴻章の書簡にしばしばその名のあがっている人物である。

また、一八七五年九月には在日華商の匿名の上申書を取り上げ、在日華商の保護・監督と日本の動静を探るため、重ねて日本への常駐使節派遣を総理衙門に要請している。[73] このように李鴻章は日本への常駐使節派遣を特に必要と考えていた。

その一方で、李鴻章はまた英国へ派遣される使節団とも密接に関わっていた。郭嵩燾は彼と親しい間柄であり、許鈐身は天津洋務委員として李鴻章の対外交渉を手助けしていた人物であった。さらに彼らとともに随行員や翻訳官を選定する責も李鴻章は負っていた。

李鴻章が翻訳官として選んだのは金陵機器局のマカートニー（Halliday Macartney）である。一八七五年一〇月に天津に呼ばれ李鴻章からその意向を打診されたマカートニーは、喜んでこの任を引き受けている。[74] ただし、マカートニーの残した書簡からは、マーガリー事件の交渉が長引く中、事件解決後とされる使節の派遣がいつになるかも分からず、また使節の派遣自体が不確定であったことが分かる。[75] こうした状況の中マカートニーは、たとえ常駐使

節の派遣が行われなかったとしても、非公式な代理人をロンドンに駐在させることは、中国の政治的・軍事的活動にとって必要なことであると李鴻章らに助言している[76]。謝罪使節の問題とは別に、まさに進行中であった自強活動にとって何らかの形で西洋にエージェントを置く必要が唱えられていたのである。

また、さきに李鴻章が郭崑燾への書簡の中で、郭嵩燾の英国派遣が常駐公使のそれであるとは述べていないことを見たが、こうした李鴻章の慎重な表現の背後には、マカートニーの書簡から窺われる公使派遣の不確実性があったと考えられる。

李鴻章が、郭嵩燾らの派遣を「公使」のそれであると述べたのは、一八七六年五月一二日付の李鳳苞宛の書簡である[77]。この書簡は、当時李鴻章らが進めていた欧州への留学生派遣事業について、李鳳苞が準備した章程に対する返書であった。

最初の欧州への本格的な留学生派遣となったこの事業は、欧州に装甲艦を注文し、その製造技術を中国に移入する必要から発案されたものであった。このため当初の計画では、福建船政局・江南製造総局から現場監督および工匠を派遣し、彼らに学生を引率させて、英独の著名な造船所に送るというものであった。しかし資金不足から装甲艦の注文は放棄され、したがって現場監督や工匠の派遣も断念され、学生の人数も減らすなどの工夫の上にようやく実現したこの留学生派遣事業では、学生たちは造船に必要な技術の範囲を超えて、鉱学、化学、および法律などその能力に応じて学習することとなる[78]。

李鴻章は一八七六年三月二九日、この英国への留学生派遣計画を総理衙門に報告し、総理衙門からその速やかな実行に対する同意を取り付けた[79]。これと並行して、福建船政局大臣であった丁日昌の提案により留学生の監督官として推薦されたのが福建船政局総考工の李鳳苞であり、李鳳苞によって詳細な章程も四月頃にはすでにまとめられていた。

ここで注目されるのが、丁日昌が李鳳苞を単なる監督官ではなく、欽差大臣として派遣すべきであると考えていたことである。[80]

また、李鳳苞が準備した章程も、「公使」が学生を引率して洋行するというものであった。ここで言う「公使」とは「四等公使」、つまり代理公使のことである。李鳳苞は留学生監督が代理公使を兼任する方式の章程を作成していたのである。[81]

郭嵩燾らが英国に派遣されることが決定していたにもかかわらず、丁日昌や李鳳苞はそれとは別に英国への欽差大臣の派遣を要請していたわけである。郭嵩燾らの派遣はここでも常駐公使としての派遣ではなく、謝罪のための特使であると捉えられていたということであろう。そして、丁日昌らの使節派遣の要請は装甲艦購入や留学生の派遣という、自強活動の必要上から考慮されていた。

だが、以上のような丁日昌や李鳳苞の計画に対して、李鴻章の対応は消極的なものであった。まず、李鳳苞を欽差大臣として派遣するという提案には、朝廷は恐らく許可しないであろうと考えていた。[82]また、李鳳苞に対しては、先の五月一二日付の書簡で、留学生監督と兵器の購入とは兼務してもよいが、外交交渉については、章程から削除するように答えている。そして、

中央は見聞が狭いのでやたらと二の足を踏む。だが、アメリカに派遣した学生の前例があり、また英国にはすでに公使を派遣することにもなっており、この機会に学生の洋行を推し進めれば、あるいは許可を頂けるであろう。

と続けている。[83]ここで言う「公使」とは、郭嵩燾のことにほかならない。

このように、李鴻章は李鳳苞の派遣は単なる留学生監督としてなされるべきとの立場を採っている。しかし、か

といって李鴻章の考えと丁日昌らの考えが全く異なっていたわけではない。

たとえば、マーガリー事件の交渉が妥結し、郭嵩燾らの英国派遣が間近に迫った一八七六年一〇月一二日、英国への留学生派遣計画について総理衙門に報告を行った李鴻章は、李鳳苞を公使の任に堪える人物として推薦している。[84] そしてよく知られているように、実際に李鳳苞は二年後駐ドイツ公使となって、軍艦の購入など北洋海軍建設のために奔走することとなる。

また、李鴻章は英国への出発を控えていた郭嵩燾に対して、

私と雨生（丁日昌）とは、それぞれ英・独へ人を派遣して、兵器や造船について学習させることを計画中であるが、これは出使よりももっと速やかに尽力しなければならないことであろう。総理衙門もこれに賛成してくれると思われる。

と書き送っている。[85] 自強活動の必要上から使節派遣を考える丁日昌や李鳳苞らの議論と通じるものが、李鴻章の使節観にあることが窺われる。

また、駐ドイツ公使に就任した李鳳苞は、引き続き留学生監督および兵器購入の責任を負うこととなった。一八七八年に李鳳苞を駐ドイツ公使に推薦した際、李鴻章は、

日本が戦艦を購入するにあたっては、皆駐外公使に命じてこれを行わせており、最も法に適っていると聞きます。将来曾紀澤が駐英・仏公使として赴任した後は、彼と李鳳苞とが共同で留意して管轄すべきであります。

と総理衙門に述べている。[86]

李鴻章の、日本への官員の常駐を強く要請していた態度と、西洋への使節派遣においては外交とともに留学生派

遣や兵器購入等の自強活動を強調する態度とは、明らかに異なっている。しかし、これらは根本ではつながるものであろう。日本の台湾出兵に触発されて海防の強化が推進され、このためそれぞれの意味で日本と西洋に駐在する官員を派遣する必要が生じたのである。

だが、李鴻章の活動に対抗する存在がなかったわけではない。

たとえば、郭嵩燾らの英国派遣に際して、李鴻章が翻訳官の選定を命じられたにもかかわらずハートがその選定に介入しようとしたと言われる(87)。また、郭嵩燾らの英国派遣が進められていた頃、キャンベルを清朝の在英領事にする案が持ち上がっていた。台湾出兵事件を契機に清朝が本格的な海軍の建設にとりかかると、ハートはロンドンのキャンベルを通じて小型軍艦の発注を行ったが、こうした事業を担当するにあたってキャンベルの身分が問題となったのである(88)。結局、キャンベルは領事としてではなく総税務司の代理人として独自の立場を保つこととなった(89)。総理衙門の政治顧問としてハートは海軍建設や外交交渉において活躍したが、彼の活動を支えたのがこのキャンベルである(90)。これに対して李鴻章は、マカートニーや李鳳苞の活動を通じてハートを軍艦購入事業から遠ざけていったのである(91)。

小　結

一八七五年、清朝は海防論議において常駐使節の派遣を原則として決定した。そして同年に発生したマーガリー事件の謝罪使節派遣を直接的なきっかけとして、一八七六年に駐英公使（出使英国欽差大臣）の郭嵩燾と副使の劉錫鴻（許鈴身から変更）が派遣された。一八七七年にはドイツにも清国公使館が開設され、劉錫鴻が初代駐ドイツ公使に任じられた。一八七八年には郭嵩燾が駐仏公使を兼ねる形でフランスにも清国公使館が設置されるとともに、元総理衙門大臣の崇厚が駐ロシア大使として派遣された。このようにしてヨーロッパの主要国に相次いで清国公使館が設立された。また、李鴻章の求めていた駐日公使の派遣もマーガリー事件の解決した一八七六年八月に決定され、西南戦争終結後の一八七七年に公使の何如璋と副使の張斯桂が派遣された。[92]

これまでの研究では、清朝による常駐使節の派遣に関して、ハートら在華外国人の与えた思想的影響が重視されてきた。ハートらが行った説明は、外国公使の横暴に対して使節を通じて外国政府と直接交渉することができるというものであったが、これこそ平等な主権国家によって構成され、国際法を基礎とする西洋的な国際関係の原則を前提とした思考である。中外間の国際観念の相違とその包摂・受容を説く論者が、マーガリー事件交渉時のハートの役割を重視する理由もここにある。だが、李鴻章らがハートの説く使節派遣の効果に懐疑的だったように、当時の清朝の官員にとって、西洋の国際関係やその原則はまだ中国の外にあるものだった。一方、李鴻章ら地方督撫は、自強のために官員を常駐させ、日本や西洋社会と関わりあっていかなければならないという、彼ら自身の必要性を感じていたのである。

また、海防論議を契機に常駐使節派遣が原則的に決定されたわけであるが、同時に地方督撫による候補者の推薦という形で人材問題の解決が図られたことは、洋務人材登用の道を開くことにもなった。李鳳苞をはじめ多くの在外公使が李鴻章の自強活動と深い関係を有する点も、このような経緯からすれば首肯される。

だがそれは、清国在外公館が地方督撫のもとにある洋務機関と同じ性格のものだったことを意味する。国家を代表する在外公館が地方の洋務機関と本質的に異ならないというのは、まさに当時の「洋務」のあり方を反映していよう。通商を主とし、商人の慣行に委ねられていた「夷務」と異なり、「洋務」は本来、読書人や政府当局によって担当されるべき政策であった。だが、海防論議の際の「洋学局」問題が端的に示すように、「洋務」の推進による制度改革に対する反対は根強く、「夷務」にとどめたい勢力が多数であった。[93] このため「洋務」は依然として臨時的・体制外的な形で推進されることとなった。常駐公使も、清朝の官制上は欽差大臣という臨時の官職であり、在外公館員の人事も公使に委ねられたのである。

また設立当初の在外公館は、郭嵩燾が総理衙門に送った出使報告書の『使西紀程』が清朝国内で弾劾され、さらには郭嵩燾と劉錫鴻の確執により各国公使の撤回が取り沙汰されるに至るなど、その存立が脅かされる不安定なものであった。[94]

つまり在外公館の設置経緯とその洋務機関的性質を考えると、その設立決定をもって清朝による近代国際社会への仲間入りの最終段階とみなすことはできないということである。「洋務」のあり方がまさにそうであるように、西洋との関係はまだ清朝の正規の制度・体制の外側で対応されていた。西洋諸国との関係は、いつ、いかにして清朝の正規の制度の中に位置づけられるのか。「洋務」機関として始まった常駐公使の派遣決定は、むしろ清末中国における近代的国際関係の受容の始まりとして捉えるべきなのである。

本章では海防論議を契機として決定された常駐使節派遣について、地方督撫の対応を中心に検討してきたが、清朝は同じ頃、アメリカ大陸への官員派遣の必要にも迫られていた。キューバ、ペルーにおける華工（中国人労働者）虐待問題に対応するため、清朝は一八七五年一二月に当該地域に領事館を設置することとし、これを統括するため駐米公使を派遣し、これに駐スペイン、駐ペルー公使を兼任させることとしたのである。次章では、この華工虐待問題を含め、清朝の海外華人政策と領事館設置について検討する。

第2章　清朝による領事館の設立とその特徴

はじめに

前章で述べたように、一八七五年清朝は常駐使節の派遣を決定した。一八七七年一月に初代駐英公使の郭嵩燾がロンドンに到着し、駐英公使館が設置されたのを皮切りに、一八七八年一二月までの間に、ドイツ、フランス、日本、アメリカ、ロシアに続々と在外公使館が設置された。アメリカ大陸の華工（中国人労働者）保護を重要な任務とする駐米公使は、スペイン並びにペルー駐在の公使も兼ねた。

この在外公使館の設立と同時に、清朝は在外領事館の設立にも踏み切った。まず一八七七年には、清朝最初の領事館がシンガポールに設立された。その後、一八七〇年代後半から八〇年代前半にかけて、日本およびキューバ、ペルー、サンフランシスコ等アメリカ大陸での領事館設立が続いた。[1]

こうした一八七〇年代以降の清朝による在外公使館・領事館の設立は、清朝側による、国際法に象徴される「近代条約体制」への適応として論じられてきたが、[2]特に「棄民政策」を採る清朝が領事派遣に踏み切ったことは、何よりその在外華人政策の大転換として注目されてきた。[3]これに対し、領事派遣という清朝の政策は、「朝貢体制」

いる。[4]

の代替として万国公法（国際法）を適用した措置であるとして、伝統との連続面を認めようとする議論もなされて

ただ、これらの研究では、「近代」を強調するか「伝統」を強調するかという違いこそあれ、清朝による領事制度の導入を論じるに際して、国際法の認める範囲内で自国民を保護する現代の領事制度のイメージを無条件に議論の前提としている。

そもそも、領事の権限とは、外交使節とは異なり、国際法ではなく、二国間条約や国内法によって規定されるものであり[5]、二国間の関係や時期により、その地位や任務は異なるものであった[6]。その最も顕著な例が領事裁判権の有無であろう。このため、清朝が領事の派遣を検討していた時期、清朝の対峙していた西洋領事とはどのような権限を有していたのか、清朝はそれをどのように捉えていたのか、そしてこれから派遣しようとする自国の領事はどのような機能を有するべきだと考えていたのか、清朝による領事制度の導入について論じるには、これらの点から考察を始める必要がある。

本章では、領事制度について、その導入の時期に限って詳細な考察を加えることで、清朝内でなされた領事派遣論を整理し、清朝側の領事観が具体化される過程を追うとともに、同時にそれがどのような形で実際の領事派遣に反映されたのかを明らかにしたい。具体的には、まず在華西洋領事を通じて形成された清朝の領事観を明らかにし、そのような領事観を有する清朝において、日本およびキューバ、ペルーへの領事派遣の決定が、その他の地域、特に中国と地理的・歴史的に関係の深い南洋（東南アジア）に対する清朝の政策にどのような影響を与えたのかを考察することとする。

一　西洋領事の駐在と清朝の領事観

清朝の領事派遣論を検討する前に、そもそも清朝は領事制度をどのようなものと捉えていたのかを明らかにする必要があるだろう。

まず、「領事」という語がConsulの訳名としてどのような過程で定着したかを見てみよう。アヘン戦争前、イギリスの在華通商活動は、英国東インド会社によって管理されていた。東インド会社の現地機構である管貨人委員会(Select Committee of Supercargoes)、清朝ではこれを「公司」と呼んでいたが、この首席(President)「大班」を、広東当局では現地外国人社会の監督者とみなし、これと交渉を行っていた[7]。一八三四年英国東インド会社の中国貿易独占が廃止され、イギリス本国から貿易監督官(Superintendents of Trade)が派遣されてきたが、この貿易監督官に対して清朝の公文書では「領事」という語が用いられていた[8]。一八四二年の南京条約でも、「領事」の語は貿易監督官に対して当てられており、領事(Consul)には「管事官」の語が用いられている。ただ、イギリスの在華領事駐在権を規定した同条約第二条の原文Her Majesty the Queen of Great Britain, etc., will appoint Superintendents or Consular officers[9]は、すでに植田捷雄が指摘しているように[10]、イギリス側の在華代表機関が、貿易監督官(Superintendents)より領事(Consul)へと変遷していく過程を示している。イギリス側の代表機関自体が貿易監督官から領事へと変化する一方、「領事」という語も、各条約港へイギリス領事(Consul)が実際に派遣されていく中で、このConsulを指す語として定着していった。

さて、この外国領事を、五港開港時期、清朝側ではどのように見ていたのだろうか。この点について坂野正高は、外国領事が国家を代表する官吏であることは清朝側も認めていたが、運用の実際においては、カントン貿易における「大班」と「公行商人」との機能を併せて継承したものとみなそうとした、と指摘している。[11]実際、初代上海領事派遣の報を受けた署両江総督・壁昌らの上奏でも、領事に対して「必ず夷商之能事にして、素より粤商と熟習せる者に係る」などと述べている。[12]また、「大班」も含めて「公司領事」と表現し、「公司領事なる者は英吉利国王派する所の洋官にして貿易を司る者なり」と説明する例[13]もあるなど、「大班」、貿易監督官、領事（Consul）が厳密に区別されていなかった。

さて、第二次アヘン戦争とその結果の天津・北京両条約を経て、西洋諸国の外交使節が北京に常駐することとなり、それに対応して北京に総理衙門が設立されるなど、清朝と西洋諸国との関係は大きく改編された。とはいえ、総理衙門は、当初の方針として、条約未締結の「小国」に対しては、これと条約を結ばないとしていた。もっとも現実には、英米仏などの条約国の紹介などにより、清朝は一八六〇年代にこれらの国々と次々と条約関係に入る。この同治年間に清朝が締結した条約については、坂野正高の包括的な研究[14]があるが、ここでは外国領事に関する総理衙門の態度にしぼって見てみよう。

総理衙門は、一八六四年にスペインが条約締結を求めて使節を派遣してきたことを受けて、次のような対策を上奏している。[15]つまり、これまで無条約国については、その規模の最も大きな商人を領事に当て、その貿易を管理させて、条約港での貿易を許してきたのであるが、最近英仏等にならって「小国」が次々と条約締結を求めてきており、何らかの制限が必要である。そこで商人を領事に当てると、脱税行為をかばうなどの弊害が多いことに鑑み、条約締結を求められたときは、当該国は条約締結後、各条約港に領事を置き、そうしてはじめて当該国の商船の往来、貿易を許可することとし、その領事には商人を充当しない旨、条約締結の条件として確認することにすればよい、と。

南京条約締結時、外国領事（このときは貿易監督官の意）の駐在は、外国商人の取り締まりに便利であるというのが、清朝内部での説明であった[16]。また、西洋諸国に認めさせられた軍艦停泊権も、領事による外国商人の取り締まりがその目的であると説明された[17]。ここでも総理衙門は、外国領事を貿易監督者として扱い、領事が適切に自国民の商業活動を管理できるかどうかを、条約締結の条件として、清朝の側から外交関係を律しようとしている。つまり、清朝にとって、領事とは、貿易を求めて来華してくる西洋諸国が、貿易を許可された代わりに、自国商人の商業活動を監督すべきものであった。こうした「領事観」は、近年の研究で明らかにされている清朝の貿易管理体制の特質、および一九世紀中葉におけるその再編様式と符合するものである。清朝の貿易管理体制は、仲介商人である牙行に依存したものであった。一八世紀末以降の貿易拡大により動揺したこの体制は、一九世紀中葉になると、外国人税務司制度の導入に象徴されるように、清朝が貿易管理を外国人に委ねる形で再編された[18]。外国領事もまたそうした貿易管理体制の再編過程の中に位置づけられていると言えよう。

では、一八六〇年代に清朝官吏の間に領事派遣の提案はなかったのであろうか。

最初の「領事派遣論」に相当するものとしては、おそらく一八六七年の江蘇布政使・丁日昌の提案[19]が挙げられよう。清英天津条約改定をひかえ、総理衙門が地方督撫らに意見を徴した際、湖広総督の李鴻章が代奏した意見書の中で、丁日昌は「市舶司」の設置による在外華人の「管理」を提案した。だが、その主要目的は、海外の特殊技術、特に造船や航海術に長けた者を召募することにあった。この意見書全体が海軍創設を提案したものであり、「市舶司」設置もその一環として提議されたものである。東南アジアを中心に、すでに確たる華人社会が成立していることを受けて、西洋技術導入の必要性から、西洋の事情に明るいこれらの地域の華人を「市舶司」の管理下に置くべきであると提案したのだった。

管見の限り、一八六〇年代に清朝官僚による「領事派遣論」はこれ以外には見られないが、清朝の「領事観」には「保護者」としてだけでなく「管理者」の性格が強く意識されていた点を確認しておきたい。

二　対日関係と領事の派遣

清朝による領事派遣が具体的政策として動き出したのは、日清間の条約締結交渉においてであった。前章でも述べたように日本が一八七〇年、通商条約の締結を求めてきたおり、当初総理衙門は、日本は西洋諸国とは異なるとして、条約無用論を唱えた。それに対し、李鴻章と曾国藩は条約締結の必要性を説き、彼らが日本との条約交渉の責を負うこととなった。この日清修好条規締結交渉に関しては、多くの先行研究が存在するので[20]、ここでは「領事派遣」に関わる点のみ整理しておきたい。

日本との条約交渉を前に、李鴻章と曾国藩はそれぞれ日本に官吏を駐在させるべき旨を上奏している。直隷総督兼北洋大臣の李鴻章は、日本は中国の肘腋にあり、永く中土の患であった、これを籠絡すれば、あるいは我々の役に立つかもしれないが、これを拒絶すれば、必ず我々の仇敵となるであろう、と西洋諸国とは異なった対応を採ることの必要を説く。また、西洋諸国と違い華商の往来のある日本に対しては、条約締結後南洋大臣より手近な官員を派遣し、江浙地域の日本の情勢に通じている人物を同行させ、東京か長崎に駐在させて華人を取り締まらせ、それにかこつけて日本の動静を偵察させるべきであり、そうすることで後患を除くことが望めるであろう、とする[21]。

両江総督兼南洋大臣の曾国藩の議論も、華商の往来が盛んであることを重視する。曾国藩は、外国の領事制度にならい、清朝も日本に官員を駐在させ、内地の商人を取り締まるとともに、会訊局を設立し、中外間の訴訟を処理させるべきであるとした[22]。

朝廷によって条約交渉の任に当たることを命じられた李鴻章は、翌年「秉権大臣」（公使）と「理事官」（領事）

の互派、双務的領事裁判権などの規定を含む日清修好条規を日本全権使節との間に締結した[23]。

ここで一つ確認しておきたいのは、李鴻章と曾国藩の官員派遣論の相違点である。華商の往来の有無により、西洋と日本を区別し、官員の日本駐在の必要性を訴える点は同様だが、その目的は異なっていた。曾国藩が領事の派遣による在日華商の取り締まりと中外の訴訟事件の裁判権の確保に重点を置くのに対し、李鴻章は日本という国自体と清朝との関係に重点をおいて議論を展開している。李鴻章の議論では、単に官員の派遣とするだけであって、領事の派遣というよりも、日本の動静の探索に重点が置かれている点を指摘しておきたい。

また、曾国藩の「領事派遣論」が、西洋諸国にならい、領事裁判権を行使しようというものである点も重要である。一八七〇年代より、西洋諸国が清朝に対して有する領事裁判権が、一部の清朝官吏の間で重要な問題として意識されるようになり、清朝による領事派遣の、一つの要因ともなっていくのである[24]。

ただ、一八七三年に日清修好条規が批准された後、すぐに駐日公使や領事が派遣されたわけではない。日本に対する常駐公使や「理事官」の派遣を促進したのは、日本による台湾出兵事件であった。

前章でも述べたように、李鴻章は台湾出兵事件発生直後より、事件収束後には日本に常駐使節を派遣すべきであると訴えていたが、海防論議においても、日本の動静を探ることを主目的として常駐使節の派遣を求めた。では、「理事官」の派遣については、李鴻章はどのように考えていたのであろうか。

李鴻章は一八七五年九月二四日付の総理衙門への公函[25]の中で、在日華商から匿名で上申書が送られてきたことを報告し、在日華人は日本で差別を受けており、「理事官」を派遣すべきだが、①費用が足りない、②巡洋して統制と保護に資すべき軍艦が清朝にはないという問題点を挙げている。②については、西洋各国が清朝の条約港に軍艦を停泊させ、自国民の貿易管理および保護を行っていることを受けてのものである。海防論議以降、在華西洋領事の持つ、「兵船をもって自国民を保護する」という側面が次第に強調されるようになっていた。

①について、李鴻章は在日華人の同郷団体の存在に触れ、費用については彼らに自弁させることも可能であるとし、②についても、将来的には福州や上海から軍艦一、二隻を派遣し、巡洋させるべきであるとする。そして、日本は、我が緊切の患であり、西洋や南洋の各港市とは情勢が全く異なる、もし「理事官」を駐在させることで外洋に寄寓する華人を救済し、日本の虚実動静を探り、随時報告させたなら、中外の大局に裨益すること大であると、年来の持説を繰り返し、たとえ在日華人の間で費用を自弁しきれなかったとしても、別に酌量してもよく、これ以上「理事官」の派遣を先延ばしにするべきではないと強調した[26]。

日本への「理事官」派遣の議論において、領事裁判権や軍艦の巡洋など在華西洋領事の有する機能がその念頭に置かれていた。それとともに、李鴻章の中では、官員派遣の主要目的について、日本の動静の把握が強く意識されていた。西洋だけでなく華人の往来が盛んな南洋の各港市とも異なる扱いを求めているのも、官員の派遣目的が対日関係という、李鴻章の外交方針——朝鮮確保と対日防衛——と密接に関係していることを示しているであろう。

三　華工問題と清朝の対応

日本との条約交渉に次いで、清朝による領事派遣が具体化したのが、キューバ、ペルーでの華工虐待問題をめぐる交渉においてである。

清朝の在外華人に対する政策については、その「無関心さ」が強調されてきた。これに対し、在外華人保護において清朝の果たした積極的な役割を認める論者が、その論拠として重視するのが、この華工問題に対する清朝の取り組みである。

一八六〇年、英仏との北京条約で、中国人が外国人と労働契約を結び海外に渡航することを認めさせられた清朝は、英仏と招工章程を締結して在外華人の保護に努め、「クーリー貿易」の取り締まりにも重要な役割を果たし、さらにキューバ、ペルーでの華工虐待問題への対応を通じて、「棄民政策」から領事の派遣による「保護政策」へと、その「移民政策」の全般的改変を行った、というのがその論の大筋である。[27]特にアイリックは、スペイン、ペルーとの交渉を通じて清朝は契約移民制度の弊害と自由移民制度に対する理解を深め、また同時に海外移民が清朝の近代化に有用であるとの認識を持ち、その「移民政策」を転換したとする。[28]

このように、清朝の在外華人に対する政策を考察する際、華工問題への清朝の対応を確認することは欠かせない作業である。そこでまず、清朝による在外華人保護政策の第一段階と評される「同治五年（一八六六）招工章程」の性格を確認してみたい。

「同治五年招工章程」制定の発端は、一八六四年の両広総督・毛鴻賓による上奏である。[29]毛鴻賓は、広東では人身売買による出洋が多く、これを取り締まるため、罪名の厳格な制定と、外国人に招工公所の開設を許可することを奏請した。これに対して、刑部と総理衙門は罪名を制定するとともに、外国人の招工公所開設については、北京条約に規定するように、両広総督らが各国と章程を制定し、彼らが奏明し処理すべきとの意見を上奏して裁可された。[30]北京条約では、招工章程の交渉は、地方官と各国公使との間で交渉することと規定されていたので、両広総督ら地方官に章程交渉が命じられたわけである。

同じ頃、江西巡撫の沈葆楨からも、フランス人の招工活動について、総理衙門の指示を求める咨文が送付されてきた。[31]この沈葆楨の咨文に対し、総理衙門は、広東の場合と同様、沈葆楨にフランス領事との招工章程制定の交渉を指示した。[32]

ここで注意しておきたいのは、上記のように、招工章程の制定が各条約港を管轄する地方官に任せられていたことである。確かに北京条約には地方官と各国公使との間で交渉を行うべきであると規定されているが、それは北京条約が総理衙門の設立前に締結された条約であれば当然である。総理衙門設立後にあっても、各地方官にそれぞれ章程制定の交渉を委ねているということは、招工問題に対する清朝の姿勢を考える上で重要であると思われる。この点については後述することにして、「同治五年招工章程」の制定過程を追っていこう。

広東での章程制定交渉に対して、総理衙門は、ちょうど広東に向かうことになっていた総税務司ハートに、章程の草稿作成に参加することを命じていた[33]。総理衙門の命を受けたハートは、かつて労崇光が制定した招工章程を基にして章程の草稿を作成し、一八六五年六月総理衙門に対し、起草した章程案十七款を送付した[34]。

ハートが参照した労崇光制定の招工章程とは、英仏連合軍によって広州が占領された時に、当時の両広総督の労崇光が広東での招工活動を管理するため制定したものである。一八六〇年に労崇光が外国側に送付した照会[35]によると、章程制定の目的は、外国人から工人の募集を委託された「内地の匪徒」による人身売買の厳禁にあった。労崇光は、誘拐や強制による出洋は、自ら望んで外国に赴き仕事に就いて利を得ることとは異なるとし、華工の出洋にあたって、誘拐や強制が行われないように招工活動を管理しようとしたのである。こうして制定された章程は、招工公所は地方官の許可した場所に開設すること（第一条）、招工公所の大門に労働契約の内容を掲示すること（第三条）、監督者の税務司・委員は毎日招工公所を訪問し、その日に契約した華工を把握すること（第七条）、華工は契約の説明を受けてから四日間は考慮の時間を与えられること（第八条）、契約の際、再度税務司・委員から出洋の意志を確認すること（第九条）など、招工活動の把握と、華工の契約にあたっては契約内容を理解し、強制力が入りこまないことを幾重にもわたって確認するものであった[36]。

ハートの起草した章程案も、地方官による契約内容の検査や契約が華工の意志によるものであることを確認することなどに重点があった。ただ、ハートは清朝側の交渉の主体は総理衙門であるべきとの助言を行い[37]、この草稿を受け取った総理衙門は、若干の斟酌を加えて十八カ条とした草稿を英・仏公使に送付し、総理衙門と英・仏公使の間で交渉が進められることとなった。清朝案に対して、仏国公使代理は概ね賛成しつつ、新たな草稿案を送付してきた。[39] 一方、英国の対応は鈍く、さらに、「斟酌のところ甚だ多い」との返事が送られてきた。[40] 交渉の紛糾を恐れた総理衙門は、清朝案とフランス案とをハートに斟酌させ、新たに二十二カ条の章程案を作成させた。この時点で作成された草稿は、フランス案を加味したものとなっていたであろう。これを基に英国側と交渉を行い、二十二カ条の章程が制定された。[41]

最終的に制定された章程の内容をフランス案のそれと比較してみると、その過半がフランス案と同じであることが分かる。もっともフランス側も、清朝側の案の多くを妥当なものとして認めているので、内容的には多くの点が共通していた。大きな相違点は、招工主と華工との間で結ばれる労働契約の内容について、その具体的な基準が盛り込まれている点であろう。つまり、契約期間は五年を期限とし（第九款）、一週間の労働日数は六日、一日の労働時間は九時間半を超えないという労働時間の基準（第十款）や、契約の中に最低限盛り込むべき要件について、章程の中で具体的に規定（第八款）された。[42]

こうして「同治五年招工章程」は、招工活動に絡んだ誘拐や詐欺、人身売買を防止することを主目的としたものから、労働基準法的性格まで含むものへと、その性格を変化させたわけである。この変化は、清朝による在外華人の権利を保障しようとする努力の表れであり、「同治五年招工章程」制定の交渉を通じて清朝は在外華人の保護を自らの義務と認識し始めたのだ、と評される。[43]「同治五年招工章程」が、清朝による在外華人政策を論じる際、重視されるゆえんである。だが、清朝による問題の捉え方が根本的に変化したわけではなかった。

総理衙門は、「同治五年招工章程」の制定過程を報告した上奏文[44]の中で、章程の制定目的について、もし章程を制定しなければ、外国人と結託した奸民による人身売買を厳禁することができないばかりでなく、刑部が新たに罰則を定めたといっても、外国側は人身売買の取り締まりは清朝の責任であるとみなすであろう、また北京条約の規定に照らして章程を制定しなければ、口実を設けては奸民をかばい、刑部の新しい罰則は招工を認めた条項に抵触するものだと言って争論が絶えないことになるであろう、と説明している。また、この刑部が新たに定めた罰則を「同治五年招工章程」の末尾に添付したことで、将来各省で人身売買事件を処理する際、外国側を論難する根拠にできるとも述べている。

このように、清朝では招工問題への対応において、問題の所在を人身売買による社会不安に求めており、その背後に領事裁判権を有する外国人がいて、清朝地方官の処置を邪魔する恐れがあるという意味で「外交問題」化しているだけであった。基本的な問題の捉え方としては、この問題は在外華人政策というより、条約港の秩序問題として扱われている。このため、当初章程交渉が各地方官に委ねられたのも、当然といえば当然であろう。総理衙門は、条約で外国人の招工活動を認めたため、それに対応しようとしただけである。

このような清朝の問題設定の仕方に現れる特色は、次に示すように、ペルー華工虐待の報を受けた際の総理衙門の対応に端的に表れている。

一八六九年、駐華ロシア公使や駐華アメリカ公使より、澳門からペルーに送られた華工が船上や招工先で虐待を受けているとの照会が送付されてきた。特に駐華アメリカ公使からは、在ペルー華工がリマ駐在のアメリカ領事に宛てた嘆願書が転送されてきた[45]。

こうした照会に対する総理衙門の回答は、虐待が報告された華工たちは、招工活動を禁止している澳門から無条約国のペルーに送られた者たちであり、澳門での招工が禁止されていることを各国商人に周知徹底してもらいたいこと、並びに無条約国の招工活動および華工の無条約国への渡航の一切を禁止する、ということであった[46]。

海外の虐待事件に対する総理衙門の対応は、無条約国の招工自体を禁止するというもので、中国国内における招工管理は強化されたが、もちろんこれで問題が終わるわけではない。その後、一八七〇年五月一九日に駐華アメリカ公使より、リマ駐在のアメリカ領事を通じて、ペルー側が清朝との条約締結を準備中であるとの報が伝えられた。また、駐華アメリカ公使は、自らの見解として、華工虐待の原因は、清朝官吏がペルーに駐在していないために、華工には無実の罪を着せられてもそれを訴えるところがないことにあるとして、華人のいる条約国に官吏を駐在させるべきであるとの意見を述べている。(47)

さらに、一八七一年六月八日には、再びペルーの華工の嘆願書が駐華アメリカ公使より転送されてきた。(48) この嘆願書(49)の中で、ペルーの華工たちは、自分たちの苦境を述べ、「思うに、英・仏・米等大小各国の人民がこの地に往来し通商に従事していますが、各国は均しく自国より派遣した官吏を駐在させ、かつ毎年軍艦が巡航し、各国の大臣が巡視するため、ペルーの官民も各国人に対しては、勝手に法を曲げて悪事を働くというようなこともしません。しかし、華人に対しては様々な軽蔑がなされ、それは我が天朝では軍艦による巡航も、大臣による巡視も行われていないからです」とし、清朝より欽差大臣をペルーに派遣するか、あるいはアメリカに代理領事を依頼するか等の処置を求めた。

この嘆願書を転送した駐華アメリカ公使は、代理領事にしても暫定的な措置に過ぎず、今後清朝とペルーとが条約関係を確立する必要があるということを再度申し送っている。(50)

駐華アメリカ公使の意見に対し、総理衙門は、一八七一年七月一七日付の照会(51)の中で、華工虐待の事件は、ペルーが最も甚だしく、勝手に彼らが招工活動を行っているのは、澳門だけである、このため、同治八年（一八六九）に澳門での招工活動は禁止されていることを各国商人に転諭していただきたい旨照会したのである、また、本衙門では、来文を転写して両広総督に通知し、臣民に澳門に行って労働契約を結ばないように諭告せしめるとともに、外国人商人の澳門での招工禁止についても、両広総督より随時各国領事と相談し処理させる、と回答した。

つまり、問題の所在は澳門での不法な招工活動にあるとし、すでに照会しているように澳門での招工活動の禁止を徹底するということであった。

海外での華工虐待事件という「外交問題」も、出洋前の違法行為の排除、この場合でいえば澳門での招工活動の禁止、という方法で対応しようとしたわけである。清朝が行ったのは、要するに招工活動の管理でしかなかった。そしてこの管理のできる範囲内で、出洋する華工に対して、「同治五年招工章程」に基づき保護を与えていたのである。このように、総理衙門が出洋前の違法行為の取り締まりという形で、管理できる範囲内でしか保護を与えようとしない以上、海外に領事を派遣するという政策が採られるはずもない。

しかし、国際的な情況の変化により、総理衙門も対応の変更を迫られることとなる。

一八七〇年代に入ると、「クーリー貿易」への国際的批判と、その温床である契約移民制度自体を廃止すべきとの声があがった。これと関連して、駐華アメリカ公使・領事より、スペイン領キューバでの華工虐待が清朝に報告されたが、駐華アメリカ公使・領事の批判は、中国での「招工制度」自体にも及び[52]、清朝は一八七二年、スペイン人による招工活動を禁止した。これに対して、駐華スペイン公使はキューバでの華工虐待の事実を否定し、在華英・仏・米・独・露公使による調停を提案した[53]。同時に清朝に対して、招工活動禁止による損害の賠償を請求した[54]。これを受けて総理衙門は、在華英・米公使の助言のもと、キューバでの華工虐待の有無を明らかにするため、該地への調査団の派遣を決定、当時アメリカで留学生監督の任に当たっていた陳蘭彬をキューバに派遣することにした[55]。また、このスペインとの交渉と並行して、ペルーとの条約締結問題[56]も起こった。「クーリー貿易」が終わりを告げようとする中、清朝との間に条約関係を有しないペルーでは、清朝と条約を締結し、合法的な招工活動を行える環境を作る必要があったからである。これに対し総理衙門は、もっぱら華工の誘拐・販売を事とし、その虐待の甚だしいペルーとは条約の締結など望まないと回答し、交渉に入る条件として、現在ペルーにいる華工全員の中国送還と、以後の招工の禁止とを提示した[57]。

これに対し北洋大臣の李鴻章は、条約を締結した方がペルーの招工活動に何らかの制限ができると総理衙門に提案した[58]。だが、総理衙門の既定の方針に配慮し、ペルーへの調査団の派遣と、調査団訪問時に帰国を希望した華工はペルー側が費用を負担して帰国させること等をペルー側と確認した上で、条約締結の交渉を開始した。こうして李鴻章は、ペルー使節と通商条約を締結し、問題の招工については、第六条にバーリンゲーム条約第五条にならい、両国人民の自由意志によらない移民の招致は許さないとの原則を明記した[59]。また、領事の相互派遣も規定された（第四条）。

キューバ華工問題については、一八七五年一月に陳蘭彬がキューバ華工虐待の事実を証明する膨大な調査報告を携えて帰国すると、情況は大きく変化した。以後の総理衙門と駐華スペイン公使、および五カ国公使団との交渉過程について、「同治五年招工章程」の扱い、および領事派遣に関する点を中心にまとめてみると、次のようになる[60]。

華工の誘拐による出洋とキューバでの虐待の事実が明らかになったことから、スペイン側から賠償請求を受けていた清朝は、逆にスペイン側と公使団に対して、スペイン側がなすべき補償措置の裁定を求めた。これに対し公使団は、あくまで調停者としての立場を堅持し、スペイン側との交渉を勧告した。スペイン側も態度を改め、交渉の基となる提案を行った。この提案の中には、清朝側からキューバに領事を派遣すること、華人でキューバでの労働を希望するものは、キューバ到着後に清朝領事の前で労働契約を結ぶこと、という清朝の領事派遣とその役割に関するものも含まれていた[61]。総理衙門は領事の派遣自体には前向きであったが、領事の役割に関しては、中国での契約を前提とした「同治五年招工章程」と符合しないとし、また領事裁判権を求めた[62]。ここで調停者である公使団がスペイン側の案を改変して調停案を作成、交渉は公使団と清朝との間に移された。公使団は現行の「招工制度」自体に問題があるとして、キューバへの中国人労働者の移民は自由移民とすること、また領事裁判権はキューバ駐在の他国領事も有していない権限であるとし、「同治五年招工章程」および領事裁判権要求はともに放棄されるべきとした[63]。

ここで興味深いのは、総理衙門の反駁の内容である。総理衙門は華工への虐待は「同治五年招工章程」の欠陥によるものではないとし、公使団の唱える「自由移民」原則の適用に対して、「自由移民」についてはそもそも「同治五年招工章程」の関与するところではなく、このことはすでに明言されているとして、「自由移民」原則をここで確認しようとすることに疑問を呈した。さらに、清朝にとってこの問題は「招工」問題なのであり、問題の所在が違うと答えた[64]。このように、問題をあくまで「招工制度」の枠組みの中で捉える総理衙門の見解と「招工制度」自体を問題とする公使団の見解とはかみあっていなかった。

また、領事裁判権については、キューバでは華工はかつての黒人奴隷と同様に雇用主によって私的に制裁が加えられており、このような扱いは華工に対してのみなされていることである、中外の刑法が異なることから西洋諸国は中国で領事裁判権を有しているが、スペインの華工を遇する方法が他国人と異なる以上、清朝はキューバで領事裁判権を行使すべきである、と他国領事を引き合いに出して清朝領事の裁判権を認めないことの「不平等」を訴えた[65]。先にも曾国藩が「領事裁判権」によって在日華人を管理する必要から、日本への領事派遣を論じていたが、清朝の内部では「領事裁判権」を通じて清朝の置かれている国際的な立場を捉える認識があり、それが清朝による領事派遣の一つの要因であった。もちろん、同時期の日本が領事裁判権の撤廃を求める外交交渉を行っていたのとは正反対の対応であることは言うまでもない。

しかし結局、公使団の調停案を受け入れ、総理衙門は公使団の用意した条約案に若干の手直しを加えた条約案を提示した[66]。ところが今度はスペイン側の態度が急変し、条約案を拒否、公使団も調停から退き[67]、交渉は行き詰まった。一八七五年五月のことである。結局条約が締結されたのは一八七七年であった。ただし、実際に締結された条約は一八七五年五月に清朝が提示した条約案と大差なく、交渉の主要な要素は陳蘭彬の帰国後から一八七五年五月までの一連の交渉の中にあったと言える[68]。

こうして清朝は華工虐待の甚だしいキューバ、ペルーに領事館を設置し、その措置は両地域の華工の待遇改善に一定の効果をもたらすこととなった[69]。

一八六〇年の招工活動の許可からキューバ、ペルーへの領事派遣へという動きは、中国での招工活動の管理のみを行っていた状態から、海外での華工虐待に対し領事を派遣して保護を与えるという段階へと変化したと整理できる。だが、それが「移民政策」全般の変化と位置づけうるかどうかにはまだ問題が残る。確かに詳細な章程の制定、調査団の派遣、そして領事の派遣と、その保護政策は進展した。しかし、それには同時に「管理」の問題が伴っていた。たとえば華人の出洋に関し、清朝が積極的に管理・保護したのは招工活動に関わる部分だけであったように、それ以外の管理できない部分は放任していた。管理できる範囲内でしか保護を与えないという政策は、「棄民政策」と揆を一にする。アイリックは、自由移民原則への理解を通じて清朝は「移民」そのものへの認識を変化させたと説明する。このように説明することで、華工問題への対応という、在外華人のある一部分への対応の変化から「移民」全般に対する政策の変化を導こうとしている。だが、自由移民原則への理解という点については、先に見てきたように疑問である[70]。清朝の政策を検討する際、問題の所在はかかる「保護」と「管理」を不可分のものとする傾向にある。そうである以上、招工問題の延長上に起こった領事派遣という新しい動きが、清朝の在外華人に対する政策全般にどのような影響を与えることになるのか、この点は改めて問われなければならない。

四　南洋への領事派遣議論

これまで、対日関係および華工問題という新しい局面に対応して領事の派遣が清朝で検討され始めた経緯を見てきた。では、この領事派遣という新しい動きは、中国と歴史的・地理的に近く、華人の往来も盛んな南洋（東南アジア）への清朝の政策にどのような影響を与えたのだろうか。

南洋への領事派遣が本格的に議論されたのも、日本による台湾出兵事件後の海防論議においてであった。この時南洋への領事派遣を提案したのは、次の二人の地方督撫である。

福建巡撫・王凱泰の意見[71]は、丁日昌の「市舶司設置論」を踏襲したものであったが、その主要目的は異なっていた。丁日昌のそれが海外の「奇技異能を有する者」の召募であったのに対し、王凱泰の関心は経済上の問題にあった。条約港・福州を所管するものとして、王凱泰は、貿易の現状とは「洋人の抑勒」を受けている状態であるとし、官員の海外派遣を、外洋で活発な経済活動を展開する華商との紐帯の役割を果たすものとして期待した。「領事派遣論」において、経済上の効果を重視した初めての意見である。

一方、両江総督・李宗羲の「領事派遣論」は趣を異にする。海外の華人社会の存在に注目する点は同じであるが、李宗羲の提案する領事の役割とは、海外の華人社会の首領と結び、彼らを指導することであり、彼ら首領には官職を授け、団練の指揮に当たらせるというものであった[72]。領事自身が団練の指揮に当たるわけではないが、その派遣目的が清朝治下と同様、海外の華人社会でも団練を実施すること、というのは、通常考えられる領事の役割を大きく超えるものであろう。この意見からは、南洋の華人社会への注目とともに、その華人社会が清朝治下の地域とボーダレスにつながる存在として意識されていることが分かる。そこに強大な権限を有する在華西洋領事のイメージが加わり、李宗羲の中で上記のような領事派遣による南洋華人社会での団練実施の計画となったのである。

ただ、海防論議におけるこの二人の提案に対する反響としては、醇親王奕譞が採用を検討すべき諸議論の中に「招致海島華人」の議として、簡単に挙げているだけであった。[73]

だが、ここで、「海外華人」ではなく「海島華人」となっていることには意味があった。

一連の議論を受けて、総理衙門は最終的な意見をまとめた上奏を行うが、その中で、この「招致海島華人」の議について、次のように述べている。

> 一、醇親王の奏摺は海島華人の招致に言及しております。李宗羲は海外の各港市の壮丁に団練を組織させることを献策しております。王凱泰は外洋にある華商、華人を保護すべきであると申しております。臣等が思いますに、各海島のうち、中国に属するところに居住する華人は、海洋の地勢に通暁し、風濤にも慣れています。もし用うべき人材があれば、当然酌量して召募すべきであります。その西洋各国に属するものおよび華洋の境界にあるものについては、明確にどこの国に属し、どの国の人が多いとは言えませんが、勢い偏重がある場合もあり、これらは均しく我が政令の遍く及びうる所にはありませんので、召募を行うことはあるいは可能かもしれませんが、にわかに団練を行うことは容易ではありません。[74]

つまり、「海外」とすれば、そこには清朝の政令は届かないが、「海島」ならば、必ずしも「海外」と同一の地域を指すのではなく、清朝の統治下の諸島も含むことになる。また総理衙門の回答は、海外華人社会を清朝治下の延長としてボーダレスに捉える李宗羲の意識に対し、慎重な姿勢を示している。

また、総理衙門は続けて、王凱泰の華商保護論と、自らが正に扱っていた華工虐待問題についても、対処すべき問題として併記している。[75]

この総理衙門の上奏に対して下った一八七五年五月三〇日の上諭は、「著して李鴻章を派し北洋海防事宜を督辦せしめ、沈葆楨を派し南洋海防事宜を督辦せしむ。所有分洋、分任、練軍、設局及び招致海島華人の諸議は、統べて該大臣等に帰し、要を択び籌辦せしむ」[76]と、南北洋に海軍を設置するにあたって処置すべき事項の一つに「招致海島華人」が並べられているだけであった。この一連の議論を通じて、初めに王凱泰、李宗義が提案した「領事派遣論」が、醇親王の提案を受けて、その性格が変容させられていることが分かる。「領事派遣」という外交政策上の問題が議論されず、純粋に軍事政策上の問題としてのみ扱われている。この時点ではまだ清朝が海外華人に対する政策の大幅な変更を決定しているとは言い難い。

こうした中、在外華人への政策の変更を再び上奏したのは李鴻章である。

先にペルー使節と条約交渉を行っていた李鴻章は、それと並行して、もう一人のアメリカ留学生監督である容閎にペルー華工の実態調査を命じていた。この容閎から、ペルーでの華工虐待の悲惨な状況について報告を受けた李鴻章は、一八七五年七月条約批准書交換のため来華したペルー使節にこの事実をつきつけ、ペルー側に対処を求めた。交渉の結果、清朝側から使節を現地に派遣し、現地で適宜交渉を行わせることを照会の形で確認することとして、条約の批准を認めた[77]。そして、李鴻章は再度ペルーへの使節派遣を奏請した[78]。李鴻章は容閎の報告から、ペルーに委員を派遣し、現地当局と随時交渉させる必要があると判断したためである[79]。この上奏に対して、ペルーへの使節派遣については、総理衙門と李鴻章、沈葆楨の南北洋大臣とが協議し、報告せよという命が下った[80]。李鴻章はさらに第二節で見たように日本への「理事官」派遣についても総理衙門に早期実施を求めた。こうして、総理衙門は一八七五年一二月についにキューバ、ペルーに領事館を設立すること、そのためアメリカ、ペルー、スペイン駐在公使を派遣することを奏請して裁可を受けた[81]。日本への使節派遣も、翌年（一八七六）マーガリー事件解決後に実施が決定された[82]。

ところがこれら領事（理事官）の派遣が急務とされた地域では、たとえば日本での西南戦争勃発などの影響を受け、その実施は遅れた。その一方で、イギリスにマーガリー事件の謝罪使節兼駐英公使として派遣された郭嵩燾により、一八七七年に清朝にとって最初の領事館がシンガポールに設立されたのである[83]。

ここで「出使大臣」（在外公使）と領事との制度上の関係を確認しておく。まず、「出使大臣」、正確には「出使欽差大臣」は、その名の通り「欽差官」であり、総理衙門とは統属関係にはない。参賛（参事官）など在外公館の館員も出使大臣の随行員としてその人事権は出使大臣にあり、領事はこの随行員に含まれる[84]。郭嵩燾はこの規定に基づき、イギリスへ向かう途上のシンガポールで出会った広東出身の豪商で名望家の胡璇澤を駐シンガポール領事に任命し、ロンドン到着後に英外務省に通知してその承認を得たのである[85]。

郭嵩燾は駐シンガポール領事館の設立を報告し、さらに胡璇澤を南洋総領事とすることを奏請した上奏において、領事館設置の目的を次のように説明している。

まず、西洋諸国が領事館を設立するのは、通商を国政管掌の根本とするからであるのに対し、「中国では通商の利益には全く（国家による）経営はなされず、その民が各国で商売を営むことは、あるいは数世代を超え、あるいは数年になり、中国とは隔絶されてしまっており、官員を派遣して管理しようとしても、阻まれて介入することはできません」と述べる。

では清朝が領事館を設立する意義は何かといえば、彼はここで「保護商民」と「弾圧稽査（統制・管理）」の二つを挙げている。ただ、「保護商民」で具体的に言及されているのは基本的に招工における虐待が問題となっている地域（キューバ、ペルーやルソン、ボルネオ、ジャワ、スマトラ）で、圧迫を受けても訴えるべきところのない商民が、公使派遣の報を聞き、領事の派遣を願っているので、この願いに応えるべきだとする。また、「弾圧稽査」とは具体的には日本やアメリカで行われるはずの現地華人の登録事務のことである。そして「いま中国が領事館を設立するのは民の願いに応えるためであって、国家の政策に相当するものではありません。よって、領事の名目は立てるべきも、領事の費用は決して多くなってはなりません」と述べ、保護を目的とする地域では、商民が領事経費を拠出することを願っているとし、また統制だけ行えばよい所では、その地の紳商で名望のある者を選んでそれを行わせ、登録費用の中から経費を準備し、出使大臣より彼らに職権を与えることで彼らが調停の利益を存分に得られるようにすれば、一切の支出も節約できる、とする。(86)

ここで注目したいのは、郭嵩燾が挙げている領事館設立の理由は、すでに清朝が領事派遣を決定している地域(日本とキューバ、ペルー)への派遣理由であることである。

また、郭嵩燾の提議を受けた総理衙門の回答でも、出使経費の中に領事の項目を設けたのは、あくまでアメリカ、キューバ、ペルー、日本への領事(理事官)の派遣を念頭に置いてのものであること、その派遣理由は保護と管理であること、それ以外の地域については在外公使の判断に委ねられており、郭嵩燾が提案するように現地華人の自弁により領事館が維持できるのならそれでも構わないが、胡璇澤を南洋総領事とするには時期尚早、というものであった。(87)

ここからは、まだ南洋への領事派遣が政策として明確な位置づけを与えられていないことが分かる。また、自らは西洋諸国に商人領事を禁じておきながら郭嵩燾が商人を領事に任じたのは、経費不足もさることながら、彼が述べるように華人社会に官が介入することは難しく、むしろ華人社会に対しては領事という権威を付与する存在としてある方が、官民の関係として望ましいと判断されたのだろう。海外華人社会の有力商人の中にもそのような権威を欲する意向が存在したことは想像に難くない。

ただし、駐シンガポール領事館の経費の現地自弁という当初のもくろみは外れ、一八七八年には駐英公使館の経費から駐シンガポール領事らの俸給は支出されることとなり、また、一八八〇年に胡璇澤が死亡した後、領事の職は代理のままになるが、郭嵩燾に次いで駐英公使となった曾紀澤は一八八一年に駐英公使館の翻訳官の左秉隆をその職に任じている。[88] 以後、駐シンガポール領事（一八九一年に総領事）には清朝官員が当てられている。[89]

さて、郭嵩燾は「保護商民」と「弾圧稽査」を目的にシンガポールに領事館を設立したが、李宗羲のように南洋への領事派遣を軍隊建設の手段として求める意見はその後も存在した。

たとえば、一八七九年に都察院より代奏された貴州候補道・羅應旒の「敬陳管見疏」では、まず在華西洋人の状況を「我が国にいる西洋人は、兵船によって保護されており、また団練を組織して自強を図っています」と述べる。そして、清朝も西洋諸国にならって南洋の各港市に領事を派遣して団練を組織すべきであるとし、そうすれば、清朝は海外に「百万の恃むべき師」を有することとなり、外交交渉においても裨益するところありとの意見を述べている。[90] この意見書は、上諭により南北洋大臣の検討に付されたが、南洋大臣の沈葆楨は、在外華人はみな保護すべきであるが、遍く領事館を設立する余裕はないとし、また、在外華人の一〇人に九人は日々の生活に追われており、軍事教練を行い百万の恃むべき師となすなど非現実的であると覆奏した。[91] 北洋大臣の李鴻章の覆奏は、この問題に触れていない。[92]

また、清朝がロシアとのイリ問題や日本との琉球問題で揺れていた一八八〇年に、四川尊敬書院山長・王闓運は李鴻章に宛てた書簡の中で清朝朝廷が近畿防衛のための二軍を増設したことに対し、これを「備えても用いざる」の軍と批判するとともに、あるべき軍隊建設の計画を論じて、次のように述べている。

いま行うべき政策とは、南洋を経略し、ことごとく領事を置き、旧属の民の心を取り戻し、装甲艦や汽船を海島に遊歴させ、実際の戦争によらずに兵士を訓練させることにあります。これは機器局や同文館の設置よりも実際の役に立ち、たとえこれを招商局や船政局と比較しても、規模遠大で、真に宰相の行うべき職務です。[93]

し李鴻章は次のように答えている。

南洋の各島すべてに領事を設置すべきとの提案は、近年洋務を論じるものの多くが唱えるところである。私は先に筠僊（郭嵩燾）に慫慂して、シンガポールに領事を設置させ、この提案をさせたのだが、その効果のほどは定かではない。西洋諸国の政令は領域内に行き渡っており、新たに開拓された土地（植民地）でも、どの国の公使・領事であろうとその権限（行政権や管理権）を分け与えてもらうことはできない。その上、我が福建・広東出身で、かの地に久しく居住しているものは、すでに当地での管理に慣れており、あえてこれに逆らうことはない。(94)

南洋への領事派遣による海軍建設の意見は、南洋の華人社会を清朝治下の延長上に位置づけており、領事派遣を南洋への積極的進出の方法の一つとみなしている。そうした計画は、領事の権限や南洋の華人社会の力量に対する過度の期待と、南洋の華人社会をボーダレスに自らの世界と一体化させて捉える意識に基づいている。これに対し李鴻章は、植民地とはいえ、南洋には西洋諸国の統治が敷かれていることや、領事はその政治行政に介入できないことを指摘し、そのような計画を否定したのである。

李宗羲の「領事派遣論」も海防論議の中で唱えられたものであるように、周辺危機が相次ぐ中、清朝の官員の中では南洋への領事派遣が海軍建設を中心とする自強の手段の一つとして注目されるようになっていた。だが、清朝の財政難に加え、洋務活動が中央ではなく各地方によって進めざるを得ない状況では、それぞれの洋務活動は経費面において競合することとなる。実際、郭嵩燾が領事館の経費を現地自弁とする提案を行ったのも、清朝の財政が逼迫する中、在外公館の設置が他の洋務事業の経費を奪っていると感じていたからである。(95) 経費不足の中、北洋海軍の建設を進める李鴻章としては、南洋華人社会の力量に過度な期待を抱き、海軍建設の手段として南洋への領事派遣を求める意見には慎重にならざるを得なかっただろう。一方で李鴻章はフィリピンへの領事館設置には熱心であったとされるが、その理由は輪船招商局がマニラと中国沿海の間で貨物輸送を開始し、その事業拡大のため領事を活用しようとしたことが指摘されている[96]。

また、李鴻章の返信からも窺われるように、清朝内部で領事派遣が議論される際、ややもすれば在華西洋領事のように駐在地の政治に介入できる存在として領事を捉える意識が強いことが分かる。このような「領事観」の存在が、担当者をして領事派遣に消極的な態度を採らせることにもなっていた。

一八七九年に英領モーリシャスの華商が領事館設置を求めてきたのに対し、駐英公使の曾紀澤は、総理衙門に次のように報告している。

思うにアフリカ大陸でアメリカ（イギリスの間違いであろう――引用者）の管轄に属する地は多く、そこに寄寓している華民も必らずや少なくないでしょう。もしあちこちすべてが領事の設置を要請してきたら、経費の工面が難しいばかりか、無用の摩擦を引き起こすことにもなります。イギリスの植民地ではどこでも立派な官吏や有能な軍人がいて植民地を統制しており、我が中国の領事が政治に干渉することはできず、（もし領事を派遣してその者が）融通がきかず意固地な者であったら（植民地政府と）いざこざを起こすでしょうし、軟弱無能の者なら（外国人に清朝の領事が）軽蔑されるきっかけを招いてしまい、損あって益なく、止めた方がよいでしょう[97]。

曾紀澤は、植民地であっても清朝の領事がその政治に干渉することはできず、そのような領事の派遣に意義を見出せないばかりか、そのような領事を派遣すれば、権限もないのに下手に現地の政治に干渉していざこざを起こすか、あるいは逆に何もできなくて恥をさらすかといった無用の摩擦を引き起こす（「無事生擾」）と考えている。曾紀澤は植民地でも清朝領事は政治に介入することはできないと理解しているが、だからそのような領事の派遣に意義を見出せないというのもまた、在華西洋領事をモデルとする「領事観」の裏返しと言えよう。

この曾紀澤の書簡は李鴻章にも送られたとみえ、李鴻章から曾紀澤への書簡でもこのモーリシャスへの領事派遣に触れている。

モーリシャス島の華商が領事館設置を求めている件について。以前にシンガポールに領事館を創設した際は非常に苦労し、メルボルンへの領事派遣を議論しているがいまだ実現していない。思うに西洋人の在華領事が獲得している権利は、国際法（の認める一般的な権利）を超えるものである。もし中国側がこれを援用しようとすれば、与える所と報いる所との差を処置するのは難しく、このため各種の妨げがある。常理を論じれば、すべての海外の華民は方法を講じて保護すべきであり、中国が果たして自強を達成できたなら、まさにその機会に乗じて互いに抑制しあい、約章を改定し、西洋領事の（過分の）権利を多少は取り除くこともできるだろう。いかんせん中国の力量には未だそのような余裕はなく、かつ彼我の刑章・律法はかけ離れており、相手にも口実とするところがある。もし領事館を設置しても華民を管理することができなければ、ただ経費の工面が難しいだけでなく、無用の摩擦を引き起こすことにもなる。来書に言う「融通がきかず意固地な者であったらいざこざを起こすだろうし、軟弱無能の者なら外国人に軽蔑されるきっかけを招いてしまう」とは、まことに本質を知りつくし慎重で経験豊かな見解で、総理衙門も同意見であろう。(98)

李鴻章は、曾紀澤の清朝領事は駐在地の政治に干渉することができないという見方に対し、西洋領事の持つ裁判権等の権限は過大なもので、清朝が自強を果たした暁には改めるべきものとみなしている。この点で曾紀澤と「領事観」を異にしていると言えよう。だが、同時に現状では領事裁判権を撤廃するのは難しいことも認めており、この状況下で領事を派遣して華人を管理できなければ、曾紀澤の言うような無用な摩擦を引き起こしかねないことを認めている。[99]

この「無用の摩擦を引き起こす（無事生擾）」とは、清朝の領事派遣に対する消極性を表す根拠として先行研究では言及されているが、[100] この認識は領事派遣自体に対するものというより、清朝領事に在華西洋領事のような地方行政への介入を求める意識が強い中で領事を派遣した場合、植民地政府との間で生じることとなる摩擦や問題を懸念してのものと言えよう。

たとえば李鍾珏『新嘉坡風土記』は、一八八〇年代のシンガポール領事の様子を次のように述べている。つまり、西洋人は中国では領事裁判権を有しているが、これはそもそも西洋諸国間の通例ではなく（「非西例」）、[101] 在シンガポール各国領事も領事裁判権を有していない。このため清朝領事が処理に当たるべき事柄も、全て華民護衛署の管轄に帰してしまっており、清朝領事の職務といえば、船舶の登録証明書の発給業務以外には、文教事業の指導くらいしかない、と。[102] こうした叙述にも、清朝の領事に対し領事裁判権に象徴される権限を期待する意識が表れている。

このような中、領事裁判権のような権限を持たない領事の派遣に積極的な意義を見出した意見が駐シンガポール領事の左秉隆より提起された。一八八二年にオランダ領インドネシアへの領事派遣について諮問を受けた際、左秉隆が提起した領事派遣論についてはすでに先行研究で詳しく論じられているので、[103] ここでは要点のみ言及することとする。

左秉隆は、領事派遣の利点として、領事裁判権はなくとも領事には申し立てや話し合いの権利はあり、また領事の存在自体が華人に対する虐待の抑止力となりうることを挙げている。また、領事を通じて現地の風俗に染まった海外華人を感化して清朝に帰服させられることや情報収集の利益も挙げている。ただ、具体的な領事派遣の方法として左秉隆が提案したのは、各都市の領事には商人を当て、この商人領事を選定・統括するためジャワに総領事を設置し、毎年各都市を軍艦に乗って巡視し、清朝の声望と威厳を盛んにさせる、というものであった[104]。

この左秉隆の領事館設置モデルは、のちの張之洞や薛福成の領事館増設論にも継承され、実際、薛福成は一八九〇年代に駐シンガポール領事を総領事とし、ペナンに現地華商による副領事を置いている。このため左秉隆のこの提案は、一八八〇年代初頭における清朝の領事設置論の変化の表れとみなされている[105]。

ただ、左秉隆のこの提言もまた、清朝と南洋華人社会との関係について、清朝官員（総領事）はやはり華人社会に対して領事という権威を付与する存在としてあるのがよいと考えており、有力商人を通じて華人社会と結び付き、清朝の影響力を浸透させることを狙ったものと言える。それは、清朝の統治体制下における官と民間経済の関係や、南洋の華人社会の状況からして現実的な方法であるとともに、伝統的な中国世界の伸縮自在性を反映していよう。だが、東南アジアにおける西洋諸国の植民地経営において華人社会の果たす役割は大きく、特にオランダ領インドネシアなどはまさに華人有力者を役人に任命することで華人社会を間接的に統制しており、このような清朝の領事が派遣されることは、国家建設の途上にある植民地当局には脅威であったろう。

左秉隆の提言を受け、駐オランダ公使を兼任する李鳳苞はオランダに領事設置を要請したが、オランダから領事設置には特別条約が必要だとする回答を受けると、それ以上の交渉は行われなかった。そして、東南アジアにおいて中国領事館の増設が本格的に進むのは、中国および東南アジア双方において国民国家の形成が進む二〇世紀初頭のことであった。

小　結

これまでの研究は国際法の範囲内で自国民を保護するという現代の領事イメージを無条件に想定しているが、国際法は「同質文明の国際社会」をその前提とし、この「同質性」の欠如こそが領事裁判権が要求される根拠であった。この「公法を溢《す》ぎた権限を有する西洋領事を通じて、清朝の官員たちはその「領事観」を形成していった。たとえば、「兵船をもって自国民を保護する」という西洋領事像は、清朝の海防強化策に伴い唱えられたものだが、ペルー華工の嘆願書にも「軍艦の巡航」が言及されているように、当時の領事制度の実態を反映したものであった。

在華西洋領事の有する軍艦停泊権や領事裁判権に端的に示されるような管理権は、当初の清朝の論理では、清朝が西洋諸国に恩恵として与えた貿易の監督者としてのものとみなされた。それが、海軍建設が急がれる中、清朝の官員に注目されるようになった。そして、同時期に対日関係と華工虐待問題への対応として領事派遣が決定されたこともあり、領事を派遣することで南洋の華人社会を自らの藩屏としようという積極的な対外構想が持ち上がった。しかし、そのような「領事派遣論」は、領事の権限と南洋の華人社会に対し過大な期待を抱いており、また南洋がすでに西洋諸国の支配下にある（入りつつある）情況下では、西洋諸国との対立にもつながる。そのため、この時期に日本やアメリカ大陸では領事館の創設が相次ぐ一方、南洋への領事館増設は進まなかった。そしてそれは、李鴻章の外交方針や自強活動とも符合していた。

在華西洋領事を自国商民の保護者であると同時に管理者でもあるとする「領事観」に始まり、領事派遣を議論する際、常に「保護」と「管理」とを不可分のものとする傾向は、管理できなければ保護も与えないという「棄民政策」の裏返しであり、清朝の統治体制にも関わる。特に華工虐待問題に対する総理衙門の対応が端的に示すように、華工保護のために領事を派遣する措置は、「招工」管理の延長上にあるとも言える。

また、華人社会の発達していた南洋においても、官は華人社会に直接介入するのではなく、領事という権威を与える存在としてこれに対する方法が採られた。つまり、清朝の領事制度の導入は、海外華人政策の根本的な転換による統治体制の変容ではなく、実際にはその統治体制の延長上に行われていたと言えよう。

以上、第Ⅰ部では、清朝による常駐使節制度と領事制度の導入過程を検討し、それぞれの制度が清末中国においていかなる意味や役割を有するものとして導入されたのかを明らかにした。朝貢体制と条約体制の対比という枠組みから清朝による常駐使節や領事の派遣を論じる従来の研究では、常駐使節や領事の派遣決定は、清朝の対外体制・統治体制の転換を象徴するものとして重視され、これをもって清朝の国際社会への参加が完了したとされる。だが、そのような問題設定は、西洋社会における常駐使節や領事の機能・役割を前提としており、そこでは清朝にとってそれらの制度がいかなる意味を持ったのかは問題とされない。しかし、上で明らかにしたように、常駐使節も領事も、当時の清朝の状況に応じてその必要が論じられ、その導入が行われた。そして、実際に設立された在外公使館や領事館は、清朝の対外体制・統治体制を基礎として、体制外の「洋務」機関として、あるいは「招工」管理の延長としての性質を強く持っていたのである。常駐公使や領事の派遣決定は、清朝の対外体制・統治体制の転換の結果ではなく、むしろそれを基礎として導入された常駐公使や領事の制度が、その後の中国外交にいかなる影響を与えたのかが問われなければならない。

第Ⅱ部　一八八〇年代以降における中国外交の変化

第Ⅰ部では、清朝が常駐使節と領事の派遣を決定するに至る経緯を論じた。そこでは、常駐使節の派遣決定をもって、清朝が国際社会に仲間入りした最終段階とみなすことはできないこと、また領事館の設立は清朝の海外華人政策や統治体制の根本的変化を意味するものではないことが明らかとなった。当時の「洋務」のあり方そのものが表すように、西洋との関係はなお清朝の体制の外にあり、海外華人との関係は「招工」管理のごとく、その体制の延長上にあった。

しかし、つとに注目されてきたように、在外公館は西洋的外交を受容し、積極的な外交活動を展開した。つまり、一八八〇年代以降、中国を取り巻く国際環境が厳しさを増す中、積極的に国際法を援用し、不平等条約によって喪失した利権の回復を図り、また属国に対する外国勢力の浸透に対し、宗属関係を西洋国際関係に準拠したものに改編することでこれに対抗しようとしたなど、西洋近代的な外交や国際関係の受容において、在外公館は本国に先駆けていたことが指摘されている。

本書もまたこのような評価を踏襲するものである。ただ、在外公使の外交と本国の外交とを対比的に捉えるだけでなく、この両者の外交の関係を通じて、清朝外交のあり方、性質を明らかにすることを目的とする。そしてその清朝外交の中で、在外公館はいかなる位置にあったのか、また「洋務」機関的な在外公館において西洋近代の外交・国際関係の受容が進む中、「洋務」の一部としての外交のあり方はいかに認識されたのかなど、当時の清朝外交そのもののあり方と在外公館との関係を論じたい。

多数の外交交渉の中で、本書は第3章で駐米公使の張蔭桓による在米華人襲撃事件に関する交渉を、第4章では駐英公使の曾紀澤の滇緬界務交渉を、そして第5章では曾紀澤の滇緬界務交渉を引き継いだ薛福成による外交活動を取り上げる。

この三件の外交交渉を取り上げるのは、いずれも公使本人や交渉成果への評価が先行し、それぞれの外交交渉の性質が十分に理解されていないからである。また、海外華人保護と国境画定という交渉内容は、清朝の統治体制に関わるものだからである。第3章と第4章では、特にこの統治体制との関係を中心に、張蔭桓と曾紀澤の外交交渉と本国の外交を検討する。在外公使による西洋近代の国際関係に則った外交は清朝の統治体制と抵触する。対外関係を体制の外で対応してきた当時の清朝外交は、その時いかなる対応を見せたのか。「洋務」の一部としての外交のあり方が、そこに確認できるだろう。

また、第5章で取り上げる薛福成は、洋務思想家として名高いだけでなく、外交官としての評価も高い。彼の外交思想についても、日清戦争前の在外公館における西洋国際関係受容の一つの到達点として、しばしば言及されている。ただ、彼の携わった外交交渉の中で、この滇緬界務交渉、特にその国際法に依拠した交渉方針については、先行研究の評価は芳しくない。本書では、実はこの交渉方針こそ、新しい清朝外交を追求した薛福成の外交思想を体現したものであったことを明らかにするとともに、薛福成のもとで「洋務」の一部であった外交に変化が起こり始めることを確認したい。

第3章　在外華人保護の動きとその限界
——駐米公使・張蔭桓の移民問題に関する対米交渉を例として——

はじめに

第Ⅰ部において論じたように、キューバ、ペルーにおける華工保護の必要を一つの要因として、清朝は領事館の設置に踏み切った。一八七五年一二月にキューバ、ペルーへの領事派遣と、その領事を監督するため駐アメリカ・スペイン・ペルー公使の派遣が決定され、当時官費アメリカ留学生の監督官でキューバでの調査を担当した陳蘭彬を公使に、同じく官費留学生の副監督でペルーでの調査を担当した容閎を副使に任じた。正式に駐米公使館が設立されたのは一八七八年のことであるが、その後スペインとペルーに公使館を開設するとともに、キューバやペルーに領事を派遣、またアメリカのサンフランシスコに総領事館を、ニューヨークにも領事館を設置した。

領事の派遣により、キューバ、ペルーでの華工の待遇は改善された。だがその一方で、かつて自由移民制度のモデルであり、華工虐待事件への対処を清朝に求めていたアメリカで、一八七〇年代末より華人排斥の風潮が高まり始めていた。そして、その排外熱は、ついに一八八五年のロックスプリングス事件という大規模な排撃事件に発展した。この事件の処理を担当することになったのが、三代目駐アメリカ・スペイン・ペルー公使に任じられた張蔭桓である。

張蔭桓（一八三七〜一九〇〇）、字は樵野、広東省南海県の人。科挙官僚ではなく、捐納によって官界入りし、いわゆる「洋務」活動における才を地方大官に買われて累進した人物である。彼は日清戦争後の清朝において総理衙門大臣・戸部左侍郎という外交・財政上の要職にあり、康有為ら変法派を支持して一八九八年の戊戌の変法に関わった。だが、同年秋の政変で新疆に流罪となり、一九〇〇年の義和団事件の最中に流刑地で処刑された[1]。このように清末の政治・外交において重要な役割を演じた張蔭桓だが、「(その)生涯の事跡の極めて重要でありながら、しかし極めて不明である」と評される[2]。張蔭桓の戊戌の変法との関わりが甚大であったため、その事跡の多くが隠滅されたと指摘される一方[3]、一八九八年ロシアと「旅大租借条約」を締結した際、李鴻章とともに多額の賄賂を受け取ったなどの貪婪な官僚としてのイメージも付きまとい[4]、張蔭桓と変法派との関係もこれを否定的に扱うもの[5]、逆に重大な関係を有したとするもの[6]とに意見が分かれるなど、張蔭桓に対する評価には毀誉褒貶が甚だしい。

こうした中、張蔭桓の著書の中で比較的よく利用されるのが、彼が一八八六年から八九年の間、駐アメリカ・スペイン・ペルー公使として海外に駐在した際の在外生活について記した『三洲日記』である。この日記は全八巻にのぼり、同様に在外生活について報告した出使大臣つまり公使たちの日記の中でも特に内容が豊富である[7]。

清朝が派遣した公使たちは在外勤務期間の見聞を報告することが義務づけられており、随行員を含めて多くの在外官員の日記が刊行され、それを活用した研究も少なくない[8]。ただし、これまでの研究は公使個人の国際観念の変化など思想史的な研究が中心であり、また取り上げられる人物にも偏りが見られる[9]。

張蔭桓の『三洲日記』についてもいくつかの先行研究がこれを利用している。ただこれらの研究では、あるものは張蔭桓の西洋観を中心に論じるものであり[10]、またあるものは彼が行った外交活動として華人排斥問題をめぐるアメリカとの交渉を扱ったものであるが、後者の研究でも基本的にはアメリカ側からの考察が主となっている[11]。清朝が自らアメリカへの華工の移民を禁止しようとする「自禁政策」を提唱したことから、この時期の張蔭桓の交渉に対しては消極的な政策であったという評価が前提とされており、[12]『三洲日記』と清・米両国の外交史料とをつきあわせた実証的な研究は十分に行われていない。本章では『三洲日記』と清・米両国の外交史料とをつきあわせながら、アメリカにおいて張蔭桓の交渉方針が形成されていく過程を追い、張蔭桓の外交活動が有していた積極的な側面を明らかにする。そして、張蔭桓の在米外交交渉とその本国の政策との関係を考察することにより、一八八〇年代後半の一公使の在外活動を、清末外交史の中でいかに位置づけるべきかを問うこととする。

なお、本章でも他の章と同じく中国人移民について基本的に「華人」や「華工」、「華商」という当時の清朝での呼称を用いるが、アメリカ政府の政策への言及の際などには慣用的な呼称として「中国人移民」、「中国人労働者」などの表現も用いる。

一　ロックスプリングス事件の発生と清朝による「自禁政策」の提唱

(1) 前　史

華工、つまり中国人労働者のアメリカへの大量流入が本格化したのは、一九世紀中葉のゴールド・ラッシュを第一の契機としてであった。その後一八六〇年代には大陸横断鉄道の建設を第二の契機として、大量の中国人労働者がアメリカに渡った。当初清朝は中国人の海外渡航を禁じており、また西洋諸国の植民地への渡航は、誘拐や詐欺などによって連行し契約によって労働を強制するいわゆる「クーリー貿易」の形で行われた。第2章でも述べたように、一八六〇年英・仏との北京条約によって中国人の海外渡航を認めさせられた清朝は、契約移民の保護と管理に乗り出したが、一八六九年に批准したアメリカとの間のバーリンゲーム条約は契約移民を否定して自由移民原則を確立し、中国人のアメリカにおける権利を規定していた。これは廉価な労働力としての中国人の移民を促す目的で、前駐華アメリカ公使バーリンゲームとアメリカ合衆国との間で締結された条約であった。

だが中国人のアメリカへの自由移民を保証したバーリンゲーム条約が締結された一方で、アメリカ社会は西部を中心に中国人移民を排斥する動きに向かっていた。

中国人移民排斥の背景としては、廉価な労働力としての中国人労働者がアイルランド系移民を中心に白人労働者の脅威となったという経済的な理由に加え、人種的偏見、中国人の独特の文化・風俗および賭博やアヘン吸引などの悪習が白人の中国人に対する敵愾心を増大させたことが指摘される。[13] また一八七〇年代を通じて中国人排斥運動は組織化され政治的な運動となり、労働者階級の支持をめぐって大統領選挙にも関連するなど政治問題化し、中国人排斥の感情が煽られたとされる。[14]

一八七九年には上・下両院はいわゆる「旅客一五人法案（Fifteen Passenger Bill）」を可決し、バーリンゲーム条約に規定された自由移民原則を否定した。この法案はバーリンゲーム条約に違反するとしてヘーズ（Rutherford B. Hayes）大統領によって拒否されたが、一八八〇年アメリカ政府はバーリンゲーム条約を改定するため清朝に使節を派遣した。[15] エンジェル（James B. Angell）を中心とするこの使節団は、一八八〇年一一月一七日にバーリンゲーム条約に代わる移民条約を清朝との間に締結することに成功した。このいわゆる「エンジェル条約」（中国では「続修条約」と呼ばれる）の最大の特徴は、その第一条において中国人労働者のアメリカへの移民をアメリカ側の判断によって制限する権限を認めたことである。もっとも、清朝がアメリカ政府に認めたのはあくまで「或いは整理を為し、或いは人数・年数の限を定める」ことであって、「並びに（決して）前往を禁止するに非ず」（the Government of China agrees that the Government of the United States may regulate, limit, or suspend such coming or residence, but may not absolutely prohibit it)（第一条）、またこの条約は労働者以外の就学、商業、旅行を目的とした渡米に対しては従来通りの自由な渡航を認め（第二条）、現時点ですでにアメリカに移住している中国人労働者に対する保護も認めている（第三条）[16]。とはいえ、アメリカ側にこれほどの権限を与えた背景としては、一八八〇年当時、琉球問題やイリ問題など重要な外交問題を抱えた清朝にとって、アメリカとの友好関係の維持が必要であったこと、華工の増加が他の在米華人の活動、特に商業活動に与える影響を恐れたことなどが挙げられる[17]。

エンジェル条約の締結を受け、アメリカ議会は一八八二年初めに中国人労働者の移民を以後二〇年間停止する法案を可決した。この移民制限法案の可決に対して、駐米公使の鄭藻如は二〇年間の移民禁止は一八八〇年の条約の性格を誤解したものであり、清・米両国の友好関係を損なうものとして抗議した。この抗議は功を奏し、アーサー（Chester A. Arthur）大統領はこの法案を拒否したが、すぐさま議会は新しい移民制限法案を可決、一八八二年五月六日、大統領もこの新しい法案にサインした。この中国人移民制限法は、以後一〇年間の中国人労働者のアメリカ移住を停止するものであり、労働者以外の入国には清朝政府の証明書によって身元を確認することなどを規定したものである。さらにアメリカ議会は一八八四年にはこの移民制限法に対し、労働者以外の中国人の入国に際し英語で身分・職業を記した身分証を提示することなどの規定を含めた修正を加え、中国人移民の身元確認を一層厳格にした[18]。

中国人移民の身元確認が厳格に規定されたことで、たとえば英領香港の華商は清朝政府の証明書を所有しないために入国を拒否されるなど、規制外の中国人の入国にも様々な影響が及んだ。また他国への渡航に際しアメリカの港を経由する自由は法令でも認められていたが、これについてもアメリカの税関でしばしば拒否されるなどの問題が生じていた[19]。このように中国人移民を排斥する動きが加速する中、一八八五年九月二日にワイオミング準州ロックスプリングス（Rock Springs）で大規模な中国人襲撃事件が発生した。

この中国人襲撃事件によって二八人の中国人が殺害され、一五人が重傷、被害総額は一四万七〇〇〇ドルに上った。この事件を受けて鄭藻如は国務省長官ベイヤード（Thomas F. Bayard）に犯人の処罰と中国人の被害に対する賠償を要求した。これに対し一八八六年初めベイヤードは事件に対する連邦政府の法的責任は否定したが、無辜の不幸な犠牲者に対する寛大と同情の感情から賠償を論議する用意があると回答し、一八八六年三月二日クリーブランド（Grover Cleveland）大統領は一五万ドル以内の賠償を支払うべく審議するよう議会に特別教書を送った。[20] こうして議会によってロックスプリングス事件への賠償問題が討議されているその最中の一八八六年四月、張蔭桓は新しい駐アメリカ・スペイン・ペルー公使（以下「駐米公使」とする）として首都ワシントンに到着したのである。[21]

（2）清朝による「自禁政策」の提唱

ロックスプリングス事件以後、中国人襲撃の動きは西部諸州に波及し、ワシントン準州のタコマやシアトルなど各地で中国人が被害にあった。このため、サンフランシスコの華商会館董事たちは一八八六年初めに総理衙門に対しアメリカ政府に保護を要請するよう求める電信を送付した。ただ一八八六年二月一七日付で受理されたこの電文では、

いま、アメリカのサンフランシスコでは現地民と華工がまたまた騒乱を起こし、当地の一般市民と商人は皆その被害を受け、経済的損失は約五〇万ドルに相当し、殺害された市民も約四〇人ですが、一切賠償はございません。このためアメリカ西部一体の市民はみな乱民を恐れて逃げてしまい、当該地域の各国の商人もその被害を受けております。

と、現地人と華工との抗争のためにサンフランシスコ他西部一帯の商民が被害を受けているとしており、[22] ここでは

中国人対現地人という対立構造というよりも、華工の騒乱によってそれ以外の華人の利害が損なわれていることを問題にしている。

一方、アメリカに移民した華人の主な出身地である広東にもアメリカでの華人襲撃事件は大きな衝撃をもたらした。両広総督・張之洞は鄭藻如に対し「広東省では、近頃人心が動揺して不安定であり、洋商は恐れ怖がり、非常に危険な状況にある」と広東の状況を告げ、情勢の沈静化のためにもアメリカ政府との交渉を急ぐよう求める電信を送った。(23) ところがこうした張之洞の行為は歪曲され、張之洞がアメリカ大統領が賠償を拒否したことに対しアメリカ人に対する「報復」を鄭藻如に指示した、との報道がロンドンでなされた。(24) 駐華アメリカ公使デンビ（Charles Denby）より「報復発言」の事実確認の照会を受けた清朝は、張之洞に対し事実関係を報告するよう命じた。(25) すぐさま張之洞は「報復発言」は虚偽であることを報告したが、(26) アメリカでの華人襲撃事件を機に中国での排外風潮が高まることが、アメリカとの友好関係に悪影響を及ぼす危険性を清朝は改めて痛感したであろう。

そもそも清末の官僚たちの間には、ヨーロッパ列国とは異なる独自の外交路線に立ち、清朝との利害の衝突も少ないアメリカに対して友好を維持すべきとの認識が根強かった。たとえば李鴻章の幕僚で後に公使として英国他へ赴任することになる薛福成は、一八七五年の「海防密議十条・択交宜審」の中で、

アメリカは独立の一洲であり、その風気は質朴で、中国と猜疑や不満から仲たがいする恐れの最もない国である。そのニューヨークとバーリンゲーム公使との間で締結した新約は、我が中国を助ける意思を明示している。中国が弱まればヨーロッパは強大となり、かえって彼の国の害になるのを恐れてのことだろう。このため、中国とアメリカとは誠意を持って交わりを結び、小さな疑いなど棄てなければいけない。アメリカは中国の強力な助けであって、失ってはならないのである。

と述べている。[27]

また張蔭桓の随員として共にアメリカに赴任した許珏は、前年の華人襲撃事件の記憶も生々しい一八八六年に、軍機大臣兼総理衙門大臣の許庚身に宛てた書簡の中でアメリカについて「思うに、外国の文物の豊かさを論じれば、アメリカはヨーロッパに及びません。しかし、外国人の人情の篤さを論じたら、ヨーロッパはアメリカには及びません」と評している。[28] 華人襲撃事件についても、「私は外国に到着する以前は、疑いを抱くこと水のように深く、また火のごとく激しかったのですが、こちらに到着し、実際の状況を目にするに及んで、争いが起こる理由を知ったのですが、咎はアメリカ人にあるのではなく華人の側にあり、また華民にあるのではなく、華官にあったのです」とする。つまり、広東人は利を好むことに必死で、内地においても一種独特の風気を成しており、多くの広東人がアメリカに流入したため、時に罪を犯して罰せられる者もおり、またアイルランド系移民と衝突して災いを起こした。そこでついにアメリカ政府は清朝領事による彼らの管理を望んだ。だがその領事たちも同じ広東人であるため、一向に広東系移民を保護・管理することができていない。このことがこの問題の核心である、と。[29] 本籍廻避の制度を採る清朝の知識人にとって、同郷人による管理が問題であるとの認識は自然なことであるかもしれないが、ここからはアメリカの清国領事館と現地華人社会との関係の近さが窺われる。それはあたかも広東社会の延長のようなものであろう。ここに在米清国領事館の性質が表れている。だが、江蘇人である許珏には広東人のために清朝の利益が損なわれているとの感覚があったと言えよう。[30]

以上のようなアメリカとの友好を重視する意識や、アメリカに渡った広東系移民に対する認識、また広東系移民内部での利害の相違などを考えると、鄭藻如が清朝自らによる華工の渡米禁止を提案した際、総理衙門がこれを採用したのも自然な流れであったかもしれない。

ロックスプリングス事件の賠償問題がまだ解決を見ない一八八六年八月三日、総理衙門は駐華アメリカ公使デンビに対し照会を送り、清朝自らが華工の渡米を禁止する方針を告げた。主な内容は①渡米経験のない華工についてはこれの渡米を厳禁し、②アメリカから帰国し、家族や財産をアメリカに残していない華工についてもまた再度の渡米を禁じるが、③現在アメリカに留まっている華工および条約によって渡航の自由を認められている華人については、条約に基づいて処理するというものであり（以下この三点を「三端」とする）、詳細な規定については駐米公使より決定し、公布するというものであった[31]。

こうして総理衙門は一八八〇年の「続修条約」で否定したはずの華工の「渡米禁止」を自ら提唱したわけである。ただ、労働者の移民を自ら禁じることでアメリカでの華人排斥運動の沈静化を図るというのは一面消極的な外交政策ではあるが、一面においては自ら移民の管理を行うという意味で移民を排出する広東社会に対する積極的な介入という側面を含むことにもなる。なぜなら広東が移民を排出するのにはそれなりの理由がその社会にあったからである[32]。

では、総理衙門は「自禁政策」を提唱した際、このような明確な見解を有していたのであろうか。この点については後述することとして、詳細な規定を定める責任を負うことになった張蔭桓は、アメリカ到着後どのような認識を持ち、またどのような方針のもとにアメリカ政府との交渉に臨んだのか、この点を中心に彼の外交活動を考察することとする。

(3) 張蔭桓の交渉方針

アメリカに到着した張蔭桓がまず取り組まなければならなかったのは、ロックスプリングス事件の賠償問題をめぐる議会工作とこの事件以外の華人被害事件[33]の処理の催促、そして当時議会で持ち上がっていた中国人移民制限法改定の動きへの対応であった。ロックスプリングス事件への賠償については一八八六年六月四日上院を通過しており、下院での可決にも楽観的であったが[34]、張蔭桓が警戒したのは移民制限法の改定の内容であった。上院では一八八四年に引き続き再度移民制限法の改定が持ち上がっていたが、張蔭桓は以下の二点が特に華商の利益を損ねるものとして、六月一一日にベイヤードを訪れ抗議した。それは一八八二年の制限法による一〇年の移民停止期間が経過していないにもかかわらず新たに一〇年の制限期間を設定しようとしていたこと、および中国人の乗船にあたって五〇トンごとに一人の中国人の乗船しか認めない、という厳しい規定であった。特に第二点目は商人など制限と関係ないはずの中国人の移動に大きな影響を及ぼすものであり、張蔭桓は一八八〇年の「続修条約」第四条に則り国務省との交渉を要求した。これに対しベイヤードは二、三カ月後に新たな条約を清・米間で締結することを提案したが、張蔭桓はこれを拒否した[35]。

ロックスプリングス事件の賠償については、下院での審議が未了のまま夏季の休会期に入り、冬の議会再開まで持ち越しとなったが、張蔭桓は議会が賠償問題と並行して制限法改定を急いでいることを警戒し、この制限法改定に反対することを当面の交渉課題と考え、総理衙門へもこの交渉方針を報告した[36]。ところが、この報告が届く前にすでに総理衙門は駐華アメリカ公使デンビに「自禁政策」を通知していたのである。

張蔭桓の報告を受けた総理衙門は、一八八六年八月二九日にデンビに対して照会を送付し、移民制限法改定の動きに対し抗議した。張蔭桓の方針に沿って、特に年限とトン数による制限の二点について反駁を加えるとともに、一八八〇年の「続修条約」第四条の規定に基づいて、清・米両国による交渉を求めた[37]。

これに対しデンビは、三権分立の原則とアメリカ議会の立法過程を説明し、議会において審議が終了していない以上この問題について政府が交渉することは「時期尚早である」との回答を寄せた。また総理衙門（および張蔭桓）が交渉要求の根拠として挙げている「続修条約」第四条についても、アメリカが法律として制定し、その内容が清朝側の利益を損なう場合に両国による交渉ができるという意味であり、アメリカではいまだ法律として制定されていない以上、現時点においてこの問題について交渉することはできないとし、アメリカ議会が再開される冬以降に議論したいとした(38)。

一方、九月二三日に総理衙門より「自禁政策」の方針と総理衙門がデンビに送付した八月三日付の照会の写しを受け取った(39)張蔭桓も、すぐにはベイヤードとの交渉には入らなかった。張蔭桓自身、暫時華工の渡米を停止し、アメリカの排華熱が沈静化するのを待つことを考慮していた(40)。また在米華人社会内部において械闘（凶器を持っての集団争闘）が絶えないなど、広東系移民側の問題も指摘している(41)。

ただその一方で、同じく広東人である張蔭桓は、会館・領事館を通じてニューヨークでの中華医院の建設(42)や、サンフランシスコ、キューバ、ペルーでの中西学堂の設立を助力したり(43)、またサンフランシスコ中華会館董事で南海挙人の羅熙暁の偽称被害に対しては彼の冤罪を晴らすべく上奏したりなどしており(44)、また在外華商の側もたびたび中国本国の災害に対する義捐金を送り、それを張蔭桓が報告するなど、相互に関わりあっていた。このようにアメリカにおける公使や領事と現地華人社会との距離は非常に近く、特に領事は会館を通じて現地華人社会をまとめ、内部の利害の調停を行う存在であった(45)。そのような近しい官民関係の中で、在米華人社会に大きな影響を及ぼすであろう「自禁政策」を推し進めることには困難が予想されたであろう。

だが、アメリカ議会が一二月六日に再開され、ベイヤードが総理衙門の「自禁政策」を唱えた照会を根拠に新たな移民協定の締結を要請してくると(46)、張蔭桓もベイヤードとの交渉方針を決定しなければならなくなった。この時期の日記には、張蔭桓の総理衙門の「自禁政策」に対する戸惑いが記されている。特に総理衙門の「自禁政策」の「三端」のうち、第二点の「アメリカに家族・財産を有するもの」の範囲をいかに定義・確定すればよいのかが問題となった。これまで各地に散在する華人の名簿などなく、家族・財産について調査の仕様がなかったのであるが、これによってアメリカに再入国できるかどうかが決まる重要な事柄であった。このためなかなか細則を決められないでいた[47]。またサンフランシスコの華人社会の反応も注意しなければならなかった。サンフランシスコではすでに張蔭桓がアメリカ政府との間に中国人移民の制限に関する条約を締結しようとしているとの情報が伝わり、請願書を用意する動きがあったが、これに「自禁政策」のそもそもの提案者である駐サンフランシスコ総領事の欧陽明も付和していた。この欧陽明の食言に対し、張蔭桓は「アメリカ政府が過酷な移民制限法を制定しようとしているのを明らかに知っている以上、中国自ら禁止して体面を保ったほうがよいではないか」と不満を示したが[48]、欧陽明に対して、サンフランシスコの各会館・公所の紳商を集め、華工の移民を「自禁」した後いかに利益を守り損害を防ぐべきかについて協議するよう命じた[49]。

なお、実は欧陽明はこの直前の光緒十二年十二月末に駐サンフランシスコ総領事を辞職したい旨を張蔭桓に伝えており、張蔭桓もこれを受理していた[50]。欧陽明の総領事辞職の表向きの理由は病気によるものであったが、この時期サンフランシスコの華人社会では一つの事件が起こっており、張蔭桓は欧陽明の採った処置を非難していた。その事件とは、新寧人の衛滋徳という人物が巨費を投じて栄華公司という会社を設立し、華工を多数雇ってメキシコに送り、鉱山で働かせようとしたが、過酷な労働に耐えられず、メキシコに送られた華工たちはそこから帰ることもできずにいるという事件であった。張蔭桓は欧陽明に対して栄華公司に費用を負担させて華工をサンフランシスコに送還させるよう命じたが、欧陽明は「道理で説いても禁止しても無駄です」と回答してきたため、張蔭桓は非常に驚きあきれている[51]。またサンフランシスコの会館董事たちの中にもこの「猪仔頭[52]」と異ならない衛滋徳を擁護する動きがあった[53]。バーリンゲーム条約によってアメリカへの移民は全て自由移民でなければならないとの原則が規定されたが、現実には渡航費用の前貸しなどで一定の制約を受ける契約移民の形態が依然として多く、またそのような華工を移送することで利益を得ている華商もいたのである。会館は現地華人を保護する役割を有すると同時に、そのような契約を通じて華人を管理している側面もあった[54]。こうした状況下で張蔭桓は華工の移民の「自禁」

を交渉しなければならなかったのである。

「自禁政策」に対する迷いはなかなか消えなかったようで、一八八七年二月一〇日の日記には、領事から老人・病人や仕事のない者に帰国を勧告したり、昨年のように船運賃を値引きするなどして帰国の条件を整え、華人に帰国を強制するものではないが、清朝側の華人保護の意思を明確に示せばアメリカ側の排華熱も沈静化することになるのではないかと、総理衙門の「自禁」ともアメリカ政府の「制限」とも違う自分の意見を述べている。そして「華人は各港に分散しているとはいえ、この気持ちを理解してくれるにちがいない」と結んでいる。[55] 在米華人社会の反応に留意しなければならなかったが、この同じ日に下院においてロックスプリングス事件への賠償が可決し、張蔭桓はいよいよベイヤードとの本格的な条約締結交渉に取り掛からなければならなくなった。そして張蔭桓は、華人の「保護」に重点を置く交渉方針を採用したのである。

条約交渉に向けて準備を進める中、張蔭桓を助け条約案を起草したのは法律顧問のフォスター（John W. Foster）であった。[56] 一八八七年三月五日の日記には、張蔭桓がフォスターを訪れて「保護・自禁条款」の草稿について相談したことが記されている。[57] また三月一〇日の日記にはこの草稿の中でアメリカの制度と符合しないものをフォスターに指摘してもらったこと、また張蔭桓の重視する華人の「保護」方法について、アメリカ議会において中国人保護法を審議するよう要求するのが現実的であると、フォスターが助言したことが述べられている。[58] この助言については、二日後の張蔭桓の日記にも新聞の記事として、アメリカ最高裁判事がアメリカ議会は中国人保護法を立法する権限があり、早急に保護法を立法すべきであると述べたと紹介しており、[59] フォスターの助言はこのような情勢を反映したものであったと思われる。張蔭桓はフォスターの助けを受けながら、全一五カ条の細則案を作成し、三月一八日にベイヤードに提示した。[60]

二　条約締結交渉

（1）それぞれの条約案

これより先、アメリカ議会再開後の一八八七年一月一二日付で、ベイヤードから張蔭桓に移民協定案が送付されていた。この時点では、ベイヤードは清朝との新しい移民協定の締結に多少楽観的であったと思われる。すでに前年に総理衙門より清朝自ら華工の渡米を禁止する意向が伝えられており、ベイヤードが協定案に添えた文書にも、労働者階層の移民禁止の措置が「すでに以後の移民を禁止する努力を提案している貴国政府の賛同を得られるものと信じている」と述べている[61]。またベイヤードの楽観的な見通しは彼が用意した協定案にも反映されている。この協定案は全文わずか一カ条の簡単なもので、その内容は、

移民協定批准後三〇年間の中国人労働者のアメリカへの入国・再入国を全面的に禁じる。もし三〇年の期限終了の六カ月前に両国から協定終了の意向が正式に提出されなかった場合、この協定の効力はさらに三〇年間続くものとする。ただしこの協定は労働者以外の、教師・学生・商人・旅行者として来米または居住している中国人が現在享受している権利に影響するものではない[62]。

要は中国人労働者の三〇年間の全面的な移民禁止を提案するのみであった。もちろん最初の協定案として、強気な態度に出て張蔭桓の出方を見るという交渉戦術であったことも十分考えられるが、それでも相当簡単な協定案であると言えよう。

この協定案を受け取った張蔭桓は「保護の項目に関しては数語をついでに述べてはいるが、未解決の（華人襲撃

の）事件には一言の言及もない。痛烈な反駁を行わねばならない」と不満を表し[63]、華人襲撃事件が未解決である中、移民の制限を議論するのは「時期尚早」であると、ベイヤードに回答した。前年に総理衙門が議会による移民制限法改定に関して交渉を求めた際、デンビが「時期尚早」と答えたことを逆手にとったのである[64]。だが前節で見たように、すでに総理衙門の指示があり、またロックスプリングス事件への賠償が可決される中、張蔭桓も交渉準備を進めざるを得なかった。またベイヤードからは「西部諸州では、ロックスプリングス事件への賠償が決まる一方、移民の制限が行われない状況を口汚く罵っており、各省自ら法令を制定しようとの議論がある」[65]と西部諸州の不満を理由に条約締結交渉を要請された。ベイヤードは同時に「議会での移民制限法改定が成らなかったのは、自分が尽力したからである」[66]と、移民制限法の改定を避けるには条約締結以外に方法がないと迫っている。これに対し張蔭桓は「総署はすでに三端を決定したとはいえ、非常に躊躇するところがあり、これも私の苦しむところだ」と答えている[67]。

こうした状況の中、先に見たように、張蔭桓は三月一八日付で細則案を提出したのである。そして、この細則案はベイヤードの案とはかけ離れた内容を持つものであった。

張蔭桓はこの細則案を「保護条款」と称し、移民の「制限」でも「自禁」でもなく、「保護」に重点を置く方針を明示した。この細則案では冒頭で、一八八〇年の「続修条約」第三条で在米華人は最恵国の国民同様にアメリカにおける保護を保証されていることに言及する[68]。だが一八八五年九月以降華人排撃事件が頻発、これに対しアメリカ政府は軍隊を派遣して暴動を鎮圧し、賠償案も議会において可決されたが、いまだに華人殺害事件に対する処罰や賠償が行われていないと非難し[69]、常々感じていた犯人への処罰が行われないことへの不満を述べる[70]。そして「（一八八〇年の）条約の規定は、アメリカ政府に対し、在米華人がいかなる人物によってであろうと過酷な扱いを受けた場合には全力で華人を保護する措置を採るべきことを要求するものである」とアメリカの条約上の義務を確認している。ただし、西部諸州における人口増加が在米華人への過酷な扱いを醸成していることもゆるぎない事実であり、このため清朝は両国人民間の動揺や悪感情を防ぐため、一八八六年八月三日に総理衙門より華工の渡米を清朝自ら禁止する旨、駐華アメリカ公使を通じて通知したのであり、総理衙門の指示に従い華工の渡米禁止および制限と在米華人の保護に関する細則を作成した、と経緯を説明する[71]。

全一五カ条に及ぶ細則案のうち、最初の六カ条は移民の禁止・制限に関する規定である。基本的には総理衙門の「三端」に従うものであるが、第一条において「清朝は自発的に自国臣民のアメリカへの移民を禁止するものであり、その措置は状況に応じて必要な方法を採るので、この目的に関し一定の期間を設定する必要はない」と規定し[72]、移民制限措置の決定権は清朝側にあることを主張する。一八八〇年の「続修条約」第一条では、アメリカ側の状況に応じて、アメリカ政府が移民の制限措置を採ることを清朝が許可していることに鑑みれば[73]、アメリカ側に認めた権利を清朝側に引き戻す内容である。「自禁政策」とは消極的な政策ではあるが、自国臣民の移民管理に対する権利意識は、一八八〇年の時とは明らかに異なっている。

そして第七条から第一一条までが在米華人保護のためにアメリカ政府が採るべき措置の規定である[74]。まず第七条では、華人と他の外国人やアメリカ人は平和的に偏見を持つことなく暮らすべきであること、バーリンゲーム条約第四条で規定されているように在米華人は信教の自由が認められており、これによって迫害を受けてはならないこと、今後以前のように華人に対して殺害・放火・強盗などの犯罪を犯した場合、情状を酌量することなく厳罰に処することになるということをアメリカ大統領より宣言すること、とする。

また具体的な排華活動の取り締まり方法として、排華活動を取り締まるための専門の警察官を配置すること（第八条）、アメリカ政府は文武の地方当局に対して各人種の労働者階級の状況を監視し、不穏な動きに備えるよう指令を出すこと（第九条）、今後火気を用いて華人を殺害した場合、絞首刑に処すること（第一〇条）としている。そしてこれらの措置はアメリカの慣習と一致しないことかもしれないが、駐華アメリカ公使や領事は清朝に対して同様の要求をしており、在華アメリカ人はこれらの保護措置を享受していると指摘する（第一一条）。また同じ第一一条では、数日前アメリカ最高裁が議会には中国人保護法を立法する権限があり、このような法の可決は条約規定の執行のためには必要なことであると述べたことを引用し、アメリカ議会による中国人保護法の制定を求めた。

第一二条はこれまでのすべての華人被害事件に対する賠償の要求、第一三条は華商の上陸にあたっての身分証明について、第一四条は逃亡犯の送還について規定した条項であった。

また第一五条では輸入米に課税される関税の減額を要求している。アメリカは保護関税政策を採っており、全体的に輸入税率が高く設定されていた。これに対し香港やサンフランシスコの華商から米の輸入税を引き下げるよう交渉してほしいとの要請が張蔭桓のもとには届いていた[75]。当初張蔭桓は「公使は内政に干渉することはできない」という鄭藻如の言葉に従い、華商自身が弁護士を雇ってアメリカ当局に訴えるべきとの考えであった[76]。だが恐らくは移民条約の交渉開始にあたって華商の利害も配慮しなければならなかったのであろう。実際、細則案をベイヤードに提出した際、張蔭桓はベイヤードに対して「華工が日に日に減少し、華商は日ごとに切迫することになる。このため、米の輸入税を減額し、多少とも華商が生計の道をはかれるよう要請するものである」と、この条項を付加した理由を説明している[77]。

総理衙門の「自禁政策」に端を発する清・米両国間の移民条約交渉は、アメリカにおける張蔭桓の認識・環境を通じて「自禁」から「保護」に、またアメリカ人と中国人の双方的な権利の確保へと重点を移していったのである。総理衙門による「自禁政策」の採用という消極的な外交路線を前提とするあまり、先行研究では張蔭桓は総理衙門の指示に従って「三端」に基づく交渉を行ったに過ぎないとみなされてきたが[78]、実際には総理衙門の方針と張蔭桓の方針とはその重点と意味合いが異なってきていたのである。

(2) 交渉過程

張蔭桓の細則案提出を受けて、ベイヤードと張蔭桓は三月二一日に会談を行っている。その席上、移民の制限に重きを置くベイヤードと在米華人の保護に重きを置く張蔭桓の主張は平行線をたどったようである。[79] ベイヤードは張蔭桓の連邦政府に対する要求の中でも特に中国人保護法の審議に対して、前例がないと反駁した。[80]

張蔭桓の要求に対し、四月一一日付でベイヤードは新しい移民協定案と張蔭桓の細則案に対する回答を寄せた。新しい協定案は全四カ条で、まず中国人労働者の移民禁止を二〇年間とし（第一条）、ただアメリカに法的に正式な妻子や親を残すもの、一〇〇〇ドル以上の財産を有するものについては再入国を許可する（第二条）、労働者以外の学生・商人・旅行者の権利や他国へ赴く中国人労働者の乗り継ぎ目的でのアメリカへの寄港については従来通りその権利を認める（第三条）というものであった。[81] 単に移民の禁止期間のみを規定していた前回の協定案に対して、全体として総理衙門が前年に提唱した「三端」を交渉の基本とすることを認めたものであり、また逆に「三端」以外の点については協定内に規定しない方針であった。また労働者の移民禁止期間については譲歩して二〇年に短縮している。

張蔭桓が在米華人保護のため連邦政府が採るべき措置として提示した各要求に対しては、まず第七条の大統領による宣言はアメリカ憲法の原則に矛盾するとして退け、第八条の排華活動を取り締まるための専官設置も前例がないとして拒否した。[82] そして、アメリカ人と中国人の双方的な保護権利の享受を訴えた第一一条に対しては、次のように激しい反駁を加えた。一八四四年の望厦条約の規定を具体的に挙げながら、「一八四四年の条約以降すべての清・米間の条約には、清朝は地方当局による在華アメリカ人の保護を監督し指示しそして保証することが規定されてきた」とし、張蔭桓が連邦政府に要求したことは全て清朝が在華アメリカ人を保護するために条約によって明記し、採ってきた方法であるが、これは「清朝の体制に合致した方法で条約の履行を求めている」のであるとする。

つまり、清朝は皇帝を中心とする中央集権制だが、連邦制を採るアメリカでは、清朝と同じように連邦政府が州・準州の行動を監督し指示することはできない。このためベイヤードは、アメリカ政府に対して張蔭桓が要求したことは、「我々の体制を革命するものである。この提案は議論の必要もない」と答えたのである。[83]

確かに張蔭桓は連邦と州・準州との関係を十分には理解できていなかった。この点は別の交渉事件においても窺える。[84]だが、張蔭桓はこうしたベイヤードの反論を承知の上で、あえて連邦政府による在米華人保護の措置を要求したのである。実は条約締結交渉に入る以前から、ベイヤードとの間では同様の議論を行っていたのである。それは一八八五年にワシントン準州のスクワク・バレーで起こった華人襲撃事件の裁判結果をめぐってのものであった。深夜、就寝中の華人が襲撃され、三人が射殺されたこの事件では、襲撃者は逮捕されたものの、裁判において華人への発砲は正当防衛だったという被告たちの主張が認められ、彼らに無罪の判決が下された。無辜の華人が襲撃されたにもかかわらず、犯人が処罰されないという不公平な裁判結果を受け、張蔭桓は一八八六年一〇月一二日付の文書で、ベイヤードから裁判長に命じて、裁判をやり直させ、被告を殺人罪で処刑するよう要求した。[85]さすがに張蔭桓も一〇月二九日付の文書では、この要求がアメリカの司法制度と一致しないものであることを認めているが、在米華人が条約で保証された保護の権利を享受するためには、地方当局に公正な裁判を行わせ、犯人に適切な処罰を与えるためにベイヤードが介入する必要があると、重ねて主張している。張蔭桓がこのような要求を行ったのは、華人襲撃事件が続く中、襲撃犯が処罰されないのであれば、それはさらなる華人襲撃を助長すると危惧されたからである。[86]

一方、ベイヤードがアメリカの連邦制度を根拠に張蔭桓の要求を拒否したことは言うまでもない。一二月四日付の回答でベイヤードは、張蔭桓に対してアメリカの地方自治の根本原理を考慮するよう求めており、この地方自治の根本原理を「我々の立憲体制の基本であり、また君主の意思による皇帝政治と権力が制限を受ける立憲政治の顕著な相違として、決して合衆国のみに特有なものではない」と説明している(87)。

これに対し張蔭桓は一二月一八日付の文書で、立憲政治は皇帝政治よりも条約の規定を順守する義務が少ないとは主張できないだろうと反論している(88)。ただ、一二月一五日の日記に張蔭桓は初代駐米公使・陳蘭彬のもとで翻訳官を務めていた蔡錫勇が漢訳したアメリカ合衆国憲法の全文を書き写しており(89)、華人保護を要求するにあたって、アメリカ合衆国の立憲政治について研究していたことが分かる。張蔭桓は清・米両国の政治制度の違いを承知で、あえて華人保護の具体的な措置を規定するよう、要求したのである。

なお、この一二月一八日付の反駁書はフォスターの手になるものであるが(90)、この文書は最後に「全ての国際的取り決めは相互関係に基づく」というアメリカ人国際法家のホイートンの *Elements of the International Law* の一文を引用し、この原則に言辞を与えた国家が自らにはこの原則の適用を欲しないということはないだろうと結んでいる(91)。この反駁書に見られる条約義務の相互性の規定こそ、張蔭桓の条約交渉の基本方針となるものであった。

つまり、ベイヤードも認めるように、張蔭桓がアメリカ政府に要求した在米華人への保護措置は、アメリカ側が在華アメリカ人の保護のために清朝に要求し条約に規定してきたことと同じ性質のものであった。

一八四二年以降に清朝が西洋列国と締結した条約の主な内容は、中国における西洋人の権利・利益に関する条項であった。西洋人にとって排外風潮の根強い中国においていかに在華西洋人の生命・財産・活動を保護するかが問題であり、条約によって地方当局による外国人保護を清朝中央に監督・指示・保証させることを規定したのである。一方、清朝にとっては、いかに在華西洋人の権利拡大を防ぐかが焦点であった。このような清朝の条約に対する態度がよく示されているのが、第1章でも言及した天津条約改定を控えた際の総理衙門の対応である。清朝が外国との条約において積極的に外国における自国の権利を規定するようになるのは、一八七一年の日清修好条規締結の頃からであろう。そしてここでようやく張蔭桓が、排華風潮の高揚するアメリカにおいて、在米華人を保護するための措置を条約に規定しようとしたのである。このような張蔭桓の交渉方針は、総理衙門の提唱した「自禁政策」という消極的な政策とは性質を異にする、非常に積極的な交渉と言えよう。

一方のベイヤードにしてみれば、連邦政府が諸州・準州当局に対して中国人の保護を監督・指示することは、アメリカの連邦制のありかたと矛盾するものとして受け入れられないものであった。また、ベイヤードは、中国人の被害に対する賠償については各事件について個別に議会による支出の承認を得る必要があるとし、米の輸入税減税要求についても議会で審議する問題であると回答した(92)。

ベイヤードの新しい移民協定案と保護条款に対する回答を受け取った張蔭桓は、ベイヤードがもっぱら一八四四年の旧約に基づいて反駁しており、一八八〇年の新約を無視していることに反発したが、張蔭桓がもう一つの赴任国であるスペインへ赴くため、交渉はここで一端中断となった(93)。

(3) 条約交渉再開と条約調印

張蔭桓のスペイン行きでベイヤードとの条約交渉は一端中断したが、その間、ベイヤードに拒否された華人保護に関する条項について、フォスターによって照会が準備されていた(94)。

この照会は張蔭桓のワシントン帰着後、一八八七年八月一六日付でベイヤードに送付されたが、その内容は以下のようなものであった。

まず、移民の制限に関しては、ベイヤードの案に基本的に反対はなく、具体的な字句について修正を求めるのみであった(95)。ベイヤードの協定案自体、総理衙門の「三端」をベースにしたものである以上、この点は大きな争点にはならなかった。

この照会で張蔭桓が要求したのは、在米華人の保護措置に関する条項と華人襲撃事件の被害に対する賠償に関する条項の二つを、ベイヤードの移民協定案に加えることであった。

在米華人の保護措置に関しては、在華アメリカ人が被害にあった場合、清朝は犯人の処罰と賠償を行っているが、一連の在米華人襲撃事件では犯人に対する処罰が行われていないとの不満を述べ、(96) さらに政治制度の違いを理由に在米華人の効果的な保護ができないと言うことや保護のために尽力するという条約上の義務を免れることはできないと、先のベイヤードの反駁に再反駁を加えている。(97) そして「全ての国際的取り決めは相互関係に基づく」とのホイートンの *Elements of the International Law* の一文を再び引用して、(98) 両国の双方的な権利の規定を求めた。

また中国人はアメリカ市民ではないが、アメリカ政府は一八八〇年の条約（「続修条約」）を根拠に中国人の権利を奪ったものに対して処罰を加える権限を有するとの連邦最高裁長官の判決を引用し、望厦条約第一九条、もしくは「続修条約」第三条に類するような保護規定を協定案に盛り込むことを改めて要求したのであった。(99) なお、望厦条約第一九条とは、在華アメリカ人が匪徒による被害を受けないよう清朝地方官に対して取り締まりを義務づけ、もし在華アメリカ人が被害にあった場合には清朝地方官は軍を派遣して匪徒を鎮圧し処罰することを規定したものであり、(100)「続修条約」第三条には、在米中国人が他者より被害を受けた場合にはアメリカ政府は最恵国民と同様の保護措置を採るものであると規定されていた。(101)

また賠償請求については、違法事件に対する要求を解決する国際的な手段である賠償請求に対し、議会による支出の承認がない限り要求に答えられないとの回答は理解できないと反駁した。(102)

先の細則案では、在米華人の保護措置について、処罰の内容や専門機関の設置などかなり具体的で踏み込んだ要求を行っていたが、ここでは望厦条約第一九条や「続修条約」第三条などをモデルに、華人が被害にあった場合の保護を一般的に規定する形に集約し、賠償要求とともにこの二つを清朝側の要求の柱とする方針を固めたようである。

だが、この照会に対しベイヤードは回答を送らなかった。ようやくベイヤードが移民条約締結について新たな提案を送ってきたのは、この年の一二月末のことであった。

一二月二八日付で送付されたベイヤードの文書は、サンフランシスコで公判中である中国人の組織的な違法移民の問題を取り上げ、改めて移民協定の締結を要求したものであった。この違法移民事件とは、中国人自らによって中国人女性が売買され、アメリカに連れて来られているというものであり、このような中国人移民による不名誉な犯罪行為を受けて、アメリカ人が移民の制限・禁止を求める感情を改めて強くしていることをベイヤードは示唆した。そして問題の改善のため米・清両国の間で移民協定を締結することの必要性を説き、先の四月一一日付で送付した協定案への承認を求めた[103]。

この提案に対して張蔭桓が「さっさと移民の制限を規定してしまおうというもので、その一方で保護については言及しておらず、また先の照会にも答えていない」と述べているように[104]、先の八月一六日付の照会には全く言及がなく、張蔭桓の求めた保護措置の規定については完全に無視している。ベイヤードはあくまで総理衙門の「三端」をベースとした先の協定案を交渉の基礎とする態度を変えるつもりはなかった。

こうして在米華人の保護措置に関する条項をめぐり、張蔭桓とベイヤードの意見が平行線をたどったまま、移民条約締結交渉はベイヤードの最初の協定案提示から一年以上の時を経ても行き詰まったままであった。

だがこうした状況に変化が訪れる。条約締結交渉が行き詰まる中、アメリカ議会では再び移民制限法の改定が持ち上がったのである。

一八八八年二月九日の張蔭桓の日記には、フォスターから議会での移民制限法改定の動きがあると聞かされたことが記されており[105]、数日後の日記にも上院議員のパーマー（Thomas W. Palmer）からもこれを裏付ける知らせを密かに受けていることが見える[106]。張蔭桓はアメリカ到着当初よりこの議会での移民制限法改定を最も警戒しており、

「自禁政策」による条約締結を進めた理由の一つは、この議会による法改定を回避するためでもあった。このため議会での法改定の動きは張蔭桓に条約締結を急がせることとなったであろう。

またベイヤードも同様の圧力を受けていた。ベイヤードは議会を説得し移民制限法改定よりも清朝との条約締結を選んだわけであり、また大統領選で民主党は苦戦を強いられており、このことがベイヤードに条約締結のための譲歩を促したとも言われる(107)。

一八八八年二月二七日にベイヤードより二日後に条約交渉を行いたい旨の照会が送付されてきた。また同照会では、一連の華人被害事件に対する賠償については議会の審議にかけることなく、国務省で決定するとし、このため被害額のリストの提示を張蔭桓に要請していた(108)。張蔭桓が求めた二つの要求のうち、まず賠償問題についてはこれに応じたのである。

二日後の会談の場でベイヤードは協定案に追加する三つの条項案を提示した。それは、保護条項については、一八八〇年の「続修条約」第三条にならい在米華人に対して最恵国民と同様の保護措置を採ること、アメリカ政府は賠償に応じること、清朝は香港からの移民を防ぐべく英国政府と協力すること、の三点である(109)。保護条項についても張蔭桓の要求に応じたわけである。ただ、ベイヤードが、英領コロンビアで近日中国人労働者の召募が行われるのに際し、イギリスと条約を締結することとし渡米を禁じるとの条項を加えようとしたため、張蔭桓が反対するなど、なお協定案については激しい議論が交わされたが(110)、三月二日には細かな字句について交渉を行い、条約締結交渉は最終段階を迎えた。そしてこのときベイヤードから張蔭桓に対し、最近議会では移民制限を訴える声が高まっていることが告げられた。この言葉に対し張蔭桓は「ベイヤードの発言の意図は、この条約が調印に達しなければ、議院で審議中の過酷な（制限）法が成立するということである」と受け取っている(111)。このように議会での動きに影響を受けながら条約締結交渉は進められた。

その後、条約締結後の具体的な移民管理方法について、フォスターと確認をとった張蔭桓は、三月一三日に移民協定に調印した。これにより華工のアメリカ入国は以後二〇年間禁止されることとなったが、一連の華人被害事件に対して二七万六〇〇〇ドル余りの賠償金が支払われることが決まった。[113] しかし、この協定が清朝によって批准されることはついになかったのである。

三　張蔭桓の在外活動と清末外交

総理衙門の「自禁政策」提唱に端を発する移民条約締結の交渉は、一年以上の時間を費やしてようやく協定の調印にこぎついた。しかし、調印直後からこの協定に対して中国・アメリカの双方から非難の声があがった。アメリカ議員からは、家族・財産をアメリカに有する中国人労働者の再入国を認めた第二条に対する不満の声が起こっており、[114] 五月四日にはベイヤードから第一、二条に数語を追加したい旨の提案が出され、[115] 五月九日には上院議員による改定案が張蔭桓のもとに送付されてきた。[116] また駐サンフランシスコ総領事からは協定締結を受けてサンフランシスコの華人たちが慌てふためく様が報告されている。[117]

移民協定は早速アメリカ議会によって改定が議論されたのだが、それでも張蔭桓がペルーに赴いている間の七月二〇日には公使代理の徐寿朋から、アメリカ政府は新しい協定テキストを作成、大統領もすでにサインし、交換を待っているとの電信が届いている。[118]

清朝の反応はというと、総理衙門は七月二二日の電信で、協定のテキストは大体において妥当であるが、協定締結前に帰国している華工で、アメリカに家族・財産を有するものの再渡米の許可について十分な措置がとられていないとして、協定への追加を国務省と協議するよう張蔭桓に命じている。[119]

ところがここで清朝側の対応を左右する意見が李鴻章より総理衙門に提出された。

一八八八年七月二四日に李鴻章は総理衙門に電信を送り、張蔭桓が調印した移民協定について、次のように述べて批准の延期を勧めた。

> 広東、福建の困窮した民の中には、海外に出て雇用労働者となる者が非常に多く、これにかりて内乱をなくし、生計の道を広めてきたのです。張星使が締結した新約は、華工の渡米を禁止し、その期間を二〇年としており、光緒六年（一八八〇）の続修条約内に「決して渡米を禁止するものではない」としているのと大きく異なるものです。（広東・福建の）各港では誹謗・怨嗟の声が沸騰し、いたるところに意見書をまき散らし、世論はかまびすしく、皆この協定の批准書交換がなされないことを切に望んでいると聞きます。[120]

つまり、広東や福建から多くの貧窮民が海外に出稼ぎに行くのは、内乱防止にもなっているのだが、今回張蔭桓が調印した協定は移民の二〇年間の禁止を規定している点で一八八〇年の「続修条約」の規定と矛盾し、各港で怨嗟の声があがっていて危険であるという。

そしてこの李鴻章の提言を受け、総理衙門は翌七月二五日に張蔭桓に対し「新しい協定が華工の渡米を禁止し、その期限を二〇年としているのは、庚辰の約（「続修条約」）が『決して渡米を禁止するものではない』としているのとはるかに異なる。（広東・福建の）各港では、誹謗・怨嗟の声が沸騰し、いたるところに意見書がまき散らされていると聞く。本署ではしばしば批准を奏請することはできない」と、李鴻章の提言をほぼそのまま受ける形で協定批准の延期を回答した。[121]

その後アメリカ上院は一八八八年九月一日にこの協定を批准したのだが、同日ロンドンの『タイムズ』が清朝側はこの協定の批准を拒否したと報じ、これを受けて九月三日に下院議員スコット（William L. Scott）によって移民制限法改定案がアメリカ議会に提出され、九月一八日この法案は議会を通過した。[122] こうして張蔭桓とベイヤードとの間で締結された一八八八年移民協定は、失敗に終わった。

この条約締結による問題解決の試みが失敗に終わった背景にはアメリカ側の政治的理由など様々な要因があるのは確かであるが、ここで注目したいのは、七月二五日に総理衙門が張蔭桓に送った批准延期を告げる電信である。この電信の内容は、一年以上に及ぶ張蔭桓とベイヤードの交渉を否定するものである。なぜなら、この交渉のそもそもの発端は総理衙門が「自禁政策」を唱え、駐華アメリカ公使デンビに通知したことにあるからである。総理衙門自らが「続修条約」の「決して移民を禁止するものではない」という規定を否定して、「自禁」を唱えたのにもかかわらず、今度は「続修条約」を根拠に新しい協定を批判したのであり、これでは定見がないと言われても仕方がない。

だが、実は「自禁政策」を唱えたことも、これを否定したことも、根本的には同じ認識に基づいている。第一節の(2)でアメリカの排華問題を広東人の問題とする許珏の認識を示したが、彼は別の書簡でも華工の問題は、実は広東人がアメリカで利益を貪っているためで、自業自得なのだ、とし、昨年総理衙門が「自禁」を唱えたおかげで公使館での仕事も順調にいっている、と述べている。[123] また、在米華人社会の内部でも華工と華商の利害は区別されていた。このため、鄭藻如を通じてサンフランシスコの華人社会から華工移民の「自禁」が提案された時、総理衙門もまた問題の所在を華工の増加に求め、移民社会の秩序維持のために華工の渡米を禁止する「自禁政策」を受け入れたのである。よって、このとき一八八〇年の「続修条約」によって清朝側がアメリカ側に認めた移民制限の決定権を、「自禁政策」を通じて取り戻すというような明確な意図が総理衙門にあったわけではない。総理衙門にとって重要だったのは、あくまで広東移民社会の秩序維持であった。だからこそ李鴻章から広東・福建人の出洋は内乱防止の役割もあるとの意見を受けると、自らの唱えた政策を覆して協定批准の延期を決定した。結局ここでも華人移民問題を広東（福建）の移民社会内部の秩序維持の問題として扱っているのである。

一方、アメリカで議会による度重なる移民制限法の改定の動きに接した張蔭桓には、「自禁政策」が「続修条約」でアメリカ側に認めた移民制限決定権を取り戻す意味合いがあるとの認識があった。このため最初の細則案で移民禁止の決定権は清朝側にあることを第一条に規定した。この条項は採用されなかったが、ベイヤードとの交渉には常に議会での制限法改定の動きが意識されていた。

張蔭桓自身、「自禁政策」が海外華人の間に極めて大きな影響を及ぼすものであり、これに対する反対があることも常に意識せざるを得なかった。華工の渡米禁止は、彼ら向けの日用品を扱う貿易に携わる華商にも影響を与えることにもなり、また栄華公司事件が端的に示すように、華工の移送によって華商もまた利益を得ており、さらにこのような華商層と会館の董事となる富裕な商人層とは重なるものであった。張蔭桓はこうした環境の中で条約交渉を行ったのである。

ただ、張蔭桓とベイヤードとの交渉において、移民制限に関する条項はほとんど争点になっていない。総理衙門の「三端」があるからこそ、ベイヤードもすぐにこの「三端」を交渉のベースにすることを受け入れている。むしろこの両者の間で問題になったのは、在米華人の保護に関する条項であった。それは張蔭桓がスクワク・バレー事件のような華人襲撃事件への対応を通じて、排華風潮の高まる中でさらなる華人襲撃事件を防ぐためには連邦政府の介入が必要であるとの認識を深める中で具体化されていったものであり、その要求の根底にあったのは、アメリカ人と中国人とは双方的な権利を有すべき、というものであった。

このように総理衙門の「自禁政策」提唱を発端としながらも、総理衙門と張蔭桓との外交交渉ではその意味合いが異なるのであり、この差異こそ一八八〇年代後半の清朝の海外華人政策を考える上で重要な意味を持つ。

清朝が領事館開設を決定してから一〇年が経っていたが、依然として海外華人の問題は、移民を排出する地方社会の問題として捉えられていた。清朝にとって問題だったのは、この地方社会の秩序維持に王朝がいかに関わるべきかということだったのである。

小　結

本章では、一八八〇年代後半の駐米公使であった張蔭桓の在米時代の活動について、特にその在米華人に対する襲撃事件とその外交交渉を中心として考察を加え、これまで見逃されてきた総理衙門と張蔭桓の外交交渉の相違を明らかにした。従来の研究においては、清朝によって提案された「自禁政策」に規定され、張蔭桓の交渉も消極的な態度であったと評価されてきたが、本章で明らかにしたように、張蔭桓の交渉方針とは、総理衙門の方針やアメリカにおける華人社会との関係に影響されつつも、在米華人の保護を条約による権利として規定し、アメリカとの双方的な権利を要求する、極めて積極的なものであった。そして、この「双方的」とは、在華アメリカ人が条約によって中国に有する権利と同様の権利を有するという意味での「対等性」を要求するということであった。ここには清朝の対外関係を西洋諸国の国際関係と対等なものにしようとする意識が明確にある。一八八〇年代以降の在外公館では、このような近代国際関係への積極的な対応が見られるが、張蔭桓の交渉もそのような動きの一つと言える。

だが、この外交交渉が移民協定の調印に至りながらも頓挫した経緯からは、清朝と海外華人社会との関係の複雑さ、そして清国領事館の性質が改めて確認される。これは、領事の派遣＝国家による管理・保護の達成、といった単純な図式で理解できるものではないだろう。李鴻章の対応が端的に示すように、移民社会およびこれを排出する地方社会の在来の秩序に王朝が介入することは、なお避けなければならなかったと言える。それは、管理できる範囲でしか保護しない、あるいは中央集権的でありながら本質的に分権的、という清朝の統治体制のあり方そのものである。そして、移民社会の延長上にある清国領事館のあり方もまた、この統治体制の特質を反映していた。

また、張蔭桓の非常に積極的な交渉方針も、別の意味で清朝の統治体制を前提とするものであった。それはつまり皇帝独裁体制である。張蔭桓は清米間の条約上の権利および履行義務の相互性を強く求めたが、ベイヤードの反駁に対しては皇帝独裁体制と立憲体制という清米両国の政治体制の差異は問題にならないと主張するしかなかった。張蔭桓と立憲制、つまり戊戌変法との関係は本書の主題を超える問題であり、ここでこれ以上の議論はできないが、後述するように、二〇世紀初頭の清国外交官たちもまた立憲制導入の問題と関わることになる。

第4章　清朝外交のイメージの形成

——清英「ビルマ・チベット協定」（一八八六年）を例として——

はじめに

清朝の在外公館が主要国に設立された一八七〇年代後半以降、中国の周辺では危機が連続して起こる。いわゆる「辺境の喪失」である。それは、清朝中国を中心とする伝統的な国際秩序が「条約体制」の原理に基づく再編を迫られ、緩衝地帯たる朝貢国が清朝の宗主権から切り離されていく過程であった。

だが、琉球やベトナム、朝鮮に関しては、清朝とこれらの国々との宗属関係をめぐり、日本やフランスとの間で激しい対立に発展したのとは対照的に、ビルマに関しては、清英間で締結された協定において、イギリスはビルマ人による清朝への朝貢継続を承認した。

一八八六年七月二四日に総理衙門大臣と前駐華英国公使代理オコナー（Sir Nicholas R. O'Conor）との間で調印されたこの「ビルマおよびチベットに関する協定」（以下「ビルマ・チベット協定」とする）は、全文五カ条の簡単な協定である。この年一月一日、英国は清朝の属国であるビルマの併合を宣言した。フランスと結び英国に対抗しようとするビルマ国王ティーボーに対し、インド総督ダフリン（Lord Dufferin）は英国人材木商会に対する訴訟事件を口実に、一八八五年一一月遠征軍を派遣、二〇日あまりで首都マンダレーを落として国王を捕らえると、英国は全ビルマの併合を決定した。こうした新事態を調整するため清英間で締結されたのがこの「ビルマ・チベット協定」である。

マカートニー使節団（一七九三年）以来の中西間における外交関係の変化を、「条約体制」の「朝貢体制」に対する抵抗と優越の過程とみなす研究史の文脈からすれば、この協定は特異な存在である。だがその特異性ゆえにか、これまで十分な注意が払われてきたわけではない。また、この特異性に言及する研究は、「朝貢体制」の有する特質からその説明を行ってきた。つまり、清朝が重視した宗属関係とは、「条約体制」で言うところの宗属関係とは異なり、「朝貢」という儀礼に限定され、支配の内実は伴わないものである。このような名儀上の宗属関係に固執する清朝に対し、ハートら英国側は「名を譲って実をとる」策を採用した、と。そしてこうした説明は、「虚名」に満足した清朝は「実利」を英国に奪われたのだ、という否定的な評価につながっていく[1]。

また、ビルマ問題における清朝側の対応を論じる際、先行研究は必ず駐英公使曾紀澤と本国（外政担当者である総理衙門や李鴻章、あるいは西太后を中心とする政権首脳部）の対応とを区別して捉え、曾紀澤はイラワジ川上流の通商拠点バモーの割譲を要求して積極的な対外政策を主張したのに対し、本国側は「朝貢の継続」という虚名を重視した、として両者の対応を対比してきた[2]。

この時期の中国外交については、積極的な外交を展開した在外公使たちと消極的な本国という対比がなされることが多く、前章で論じたように、実際そうした側面がないわけではない。しかし、果たして両者の政策はそれほど明確に区別できるのであろうか。この点は再検討を要する。なぜなら、このような分析枠組みは多分に価値判断が先行したものであり、以下に述べるように、外交政策の立案・決定過程や交渉経緯に対する詳細な考察から導き出された結論とは言い難いからである。

確かに、「ビルマ・チベット協定」の基本方針は、総税務司ハートの作成した協定案に由来する。しかし、実はこの協定案は、駐英清国公使館の西洋人館員マカートニーの(3)、ひいてはその後ろにいる李鴻章の策動に対する対抗策として作成されたものであり、この点についてはいまだ誰も注意を払っていない。つまり、北京、天津そしてロンドンを舞台に諸勢力がそれぞれの思惑を有しながら、公式・非公式に繰り広げた駆け引きの結果が「ビルマ・チベット協定」なのであり、そこに関わった諸勢力の活動が相互にいかなる作用を持っていたかを検討していくと、当該時期の中国外交の性質が浮かび上がってくる。曾紀澤と本国の外交政策を截然と分かち、それぞれを「実利」と「虚名」として区別・対比することは、清末中国外交の重要な要素を見過ごすことになるのである。

本章では以上のような問題関心に立ち、ビルマ問題をめぐる清英交渉において、清英双方の関係者がそれぞれどのような認識を持ち、その外交活動が相互にいかなる影響を与えあったのかという点を重視しながら考察を進めることとする。英国のビルマ遠征が具体化した一八八五年一〇月から八六年一月末の英国の政権交代までを交渉前期とし、この時期における清朝側、英国側の認識と対応をそれぞれ第一、第二節で整理する。第三節では、英国の政権交替後交渉が行き詰まる中、清英両国がいかにして解決の糸口を見つけたのかを明らかにする。第四節では、一八八六年四月末に一旦交渉中止となったビルマ問題が急遽協定調印に至った経緯を明らかにし、さらに「ビルマ・チベット協定」締結に至る過程を通じて見える外交政策に関わる諸勢力の関係を明らかにすることとする。つまり、「ビルマ・チベット協定」の背景を探ることを通じて、清末中国外交を考察する上で看過できないその重要な特質を明らかにするものである。

一　清朝側の対応

乾隆年間にビルマは清朝の冊封を受け十年一貢を約した。だが同じ朝貢国とはいえ、清朝との関係は琉球や朝鮮、ベトナムなどとは比較にもならなかった。実際、一八七九年李鴻章は駐華英国公使ウェードに対し、「ビルマは同治末年に進貢して以降、いままで一度も進貢していないし、我々もいまは彼の国のことには関与していない」と認めている。(4) 英国のビルマ支配それ自体を牽制する意思は清朝にはなかった。このため一八八五年一〇月にインド総督がビルマに向けて最後通牒を発し、英国のビルマ遠征が具体化した際、曾紀澤は英国によるビルマ支配を前提とした上で、早々に総理衙門に対し次のような提案を行った。ビルマ領内のバモーを要求し、イラワジ川上流で通商を行い、英国が中国辺界に近づくのを阻止する、というものである(5)（地図1を参照）。英国のビルマ支配自体ではなく、英国勢力と境界を接することへの警戒から、緩衝地帯の設定を考慮している。これに対し一〇月二四日下された上諭は、まだ英国の意図がはっきりしない段階で交渉を始めることを認めず、また雲南・ビルマ境界地域の地理も不明であったため、まずはバモーの地理関係を調査・報告することを命じた。(6) しかし、李鴻章からもインドで英国による遠征準備が進んでいるとの報告(7)がなされると、北京の政権首脳部も対応の必要性を感じ始めた。翌二五日に上諭を下して、「ビルマは朝貢国であり、雲南と隣接している。英国人がその北部を狙っているが、これはただ属国が被害を受けるばかりでなく、さらに案じられるのは我が境界に英国人が迫ることであり、予め措置を講じなければならない」とし、雲貴総督・岑毓英と雲南巡撫・張凱嵩に探査を命じるとともに、曾紀澤には英国の遠征を阻止すべく交渉を命じた。(8) 中国本国でも英国勢力が直接中国の境界に迫ることが憂慮されたのである。

この命令に対し、一〇月二八日曾紀澤は、英国人材木商会の訴訟問題に端を発する今回の英緬衝突の経緯を報告

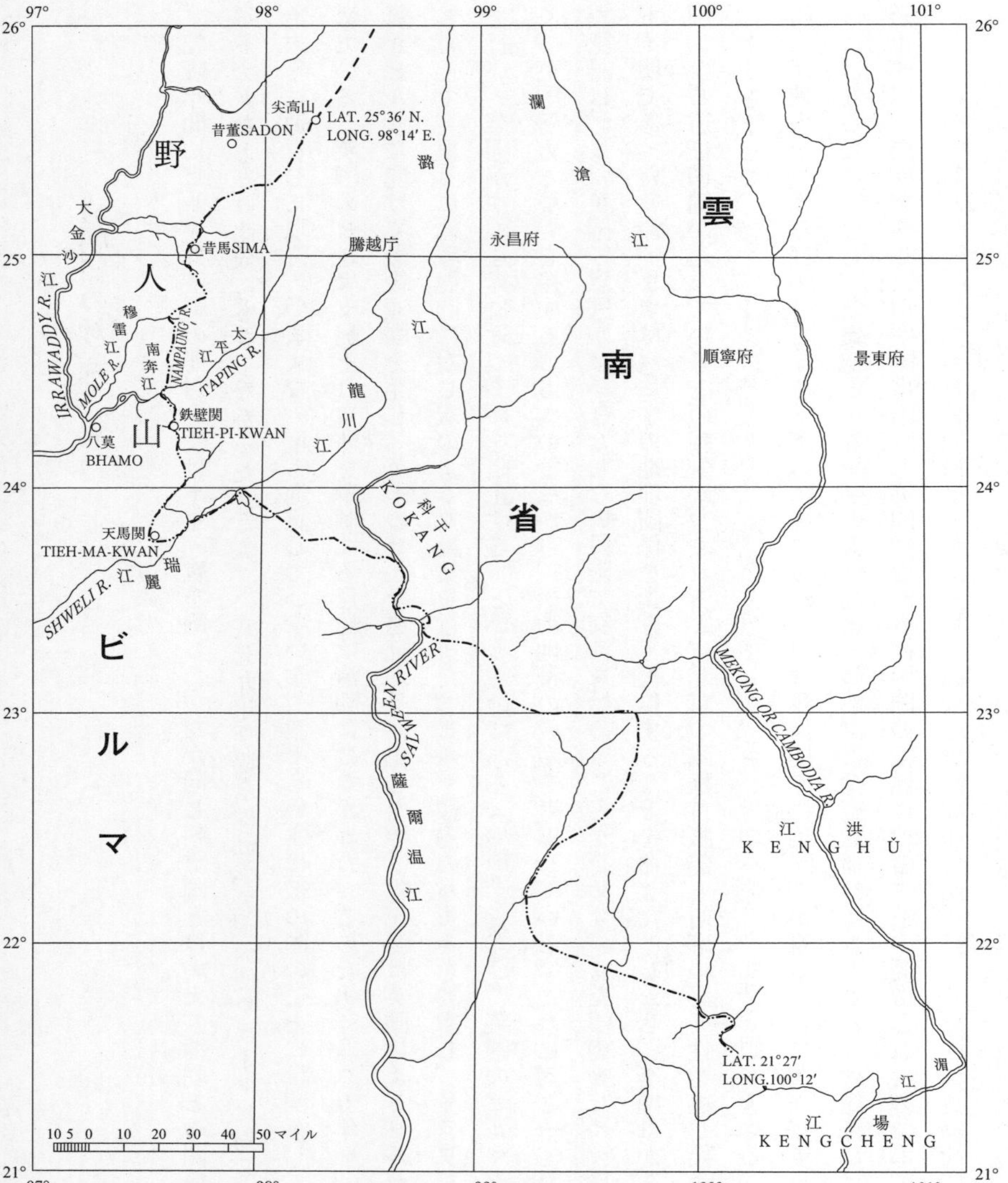

地図1　中英続議滇緬界務商務条約（1894年）の定める滇緬国境（北段部分）

注）江洪・江場間の国境線は記入せず。
出典）張鳳岐『雲南外交問題』（商務印書館，1937年）附録四の滇緬界図。

し、すでに一一月一一日を期限とした最後通牒が英国より発せられており、遠征を阻むことは難しいと答えた。そして、英国との交渉の際、ビルマが清朝の属国であることを明言すべきかどうか指示を求めた。「属国」を持ち出せばベトナム問題の時のように交渉が複雑化することを恐れたためである。[9] だがこの報告に対して下された上諭は、材木商の訴訟問題が原因ならば紛争の調停は可能であるとし、曾紀澤へはビルマは朝貢国であり、清英両国の友誼関係にも関わるので、清朝より調停を申し出る旨英外務省に伝えさせ、雲貴総督には官員をビルマに派遣しこれを教え導くよう、それぞれ命じるものだった。[10] 一〇月三一日曾紀澤は英外務省にこの上諭の内容を伝えた。[11] また総理衙門は一一月一日総税務司ハートに対し、英国とビルマの衝突の経緯について詳しい調査を依頼した。[12]

開戦まで秒読み段階であったこの時期の調停申し出に、英国側が応じる理由はなかったが、英外務省はこの申し出への回答を引き延ばした。ただ、ビルマ国王が最後通牒を拒否し、開戦が決定的となった一一月九日、ソールズベリ（3rd Marquess of Salisbury）外相はロンドン市庁舎で行ったスピーチの中で、今回の軍事行動において英国は清朝のビルマにおける権利を承認し、また清朝の同意と友好を重んじると述べ[13]、清朝側の不信感を払拭するべく配慮している。

実際に英外務省が曾紀澤に回答を寄せたのは、マンダレー陥落間近の一一月二六日であったが、清朝の調停申し出に謝意を示し、かつ戦後の善後策について清朝政府と協議する用意があるというこの回答[14]に、曾紀澤は満足していたらしい。[15] 一二月二日曾紀澤は早速総理衙門に電信を送り、英国のビルマ支配を容認する代わりとして、バモー割譲を要求することを再度提案した。[16] これに対し総理衙門は、交渉開始に際してはビルマ王位の存続と朝貢の継続を第一要件とし、バモーでの通商は第二要件とするべし、との指示を与えた。[17]

この方針に従い、曾紀澤は総理衙門と電信をやり取りしながらビルマとの朝貢関係を示す証拠を用意し[18]、英国側との交渉に備えた。英国によるビルマ併合が宣言される中、いかなる形で英国は「清朝の権利を承認する」つもりなのか、その回答が清朝側に提示されたのは、一月一二日の曾紀澤・ソールズベリ会談においてであった。そこでソールズベリは、ビルマに政治的権限のない宗教的指導者「教王」を立て、これに旧例通り一〇年に一度北京へ使節を派遣させることを提案したのである。(19)

曾紀澤は翌一三日に総理衙門にこの英国案を伝え、「もし総理衙門がこの方法を容認するのであれば、以後は専ら境界画定と商務に関する交渉を行うものである」と述べ、また「ソールズベリは『英国は中国の要求を容れて王を立てるのであるから、中国側も商務については英国に寛大に対処すべきである』と述べた」と報告し、自分としては境界交渉の中でバモー割譲を提起したいと伝えた。(20)総理衙門は、英国がビルマ王を任命する際、まず先に清朝の許可を得るという手順を踏めば最も適切である、として基本的に英国案を受け入れた。そして、商務について英国側が清朝に譲歩を求めてきたことに対し、「英国はビルマ全土を包括し、その手にした利益はすでに大きく、王を立て朝貢を継続させるといった虚文ではつりあわない。バモーまでの領土拡張をこちらの条件にして議論し、あくまで他の要求を防がなければならない」との指示を与えた。(21)この後清英両国はロンドンで境界と商務問題の交渉に入る。具体的には曾紀澤の代理であるマカートニーと外務事務次官補のカリー（Sir Philip H. W. Currie）との間で一月二三日から交渉が行われた。総理衙門の意向としてバモー割譲を主張するマカートニーに対し、カリーは、バモーに清朝の通商租界を設置する、中国商船のイラワジ川自由航行を認める、という形で通商問題の解決を提案し、領土についてはサルウィン川東岸のシャン族の土地を割譲することで譲歩を求めた。(22)一月三〇日曾紀澤は「交渉は順調に進んでいる」と報告したように、(23)交渉は清朝側に有利に進んでいた。ところが一月末に英国の政権が交代し、新外相ローズベリ（5th Earl of Rosebery）は、ソールズベリが承認した事項を一旦白紙に戻し、ビルマ入りしたインド総督の報告を待って再度協議したいと曾紀澤に通告した。(24)

以上、本節ではビルマ問題に関する清英交渉の前期部分について、清朝側の視点から整理を行った。ここで明らかになったように、英国のビルマ併合によって清朝が直面した重要問題は、英国勢力と直接境界を接することであった。確かに清朝の宗主国としての体面を保つため、ビルマ王位の存続と朝貢の継続は第一要件とされたが、このような「虚名」に満足して終わったわけではない。英国が内陸貿易路を確保しようと長年にわたり画策してきたことは清朝側も十分承知しており、ビルマ併合によってその危機が差し迫ったものとなった。これに対処する必要に関して、曾紀澤と総理衙門など本国との認識は共通している。この点に留意しながら、次節では同じ時期の交渉経過を、今度は英国側の視点から見てみよう。

二　英国側の思惑

ビルマに「教王」を立ててこれに進貢を継続させるという、いわゆる「虚名を譲って実利をとる」政策を英国が採用した点について、これがハートの発案であることはすでに指摘されている通りである[25]。ただ、このハートの提案は一八八五年一一月下旬の時点で一度英国政府に退けられている。それが先に見たように一八八六年一月初めに採用され、さらにまた撤回されたのである。この度重なる政策変更の裏にはいかなる事情が隠れていたのか。本節ではこの点を明らかにしたい。

一八八五年一〇月曾紀澤がバモー割譲を提案していたちょうどその時期、この動きと対応するように一〇月一九日付の『タイムズ』に「中国とビルマ問題」と題する記事が掲載された。この記事は、英国によるビルマ併合を前提とした上で、上部ビルマが英国領となれば清英両国は国境を接することになるが、清朝はこれを嫌うはずであり、両国間の内陸通商を促進するためにはむしろバモーあたりにまで清朝側の領域を拡大させ、バモーをキャフタのような交易都市にしたほうがよいと提案している。(26) 海関のロンドン局長キャンベルは、この記事の背後にマカートニーの工作を感じとった。(27) そもそもバモー割譲という考えは、曾紀澤ではなくマカートニーの発案であるというのが関係者大方の見方であった。キャンベルは、すでにマカートニーは英外務省と交渉に入っており、彼の提案に外務省やインド省も関心を寄せていると感じていた。(28)

こうしたマカートニーの動きについて、キャンベルから報告を受けたハートは、一一月二日キャンベルに対し指示を与え、以下のような電信を外務事務次官ポンスフォート（Sir Julian Pauncefote）に伝達させた。それは、一一月一日総理衙門大臣がハートに英緬間の衝突について調査を依頼した際、総理衙門大臣は曾紀澤を介すると問題がこじれる恐れがあるので、ハートを通じて非公式に調査を行って欲しいと述べた、というものである。(29) また翌三日には、英国が遠征軍を出せば清朝も雲南からビルマに派兵するであろう、と警告し、問題の解決策として、①清朝の調停申し出を受ける、②英国がビルマを保護国とした場合、代わりに清緬間の朝貢関係を継続させる、という二案を提示し、自分としては第二案のほうが清英双方にとって有益であると思われる、との考えを伝えた。(30) この提案に接した英外務省は戸惑いを禁じ得なかった。すでに清朝側は、曾紀澤を通じた正規の外交ルートで調停を申し出ていたからである。(31) ポンスフォートからこの点を指摘されたキャンベルは、曾紀澤は本国の訓令を得ず勝手に動いたのだと答えたが、(32) これは第一節で確認した事実と矛盾する。また友好国として英国に調停を申し出ている清朝が、ビルマ問題に実力で介入するとはどういうことなのか。ハートの報告と曾紀澤の対応とが示す矛盾に外務省が困惑しているのを感じ取ったキャンベルは、ハートに対しこの矛盾を説明するよう求める電信を送った。(33) その際彼は「曾紀澤が成功すればマカートニーの功績になります」との憂慮も伝えている。(34) ハートは、曾紀澤は総理衙門の訓令なしで動いているとの説明を繰り返し、ロンドンの公使館と北京の総理衙門との意見の相違を強調した。(35)

さらに一一月一四日には、ハートはキャンベルを通じてポンスフォートに次のような極秘電を送った。つまり、総理衙門はこのたびのビルマ問題に関し、ハートに清英間の調整を非公式に行うことを依頼したというものであり、「このようにビルマ問題の交渉が私に一任された以上、今後曾紀澤との間では合意も約束も議論も避けてください」と要請した[36]。そして自らの具体的な協定案を提示した。ハートの協定案の要点は二つ、第一は、英国のビルマ支配を清朝が認める代わりに、英国は清緬間の朝貢継続を認める、第二は、清朝は雲南省内のどこかの都市を内陸貿易に開放し、そこでは沿海の開港場と同様の関税制度を適用する、というものであった[37]。

総理衙門大臣がハートに対し実際にどのようなことを言ったのか、それを示す清朝側の史料がないので確かなことは分からない。しかし少なくともハートが主張するような、曾紀澤は本国の訓令を受けていないなどということは先に見てきた事実と矛盾する。曾紀澤と総理衙門は見解を異にしているというイメージは、ハートによって過度に強調されているとの感は否めない。そしてそれは、曾紀澤にというよりもむしろマカートニーに対抗し、対清外交の主導権を握ろうとするハートの意図によるものであった。総税務司として、また総理衙門の政治顧問的な存在として清英外交に密接な関係を有するハートとしては、李鴻章の代理人であり同じ英国人でもあるマカートニーが、英国政府の支持を得て清英外交に主導的な立場を獲得することは、黙って見過ごすことのできない事態であった[38]。

また、彼の協定案の第二点は重要である。ハートにとって、清朝に朝貢という「虚名」を認めるその目的は、ビルマ・雲南間の内陸貿易路の確保にあった。そして、マカートニーが背後で画策したとされる『タイムズ』の記事もまた、中国との内陸貿易をいかにして発展させるかを論じたものであった。両者の求めるところは同じであるが、その解決方法に決定的な相違がある。ビルマ領側に交易地を設定する方法は、ビルマ・雲南の境界地域を行き来する現地少数民族や華商に貿易の実権を握らせるものである。ハートはキャンベルにこの計画の絶対阻止を命じ、バモー割譲のような要求は名分を重んじる北京の意思ではないと主張した[39]。

だがハートの協定案には決定的な問題があった。彼の協定案はビルマの保護国化を前提としていたが、英国軍の快進撃が続く中、英国ではビルマ併合という選択肢が次第に現実味を帯びていた[40]。ビルマ王国が形だけでも存続すれば、北京に使節を送る主体も存在する。だが、英国領となったビルマから清朝皇帝へ、誰がどのような立場で使節を送ることができるのか。この点ビルマ併合を前提としているマカートニー案の方がインド省の意向に沿うものだった[41]。

また、ハートは自身の協定案を、名分を重んじる清朝政府の性質を考慮したものだと主張するが、同じく北京に駐在するオコナーはこの点に疑義を呈した。オコナーは外務省に、ハート案は「専ら英国やインドの利益という観点から考慮されており、清朝の政治的感情から導かれた必要な譲歩とは思えない」とする自身の意見を伝えている[42]。李鴻章の言動に注意するオコナーが、ハートの協定案をこのように評したことも、この時期英国政府がハート案を退ける方向に傾く要因の一つになったことは想像に難くない。

一八八五年一一月末の時点では、清朝とビルマとの朝貢関係を前提とするハート案は英国政府の支持を得られなかった。特にインド省は清朝とビルマとの間に「朝貢関係」が存在したとは認めない姿勢であった[43]。ソールズベリは一二月二三日付の覚書で、清朝がビルマに有するという権利について、記録や慣習によって確証されるものについて英国政府はこれを検討する用意がある、と曾紀澤に伝えた[44]。このため第一節で確認したように、曾紀澤と総理衙門は朝貢関係を示す証拠の準備に努力したのである。

ところが、英国側が「教王を立てる」との提案を行ったことから、この難題はさしたる困難もなく解決し、交渉は実務レベルに移行した。では、なぜこのような方針の転換が起こったのだろうか。

ハートは一月八日付のキャンベルに宛てた書簡の中で「ビルマ問題について、私たち（オコナーと私）はいま密かに工作中で、うまくいっていると思う」と述べている[45]。これを裏付けるように、一月六日オコナーは英外務省に向けて次のような電報を送っている。つまり、総理衙門大臣と会談したところ、彼らはビルマにおける清朝の権利とは朝貢に限られると述べており、彼らは英国の統治自体には干渉するつもりはない、王位存続・朝貢継続という彼らの要求に同意すれば、辺境貿易において譲歩を得うる、という判断であった。この電報は同時にインドにも送られている。[46]

一一月の時点ではハート案に賛成ではなかったオコナーが、なぜ考えを変えたのか。この点について示唆を与えてくれるのが一月二日付の報告書である。総理衙門大臣との会談の模様を報告する中で、彼は次の点に重大な関心を寄せていた。つまり、総理衙門大臣たちは英国と直接境界を接することに強く反対しており、緩衝地帯の設定を希望していた。こうした総理衙門側の態度を受け、オコナーは「バモー地域の領土割譲に同意することは、必ずや外国製品の流入に対する障害となり、辺境貿易の促進や発展というより、むしろこれを妨害するものとなるであろう」と本国に警告している。[47]オコナーもまた、英国勢力をその辺境から遠ざけようとする清朝に対し緩衝地帯の設定を容認することは、内陸貿易の促進にはつながらないこと、これを促進するためには「虚名」という別の交換条件を提示するほうが得策であるというハートと同じ結論に達したのである。

インド総督もまた中華世界の伝統に対して利用価値を認めるようになっていた。仏教国であるビルマを統治するにあたり、その宗教界との関係をいかに処理するかという問題があり、そこでキリスト教徒の自分たちよりも、同じ仏教国である清朝皇帝に白羽の矢を立てたのである。宗教的要素を含めた「教王」(Spiritual Sovereign) という形式を提案したのは、インド総督の側であった。[48]

こうして英国側は「虚名」を譲る代わりに、英国側に有利な形でのビルマ・雲南間の辺境貿易促進を求め、これに対し総理衙門はバモー割譲を求める曾紀澤の方針を支持したことは第一節で確認した通りである。

だが、ここでまた英国側の政策が一転する。今度の政策転換もまたインド省の方針と関連していた。二月一九日インド相キンバレー (1st Earl of Kimberley) は「教王を立てる」との提案を破棄する決定を下した。中国は儒教国であり、清朝皇帝はビルマの宗教的指導者を任命する役割に相応しくないとの意見がインド省では強く、またビルマ現地で清朝とビルマとの歴史的関係を調査した結果、ビルマが清朝に「朝貢」していた事実を確認することはできない、それは「友好的な書簡と贈り物」を交換していたに過ぎず、それも中国西部における回教徒の反乱以降行われていない、との結論に達したのである。(49)

「教王を立てる」というインド総督の提案により、清英両国はひとまず宗属問題をめぐって対立する事態を回避することができたのだが、その計画が破棄されてしまったいま、両国はいかにしてこの難題に対処したのだろうか。節を改めて論じることとする。

三　李鴻章・オコナー会談

清朝側が「ビルマ王位存続・朝貢の継続」を第一要件とする中、英国側からは「教王を立てる」という提案が撤回されたため、ビルマから北京に使節を派遣する主体がいなくなってしまった。曾紀澤と英外務省は、「教王」に代わる別の形式を捜さなければならなくなった。英外務省は使節の派遣形式として、雲南とビルマの地方官レベルと、清朝皇帝と英国女王の間での使節交換という二案を提示した。(50)

しかし、「進貢」の名義が立たないこれらの提案を北京が容れるわけもなく、曾紀澤に対し、「いま王を立て朝貢させる件については、先の口先だけの約束を盾にとって争っても無駄であるので、しばし棚上げして提議する必要はない。まずイラワジ川流域の境界画定とバモーの通商問題とを協議せよ」との上諭が下された。(51) この命令に対し曾紀澤は、「界務と商務を議論することは英国がビルマを滅ぼしたことを承認することです。同時に貢務について議論しなければ、あとで再び議論することは難しいでしょう」と回答し、ビルマ総督にビルマ王の旧例に照らして一〇年に一度北京に進貢させる形で妥協してはどうかと進言した[52]。だが翌日下った上諭[53]は曾紀澤の意図するところに答えていない。清朝朝廷は「王位存続・朝貢継続」を第一要件とし、バモー通商を第二要件とせよと命じてはいたが、この二つの要件の間に関係があるとはみなしていなかった。この二つの要件は、英国側から見れば交換条件になっているのだが、清朝朝廷はそのような見解はとらない。またこの上諭は「ビルマ総督との往来などなおさら国体を損なうもので、断じて行うことはできない」とも述べている。一方、三月一七日曾紀澤は英外務省から「中国がビルマ総督からの使節派遣を容認できないのであれば、一切の交渉を中止する」との通告がなされたと報告している[54]。形式的でも「ビルマ王」を立て、これに進貢を行わせたい清朝側と、ビルマ長官による使節派遣を主張する英国側との間で交渉は行き詰まった。

ここで両者の間を調整し妥協の糸口を提示したのが、オコナーと李鴻章であった。三月二七日オコナーはローズベリに対し電信を送り、李鴻章は慣例に則った進貢を継続するなら、ビルマ総督あるいはビルマ統治の責を負う行政官の名義で使節を派遣する方向で、現在の行き詰まりを打開したいと考えている、領土割譲については一切ほのめかしていない、と報告している[55]。オコナーの同日付の報告書によればことの経緯は次のようである。数日前から北京に来ていた李鴻章は、オコナーに向かって、西太后との間でビルマ問題について相談した際、西太后から朝廷の有力な大臣や官僚たちはビルマ王位の回復を主張していることを伺ったと語り、清議派の強硬意見についてオコナーの注意を喚起した。また李鴻章は、朝貢の継続は清朝の体面を保つためには不可欠であり、この際ビルマ総督あるいはビルマ統治の責を負う行政官の名義で、旧例に従う形で進貢を継続させることで妥協できないか、とも語ったという。また、その際李鴻章は領土割譲について一切ほのめかすことはなかった、とオコナーは最後に書き添えている[56]。

李鴻章がここで示している解決案とは、先に曾紀澤が提案した方法であり、当時朝廷は「国体を損なうもので、断じて行うことはできない」と反対していた。ところが、四月三日には総理衙門が条件付きだが「ビルマ総督による進献という案について、我々も融通して協議してもいい」と言い出しており[57]、上記のような経緯から考えて、李鴻章を中心に北京で調整が図られたことが窺われる。ただし、朝廷が「ビルマ王位存続」という名分論を第一とする姿勢に変更はなく、これに対し李鴻章が表立って反応している形跡も見られない。

一方、オコナーはこの妥協案にどのような利点があると判断したのか。これについては、彼がローズベリへの報告書に書き添えた「李鴻章は領土割譲について一切ほのめかしていない」という点が重要な意味を持つ。これより前の三月六日、オコナーはバモー問題について、李鴻章との間で次のようなやり取りがあったことを報告している。つまり、李鴻章はしばしば「バモー割譲は英国のビルマ支配を容認する代わりに清朝が要求すべき当然の権利」だと語っているとの報告が、駐天津英国領事ブレナン（Byron Brenan）からなされた。そこでオコナーはブレナンを通じて李鴻章に「バモーのような両国にとって価値のない土地をめぐって、早急に友好的に解決したいと願っている問題を複雑にしないでほしい」と告げさせたところ、李鴻章は喜んでこれを聞き、ブレナンの問いに答えて「バモー割譲の要求は曾紀澤の考えで、おそらく曾はマカートニーから示唆を受けたのだろう」と語ったという[58]。ここでオコナーは、バモー割譲要求とは曾紀澤の意見であるとの言質をとったとみなし、早速翌日に、バモー割譲要求は曾紀澤の意見であって総理衙門の意に非ず、との電信を本国に送っている[59]。

この三月六日の報告と三月二七日の報告とを合わせて考えてみると、オコナーとしては、「朝貢問題」で英国が譲歩する代わりに、清朝からは領土的要求はしないという方向で、李鴻章との間に妥協が成立しうると言いたかったのだろう。李鴻章側の史料がないのでこれはあくまでオコナーの見方によればの話だが、李鴻章という存在を介することにより、ようやくハートの提案した「虚名を譲って実利をとる」という政策が現実のものとなってきたのである。オコナーと李鴻章の会談内容はインド省へも報告され、その判断が待たれた[60]。ただし、ハートにとって「実利」とは雲南省内に交易場を開設することだったが、オコナーはそこまでは言及していない。この点は注意を要するので、第四節で詳述する。

一方清朝では、四月二五日に上諭が下り、曾紀澤は後任の劉瑞芬が間もなくロンドンに着任することから、帰国を命じられる。ビルマ問題については、英国側はビルマ王位回復を認めない上、国境画定交渉は関係するところ重大であるため、曾紀澤が帰京したら皇帝より直接下問し、その後に決定することとされた[61]。しかし、実際には曾紀澤の帰京を待つことなく、総理衙門とオコナーとの間で「ビルマ・チベット協定」が調印されたのである。

四　「ビルマ・チベット協定」調印

上諭により、曾紀澤の帰京を待って決定を下すことになっていたにもかかわらず、七月二四日総理衙門はオコナーとの間に協定を締結した[62]。このような展開の変化は、英国によるマコーレー（Colman MaCaulay）を団長とするチベットへの使節団派遣計画と、これが引き起こしたチベットにおける混乱によって生じたものである。

ビルマ・雲南からさらにチベットへの内陸貿易路を確保しようとする英国は、すでに一八六八年と一八七四～七五年に探検隊を派遣していた。第二回目の探検隊派遣にあたり、これに同行するため派遣された駐華英国公使館のマーガリーが雲南辺境で殺害される事件が発生、この「マーガリー事件」を口実に、駐華公使ウェードは清朝に対して様々な要求を行い、これを解決するため、李鴻章とウェードの間で一八七六年芝罘協定が締結された。この芝罘協定の「特別条項」には、英国が一八七七年に北京から甘粛・青海を経て、または四川・チベット経由でインドに探検隊を派遣する場合、清朝はその安全を保証する措置をとることが規定されていた[63]。英国による芝罘協定の批准が遅れたため、この探検隊の派遣も行われずにいたが、英国はこの協定を批准した一八八五年、チベットへマコーレー使節団を派遣することを清朝側に通知した。一八八五年一〇月マコーレーがインド・チベット通商について交渉するため北京に向かっているとの報がもたらされると、芝罘協定に定めるように使節団の安全を確保するべく、四川総督・丁宝楨と駐蔵大臣・セレンゲ、幇辦大臣・崇綱に対し、官吏を派遣してチベット人に使節団のチベット入りを認めるよう教え導くことを命じる上諭が下った。チベット人の間では西洋人に対する警戒心が強く、マーガリー事件のように使節団との間で事件を引き起こすことが懸念されたためである[64]。

一八八五年一一月北京に到着したマコーレーに対し、総理衙門は芝罘協定に従い「護照」を発給、一八八六年五月二九日には李鴻章を通じてマコーレー使節団の構成人数が総理衙門に知らされた[65]。

だが、ここで総理衙門は突然、使節団派遣の延期をオコナーに申し入れた。駐蔵大臣より、英国人使節団派遣の知らせにチベットで混乱が生じており、あくまでこれを阻もうとするチベット人が英国人に危害を加える恐れがある、との報告がなされたためである[66]。芝罘協定によって使節団の安全を保障する義務を課せられている清朝としては、チベット人が使節団と衝突するという事態は、まさにマーガリー事件とその後の苦しい交渉という悪夢の再演を意味する。さらに、マーガリー事件の際には清朝はその管轄外である「野人」の犯行であると主張し、それによって雲南地方官の処罰を要求するウェードに対抗したが、チベットに関してこのような言い訳をすることはできない。もしそのような言い訳をすれば、それは即ち清朝のチベット放棄を意味する。

このため総理衙門は五月三一日に、オコナーに対し使節団派遣の延期を要請し、英国が芝罘協定の「特別条項」を放棄するなら、ビルマ問題の早期解決を承諾してもよいと提案した。オコナーもまたこの機会を利用し、協定案は自身が作成することを提案した[67]。その後協定の具体的な規定をめぐって、両者の間ではしばらく激しい応酬が交わされたが[68]、七月二四日「ビルマ・チベット協定」の調印にこぎつける。この「ビルマ・チベット協定」では、前述のように第一条で英国はビルマから清朝への十年一貢の継続を認め、貢使にはビルマ人を当てることを約した他、第二条では清朝は英国のビルマにおける支配権を承認することが規定されている。懸案の国境問題については、第三条で専門委員を派遣して調査・画定することとし、また同条では通商についても別に協定を締結することを約している。第四条では、芝罘協定で認められたチベットへの使節団派遣について、英国はその撤回を承諾し、再開時期についてはチベット現地の状況を勘案し、英国側は使節受け入れを強要しないことが約束された[69]。

以上、ビルマ問題が急遽解決に向かった経緯を説明したが、清朝側はともかく、内陸貿易路の確保を長年企図してきた英国側にとって、国境・貿易問題の決着を先送りにしたこの協定は、満足のいくものであったのだろうか。芝罘協定によって英国がチベットへの内陸貿易路を開拓することは、本来清朝側も拒めないはずであり、清朝側の困難な状況を熟知しているはずのオコナーは、なぜこのような協定を作成し調印したのか。この時期まだ雲南との境界地域では、ビルマ人による抵抗が続いていた事実は一つの説明になる。ただ、この点について李鴻章の対応を考慮にいれてみると、もう一つの説明ができるのではないかと思われる。ここでいま一度李鴻章の対応を整理したい。

一八八六年一月一三日付の曾紀澤に宛てた書簡の中で、李鴻章は「(ビルマ問題について) しばしば電信にて総署と相談しているのを拝見し、その大体を知っているが、朝廷の求めているのは進貢の虚名で、バモー・新街を割譲させようとの説については、恐らく雲貴総督にはこれを遠方より管理支配する気力はないであろう。チベット通商については、朝議は断固反対しており、英国の欲望は止まるところを知らない。もし厳重に禁止する協約を締結することができたなら不可はないであろう」と述べている[70]。ソールズベリが「教王」の提案を行ったのが一月一二日であり、一月一三日とはまさに曾紀澤が総理衙門に対し、バモー割譲要求を主とする境界交渉を開始したい旨伝えた時である。総理衙門がこの曾紀澤の方針に承認を与えたことはすでに確認した。では李鴻章は総理衙門以上に「虚名」さえ保つことができればよいという消極的態度だったのだろうか。

しかし、一八八五年一一月の時点で李鴻章は駐天津領事ブレナンに対し、英国によるビルマ併合を容認した上で、バモーを英国の管轄外に留め、ここに清英双方の官吏を駐在させて辺境貿易を管理することを望んでいると語り、両国が境界を接することに重大な関心を寄せていた。(71) キャンベルもマカートニーと『タイムズ』記事の背後に李鴻章の存在を疑っていたが、(72) 実際、天津とロンドンの対応は呼応していたのである。

また、一二月三一日付で李鴻章は、あるフランス人から送られてきたという書簡を総理衙門に送っている。この書簡は、英国が大理を狙って様々な陰謀をめぐらせており、ビルマを手中に入れたいま、その危険性はフランスが占拠するベトナム以上である、として李鴻章に警告するものであった。李鴻章はここで列挙された陰謀の中でも、回教徒反乱の可能性と外国人が大理の鉱産資源開発権を狙っているという二点を特に重視し、予防措置を講じる必要性を訴えた。(73) この李鴻章の報告を受け一月三日に下された上諭は、雲南の督撫に辺境防衛の強化を命じている。(74)

李鴻章のこうした動きはオコナーの感知するところでもあった。一月一八日付の報告書には、天津からの秘密情報として、雲南・ビルマ境界地域に清朝の軍隊が移動していることが伝えられたこと、また李鴻章がビルマでの英国の行動に不信感を示していることなどが記されている。さらに同報告書でオコナーは、一八八五年初めのバモーにおける反乱鎮圧に功績のあったものへの褒賞を求める雲南巡撫の上奏が、一月一一日付の『京報』に掲載されている点を重視し、「これほど時間が経過したいま、このような文書が公表されるということは、状況如何によっては清朝はビルマ問題に介入する意思がある、ということを示す目的のもとになされたことのように思われる」と述べている。(75)

曾紀澤や総理衙門という正式な外交ルートではなく、このような間接的な形ではあるが、ビルマ併合により英国勢力と境界を接することへの清朝側の深い警戒感が、英国側に伝えられていたのである。英国勢力をできるだけ雲南境界から遠ざけたいが、かといって辺境地域を管理する能力には欠ける清朝の実情を、ビルマ王位の存続や朝貢の継続といった名分論で覆い隠しつつ、背後では英国勢力の中国西南辺境地域への侵入を阻むべく、英国側に警告を送っていたわけである。このような外交方法であれば、朝廷は名分論を主張して体面を保つことができ、また李鴻章も表立って動いてはいないので清議派と対立する恐れもなく、行動を束縛される度合いも低くなるであろう。

一方、オコナーもまたビルマ人の抵抗が続く状況で、清朝側の強い懸念を押してまで雲南の開放を要求する必要はないと判断したのではないだろうか。ただし、「ビルマ・チベット協定」締結交渉において、英外務省は先に曾紀澤に約束したサルウィン川東岸地域の割譲を協定案に盛り込もうとしたが、オコナーはこれに反対している。(76)この意味で彼の「虚名を譲っても領土は譲らない」という方針は貫かれていることになる。こうして「バモー割譲要求は曾紀澤の意見であって北京の意思に非ず」とか「清朝は虚名をとって実利をとらず」といったイメージがまた一段と強化された。

小結

ビルマ問題における清朝側の対応について、先行研究では曾紀澤と本国の外交政策を截然と区別し、それぞれに「実利」と「虚名」、あるいは「積極」と「消極」という評価が下されてきた。しかし、本章で確認したように、英国のビルマ併合によって清朝が危惧したのは、内陸貿易ルートの確立を目指す英国と直接境界を接することから、中国西南辺境地域へ英国勢力が侵入してくることであった。これを防止しようとする点で、曾紀澤と本国の間に認識の相違はない。「公使館と北京は意見を異にする」といったイメージは、マカートニーや李鴻章との対抗上、ハートによって誇張されたものである。そして、このイメージは、朝貢継続（虚名）で譲る代わりに、清朝側から領土面（実利）での譲歩を引き出したいオコナーによって受け継がれた。英国側の交渉担当者にとって都合のよいイメージが強調されたのである。

ただし、清朝側にとってもこうしたイメージが必ずしも利用価値のないものであったわけではない。それは李鴻章の対応から窺うことができる。李鴻章の対応は一見矛盾するように思われる。しかし、詳細にこれを考察すれば、彼なりの外交方針を見出すことができるであろう。

「ビルマ・チベット協定」の基本となるハートの協定案は、そもそもマカートニー案への対抗措置として生まれたものである。「併合容認とバモー割譲」を交換条件にするマカートニー案と、「朝貢継続と雲南開放」を交換条件にするハート案とが対立した。ビルマ併合の可能性を保持したい英国政府にとって、マカートニー案は検討する価値のあるものであった。李鴻章がマカートニー案と呼応する態度を示していたことも、オコナーの注意を引いており、彼の判断に影響を与えたことは想像に難くない。もっとも、英国側の立場からすれば、バモー割譲の可能性を留保しておくことで遠征前後における清朝側の介入を防いだ、という側面もあるだろう。だが、李鴻章がバモー割譲を本気で望んでいたかといえば、それはやはり英国側を牽制する手段に過ぎなかっただろう。英国側の「朝貢問題」に対する妥協的姿勢が確認されるや、李鴻章は曾紀澤が過度にバモー割譲に固執しないよう、今度はこれを抑える行動に出たことからもそれは確認される。そして交渉が行き詰まると、ビルマ総督による使節派遣という曾紀澤の提案を支持し、朝廷内で調整を図る一方、オコナーに対しては、清議派の動きに注意を促しつつ、バモー割譲要求が曾紀澤・マカートニーの意見であるとの言質を与えた。つまり、ロンドンと北京との間で調整を行う立場に自らを置き、また自身のそのような役割を英国側に示すことで、英国側の、特にオコナーとの妥協を成立させたのである。

清朝側にとって最も危惧されたのは、中国西南辺境地域に現在ある秩序が乱されることである。マカートニー案であれハート案であれ、当該地域に大きな変化をもたらす点は変わらない。それに対し最終的に締結された「ビルマ・チベット協定」第三条は、国境画定と通商問題の交渉を事実上棚上げしており、清英両国は辺境地域の現状維持を認める形で妥協している。同じ「虚名を譲って実利をとる」方策でも、ハート案と最終協定の性格は同一のものではない。確かにオコナーとしては朝貢（虚名）と領土（実利）の取引に成功したと主張しうるだろうが、西南辺境地域の現状維持を確保した清朝側からすれば、まさに「虚も実なり」であった。清英両国がこのような妥協に達し得たのは、英露対立という国際環境を背景に、英国側が清朝に友好的であったことが大きな要因の一つであったことは否定できないが、李鴻章を中心としたこのような清朝側の外交姿勢によるところも少なくなかったであろう[77]。

しかし、在外公館では、こういった清朝の対外姿勢のイメージを払拭しようとする試みが続けられた。ほかならぬ曾紀澤の「先睡後醒論（China, the Sleep and the Awakening）」はそのような試みの代表であろう。この中で曾紀澤は、清朝の対外政策の大綱として、条約国との関係の改善・拡大、海外華人の状況の改善、藩属の宗主国に対する地位の明確化、アジアの大国として相応しい条約の改正を挙げ、清朝が属国の行動に対し監督を強化し、その責任を負う決心をしたと述べている[78]。これは、外国に対し清朝が西洋的な国際関係を受容しているということをアピールするものである。そして、ビルマ・雲南間の国境問題についても一八九〇年代初めに、従来の清朝の対外姿勢のイメージを払拭すべく、新しい外交が薛福成によって展開された。次章では、薛福成によって再開された滇緬界務交渉について論じることとする。

第5章 「遠略に勤めざるの誤りを論ず」

——薛福成による新しい清朝外交の追求——

はじめに

清末の洋務思想家として名高い薛福成は、外交官としても評価が高く、曾紀澤とともに清末の二大使才と称される。[1] 在外公館は一八八〇年代を通じて西洋の国際関係や国際法の受容において本国に先駆けてきたが、そうした在外公館における対外関係の意識転換を主導したのが曾紀澤であり、日清戦争前におけるそうした動向の一つの到達点が薛福成の対外交渉であるとされる。[2] その彼が欧州赴任中に携わった外交交渉の一つが、前章でも検討した雲南・ビルマ間の国境画定交渉（以下「滇緬界務交渉」とする）である。

この滇緬界務交渉に関する先行研究の評価は大きく分かれる。薛福成がイギリスと締結した「続議滇緬界務商務条約」（一八九四年）に対し、薛福成自身は「雲南の西・南両面において均しく領土を拡張した」とその成功を主張しており、[3] また曾紀澤によるイリ交渉とあわせて清末の二大成功例に挙げる評価も見られる。[4] 一方で、第二次世界大戦以前の辺境研究は、本来中国に帰属する土司の土地を失った「失地条約」であるとの厳しい評価を下している。[5]

このような相異なる評価を受けて、戦後の研究でもこの交渉の「成果」をいかに評価するかに重点が置かれてきた。「失地か拓界か」という問題の立て方自体は近年の研究に至るまで変わっていない[6]。そして近年の研究はその結果を「失地」とみなしながらも、その責任を「辺境問題に無関心」な総理衙門と、現地責任者でありながら「誤った」情報を薛福成に与え、交渉をミスリードした雲貴総督・王文韶に求める。その一方で薛福成に対しては、本国の援助を期待できない困難な状況のもと、「狡猾なイギリス帝国主義」に果敢に抵抗し、中国の主権や利益を守ろうと努めたとして、その愛国性や開明性を評価している。つまり、薛福成自身を研究対象とした場合、彼の他の外交活動と同様に高く評価されるのだが、辺境研究の視点からこの滇緬界務交渉を捉えた場合、厳しい評価を下さざるを得ないことになる。こうした研究状況からは、薛福成の外交活動を評価する上でのある種の問題が浮かび上がってくる。つまり、外交官としての薛福成の愛国性や開明性がすでに議論の前提として据えられているため、肝心の薛福成の外交方針やそれを支える彼の対外認識に対しては十分な分析が加えられていないのである。そのような問題は、本章で主に取り上げる「野人山地」分割案に対する従来の研究の解釈にも顕著に認められる。

この滇緬界務交渉における最大の特徴は、薛福成が交渉の焦点を「野人山地」（カチン丘陵）の分割に置いたことであり、さらに当該地域獲得の根拠を中国との歴史的な統属関係に置くのではなく、この地を中国・ビルマ両国に属さない「無主の地」として、国際法に基づいた分割の対象とみなしたことにある。しかし、「野人山地」に対する中国の歴史的な領有権を前提とする現代の研究は、「野人山地」を「無主の地」とみなすこのような薛福成の交渉方針を、雲南からの間違った情報に基づく失策として片付け、それ以上に踏み込んだ検討を加えようとはしない。だが、この「野人山地」分割案にこそ、薛福成の当時の国際情勢に対する認識やそれに基づく外交方針が顕著に反映されていたのである。

つとに指摘されているように、薛福成が欧州に駐在していた一八九〇年代前半とは、露仏同盟の成立に伴い英露対立が深刻さを増す一方、イギリスにとってロシアの南下を防ぐ防壁としての清朝の存在価値も増し、両国が同盟関係とも言うべき友好的な関係にあった時期である。(7) 特に一八九一年夏にロシアがインドへの南進ルート開拓のためパミールに派兵すると、この地域をめぐる英露の対立は緊迫の度を増し、清・英・露の間でパミールの帰属確定が喫緊の課題となった。滇緬界務交渉はこのようなパミールをめぐる英露対立を背景として進められたのであり、「野人山地」分割案もまたこうした国際情勢と深く関わっていた。

本章では「失地か拓界か」といったこれまで踏襲されてきた問題の捉え方とは視点を変え、薛福成の「野人山地」分割案に注目し、その背景にある彼の国際情勢に対する認識や外交方針を検討することとする。それにより、この滇緬界務交渉に体現された彼の外交思想を明らかにしたい。

一　滇緬界務交渉

(1) 交渉再開の発端

前章で見てきたように、雲南・ビルマ間の国境問題は、一八八六年のイギリスによるビルマ併合に端を発する。しかし、一八八六年七月に清英両国によって締結された「ビルマ・チベット協定」では、国境問題については後日専門委員を派遣して調査・画定を行うこととし、通商についても別に協定を締結することを約するに止まった（第三条）。「虚名（朝貢の継続）」と「実利（ビルマ併合）」との取引が全面に出る背後で、中国西南辺境地域の現状維持を認める妥協が両国の間に成立し、滇緬国境問題は事実上棚上げされたのである。また、この交渉の過程で、駐英公使の曾紀澤の外交姿勢と総理衙門など本国のそれとを、「積極」と「消極」、あるいは「実利」と「虚名」として対比するイメージが駐華英国公使代理オコナーによって強調され、定着することになった。

このように現状維持のために先送りにされていた問題を再び交渉の俎上に載せたのが薛福成であった。一八九〇年に駐英公使としてロンドンに赴任した彼は、ロンドンの清国公使館に保存されていた過去の外交文書を調査する中で、一八八六年当時に英外務省が曾紀澤に承認した「三端」――①サルウィン川東岸のシャン族の土地の割譲、②バモーの開港と清朝税関の設置、③イラワジ川の清英両国公共化――の存在を知る。[8]前章で述べたように、一八八六年の交渉においては、英外務省が曾紀澤に約束した領土割譲を含む「三端」は、「清朝は虚名をとって実利をとらず」と主張するオコナーによって、「ビルマ・チベット協定」には盛り込まれなかったのである。

イギリスから具体的な譲歩が提示されていながら、それが条約には規定されていない現状に対し、薛福成はこの「三端」を実効性のあるものにする必要を感じたのだろう。薛福成は参賛（参事官）のマカートニーを英外務省に派遣し、滇緬界務交渉の再開を打診させ、イギリス側からビルマ・シャム間の国境が画定した後で交渉を行いたいとの回答を得た。この間のやりとりは一八九〇年一〇月八日付で総理衙門にも報告された。[9]

薛福成が早速イギリス側に働きかけた理由は、ビルマに鉄道を建設しようとする動きがあるとの新聞報道に接したからである。[10]ビルマでの鉄道敷設は、雲南との陸路通商を拡大させる目的で計画されたもので、イギリス勢力が雲南に進出することへの危機感から対応の必要を感じ、その足がかりとして「三端」が利用できないかと考えたのだろう。しかし、管見の限りこの報告に対して総理衙門は何らの反応も示していない。

一方、薛福成は界務交渉の再開に向け準備を続けていた。界務交渉にはまず現地調査が必要とされるが、薛福成はその調査員としてこの時ちょうど帰任する予定であった前駐ドイツ公使館員の姚文棟を派遣することにした。姚文棟はかつて第二代駐日公使の黎庶昌の随員として日本に赴任、日本の地理研究に従事したが、これは総理衙門の命令によるものであった。[11]またドイツへの赴任も、その地理学知識を公使の洪鈞に買われたためである。[12]姚文棟は地理学に造詣が深く、さらに雲貴総督の王文韶とも旧知の間柄であり、[13]この度の界務調査には最適の人物であったのだろう。薛福成はこの姚文棟に欧州から帰任する途上、インド・ビルマを経由して雲南に入り、滇緬境界地域の現状を調査・報告させることとした[14]。

またこれと並行して、界務交渉に備えて雲貴総督に滇緬境界地域の調査を命じられるよう奏請している。この一八九一年三月五日の上奏文[15]から、薛福成の外交方針を確認することができる。それは一言でいえば、一八八五～八六年の曾紀澤と同様、バモーの割譲を要求し、これにかりてイギリス勢力を雲南境界から遠ざけるというものであった。薛福成の上奏の内容を詳しく見ていこう。

まず「三端」の①シャン族の土地の割譲については、割譲予定地の大部分が実はすでにシャムに帰属していることが西洋の地図で確認されたため、これを要求することは「英人の虚恵を受ける」ことになるとしてこれを退ける。一方、イラワジ川上流の通商拠点であるバモーや旧バモーの割譲にはイギリス側は同意しないだろうが、しかしこれを争わないわけにはいかないとし、その五つの理由を挙げていく。一つ目は、こちらが領土拡張を要求しなければ相手側に進出されるというもので、辺境における領土拡張を、区々たる辺境の地を獲得したところで何の足しになると軽視してきた従来の態度を批判する。二つ目はイギリスに鉄道建設の用地をみすみす明け渡してしまうことへの憂慮、三つ目は内陸貿易の大動脈であるイラワジ川をイギリスに独占させることの問題、四つ目は辺境交易をビルマ側で行う必要性、五つ目は貿易ルートとしてのイラワジ川を確保することの利点、である。

これはまさに、バモーまでの領土拡張を行い、通商の要路であるイラワジ川の利便に与るという積極策により、イギリス勢力を雲南から遠ざけようとした曾紀澤の方針の焼き直しと言えよう。内陸貿易路を確保せんとするイギリスの脅威は、鉄道建設計画という新しい動きによりさらに差し迫ったものとなっていた[16]。この危機に対し、薛福成はかつての曾紀澤と同様、領土拡張によって対抗しようとしたのである。もちろんその背景には、内陸貿易に対する警戒感だけでなく、これを華商の主導下に置こうという積極的な意図も働いていただろう。

さらに薛福成はこうした積極策を採る理由を次のように説明する。つまり、中国にはもとより「遠略（積極的な対外政策）に勤めず」との名目があり、このことは外国もよく知るところである。このため外国は隙を窺っては行動に出、お互いに相乗じて、琉球・ベトナム・ビルマが次々に奪われ、これは瞬く間に朝鮮にも波及している。ここでイギリス側の不意に出て、我が方が前議（三端のこと）を根拠に譲らず、これにより若干の領土拡張を果たせたなら、各国は中国のこれらの事件に対する処置が従前とは異なることを知るであろう、と。[17] 重要なのは、外国が付け入る口実となっている「遠略に勤めず」という清朝の対外姿勢のイメージを改めることであった。

薛福成の上奏は総理衙門の討議に付され、一八九〇年七月三〇日付で受理された総理衙門の上奏は、雲貴総督の王文韶に現地の地理を調査させることとしたが、界務交渉の再開に関しては、こちらから口火を切ることには消極的であった。[18]

しかし、この間にも滇緬境界の現地では緊迫の度が深まっていた。

一八八六年にイギリスがビルマを征服した当時、滇緬境界では少数民族による抵抗が続き、なかには雲南当局を通じて清朝に助けを求めるものもあった。これに対し、朝廷はイギリスとの衝突を避けるため、雲南当局に門戸を閉ざし、紛争に関わらないように厳命した。だが、イギリスによるビルマ支配が確立されていくにつれ、雲南南西部における辺境交易も再開され、バモーに向かう華商の通商活動も旧に復していた。

雲南西南部からバモーに至るには、滇緬の境界に横たわる「野人山」と呼ばれる険しい山地を通過しなければならず、この地には様々な少数民族が暮らしていた。つまりこの「野人山」は雲南とビルマの境域を分離する緩衝地帯であった（第4章地図1を参照）。よってこの「野人山」には清朝あるいはビルマのどちらかの排他的な統治が敷かれていたわけではない。イギリスのビルマ併合後の不安定な状況の中、華商がこの「野人山」を越えるには、武装集団による護衛を必要とした。そして商人に雇われて護衛を請け負っていたのが、騰越庁鎮の辺境守備兵であった。一八九〇年当時、千総の張天明と黄正林が率いる辺境守備兵も商隊保護のために「野人山」を往き来し[19]、彼らの活動範囲は「野人山」のビルマ側の入り口にあたる蛮弄（＝旧バモー）にも達していた。一方、ビルマ駐在のイギリス兵も探査と称して「野人山」に進出しており、「野人山」には清英両国の兵士が活動していたことになる。双方はお互いに自重していたとはいえ、何かの事変によって武力衝突が起こりかねない緊迫した状況にあった。姚文棟がバモーに到着したのはまさにこのような状況下であった。

一八九一年三月にヨーロッパを発った姚文棟は、四月一一日にラングーン（ヤンゴン）に到着、イラワジ川を遡って四月三〇日にバモーに至った。姚文棟はバモーで一〇日ほど過ごし、五月一二日に騰越に向けてバモーを出発、野人山を越えて五月二三日に騰越に到達している。

この間に姚文棟はバモーである事件を起こしている。姚文棟は、「野人山」の途中にある紅蚌河（＝南奔江あるいは南𤄫河）まで護衛をつけて送ろうと言うイギリス側の申し出を断り、迎えの雲南辺境守備兵をバモーに呼んだのである。この行動はバモーにおけるイギリスの統治を認めず、バモーからは清朝側の領土であると主張するためのものである[20]。当然イギリス側もこの意図を察知し、北京の駐華公使ウォルシャム（Sir John Walsham）を通じて総理衙門にも抗議の意思が伝えられた[21]。

また姚文棟は、バモーから雲南当局に対し書簡を送り、「野人山」に駐屯している部隊を蛮弄まで移動させ、そこにしばし駐在させることで、イギリス側に清朝側の領土主張の意図を示すよう要請している[22]。この計画は実現しなかったが、姚文棟は以後もたびたび王文韶に電報を送り、「野人山」の戦略的重要性と張天明らの商人護衛の部隊を引き続き「野人山」内部に駐屯させるべきことを進言した[23]。

一方、商人保護を名目とした清朝兵士の活動や姚文棟のバモーにおける行動は、イギリス側をして危機感を抱かせることとなった。ビルマに駐在するイギリス当局は紅蚌河を実質的な境界とみなし、一八九一年秋に紅蚌河西岸に駐屯地を築いた。さらに商人護衛の清朝兵士がこの境界を越えることを禁止する旨、ウォルシャムから総理衙門へ通達したのである。つまり、近い将来に界務交渉が再開されるであろうと予測される中、先手を打って、実力によって紅蚌河を境界としてきた「事実」を確認しようとしたわけである。このイギリス軍の行動は、「野人山」における清英両国の緊張関係を一気に高めることとなった。

ウォルシャムの抗議を受けた総理衙門は、早速雲南現地に自重を命じた。もしイギリス側の言うように紅蚌河が滇緬間の境界であるなら、「華兵が商人護衛のために紅蚌河を越えることは、イギリス側にこちらが領土拡張の野心を抱いているとの疑いを生じさせることになり、必ずや紛争を引き起こすであろう」と憂慮した総理衙門は、衝突を回避するためいまは旧界を守るよう、王文韶に通達したのである。[24]

また、総理衙門は姚文棟に対するイギリスからの抗議にも触れ、姚文棟が雲南に留まっていることは清英両国の交情を損なうものである、とするウォルシャムの抗議に対し、「当該員（姚文棟のこと）が新街（バモー）以東をビルマ領とみなしていないから、イギリス人の護送を拒んだのだと疑っているのであろう。今後滇緬間の辺境事務に際しては、くれぐれも当該員を派遣しないようにし、（イギリス側に利用される）口実を増やすことのないように」と王文韶に命じている。[25] 総理衙門は、イギリス兵による雲南辺境への侵入に関しては薛福成をして抗議させていたが、界務についてはイギリス側の主張に理解を示し、何より衝突の回避を第一に考慮していた。これに対し王文韶は、紅蚌河は清緬間の境界の全体を包括するものではないと異を唱えた。同時に、ウォルシャムを介してインド総督に対し国境が未確定の地域には双方共に派兵を行うべきでないとの申し入れを伝えるよう要請した。[26]

一八九一年後半以降、「野人山」をめぐって滇緬境界地域は緊迫の度を増していたが、これはイギリス軍の一方的な侵入によるものというよりは、商人護衛の部隊の存在や姚文棟の活動といった清朝側の行動との相互作用によるものと見るべきであろう。そして薛福成はこの機会を捉え、一刻も早い国境の画定を求めて再び総理衙門に働きかけた。[27] と同時に、界務交渉に向けて新たな方針を固めていったのである。

（2）滇緬界務交渉の経緯

薛福成にイギリスとの滇緬界務交渉が正式に命じられるのは、一八九二年七月九日のことであるが、[28] 実際には一八九二年初めより薛福成と英外務省との間で事前交渉が始まっていた。そして、薛福成が新たに交渉の第一方針としたのは、バモー以北のイラワジ川上流地域「野人山地」を清英両国によって分割することであった。

「野人山地」とは、「野人山」をその南部に含むが、さらに北側の、騰越庁の西辺・イラワジ川上流に広がる地域全体を含んだ地域を指す。ただし、今回の界務交渉で焦点となったのは北緯二四度から二五度三五分までの地域であり、それ以北は両国にとって未知の地であったため、以後の探検・調査の結果を待って国境画定を行うこととされた。この「野人山地」は、南部に天然の要害であり主要な通商路である「野人山」、北部にゴムや鉱山など天然資源に富む地域を含み、防衛上だけでなく経済上の重要性も有していた。[29]

この「野人山地」を焦点に据えるとの交渉方針は、マカートニーの発意による。「野人山」をめぐり騰越庁西南の境界地域で清英双方の部隊がにらみ合っていた一八九二年初め、今度は騰越庁西北部にイギリス兵が侵入し、当該地域の少数民族の間に混乱が生じているとの報告がなされた。[30] 総理衙門の指示を受け、薛福成はマカートニーを英外務省に送り抗議の意を伝えさせたが、英外務省からはイギリス兵が侵入した地点が具体的に明示されていないとの反論を受けた。[31] そこでマカートニーはこの機会を逆に利用し、これまで界務交渉の対象外であった騰越西北辺外の「野人山地」を取り上げるよう、薛福成に提案、薛福成もこれに賛同したのである。[32]

マカートニーがイギリス側に伝えたところによれば、イラワジ川上流地域がこれまで清朝にもビルマにも属していない「無主の地」であり、清英両国によって分割されるべき土地であるとの申し入れが一八八五～八六年の交渉の際にすでに曾紀澤よりイギリス側になされていたという。[33] つまり、マカートニーの主張によれば、イギリス軍が侵入した地点が具体的に「野人山地」のどこであろうと、本来なら両国による分割交渉を待つべき地域であることに変わりはなく、イギリス軍はただちに撤退しなければならない、ということになる。

「野人山地」からのイギリス兵撤退要求を受けた英外務省では、界務交渉のための原案を作成し、一八九二年二月二四日薛福成に提示した。[34] イギリス原案は五カ条で、その内容は①イラワジ川上流地域について北緯二五度三〇分以北は調査終了後あらためて国境を画定する、②（それ以南の）イラワジ川上流地域は全てイギリスに帰属する、③イラワジ川を中国人の通商に開放する、④滇緬境界地域に電信を敷設する、⑤江洪・孟連を清朝領とする、というものであった。②については、この地域の領有を譲れないとするインド側の意向を受け、先手を打って原案に挿入したものである。その代わりとして清朝側に提示されたのが⑤で、清朝とビルマに両属していた江洪・孟連を清朝の属地と認めると提案した。雲南西部では譲れない代わりに雲南南部の境界で譲歩したわけである。これは一八八六年の交渉の際に、バモーの代わりにサルウィン川東岸のシャン族の土地を提示したのと同様の手法である。雲南・ビルマ間の内陸貿易路として重要な西部を押さえ、シャムとの境界に近い地域を清朝に譲るという、インド側の意向が強く反映されている内容である。

これに対し薛福成は、北緯二四度以北の地はそもそもビルマの支配下に入ったことはなく、清英両国によって分割すべきことはすでに曾紀澤と英外交部の間で了解済みのことであると反論した。[35] イギリス兵の侵入に対しても（後にイギリス兵が侵入した地点は薩洞納（Sadon. 中国名は昔董）であることが判明した）、この分割案を根拠に抗議を行った。三月一一日付の照会で、[36] 薛福成はイギリス兵による薩洞納侵入と現地少数民族との衝突事件について抗議し、これらイラワジ川上流地域について、みなビルマの境域外の土地であり、これまでビルマの支配下に入ったことはない。この地域に居住するものはみな野人で、国政もなく、また責任を負う政府も存在しないので、将来清英両国が国境を画定する際には、一八八五年に曾侯が外務省に通告した通り、分割し両国の管轄に帰すべきである。

と述べ、「野人山地（イラワジ川上流地域）」は「無主の地」として清英両国による分割の対象地域となっており、よって境界画定以前における当該地域での一方的な進出活動は許されないとの論を展開した。また、三月二七日の照会では、イギリス原案はかつて自ら承認した「三端」の内容さえも満たしていないとして、これを厳しく非難した(37)。

薛福成の度々の抗議を受け、英外務省でもビルマ現地に自制を求めるようになる。特にソールズベリ外相は薩洞納事件のように中国との境界付近で騒動を起こすことに不満を表していた。ソールズベリの不満の背景には、イギリスが中国の国境を侵すことで、ロシアに中国辺境地域への侵入の口実を与えてしまうのではないかという懸念があった。しかし、「野人山地」におけるイギリス兵の侵入事件は相次ぎ、騰越西南の漢董などへの侵入も報告されていた。

こうした事前交渉の間にも、薛福成は総理衙門に対して交渉の経過を報告するとともに、重ねて界務交渉再開の重要性を説き(38)、総理衙門もついに「国境画定はこれ以上先延ばしにすることはできない」と認めるようになった(39)。そこで薛福成は、界務交渉の責任をあくまで自分に委ねるよう求めた。英露対立という国際環境を背景に英外務省との交渉には手ごたえを感じていたし(40)、またイギリスでは新しい駐華公使として一八八六年の交渉に当たったオコナーが派遣されることとなり、オコナーが交渉の主導権を北京に移してしまうことが懸念されたためである(41)。前章で明らかにしたように、一八八六年の交渉当時に駐華公使代理であったオコナーは、曾紀澤の強硬策に対し、総理衙門は虚名を重んじる消極的な態度である、とのイメージを強調していた。第一節で確認したように、オコナーの強調する清朝外交のイメージこそ、薛福成が改めるべく争っていたものであった。

こうした薛福成による働きかけの結果、総理衙門は薛福成に滇緬界務交渉を命じるよう求める上奏を行い、これは七月九日に裁可された(42)。これにより薛福成と英外務省とを交渉主体とした本格的な界務交渉が再開されることとなる。

ただし、イギリスの内閣交替により、正式な交渉が始まったのは九月二日のことであった。イギリス側の代表は外務事務次官補のサンダーソン（Sir Thomas Sanderson）であり、清朝側はマカートニーが交渉に臨んだ。そして当面の重要議題はやはりイギリス兵撤退問題と「野人山地」の扱いであった。薛福成がマカートニーに指示した交渉の優先順位は、次のようなものである(43)。

(1)「野人山地」を争い、少なくともイラワジ川を境界とする。
(2) イラワジ川を国際河川とする。
(3) バモー北岸に清朝の税関を設置する。
(4) 南掌・シャン族の地を争う。

(2)、(3)、(4)はそれぞれ「三端」の③、②、①に相当する。特に②と③は通商関連の条件であり、前章で見たように、一八八六年の交渉でイギリスはバモーの支配を譲ることはできなかったが、この地域での通商上の利便を清朝側に保障することには前向きであった。

ところで、(1)はイラワジ川を境界として「野人山地」を分割するというもので、これが達成されればバモー以北のイラワジ川東岸すべてが清朝に帰属することになり、(2)と(3)は自ずと実現されることになる。ただ、通商拠点であるバモーの割譲要求から(1)の「野人山地」分割へと要求を改めた背景には、清朝側が直面している現実的な問題

が関わっていた。曾紀澤は一八八六年当時、

私が争っているのは雲南辺界の西であり、イラワジ川以東、大盈江以南、龍川江以北を中国に帰属させんことを望んでいるのであり、バモーはその中にあります。イラワジ川以東、大盈江以北は我が属国です。

と総理衙門に報告していた。(44) つまり、一八八六年当時においてイギリス勢力との接触が懸念されたのはバモーから「野人山」に至る限られた点と線だけであり、騰越からバモーに至る通商上・戦略上の要路を押さえることが目指された。

しかし、すでにイギリス兵の侵出が大盈江（＝太平江）以北に及んでいる状況では、イギリスのさらなる中国境界への接近を阻止することが第一要件となったのである。

また、この曾紀澤の報告からは、一八八六年の交渉では大盈江以北の地域は取り上げていない、というイギリス側の主張が根拠のあるものであることが分かる。曾紀澤が「野人山地」を「無主の地」として分割を申し入れたという薛福成やマカートニーの主張は、彼らの間で作られた話であったのかもしれない。

イラワジ川上流地域への探査を進めるイギリス側としては、薩洞納からの撤退とイラワジ川以東の割譲には当然従えない。一方、薛福成は界務交渉開始条件として、薩洞納からのイギリス兵撤退を主張して譲らない。サンダーソンは九月一二日に照会を送り、これまで清朝は領土要求を行っておらず、また周辺地域への実質的な支配を行わない清朝には、「野人山地」へその支配を浸透させ、当該地域の通商を管理する能力に欠けるとし、これらの従来の姿勢に照らし、薛福成が薩洞納撤兵とイラワジ川以東の地域を要求する理由を説明するよう要求した。

これに対し薛福成は、九月一七日付の照会で反駁を行った。まず、「野人山地」分割要求の根拠を一八八六年の曾紀澤の時点に置くことで、イギリス兵の薩洞納占領の不法性を強調し、「野人山地」からのイギリス兵の撤退を

もって界務交渉を進める前提条件とする要求を行った。また「野人山地」要求に関しては五点の理由を挙げてその正当性を述べている[45]。

このように、薩洞納撤兵をめぐり清英双方は己の主張を譲らず、界務交渉は再開早々に行き詰まりを見せた。薛福成が「野人山地」を要求する何よりの理由は、薩洞納からイギリス兵を撤退させて雲南西部の境界地域の安定を図るためであった。また、イギリス兵が騰越西北の「野人山地」へ侵出し足場を設けようとする目的は、チベットとの内陸貿易ルート開拓にあると予想されたからである[46]。

薛福成の度重なる撤兵要求を受け、英外務省もその態度を軟化させ、清朝側の主張にも理があると認めはじめた[47]。しかし、薛福成の国際法に基づいた反論には理を認める英外務省も、撤兵要求や「野人山地」の分割要求が果たして総理衙門も望むところであるかどうかには疑念を抱いており、駐華公使のオコナーによる調査を待って対応しようとの思惑を有していた[48]。イギリス側の引き延ばしにより、界務交渉は停頓を続けた。

「野人山地」をめぐる交渉に動きが起こったのは年の改まった一八九三年一月一日であった。英外務省が「野人山地」を両国の緩衝地帯とすることを提案したのである。また「野人山地」を除く境界地帯については、王文韶より送付された現地調査の結果をまとめた地図に基づき、境界の画定が行われた。こうして清英両国の界務交渉は妥協に向かうかと思われた。だが、やはりインド植民地当局は「野人山地」の緩衝地帯化に反対し、通商の保護を名目として昔馬（息馬）に派兵、ここに駐屯させた[49]。インド当局の実力行使に対し、薛福成も負けじと通商保護を名目とした清朝側による派兵の可能性を示唆し、強硬な姿勢を示した[50]。

しかし、そうした表向きの強硬姿勢の裏で、薛福成はすでに「野人山地」における領土的要求は譲り、英外務省との間で妥協を図る方針を固めていた。たとえば、総理衙門に宛てた一八九二年一二月二二日付の「四論滇緬界務書」では、「大体、野人山地はイギリスが全神経を注ぐところであり、イラワジ川を境界とする分割に同意するかどうかは、なお予測し難い。しかし、このことはもともと先に求めた三端のために応酬して勢いを見せてきたのであり、もし三端のうち二端を得ることができれば、風を見て帆を収めるべきでしょう」と、情勢から判断して「三端」中の通商関連の二項目の実現で妥協するのが望ましいと提案している。これはまさにマカートニーに示した交渉方針通りの決断であろう(51)。また、一月二二日付の電信で総理衙門に対し、「野人山地を争う目的は、領土の獲得にあるのではなく、妥協を成立させて雲南境界を保持することにあります」と述べ、雲南への侵出をもくろむインド省に対して、総理衙門や雲貴総督が決然たる態度を示してこれを牽制できれば、早期の決着を望む英外務省との間で妥協を成立させることができると主張した。さらに「これが決着すれば、許景澄公使が行っているパミール問題の交渉も力を得、障害が少なくなるでしょう」と付け加えている(52)。

一八九二年夏にロシアがパミールに大規模な派兵を行い、その兵は一時清朝が実質的に管理する「華界」間近のアクタシ地域にまで至った。このため、一八九二年一一月からロシアと清朝の間で、国境画定交渉が行われていた(53)(地図2を参照)。後述するように、薛福成が「野人山地」に対し強硬姿勢を示すことは、実はロシアとの間で行われていたパミールの国境画定交渉と密接な関係を有していた。

一方、英外務省は江洪・孟連の清朝帰属の承認をもって清朝側への譲歩とみなそうとした。さらにサルウィン川流域の科干地方の割譲、およびイラワジ川から雲南旧界までを清英両国の緩衝地帯とすることを提案(54)、薛福成も「これならイギリス人を抑制し、彼らが雲南西部の土司に対し、利をもって誘惑あるいは脅迫してこれを服従させるのを防ぐことができ、そして中国の交渉もいささか当を得たものとなり、各国の軽視を免れることができる」と、英外務省の譲歩案に肯定的であった(55)。だが、やはりインド当局は「野人山地」全体にその支配を及ぼすことを主張し、緩衝地帯化案に強硬に反対し続けた。結局、薛福成はイラワジ川をもってイギリス勢力との境界とすることはあきらめ、代わりに穆雷江以北、北緯二五度四〇分以南を清朝領とする要求を行い、同時に雲南南部に関しては英

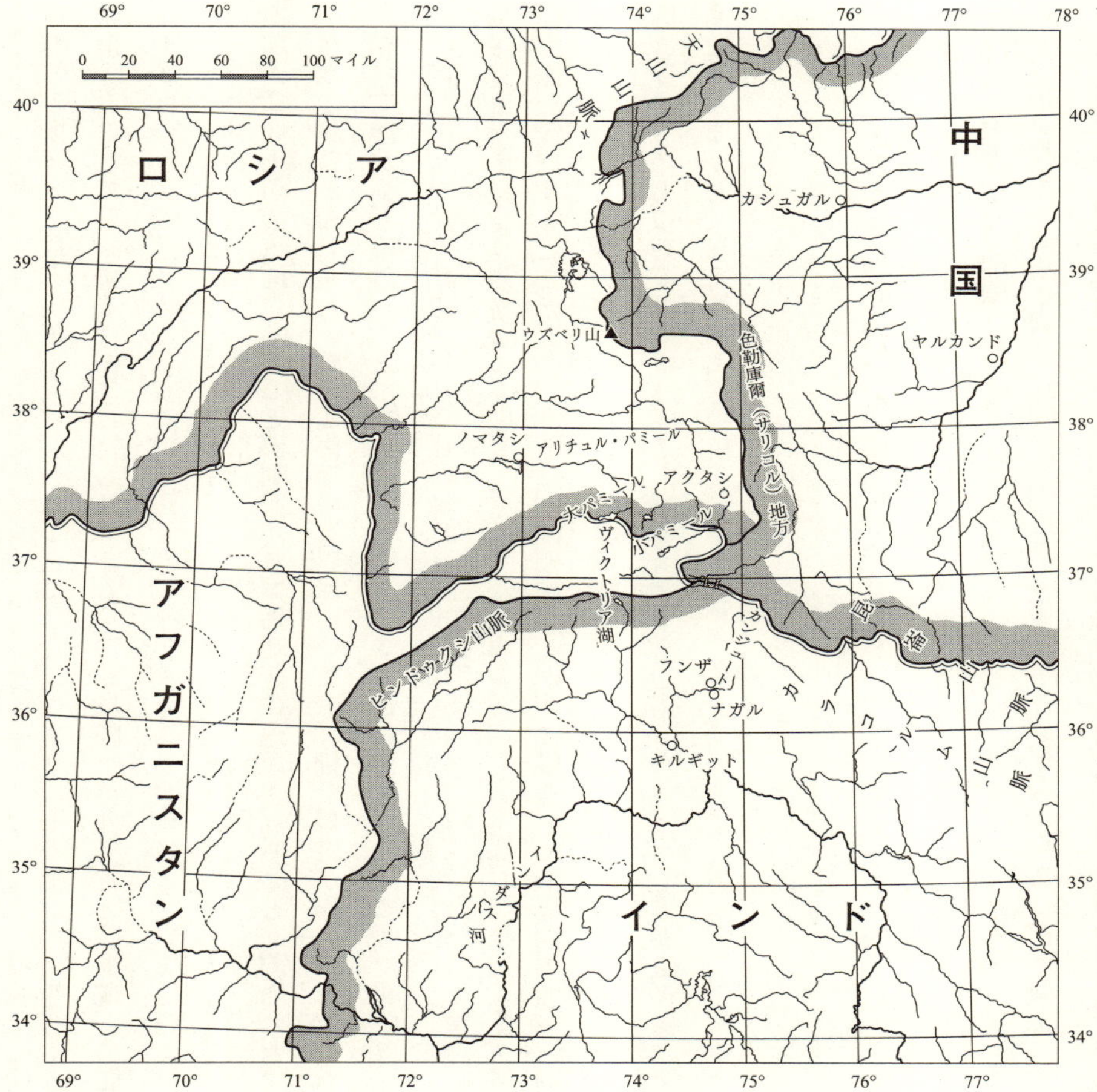

地図2　パミールおよびカンジュート地方

注）国境線は1895年の英露パミール協定によって定められたもの。
出典）矢野仁一『近世支那外交史』（弘文堂書房，1930年）の附図。

外務省の提案する科干割譲を受け入れることにした[56]。つまり「野人山地」に関しては、現在の雲南西部境界を若干拡張することで妥協することにしたわけである。これ以降、英外務省と薛福成との間で具体的な割譲範囲をめぐる交渉が行われ、五月初めには昔馬の周辺三八〇平方マイルが清朝領とされることで決着した[57]。

また、明代に設置された八関のうち、久しくビルマの支配下に置かれていた漢龍関についても、調査の結果その旧跡が猛卯土司の東南にあることが判明すれば清朝側に返還されることが約された[58]。こうして雲南現地では八関の所在地の調査が命じられ、騰越西南部の境界についても詳細な規定が作成された[59]。

界務交渉がひと段落つくと、次に通商に関する規定が協議された。この結果、(2)のイラワジ川の国際化については、商品および鉱産物を運搬する中国船はイラワジ川を自由に航行できること、課税などはイギリス船と同様の規定を適用されることが定められた。また、ラングーンに清国領事館を、蛮允（「野人山」の雲南側の入り口）に英国領事館を設置することとなり、さらに清国領事がビルマに駐在する最恵国の領事と同じ権利を享受することも認められた。ただし、(3)のバモー北岸に税関を設置するとの要求は実現しなかった。

以上のような交渉結果をまとめた「続議滇緬界務商務条約」が、薛福成とローズベリとの間で一八九四年三月一日にロンドンにて調印された。

二　薛福成の外交方針とその意味

(1)　英露対立と清朝

「続議滇緬界務商務条約」に関して、近年の研究は、薛福成が獲得した通商上の権利に対しては概ね高い評価を与えている。特にラングーンに領事館を設置する権利が認められたことは、画期的成果として賞賛されている。なぜなら、東南アジアの諸都市への領事館開設は宗主国である西洋諸国の反対を受け、その交渉はしばしば停頓を余儀なくされていたからである。

一方、界務に関する結果には厳しい評価が下されている。薛福成自身は「雲南の西・南両面において均しく領土を拡張した」と言うが、その獲得した領土とは、もともと清朝に帰順していた土司の土地であり、新たな領土獲得とは言えない、さらに「野人山地」のように清朝に帰属する土司の土地をイギリスに奪われた部分も多く、「拓地」どころか「失地」だ、と言うのである。

確かに、イギリスの雲南侵出の足がかりであり、内陸貿易ルートとしても重要な位置を占める「野人山地」において、清朝側が最終的に獲得した領土は、イラワジ川東岸までの領土拡大という交渉再開当初の目標から比べればあまりに見劣りがする。また薩洞納の回収もならなかった。

だが、そもそも薛福成はイラワジ川までの領土拡張を本気で欲していたのであろうか。また、姚文棟が歴史的な統属関係から「野人山地」への支配権を主張した(60)のに対し、薛福成が「野人山地」を「無主の地」とみなし、国際法による分割を主張したことは、果たして本当に現地の状況を知らなかったということに起因しているのだろうか。

先に見てきたように、薛福成は界務交渉の再開に際し、国際法に基づく「野人山地」の分割を交渉の第一要件としていた。しかし、薛福成の交渉目標は当初より一貫して「三端」の確保に置かれていたのである。

こうした薛福成の交渉方針をよく示しているのが、一八九二年五月九日の総理衙門宛報告書である「再論滇緬界務書」である。この文書で薛福成は、サンダーソンよりインド省は「三端」の承認に難色を示していることを告げられたことをまず述べる。そして、一八八六年に英外務省が「三端」を認めた理由は、曾紀澤がバモーの割譲を要求したからであり、その後状況が変わり、清朝側に領土拡張の意図がなくなったと見るや、インドの主張を容れて

「三端」を反故にすることに決めたのであると、イギリス側の状況を分析する。このため、領土拡大の要求を堅持することで、たとえその要求がすべて満たされなくとも、一、二の譲歩や、他の利益との交換ができれば、それも悪くないであろう、とする。[61] つまり、清朝外交の性質を「虚名を重んじて実利をとらず」と主張するオコナーによって一八八六年の協定から外された「三端」を、積極的な領土拡張の要求を堅持することで条約上の具体的な権利として規定すること（その全ての実現は達成できなかったものの）に、「続議滇緬界務商務条約」はある程度成功したのである。

また、「野人山地」をめぐる交渉は、「収回」でも「分界」でもなく、あくまで「分地」として行われること自体に意味があった。つまり、失われた領土の回復（収回）でもなく、隣接国家間による境界線の画定（分界）でもなく、「無主の地」をイギリスと分割する（分地）という、積極的な領土拡張の要求として位置づけられたのであり、そうした積極的な外交交渉を展開することで、清朝外交に伴う消極的なイメージを払拭しようとしたわけである。

消極的な清朝外交のイメージを端的に表すものとして、「遠略に勤めず」という理念を薛福成はたびたび問題にする。「左伝」に典拠を有するこの理念は、辺境危機のたびに清朝の外政担当者がその消極性を覆い隠すレトリックとして用いた言葉である。滇緬界務交渉に関連していえば、曾紀澤が最初にバモー占拠を提案した際、朝廷はこの理念をもって反対した。つまり「朝廷は遠略に勤めず、どうして兵を派遣し領土の拡大を図ることがあろうか」と。[62] このように伝統的な理念を用いて、国内外とのバランスを図ろうとする清朝外交の性格については、前章で明らかにした通りである。

しかし、こうした外交のあり方が清朝外交にとって負のイメージとなり、「辺境の喪失」という状況を生み出していた。これに対し薛福成は、「遠略に勤めず」とのこれまでの清朝の外交方針こそが辺境の喪失、海外華僑の苦境、商務の不振の原因であるとの厳しい批判を展開し、[63] 清朝外交の負のイメージを改めることを自らの外交交渉の目的として位置づけたのである。

そして、この「遠略に勤めず」という清朝外交のイメージを、他でもないイギリスの、特に外務省との交渉において改めることに意味があったのである。このあたりの背景をよく示しているのが、一八九二年九月二二日の彼の日記である。この時期は、界務交渉の再開直後で、イラワジ川東岸の薩洞納からの撤兵を交渉開始の前提として薛福成が要求したことから、界務交渉が早くも停頓していた時期である。サンダーソンが「野人山地」要求に固執する理由を問いただしてきたのに対し、薛福成はこの日マカートニーをサンダーソンのもとに派遣し、イギリスは「野人山地」を清朝に与え、「イギリス人の本意を示し、もって公道を表彰して友邦の誼を結ぶことを示す」べきであると告げさせた。さらに以下のように述べてイギリス側を牽制した。

従前、中国は遠略に勤めず、辺境の境界地域をこれまで重視してこなかった。今は次第に利害に明るくなり、体面を保たんと欲するようになってきた。このため、これらの事柄を手放すことを承知しないのである。然るに、中国が自立できれば、ロシアやフランスがこれを蚕食することはできなくなり、イギリスの通商活動も損害を受けることにはならず、もとよりイギリスの利益である。イギリスはなぜ荒地を譲り、それで中国の善事を助けてこれを成し遂げさせようとしないのか。そして他国に手本を示したなら、ロシアのパミール撤兵も速やかに行われるだろう。パミールが中国に帰することは、もとよりイギリスの大いに望むところである。どうして全体を謀り、小利を軽んじて大計を成そうとしないのか。[64]

先に述べたように、薛福成が欧州に赴任していた一八九〇年代前半、英露対立の深刻化を背景として清英両国の関係は同盟関係とも言える友好関係にあった。ロシアの中央アジアにおける南進を恐れるイギリスは、そのルートを塞ぐために清朝と共同でパミールの分割・国境画定を行わんと企図し、一八九〇年にヤングハズバンド（Francis

E. Younghusband）を当該地域の探査に派遣した。ヤングハズバンドは調査の結果アリチュル・パミールが清朝領であるとの確信を得、清朝にこの地域の領有・防衛を任せることでロシアの南進を阻止するべしとの結論に達した[65]。そして、英外務省はヤングハズバンドから送付されたパミールの地図を、マカートニーを通じて薛福成に届けていた[66]。このように、英外務省は清朝に対して中央アジアにおけるロシア南進を阻止する防壁としての積極的な役割を望んでいたわけである。

しかし、一八九一年夏にロシアがパミールに派兵すると、これを牽制するためイギリスは同年末に清朝の朝貢国であったカンジュート・ナガルの二王国に派兵し、抵抗を続けるカンジュート王を廃して新しい王を擁立した。このカンジュート事件[67]は薛福成をして、清朝がいわゆる「遠略に勤めず」というその辺境政策を変更する態度を示さなければ、イギリス自らが行動を起こすこととなり、中国の辺境地域はさらに脅かされることを思い知らせた[68]。中央アジアにおける英露対立とこの二国に対して清朝が占める位置を考慮するとき、清朝が積極的な領土拡張を求めることで、従来の辺境政策の方針を改め、イギリスに同盟国としての存在価値を認めさせることは、度重なる「辺境の喪失」を被った清朝のさらなる利権の喪失を防ぐ方策として十分な現実性を有している、このように薛福成は考えたのである。このため彼は界務交渉に際して一貫して「遠略に勤めず」との従来の方針を批判し、このイメージの改変を外交交渉の重要目的に掲げていたわけである。そして、薛福成のこうした外交方針は実際に英外務省の政策と相通じるものがあり、これに一定の影響を与えていた。たとえば、昔馬への派兵をインドが強行した際、一八九三年一月九日付のインド相からインド総督に宛てた電信は、カチン丘陵（＝「野人山地」）におけるさらなる軍事行動は避けるべきとのローズベリ外相の意見を伝えており、その理由として、中央アジアにおける清朝の協力がイギリスにとって最大の価値を有すること、パミール問題の解決にとって清朝の心からの好誼は第一に重要であるというローズベリの指摘が申し添えられていた[69]。

また、すでに先行研究が指摘するように、相手国の中国認識を変えるための手段として、薛福成は外交交渉の場でしばしば国際法を援用している。[70]「野人山地」の分割要求もその根拠を国際法に求めていたわけだが、第二節で確認したように、薛福成が「野人山地」の分割を主張し始めたのは、イギリス兵の薩洞納侵入事件を契機に、これへの対抗措置としてマカートニーが提案してからのことであった。国際法に照らしてイギリスの不法行為を非難することが国際法援用の理由の一つであった。もし歴史的な統属関係を根拠としたならば、「野人山地」における清朝側の実質的な管理能力の欠如は、西洋的な国際法体系の文脈では逆にイギリスの行動を正当化させてしまうことになる。つまり、雲南当局は「野人」の行動に対して責任を負わねばならないが、これができない以上は、イギリスに清朝による支配の実態を否定させ、通商保護の名のもとに自ら「野人」に制裁を加える口実を与えるだけである。台湾出兵事件（一八七四年）やマーガリー事件（一八八五年）がそのよい例であった。「野人山地」を「無主の地」とし、清英両国による分割の対象地域としたことで、「野人」の管理に責任を追うことなく、同時にイギリスの行為を国際法違反として非難することができたわけである。

だが、薛福成がイギリスとの交渉において国際法を援用していたことについては、やはり英露対立との関係を指摘する必要があるだろう。「野人山地」分割の要求にあたり国際法を援用するという戦術は、マカートニーの発案になるものであり、英外務省と実際の交渉を行ったのも彼であった。そして、ヤングハズバンドの一八九〇年のパミール探査に同行し、そのまま彼とともにカシュガルに至り、以後イギリス外交代表官として二八年の長きにわたり当地に駐在したジョージ・マカートニー（George Macartney）は彼の息子であった。このようにマカートニー自身がイギリスの中央アジア政策に密接に関わっていた。[71]

さらに、薛福成が同じく国際法を援用して英外務省と交渉を行った駐香港領事館設置問題と深く関わっていたのが、この英官員のカシュガル駐在問題にほかならない。

一八九〇年九月二五日に薛福成は、マカートニーを通じて英外務省に対し、国際法に依拠して南洋の英属地における領事館の増設を要請した[72]。彼がこの時期に英外務省に交渉を申し入れたのは、ロシアがカシュガルに領事館を設置するのに対抗するためイギリスが官員のカシュガル駐在を欲し、清朝に協力を求めているのを利用しようとしたからである[73]。あえて国際法を援用したのは、英外務省が国際法に従い領事館設置を認めたら、カシュガル駐在という取引材料は他の条件との交換に利用しようと考えたからであったが[74]、カシュガル駐在との取引ではなく、清朝の権利として領事館設置を認めさせることも重要だった[75]。

一方、英外務省は、官員のカシュガル駐在が認められることを期待して、薛福成に香港を含む英属地での領事館設置を原則的に承認した[76]。薛福成は香港への領事派遣と駐シンガポール領事館の総領事館への格上げを優先事項とし、準備を進めた[77]。

ところが、北京で駐華イギリス公使ウォルシャムと交渉を行っていた総理衙門は、一八九一年五月一二日付の電信で、英官員がカシュガルに駐在することはロシアの嫌疑を招くとし、駐香港領事館設置と英官員のカシュガル駐在はともに止めるべきだと薛福成に指示した[78]。これに対し薛福成は五月一九日付の総理衙門宛の書簡[79]の中で、ロシアへの憂慮を理由にカシュガル駐在と駐香港領事館設置の双方を取り止めることが、今後のイギリスとの交渉にいかに障害となるかを縷々述べ、予定通り駐香港領事を派遣するよう求めている。さらにこの書簡の最後に、現在の国際情勢を論じて次のように述べている。つまり、

> 私が見るところ、近年の中外の交渉の大局は好転し始めているようです。ヨーロッパの諸大国は中朝と友好関係を結ぼうとして、中国を重視しています。中英関係が堅固なものとなれば、ロシアはますます中国を重視するようになるでしょう。中露関係が堅固なものとなれば、イギリスもまた中国を重んじるでしょう。英露は互

いに猜疑心を抱いていますが、にわかに戦端が開かれるとは限らず、武力行使には極めて慎重です。新聞各社は筆墨を弄んでいますが、憶測の話を全て信じることはできません。思うに、中国はいま（外交交渉に際して）双方に利益があるようにすべきです。親しく交際する中に、先入観を持たず公平な態度を堅持する意思を示せば、遠方を落ち着かせ辺境を安んじることができ、中外ともに幸福に浴することができるでしょう。(80)

ここには、英露対立に対し清朝が採るべき外交方針が述べられている。薛福成は英露の対立関係を利用しているが、その対立関係は報道が伝えるような一触即発のものではなく、勢力の均衡に意を注いでいるものであるとみなしている。そして、その両者に対し、先入観を持たず公平な態度を堅持することを主張しているように、清朝が両者の勢力均衡を促進する立場にあると認識している。

実はこれに先立つ一八九一年三月一九日の彼の日記には、駐露公使館参賛の慶常を通じ、ロシア皇帝が清国駐露公使・洪鈞の離任に際し、清露の友好関係を求めたことが薛福成にも伝えられていることが記されている。(81) こうしたロシアの姿勢も、薛福成に英露双方から清朝が重視されていること、清朝が英露間の均衡において重要な立場にあるという認識を強め、それが五月一九日付の書簡の主張につながっているのだろう。

しかし、総理衙門は駐シンガポール領事館の総領事館への格上げは認めたものの、香港への領事派遣を延期すべきとの上奏を行い、それが裁可された。

この駐香港領事館設置をめぐる薛福成と総理衙門のやり取りからは、薛福成が、均衡を求める英露の間で清朝が重要な位置を占めているという国際情勢の変化を強く認識し、それに対応した外交政策の必要を感じていることが分かる。それと同時に、総理衙門はいまの国際情勢と清朝の占める位置を理解していないとの思いが薛福成には残っただろう。この駐香港領事館設置の失敗という経験を通じて、薛福成はこれまでの清朝の対外態度を改め、いまの国際情勢に対応した外交を追求すべきことを痛感し、その思いが滇緬界務交渉に体現されることとなったのである。

(2) 国際情勢の変化と新しい外交の追求

ここで、薛福成の従来の国際情勢に対する認識を振り返ってみたい。出使前の薛福成にとって、清朝と西洋諸国との関係は、互いに結び付いた西洋諸国に対し孤立無援の清朝が相対している状況として認識されていた。

一八七五年に詔に応じて上呈した「海防密議十条」の中では、そうした孤立無援状態を脱する方法として、西洋諸国の中に頼みとなる友好国を有すべきこと、ただし「択交（国交を結ぶべき国を選ぶ）」には慎重であるべきことを述べている。[82] また、同じ「海防密議十条」の中で国際法や条約類を地方の州県に頒布することを提起しているが、それは西洋人が条約を最重視することから、地方官が在華西洋人の横暴を防ぐための有効な手段として国際法や条約を捉えていたからである。[83] 他の清朝知識人と同じく、薛福成にとっても西洋の国際社会やそれを規律する国際法はまだ清朝の「外」にあるものであったが、その「外」にあるものをもってこれに対処することは可能だと思われていた。

『籌洋芻議』においても、西洋諸国に対し清朝が孤立しているとの認識は変わっていない。それは条約の不平等性の中でも特に片務的最恵国条款による各国の利益均霑を「災いを無限に残すもの」として重大視している点にも表れている。[84] ただ、清朝の現状では西洋諸国を国際法や条約によって規制することは困難になっているとする。その原因は、清朝の西洋に対する対応にあり、西洋諸国をして清朝が西洋との交際を忌避し軽視していると疑わせるとともに、清朝には勢力をもって迫れば良いと思わせてきたからだという。この状況を改善するには清朝が自強をはかるしかないとする薛福成は、西洋の対外姿勢が交際と交渉を区別している点にならい、清朝も虚を譲って実を譲らない態度で西洋に臨むべきとし、具体的には、西洋から積極的に軍事技術など自強の術を学んで西洋との交際を密にする一方、交渉においては譲れない利権についてはその態度を堅持することを主張している[85]。これは、「洋務」を依然として「夷務」視し、これを忌避する風潮を批判し、「洋務」の重要性を述べたもので、薛福成は「洋務」の推進による自強の達成こそ、孤立による相次ぐ利権の侵害から清朝を救うと考えたのである。

そして、ヨーロッパに赴任した薛福成は、自身の主張が正しかったことを実感している。薛福成は一八九〇年八月二一日付の「察看英法両国交渉事宜疏」の中で、着任してから数カ月間の見聞を通じて、英仏両国の清朝に対する態度に変化が認められることを報告している。つまり、英仏両国の官僚・紳士の間に清朝との提携を欲する意思が認められ、かつてのようにひたすら軽視する態度ではなくなっているという。そして彼はその理由を、清仏戦争時の賠償金拒否、一〇年以上に及ぶ在外公使派遣による各国との関係強化、海防・海軍などの整備、海外の大学に派遣された留学生の優秀な成績、という「洋務」の成果に求めている[86]。彼はまた一八九二年初めに『出使英法義比四国日記』を刊行し、在外体験によって年来の自説を補強しながら、「洋務」の意義とそこで在外公館が果たす役割を本国に向けてアピールした[87]。

その一方で、本国の外政を主宰する総理衙門とその外交に対しては、厳しい批判を繰り返している。特に一八九二年七月の彼の日記には、総理衙門を中心とする本国のこれまでの対外姿勢を批判する文章が集中している。

まず七月一三日の日記は、なぜ西洋諸国の在華公使が横暴な態度をとるのかについて、総理衙門大臣がみな外国の事情を知らず、外交交渉に際し、疑い多くして決断に乏しかったため、外国公使たちは勢力を嵩にきて脅迫するほうが有効だと思うようになったのだと、その原因を歴代の総理衙門大臣の外政担当者としての能力や姿勢に求めている[88]。

また七月二一日の日記では、元駐華英国公使のウェードの語る総理衙門大臣評を記し、その上で外国公使が総理衙門の外交を理解できない原因を、再び総理衙門大臣たちの疑い多くして決断に乏しい点に求め、総理衙門大臣たちを洋務に不適格であると述べる(89)。

そしてその翌日七月二二日の日記こそ、「遠略に勤めず」というこれまでの清朝外交の誤りを改めて論じたものである(90)。

さらに七月二六日の日記は、「中国の公法外に在るの害を論ず」という論説の草稿で、総理衙門大臣たちこそ、清朝が国際法の埒外に置かれることとなった原因を作り、また清朝が国際法の内に入る利益を理解していないと批判している。またそれとは対照的に、在外公使たちは国際法に準拠した外交交渉を行うことで、清朝を国際法の内に位置づけようと努力してきたとし、自身が国際法に依拠してイギリス政府と領事館設置交渉を行い、香港を含む英属地への領事館設置を承認させたことを、そうした努力の具体的な成果として位置づけている(91)。

薛福成に滇緬界務の交渉を正式に命じる上諭が下ったのが一八九二年七月九日であるから、これらの日記が書かれたのは、ちょうど薛福成が英外務省との正式な交渉開始を前に、交渉の方針を準備していた時期に相当する。ここで薛福成は、清朝を国際社会の中で孤立させてきた総理衙門の対外姿勢を否定し、清朝外交のあるべき方向を定めたが、それが「遠略に勤めず」という従来の清朝外交のイメージを改め、清朝を国際法の内に位置づけることであった。

薛福成が「遠略」に勤めることと清朝を国際法内に位置づけることを自身の外交目的の中心に据えたのは、それが従来の清朝外交の最大の問題点であったからと同時に、いまの清朝が最も追求すべき外交方針だったからである。英露間の勢力均衡においてそのバランサーとしての役割を期待されている清朝は、もはや西洋諸国間の国際関係の「外」にあって孤立した存在ではなくなりつつあり、それを確かなものにするには、積極的な対外姿勢を世界に、特にイギリス政府に示す必要があった。そしてそのような外交を国際法に依拠して展開することは、清朝が国際法の適用を受ける存在であることを、つまり国際社会の一員であることをより確かなものにし、その主権を守ることにつながった。国際法に依拠して「野人山地」という「無主の地」をイギリスと分割するという積極的な領土要求は、まさにその二つの目的を満たすものであった。

また、薛福成が一八九二年秋の滇緬界務交渉の再開に際し、国際法に依拠して薩洞納からのイギリス兵撤退を要求し、この方針によりサンダーソンに、イギリスが清朝の国際法に依拠した要求を容れて撤兵すること、つまりイギリスが率先して清朝に国際法を適用し、その主権を尊重することが、パミール問題でもロシアに清朝の体面と主権を守らせ、英露の勢力均衡に裨益することを想起させたのは、先に見た通りである。[92]清朝が国際法を援用してイギリスに撤兵を要求することが、ロシアのパミールからの撤兵にもつながるという薛福成の言葉からは、両者の勢力均衡において国際法援用が有効であるとの認識を薛福成が抱いていることを示す。それゆえ薛福成はなおさら清朝を国際法内に位置づけなければならなかったのである。

小　結

薛福成の国際法に基づいた「野人山地」分割の方針は、これまでの研究において誤った情報による「誤解」として片付けられ、十分な分析を加えられることはなかった。だが、この方針こそ、薛福成の外交思想を体現したものだったのである。英露対立の緊迫化と清朝の立場の変化を受け、薛福成はこの国際情勢を利用するため、「遠略に勤めず」という従来の清朝外交のイメージを払拭し、かつ清朝を国際法の内に位置づけるべく国際法を積極的に援用する必要を痛感した。そしてそれを実際の外交交渉において実行したのである。それが国際法に基づいた「野人山地」の分割案にほかならない。

薛福成にとって、「遠略」に勤めることと清朝を「公法」の「内」に位置づけることは不可分な政策であった。「遠略」に勤める姿勢を示すことでイギリスにバランサーとしての清朝の価値を認めさせるとともに、それを国際法に依拠して行うことで英露の均衡を利用し、清朝の軍事的劣勢をカバーすることができたからである。「中国の公法外に在るの害を論ず」の中で、国際法に大小強弱の異なる国々を斉しくし、軍事衝突を防ぐ効果を認め、またいまの清朝に秦の始皇帝や漢の武帝期のような勢威がない以上、国際法に頼るべきだと論じていることからも、そうした考えは明らかである。[93]

またそれゆえに薛福成は「洋務」の一部であった外交に対しても、それ独自の価値を認め、それを理論化している。「使才と将相並びに重んずるの説」がそれである。[94] 使臣を将軍・宰相と並列させるこの表現自体は、前漢武帝の故事に因んだものだが、[95] 宰相の司る内政、将軍の司る軍事とともに、在外公使の司る「外務」を一国の政治を支える支柱の一つとして位置づけ、その重要性を論じた主張は、もちろん西洋諸国の政治を目の当りにし、これに影響を受けたものである。そして薛福成は、それまで西洋諸国の外政に対し用いられていた「外務」の語を清朝の在外公使の司る外交活動にも当て、これに「洋務」と密接に関わりながらもそれとは区別される独自の意義を認めたのである。また、「外務」を司る在外公使の地位の高さや重要性を、宰相や将軍にも比肩するものとし、内政・軍事と相互に補完し合う外政機関としての在外公館の意義を明らかにしている。

しかもその主張は、単に日記や文集中の論説で展開されただけではない。一八九三年九月七日付の「強鄰環伺謹陳愚計疏」において、現在の国際情勢に対し実施すべき政策四点の一つとして、彼は「使職を重んず」を挙げ、「外務」を司る在外公使を重視すべきことを提言している。[96] 在外公使自身により、在外公館の外政機関としての意義が上奏の形で本国に対し明示されたのである。

第I部で論じたように、在外公館は「洋務」の一環として始まった。しかも本来は当局の政策であるべき「洋務」自体が「夷務」的性質を脱しきれておらず、いわば清朝の政治体制の外側で展開されていた。その対外関係も、薛福成がたびたび批判したように、清朝を西洋の国際関係の外に置き続けるものであった。

しかし在外公使たちは、西洋諸国間で認められている権利を清朝も享受できるよう、西洋の国際法や条約を援用し、西洋の国際関係に基づいた外交を展開した。もっとも第3章・第4章で扱った海外華人や領土問題に関する彼らの外交方針は、清朝に統治体制の変容を迫るものであり、李鴻章によって統治体制に適合するものに調整された。だが、清朝の対外関係を西洋の国際関係の中に位置づけようとする在外公使たちの外交は、当時の国際情勢とも相まって、薛福成に至って明確に自覚された外交論となり、本国に対してもその意義が訴えられるようになった。そして、在外公館の外政機関としての意義が、「外務」という西洋諸国の外政を示す語を用いながら明確に論じられたのである。

だが、在外公館が外政機関として清朝の正規の制度の中に定置されるのは、日露戦争後のことである。第III部では、在外公館の人事に焦点を当て、西洋国際関係の受容が進んでいた在外公館で、外交人材が養成されていた様子と、在外公館およびその外交人材が清朝の正規の政治体制の中に定置され、民国外交部の基礎を築く職業外交官が誕生する過程を論じることとする。

第Ⅲ部　「外交官」の誕生とその特徴

第Ⅱ部において一八八〇年代以降の清国在外公館では、西洋の国際関係を積極的に受容し、清朝をその中に位置づけようとする外交活動が展開されていたことを確認した。そして、薛福成に至って、「洋務」の一部であった外交は「外務」としてその独自の意義が明確に認められるとともに、外政機関としての在外公館の重要性が本国に向かって訴えられた。

では、彼らの外交活動を支えた在外公館のスタッフは、一体どのような人々によって構成されていたのだろうか。この点に関しこれまでの研究では、総理衙門期の在外公館員の多くは外国語ができず、国際法などの知識も欠き、翻訳官（通訳官）を含めて公使とともに三年の任期を終えると帰国してしまったとされ、そこには外交の専門家を養成するシステムはなかったように思われている。また、一九〇六〜〇七年に外務部によって実施された人事制度改革を論じる研究も、この在外公館員に対する「コネ人事の素人集団」という低い評価を前提とし、外務部期の人事制度改革によって専門的な知識を有する帰国留学生を登用し、彼らを中央から在外公館に派遣して素人集団に取って代わらせた、とみなす。つまり、外務部期の改革の前後で、在外公館の人的構成には断絶があると考えられてきたのである。

だが、人事の実態を見てみると、そうした前提を無批判に受け入れることはできなくなる。清末に海外に派遣された公使六七名の経歴を調べてみると[1]、彼らの中に在外公館での勤務経験を有する者が多いことが目に付く。六七名のうち二五名に在外公館に赴任した経験があり、その傾向はすでに総理衙門期に始まっている。日清戦争以降になると、羅豊禄や慶常、黄遵憲、徐寿朋など在外公館での勤務経験を有するものが多数を占めるようになる。さらに外務部期については、外務部の設置された一九〇一年から〇六年の人事制度改革実施前までに派遣された公使一九名のうち一二名が、一九〇七年から一一年までの間では二〇名中一四名が在外公館での勤務経験を有している。しかも、その多くは、総理衙門期に翻訳学生（通訳見習い）や翻訳官の身分で公使に随行して海外に赴任したものである。

たとえば、後に民国初代外交総長となる陸徴祥は、上海広方言館ついで京師同文館に学び、一八九二年に駐独露公使の許景澄に従ってロシアに赴任、それ以降一九〇五年に駐オランダ公使に任命されるまでの期間、翻訳官として主にロシアで過ごしている。[2] また、外交官の専門性を高めるための人事制度改革を提議した劉式訓自身、広方言館ついで京師同文館を卒業後、翻訳学生として駐仏公使館に赴任（一八九四年）、以後欧州の各公使館に勤務し、翻訳官から参賛へと累進、一九〇五年に駐フランス・スペイン公使に任命されたのである。[3] 張徳彝や胡惟徳、呉宗濂、楊枢、劉玉麟なども長期の在外公館勤務を経験しており、彼らの経歴からは翻訳学生や翻訳官から参賛、そして公使へと累進していく様子が見て取れる。[4]

このように公使たちの経歴からは、総理衙門期以来、在外公館を中心に対外交渉の専門家が養成されていたことが推測される。外交官養成の問題を考える際、在外公館員の検討が重要な可能性を与えてくれると考えられる。

そこでこの第Ⅲ部では、民国における職業外交官の活躍に道を開いたとされる一九〇六〜〇七年の外交人事制度改革を、一九世紀後半以来、在外公館で進められていた外交人材養成の流れとの連続性において捉え、職業外交官が誕生する過程を明らかにする。

まず第6章では、設立当初から日清戦争までの時期の在外公館について、その洋務機関との類似性に着目しながら、人事の実態を検討する。そこから在外公館が外交人材養成の機能を有していたことが明らかとなろう。第7章では、そうした在外公館の機能を背景として、外務部期の外交人事制度改革により、職業外交官が誕生する過程を論じる。そして第8章では、在外公館で養成され、民国外交部の基礎を築くことになる陸徴祥ら在欧公使を取り上げ、彼らの間で外交人材観や日露戦争後の国際情勢に対する認識が共有されていたことを明らかにする。また、伝統的教育を受けた経世家で、彼らと深い関わりを持ち、ともに在外公館で対外問題に関わってきた銭恂と陸徴祥らの国際認識、外交方針の相違を明らかにし、ともに在外公館を構成してきた「経世家」と「外交官」の分岐を確認する。

第6章　在外公館における外交人材の養成

——日清戦争までを中心に——

はじめに

一八九三年、アメリカに向かう駐米公使・楊儒の随行員の中に、一人の翻訳学生（通訳見習い）がいた。中華民国を代表する外交官として活躍した施肇基その人である。施肇基は公使館での勤務のかたわら、現地のハイスクールに通い、一八九七年にコーネル大学に入学するが、ちょうどこの年、新しい駐米公使として伍廷芳が、駐英公使として羅豊禄が任国に赴任している。広東人の伍廷芳は香港で西洋式の教育を受け、イギリスに留学し弁護士資格を取得した法律の専門家、一方の羅豊禄も福建船政局附設学校で英語を学び、同じくイギリス留学経験を有する(1)。この二人の新任公使は、李鴻章の有能な幕友として知られ、李鴻章の対外交渉の補佐役を務めていた。この二人に関して、施肇基は次のような興味深い逸話を伝えている。それは、李鴻章が伍廷芳と羅豊禄を伴い下関講和会議に臨んだ折り、伊藤博文が李鴻章に対して「伍廷芳、羅豊禄両君は自分がかつてイギリスに留学していたときの同学であり、みな当代の賢才である。自分はすでに一国の首相となったのに、彼ら二人は依然として下級官吏に過ぎない。なぜ彼らに重任を授けないのか」と語り、この言葉に触発された李鴻章は、帰国後すぐさま伍、羅の二人をそれぞれ駐英公使、駐米公使に推薦、伍廷芳がイギリス国籍を有することからイギリス側に接受を断られたため、両者の赴任国を入れ替えて派遣した、というものである[2]。

この逸話は、おそらく作り話であろうが[3]、象徴的な意味を有している。周知の通り、日清戦争での北洋海軍の敗北は洋務運動の破綻を意味した。洋務運動と明治維新という近代化を志向した二つの改革運動の成否の差は、ひいてはその後の日中両国の歩みを異なったものにしたとされる。そして、こうした差異が生じた要因の一つとして注目されるのが、帰国留学生などの新式人材の登用に対する両国の態度の違いである。この逸話は、西洋学術を習得した優秀な人材が、李鴻章ら科挙官僚の補佐役としてしか活躍できなかったところに、洋務運動の限界を求める立場をみごとに表していると言えよう。そしてそれを、ほかならぬ帰国留学生出身の職業外交官が語っているのである。

このように職業外交官の誕生を阻害したとみなされる伝統中国の官僚社会であるが、実はその構造の中にこそ、職業外交官ら新しい人材が誕生する契機が含まれていた。君子は器にあらず、という理念のもと、中国の伝統社会では行政の専門技術は科挙官僚にではなく、その個人的顧問である幕友に求められた。そして、この科挙制度に付随する官僚社会の慣習・体制外制度が、拡大し変容を遂げながら、洋務という新しい時代の要請に対応したのである。洋務は伝統的支配原理に抵触するため、「局」「所」などと呼ばれる臨時的機関によって担当されたが、これら局・所の人事権は、その臨時性ゆえに地方督撫の掌握するところとなり、地方督撫は自らの幕下にある人材に、これらの局・所の事務を委ねた。ただ、この幕友は以前のそれとは異なる。それまでは、あくまで地方官の個人的な顧問であり正規の官僚ではなかった幕友が、太平天国期に増大した捐納や地方官の保挙（推薦）を通じて、官吏の身分を得るようになっていたのである。そして、この局・所での就職を目当てに、ポストにありつけない候補官たち（その多くは捐納によって名目的な官僚身分を得たもの）が、地方督撫の幕府に群がることとなった[4]。このため洋務機関は候補官の収容先としての性質を持ち、その人事にはコネなどの弊害が伴った。だが、体制外制度による対応であったからこそ、科挙とは関係を持たない人材が登用され、活躍することが可能であったとも言える。李鴻章の幕友として外交交渉に活躍した羅豊禄や伍廷芳はまさにそうした人材の典型である。

そしてそれは、洋務機関と同じ性質を有した在外公館にも言える。在外公館員の人事は公使に委ねられており、このため在外公館も候補官の収容先としての「機能」を果たしていた。だが、そこではまた外国語学校出身の翻訳官を中心に、実地訓練さながらに外交人材が養成されていたのである。ほかならぬ施肇基自身も、在外公館員として渡米し、その海外経験をのちに外交官として活躍する基礎としていた(5)。

本章では、設立当初から日清戦争までの時期の在外公館について、その洋務機関との類似性に着目しながら、人事の実態と清仏戦争後の変化を検討する。そこから当該時期の在外公館がすでに外交人材養成の機能を有していたことが明らかとなろう。

一　洋務と在外公館

第二次アヘン戦争後、西洋諸国との接触が否応なく増大することとなった清朝では、これに対応する人材の育成がはかられた。まず総理衙門が一八六二年に通訳人材を育成するための外国語学校である京師同文館を併設し、広州にも広東同文館が設立された。また、李鴻章は上海に同文館にならった外国語学校を設立することを奏請し、一八六三年に広方言館を設立した（当初の名称は上海外国語言文字館、その後広方言館と改称し、江南機器製造総局の管理下に置かれた(6)）。

李鴻章はこの事業を、「洋務の大害」である「通事」に代わる人材育成と位置づけていたように、[7]「洋務」は本来、通事や商人に委ねられていた「夷務」と違い、国家の政策として読書人が担うべきものであった。だが、「洋務」を論じることを潔しとしないのが当時の読書人の一般的態度であった。そうした風潮を端的に表すのが、天文算学館問題である。

総理衙門は一八六六年に京師同文館に天文算学館を新たに附設することを計画した。その学生として総理衙門が想定したのは正途出身者であり、彼らに西洋人教師の指導のもと天文、算学を学習させようとしたのである。しかし、排外派の激しい批判を受け、正途出身者を入学させるという当初のもくろみは実現しなかった。[8]「『夷務』の観念が『洋務』の実体を覆っていて、あるべき『洋務』を『夷務』に過ぎないと貶めるのが一般の風潮」だったのである。[9]

こうした状況により、近代化を目指す政策、事業であるはずの洋務が、中央の北京政府ではなく、地方督撫の主導のもとに、しかも体制外の臨時的機関によって推進されることになった。先に述べたように、中国官僚社会は、全人格的修養を尊ぶ科挙制度と、専門的実務を担う幕友制度という、体制内制度と体制外制度とによって維持されてきたのであり、洋務事業の推進に伴う新しい需要に対応したのが、この体制外制度の拡大、変容であった。ただ、体制外制度による対応であったからこそ、科挙とは関係を持たない人材を登用することが可能であったとも言える。広州や香港、上海など早くから西洋人、西洋文化との接触を有した地域では、西洋の学問を習得した知識人や、外国人との交渉になれた商人、買辦出身の企業家が現れており、彼らは李鴻章ら地方督撫のもと、洋務の実務を担当した。

なお、科挙官僚と実務家の対比、区別という点については、先ほどの天文算学館をめぐる議論にも伝統的な人材観を認めることができる。総理衙門は外国語を学ぶ学生は一四歳以下の八旗の子弟から選抜したのに対し、天文算学館の学生には正途出身者を想定した。これは、天文や算学が西洋の技術、用兵の根源にある、深遠な内容を持つ学術であるからであり、「もっぱら外国の文字、言語を学ぶこととは異な」ったからである。[10] つまり、天文や算学は「まさに儒者が知るべきものであって、機巧とみなすことはできない」との認識による。[11] ここに、通訳人材と科挙官僚とが担うべき責務の違いが確認される。一方、排外派は、天文や算学を「機巧」とみなし、これは工匠の仕事であって正途出身者の責務ではないと批判したのである。[12] 科挙官僚と通訳人材などの実務、技術者との社会的地位やその担うべき責務の違い、という点でいえば、総理衙門と排外派との間に認識の相違はないと言える。「同文館は外交官を養成したのではなく、単に新式の『通事』を養成したに過ぎない」[13] と言われるゆえんである。

さて、第I部で論じたように、日本の台湾出兵と海外華工の虐待事件を契機として、清朝からも在外公使が派遣されることとなった。だが、懸案であった公使の人材問題に対して総理衙門が採った解決策は、地方督撫による適任者の保挙であった。

第1章で論じたように、清朝が常駐使節の派遣を決定することとなった「海防論議」において、激しい争論の的となったのが、李鴻章による「洋学局」設置の提案であった。科挙に「洋務進取の格」を別に開くため、沿海地方に「洋学局」を設置して西洋軍事、科学技術の専門学科を学ばせようという李鴻章の提案は、批判者たちによって、洋学をもって科挙を変えようとする試みだと非難された。これに対し、総理衙門は、ことさら「洋学局」設置の提案を出使人材の育成と関連づけることで、こうした批判を押さえ込んだが、その一方で、人材育成に時間を要する「洋学局」設置の提案に対しては、国際環境の切迫を理由にこれを先送りする決定を下した。代わりに「現在できる方法」として総理衙門が提示したのが、地方督撫に適任者を保挙させるというものだったのである。「洋学局」問題が端的に示すように、「自強」のためには「変法」つまり制度改革もやむなしとする李鴻章たちに対し、『変法』をせずにいわば『夷務』にとどめたい勢力」が多数である以上、[14] そこで採りうる方法は、地方の洋務事業一般と同様の、臨時的方法とならざるを得なかったのである。

では、国家の代表機関であるはずの在外公館が、洋務機関と同様の性質を帯びなければならなかったことは、清朝在外公館にどのような特徴を与えることとなったのだろうか。次節では、初期の在外公館の人事の実態から、その特質と、その機能とを論じることとする。

二　初期の在外公館

これまでの研究では、総理衙門期の随行員つまり在外公館員の質について正反対の見解が存在する。先に言及したように、参賛や随員の多くは外国語ができず、国際法などの知識も欠き、参賛、随員、翻訳官といったスタッフの人事権が基本的に出使大臣に属し、ほとんどが出使大臣とともに出国・帰国したため、彼らの経験が継承されるシステムが確立していなかった、というイメージがある一方[15]、変法運動における彼らの役割を高く評価するものもある。後者の見解を代表する郭双林は、彼ら在外公館員は外国語に通じ、海外の制度を中国本国に紹介・移入する上で重要な役割を果たしたとする[16]。このような正反対の評価が対立する研究状況からは、実は在外公館員がどのような人々によって構成されていたのか、という基本的な事実さえ明らかになっていない中で議論が行われていたことが分かる。この節では、在外公館開設当初（一八七六〜八四年頃）の随行員について、その設立形態に従い、欧州（英・仏・独・露）、日本、アメリカの地域ごとにその特徴を整理し、そこから清朝の在外公館が有していた諸機能を明らかにしたい[17]。

まず、彼らが随行した公使について整理しておこう。公使に当たる出使欽差大臣は、北京に実職を保有する官僚が兼任する形で任命された。また、任期は通常三年であった。一八七六年に最初の常駐使節となる駐英公使の郭嵩燾と副使の劉錫鴻が派遣され（劉錫鴻は翌年駐独公使に異動）、その後数年の間に、日本やアメリカ、ドイツ、フランス、ロシアの主要国に公使館が開設された。駐米公使はスペインとペルーの公使も兼任した。一八八〇年代前半にはオーストリア、イタリア、ベルギー、オランダにも清朝公使の派遣が決まった。ただし、ヨーロッパでは駐英公使と駐独公使が数カ国の公使を兼任したため、日清戦争までの時期における公使のポスト数は、日本一、アメリカ大陸一、欧州二の計四で維持された（表1）。

一八七六年から日清戦争までの間に派遣された公使は、副使の二名を含めて二二名にのぼる。[18] つとに指摘されているように、その顔ぶれを一見して気がつくのは、李鳳苞や劉瑞芬、鄭藻如、薛福成など李鴻章の幕下にあって洋務に従事していた人材が多いことである。[19] また、科挙制度の最高峰に位置する翰林院出身者は七名で、日清戦争以後の状況と比較すれば、相対的に高い数字である。[20] その一方で、特に清仏戦争以前に派遣された公使の中には、李鳳苞や容閎のように科挙とは全く関係を有しない人材も含まれている。李鳳苞については第1章でも言及したが、彼は江南製造総局で西洋軍事、科学技術関連の著書を多数翻訳していた洋務人材である。一八七七年、李鴻章らが福建船政局の学生を英仏に留学させた際、その留学生監督に任じられて渡欧、その後、李鴻章の推薦を受けて駐独公使となり、北洋海軍建設のため軍艦、兵器の購入に奔走した。[21] マカオ近郊に生まれた容閎は、マカオのミッションスクール（モリスン学校）に学び、宣教師に連れられて渡米、中国人初のイェール大学卒業生となった。曾国藩や李鴻章に働きかけて官費アメリカ留学生（「留美幼童」）の派遣を実現させたのも彼であり、留学生副監督としてアメリカに駐在中、駐米公使の副使に任じられたのである。[22]

個々の公使の任命、派遣について、たとえば元総理衙門大臣の一人であった崇厚の出使俄国頭等大臣（駐ロシア大使に相当）への任命など、その背景にある政治的要因についてはなお不明な点が多い。[23] また、出使大臣は皇帝に

表1 清末出使大臣の派遣状況と兼任関係

年代		人数	国数	兼任関係
光緒元年	1875	2	4	英，米西秘
二	1876	3	5	英，米西秘，日
三	1877	4	6	英，独，米西秘，日
四	1878	5	8	英仏，独，露，米西秘，日
六	1880	4	8	英仏露，独，米西秘，日
七	1881	4	11	英仏露，独伊奥蘭，米西秘，日
十	1884	4	11	英露，独仏伊奥蘭，米西秘，日
十一	1885	4	12	英露，独仏伊奥蘭白，米西秘，日
十三	1887	4	12	英仏伊白，独露奥蘭，米西秘，日
二十一	1895	5	12	英伊白，仏，独露奥蘭，米西秘，日
二十二	1896	6	12	英伊白，仏，露，独奥蘭，米西秘，日
二十三	1897	6	12	英伊白，仏，露奥，独蘭，米西秘，日
二十四	1898	7	13	英伊白，仏，露奥，独蘭，米西秘，日，朝
二十八	1902	10	13	英，伊，白，仏，露，奥，独蘭，米西秘，日，朝
二十九	1903	10	14	英，伊，白，仏西，露，奥，独蘭，米秘墨，日，朝
三十一	1905	10	13	英，伊，白，仏西，露，奥，独，蘭，米秘墨，日
三十三	1907	10	14	英，伊，白，仏西，露，奥，独，蘭，米秘墨玖，日
宣統三	1911	11	14 [18]	英，伊，白，仏［伯］，西［葡］，露［瑞］，奥，独，蘭［丁］，米秘墨玖，日

注）年代は出使大臣任命の年を指し，実際の着任年ではない。［ ］内の国々への派遣は宣統三年八月二十日（1911.10.1）に決定されたが，実施されなかった。

出典）『清代職官年表』（銭実甫編，中華書局，1980年）第4巻「駐外使臣兼任関係表」，3049頁。

よって特派される欽差大臣であり、中央地方より推薦された候補者リストをもとに、皇帝が最終的な選定を行うものであった。しかし、常駐使節の派遣が海防強化という洋務の展開の中で実現したことが象徴するように、公使の人事に対しても、李鴻章らの意向が大きく影響していたと考えられる。

次に公使に随行する在外公館員について見てみよう。清朝では、公使館員と領事館員の人事に区別はなく、公使の「随行員」として一体の存在であった。このため、本書では両者を合わせて「在外公館員」と呼ぶ[24]。在外公館員は、参賛（参事官）、領事、随員（下級館員）、翻訳官（通訳官）、翻訳学生（通訳見習い）より構成され、日清戦争以前に赴任した人数は、現在までに筆者が把握しているだけで約四〇〇名にのぼる[25]。彼ら一人一人の経歴を明らかにするにはさらなる調査が必要であり、公使に比べて関連の研究も多くはない。また、彼らに対しては、コネ人事による「外交の素人集団」という否定的な評価が先行してきた。一方で、在外公館員による西洋（および日本）研究の成果とその中国近代史、特に変法運動に及ぼした影響を解明する研究が進んでおり、海外の制度、思想の紹介者として彼らの果たした役割が評価されている[26]。ただし、それらの研究は世界観の変容など思想史的アプローチを採ることが多い。ここでは、外政機関としての清朝在外公館がいかなる特徴を有したのか、その人的構成を中心に整理してみたい。

先述したように在外公館員の人事権は公使にあり、また国内の洋務機関の人事権は地方督撫にあったように、この点でもこれらは似たような状況にあった。それでは、実際どのような人物が在外公館員に選ばれたのだろうか。その人的構成については、以下に見るように、アメリカ大陸、ヨーロッパ、日本の各地域によってそれぞれ異なった特徴が認められる。

(1) アメリカ大陸の在外公館員

アメリカ大陸についてまず指摘できるのは、公使、在外公館員ともに広東人の占める割合が高いことである。これは、彼らの主な任務がアメリカ大陸にいる華工の保護であり、その華工が広東省出身であったためである。また、アヘン戦争以前より海外に開かれていた広東には、西洋の言語、知識を身につけた人材が多かったことも関係している。こうした人材として、たとえばキューバに駐在した陳善言や譚乾初を挙げることができる。彼らは香港で西洋式の教育を受けており、陳善言は中国人によるものとしては最初の中国語日刊紙『華字日報』を創刊したことでも有名である。彼らは初代駐米公使・陳蘭彬とともに渡米、キューバに清国領事館が開設されて以来、長期にわたりその地に駐在した。陳善言は一八八七年に帰国、開平煤局会辦や滬寧鉄路総辦などを歴任、洋務の実務に当たった[27]。譚乾初はのちに駐メキシコ領事となり、帰国後は香港で保険会社を起こしている[28]。

このほか、陳蘭彬のもとで翻訳官を務めた黄達権(黄勝)は、容閎とともにモリスン学校に学び、アメリカに渡った学生の一人で、病気で帰国したのち、一八七三年に第二次留美幼童の監督として再渡米、そのまま駐米公使館の翻訳官となった。任期終了後は香港に帰り、英国籍を取得、香港市政参事会のただ一人の中国人委員となるなど、香港の中国人界を代表する名士となっている[29]。

このように、西洋社会あるいは海外華人社会と中国社会との接点に位置する実務家が、在外公館には登用されていた。それはつまり、第3章で論じたように、アメリカ大陸の在外公館、特に領事館が広東の開港場社会の延長上にあったことを示していよう。ただ、彼らは西洋式の教育を受けていたとはいえ、もちろん外交の専門家ではなかった。

その一方で、留美幼童の中からも在外公館員となるものが生まれていた。たとえば、第二次派遣留学生の張祥和は、一八八四年に駐ペルー公使館翻訳学生となっている[30]。一八八〇年代中頃より、しだいに留美幼童出身の青年たちが翻訳官などとして在外公館に勤務し始め、彼らの中から清末から民国初期の外交官となるものが現れることとなる（この点は第3節で詳しく論じることとする）。

（2）欧州の在外公館員

黄達権ら広東人の洋務人材を多く抱える陳蘭彬に対し、初代駐英公使の郭嵩燾は「儷秋（陳蘭彬）のもとには人材が豊富だ」と、これをうらやむ言葉を日記に記している。(31) 李鴻章と同様、自身は翰林院出身ながらも洋務推進派の郭嵩燾が、西洋式の教育を受け、西洋社会との接点に位置する彼らをいかに高く評価していたかが窺える。その一方で、この言葉からは郭嵩燾が専門的な外交官の必要性を感じていないことも確認される。(32)

それでは、その郭嵩燾らヨーロッパに赴任した公使たちはどのような人物を随行させたのだろうか。

清朝が一八七六年に最初の在外公館をロンドンに開設した際、駐英公使の郭嵩燾に随行してイギリスに赴任した公使館員は、副使の劉錫鴻とイギリス人のマカートニーを含めて一〇名であった。中国人スタッフは参賛の黎庶昌、翻訳官の張徳彝と鳳儀、随員の張斯栒、李荊門、劉孚翊、姚岳望、黄宗憲である。(33) 翌一八七七年、副使の劉錫鴻が駐独公使に任命され、一八七八年には郭嵩燾が駐仏公使を兼任することとなり、清朝の在欧公使館は三つに増えた。これに伴い公使館員の補充が行われたが、この際補充されたスタッフは、京師同文館から派遣された仏文翻訳官の聯芳と慶常、独文翻訳官の蔭昌と賡音泰、そして福建船政局の留学生派遣事業に関連して欧州に駐在していた李鳳苞、陳季同、羅豊禄、馬建忠である。(34) このほか、香港出身でイギリスに留学して弁護士資格を獲得し、駐米公使の陳蘭彬の招致を受けて駐サンフランシスコ領事に任用されることになっていた伍廷芳を、郭嵩燾は参賛に推薦している。(35)

この一七名の中に後の公使が七名（黎庶昌、張徳彝、慶常、蔭昌、李鳳苞、羅豊禄、伍廷芳）も含まれていることは注目される。[36] 特に慶常は、京師同文館時代にマルテンス（Charles de Martens）の *Manue diplomatique* を『星軺指掌』と題して翻訳するなど、西洋の国際関係・国際法の知識を有し、曾紀澤のイリ交渉を通訳として支えた。その交渉記録である曾紀澤の『金軺籌筆』も実際には彼の撰になるという。[37] 彼は曾紀澤に重用され、一八八四年には駐仏公使館の三等参賛となっている。曾紀澤の離任後は、駐露公使の洪鈞が彼を二等参賛として駐露公使館に呼び寄せているが、それは彼がロシア通として重宝されたからである。[38] また薛福成も、彼がもたらすロシア情報を重視し、彼を自身の管轄する駐仏公使館の二等参賛に呼び寄せており、公使たちのロシア認識に慶常が重要な影響を与えたことが窺える。[39]

また先の七名以外のスタッフも、その多くが以後長期にわたって在外公館に勤務することになる。たとえば京師同文館出身の英文翻訳官である鳳儀は、駐英公使館に留まり参賛に昇進、一九〇二年から〇六年には駐シンガポール総領事を務めている。[40] 仏文翻訳官の陳季同は、福建船政局派遣の留学生団に秘書として随行して渡欧、当初は馬建忠とともに外交・国際法を学ぶことをその任務としていた。彼は一八九一年までの一四年間ドイツやフランスの公使館に勤務し、駐仏公使館二等参賛に昇進している。その間、李鴻章のために清仏戦争の際の情報収集や鉄道敷設資金の調達に奔走したことは有名である。[41] 張斯栒は英語に堪能で、在外公館開設当初の人材不足から一時駐米公使館に派遣されるが、一八八二年から八九年まで翻訳官としてロンドンに留まっていることが確認される。[42] つまり欧州では公使館開設の当初に派遣されたスタッフこそ、以降の在外公館員の中心的な存在となる人々だったのである。そして、彼らの多くが同文館や福建船政局で外国語を習得していることも重要である。

もちろん、慶常や陳季同ら以外の中国人スタッフがどれほど重要な外交交渉に参与したかはまた別の問題である。実際、英外務省との間では、重要な交渉はマカートニーが公使の意を受けて行っていた。また、羅豊禄や馬建忠、聯芳[43] そして伍廷芳の在欧期間は短く、帰国後は李鴻章の幕下にあって外交交渉に従事している。在外公館と地方洋務機関は人材の基盤を共有していた。

郭嵩燾の後任である曾紀澤は、参賛二名、英文翻訳官二名、仏文翻訳官一名、随員四名、そして学生三名を伴い英・仏に赴任した。彼は随行員について「総理衙門から送られてきた奏定出使章程によれば、随行の人員には参賛、領事、翻訳、随員、供事、武弁、学生の名目があり、これはまさに諮問に備え、職務に供し、人材を育成するためである」[44]と、随行員の選定に含まれる「人材育成」の観点を明確にしている。もちろん、ここで言う「人材」は、外交だけに止まらないより広い意味での「洋務人材」のことではあるだろうが、曾紀澤はこの規定に従い学生三名を伴う。以後の公使たちの随行員にも学生（主には翻訳学生）がたいてい含まれている。ここからも、在外公館における人材養成の志向は見て取れるだろう。

なお、曾紀澤に随行した学生たちのうち一名は病死し、残りの二名は正規の随員や翻訳官に昇進するが、その後の経歴は明らかではない。彼の随行員の中で重要なのはやはり翻訳官である。英文翻訳官の左秉隆は広東同文館および京師同文館に学び、後に駐シンガポール領事となる。[45]仏文翻訳官の聯興も京師同文館の出身で、一八八八年までフランスやドイツ、ロシアの公使館に勤務し、帰国後は両広総督の求めに応じて広東で洋務活動に従事している。[46]

もちろん、在外公館員の全員が外国語に堪能であったわけではなく、参賛や随員は伝統的教育を受けた知識人であることが多かった。郭嵩燾の参賛であった黎庶昌は後に二度駐日公使を務めることになるが、彼は曾国藩の幕府にあって名の聞こえた洋務派官僚であった。[47]また曾紀澤の参賛である陳遠済は彼の妹婿である。[48]このように参賛は公使にとって個人的に信頼のできる相談役であった。

また曾紀澤の随員の中には、仏教家として名高い楊文会が随員として含まれている。[49]彼は西洋の政治や国情を視察し、科学儀器を持ち帰るなど、西洋の文物・制度・学問を探究するために公使に随行した。当時の随行員にはこうした視察・研究目的の者も多く含まれていた。

視察・研究目的といえば、中国が西洋から緊急に移入しなければならなかったものとして近代兵器が挙げられよう。李鴻章らを中心とした自強活動が推進されていた当時、西洋の近代兵器や軍事制度の研究および兵器購入が在外公館に求められた重要な任務の一つであった。当然公使館スタッフの中にもこの方面の専門家が準備された。特に北洋軍・北洋海軍の建設が急務であったことから、駐独公使館にはその専門スタッフが配置された。その典型例は第二代駐独公使の李鳳苞自身と彼の参賛の徐建寅である。李鳳苞が公使に抜擢された背景に北洋海軍建設を急ぐ李鴻章の強い意向があったことは第1章で言及した通りである。同じく江南製造総局で西洋自然科学書の翻訳に従事していた徐建寅が、駐独公使館の参賛として一八七九年にドイツへ派遣されたのも、ドイツやイギリス、フランスで海軍を視察し、装甲艦の購入を担当するためであった(50)。北洋海軍の主力艦であり当時「東洋一の堅艦」と謳われた「定遠」や「鎮遠」などの装甲艦が配備されたのは、まさに彼らの活動による(51)。また、李鳳苞の後任である許景澄は『外国師船表』を編集したが、これは公使館員の劉孚翊の翻訳した「各国甲船表」を集大成したものであった(52)。劉孚翊は郭嵩燾に随行してイギリスに赴任した第一期随行員の一人であり、駐独公使館開設に伴いドイツに移り、以後駐独公使館で西洋の制度を中国に紹介するための翻訳作業に従事していたようである。彼がフライヤー(John Fryer)とともに国際法論の翻訳に専念している様子が、李鳳苞の日記に窺える(53)。

このように、在外公館開設の当初において欧州の公使館に派遣された随行員は、翻訳官を中心として外国語や西洋学術において一定の能力を有し、その多くがその後も国内外で長期にわたって対外交渉やその他の洋務に参与していた。

ただし、このように彼らの在外期間が長期に及んだのには、洋務に対する当時の中国社会の認識が影響していた。外国人と関わる活動は「夷務」として蔑視されてきた中国では、たとえ「洋務」とその名前が変わっても読書人がこれを忌避する傾向に変わりはなく、まして「絶域」とも言える海外への赴任は「畏途」とみなされ、これを希望するものは限られていた。初期の在外公館員を構成した洋務派官僚や外国語学校出身者は、文字通り数少ない洋務人材だったのである。

（3）在日公使館・理事館のスタッフ

初代駐日公使の何如璋が副使の張斯桂とともに東京に到着したのは一八七七年一二月である。当初彼に随行した在外公館員は参賛の黄遵憲以下十余人であった[54]。翌年、翻訳人員の不足から楊枢ら京師同文館の学生と在日華人を加え、公使以下のスタッフは外国人一名を含む計二五名となる（内訳は公使一、副使一、参賛一、理事官四、随員八、翻訳官七、学生二、洋員一）[55]。欧州の公使が数カ国を兼任することを考えると、日本一カ国の公使館員の数としては多いようだが、これは華人の多く居住する日本に関しては、東京の公使館だけでなく、長崎や横浜など主要な港に理事館（領事館）を設置することが当初より予定されていたことによる[56]。このため欧州よりも多くのスタッフが必要とされたが、それでも駐日公使の随行団の規模は、郭嵩燾らのそれと比べると大きい印象を受ける。

また、欧州に派遣された随行員の中では、同文館や福建船政局、江南製造総局など外国語教育、翻訳事業の中心であった機関の出身者の比率が高いのと比較すると、駐日公使の随行員は伝統的な読書人の割合が高くなっている。第二代・第四代の公使であった黎庶昌やその随員の楊守敬による古籍蒐集、公使館員と日本人学者との文化交流など、日本における清国公使館員の学術・文化活動に関してはすでに多くの研究蓄積があり、贅言を要すまい[57]。読書人にとって「同文の国」であり、多くの華人が暮らす日本への赴任は、西洋諸国への出洋に比べて心理的な抵抗も少なかったと思われる。

また、就職先を探す候補官たちにとっても、日本行きは一つの選択肢であった。たとえば候選官であった于徳楙は、父の喪が明けた一八八一年に同郷（貴州省）の黎庶昌が駐日公使になったと聞き、糊口をしのぐため日本行きを決意、駐日公使館に出向いて職を求めた。はじめは黎庶昌に断られたが、日本人について多少の日本語を学び、神戸理事館の随員の職を得たという[58]。候補官の収容先という点でも、在外公館は中国国内の局と同様の性格を有していたわけである。また、横浜、神戸、長崎、函館の四カ所に理事館が設置されたが、理事官（領事）の中には公使の縁故者が目立つなど、在外公館員の中では「実入りの良いポスト」と見られていた[59]。

西洋的な外交制度が到来する以前、東アジアでも使節の往来は恒常的に行われており、使節団と受け入れ国の知識人との間では作詩や儒学という共通の教養を介した交際が行われた。この交際が外交の一環に相当するとすれば、読書人たちがこれに参加するのは自然なことであっただろう[60]。

しかし、西洋的な意味での外交の専門性が彼らに求められることはなく、彼らの多くは公使とともに帰任している。公使の代替わりごとに随員クラスの交代が顕著なのはこうした傾向を反映していると言えよう。

もちろん初期の駐日公使館員の中にも、『朝鮮策略』で知られる黄遵憲のように、挙人出身ながら以後、在外公館で長期にわたり外交交渉に当たることになる人物も見られる。黄遵憲は日本からの帰任後、サンフランシスコやシンガポールの総領事を務め、公使候補者としても早くからその名を挙げられている[61]。また変法思想家として国政改革にも参与、日清戦争後の変法期には二度も公使に任命されている[62]。

また、日本研究で知られる姚文棟[63]は、一八八一年から八七年まで駐日公使館に勤務した後、一八八七年からは駐独公使館に赴任し、一八九一年に帰国する際にインド・ビルマを経由し、当時係争中であった雲南・ビルマ国境地域の調査を行ったことは第5章で言及した通りである。その調査によって得た知見を『雲南勘界籌辺記』として出版、辺境地域が外国によって脅かされる中、危機感を募らせる中国知識人の間に影響を与えることとなった[64]。彼は外交官とは言い難いが、その日本への派遣は総理衙門の命によって日本の地理を探査・研究することにあり、経世的地理学者として知られていた人物である[65]。彼らの外国地理研究に関しては学術的な意義だけでなく、その背後にある実利的な側面およびその中国知識人への影響についても十分な注意が払われるべきであろう。

次に翻訳官の経歴を確認したい。

翻訳官の在外公館赴任期間についていえば、欧州の場合と同様に長期にわたる場合が多い。先に挙げた楊枢は京師同文館出身で、前後九年間を日本で過ごし、帰国後は総理衙門章京として外交に従事、一九〇三年に駐日公使となった。(66) 同じく京師同文館出身の沈鐸も、一八八一年から八九年まで三代の駐日公使のもとで勤務、帰国後は総理衙門の英文翻訳官に任じられている。(67) 張宗良は何、黎二代の公使のもとで駐日公使館に勤務し、一八八三年からはアメリカに赴任、一八八四年に病気で帰国するまで駐サンフランシスコ総領事館の翻訳官を務めている。(68) ただ、彼らはみな西洋言語の翻訳官であった。京師同文館など中国国内の外国語学校にはまだ日本語を教授する機関はなかったため、(69) 日本語翻訳官には在日華人が当てられるなど、これまた臨時的な方法に頼っていた。だが、まもなく長期的な視野に立った通訳人材の養成が行われるようになる。一八八二年、駐日清国公使館に東文学堂が併設され、本国より派遣された学生に日本語教育が施された。(70) そして、学生の多くは東文翻訳官（日本語通訳官）に充当され、中には理事官や参賛にまで昇進するものも現れた。(71) 彼ら日本語翻訳官は、欧文翻訳官のように欧米の清国公使館に転勤することもないため、長く日本に留まることになる。劉慶汾や陶大均、盧永銘などがその例で、彼らの中には下関講和会議に通訳として参与することになるものも含まれる。(72)

以上、アメリカ大陸、ヨーロッパ、日本のそれぞれの在外公館について、その人事の実態を検討してきた。地域ごとに特徴が認められるが、いずれの地域も翻訳官を中心に人材養成への志向が見て取れた。それは逆に言えば、在外公館における課題が人材養成にほかならなかったことによる。清朝による在外公館の設立当初において在外公館に求められた機能について、曾紀澤が赴任直後に総理衙門に宛てた公函の中で、筠翁（郭嵩燾）が引き連れてきた員弁と紀澤が引き連れてきた新任の一組を合わせると、一見したところでは職務より人員のほうが多いように思われるでしょう。しかし私が思いますに、いまこの時、中外の交渉事件を処理するには、人材の訓練が最重要であり、有用の書を翻訳し、緊要の事件を報告することがその次です。固陋な議論に囚われて、いざという時の備えをしないようでは、使臣も削減の対象となってしまいます(73)。

と述べていることにそれは端的に表れているであろう。

「洋務」のあり方そのままに、在外公館はその設立に際し、外交の専門家を育成する体系的な教育制度も、確立された登用制度もなく、臨時的な方法によって対処されたに過ぎなかった。一八七八年という清国在外公館が設立されたばかりの時期に馬建忠が外交および外交官制度に関する二つの意見書を作成し、専門外交官の具体的な養成方法を論じたことに対し、坂野正高はその画期性を認めるが(74)、岡本隆司はそれを当時の在外公館の置かれた状況に対する危機感の表れと見る。郭嵩燾の『使西紀程』に対する批判や劉錫鴻との確執により、設立当初の在外公館は、その存在意義さえ疑われていた。馬建忠の意見書は、郭嵩燾と劉錫鴻の確執が情報提供や外交活動にも支障を来すに至った在外公館の現状に対し、公使館という機関や外交という業務を維持するため、抜本的な組織と意識の変革を訴えたものである、との見方である(75)。つまりそれだけ設立当初の在外公館は、その制度や位置づけが不確かなものであった。そしてそれは、在外公館がそのはじめより洋務一般と深く関わるものであり、地方の幕府や局と類似する環境、性格、機能を持っていたことに由来する。その状況で、外交官の養成制度だけが整えられるはずもない。在外公館という現場において、翻訳官を中心に、実地研修さながらに外交人材の養成を行わざるを得なかったのである。

確かに、通訳人材は、外国語という一技能をもって科挙官僚を補佐するだけの存在であり、科挙官僚とはその責務を異にする存在とみなされていたことは否めない。これは対外交渉に関わる官員の任命基準にも作用していた。「総理衙門の大臣や章京および公使を含む、外交を担当する主要な官員が、基本的に科挙出身の伝統的士大夫であるのに対し、西洋学術を学習した同文館の学生や留学生は、翻訳官や参賛、随員のような、通訳を職能とする補助的な官員に充当されて」おり、このような状況は、一九〇六年の人事制度改革まで続いたとされる[76]。

しかし、通説で言われるような、外国語もできず、国際法などの知識も欠き、公使とともに三年の任期を終えると帰国してしまう素人集団というイメージとは異なり、むしろ初期に派遣された在外公館員は長期にわたって海外に駐在するものが多く、そうした環境の中から、いわば実地研修によって、対外交渉のための人材が養成されつつあったのである。

また、先行研究が「翻訳官や参賛、随員のような、通訳を職能とする補助的な官員」と、参賛と翻訳官を同列に扱かっていることには問題がある。同じく公使を補佐するとはいえ、参賛と翻訳官ではその地位や責務に大きな違いが存在する。特に、清朝の公使は数カ国を兼任することが多く、公使が不在の公使館では参賛がその職務を代行していた。参賛は次節で述べるように、将来の公使候補者が充当されるポストともみなされるようになっているのであり、翻訳官たちの中にこの参賛となるものが現れていたことは、注目すべきである。

以上、設立当初の在外公館の人事の実態とその中国社会における位置を確認した。それでは、翻訳官を含め、在外公館員たちの中国社会における位置は、その後いかなる変化を遂げたのだろうか。

三　清仏戦争後の変化

つとに指摘されるように、清仏戦争（一八八四～八五年）を直接の契機として、洋務の重要性が中国知識人に広く注目されるようになる。(77)この間の変化は梁啓超や湯震らの言葉(78)が端的に示すように、それまで「朝士は皆西学を言うを恥じ」てきたのが、「識者漸く西法の尽くは拒むこと能わざるを知り」、さらには西学がむしろ「仕宦の摯」とされるようになった。

このような中国知識人の洋務に対する認識の変化は、洋務人材の育成・登用に関する議論も促すこととなった。すでに清仏戦争当時において、国子監司業の潘衍桐や御史の方汝紹が科挙に「芸科」や「実学科」といった西洋実学の科目を別に設けるべきことを提議し、翰林院侍読の王邦璽らの反対を受けている。(79)ちょうど一〇年前の海防論議において李鴻章が算学科の開設と洋学局の設置を奏請して激しい批判にさらされた事件を髣髴とさせる議論である。洋務の重要性が広く認識され、その人材の育成・登用のあり方が問題となれば、当然、官吏登用の本流である科挙との関係が問われることになる。以後、科挙制度と洋務との関係がたびたび取り沙汰されるが、(80)こうした状況の中、在外公館員に対する科挙官僚の見方にも変化が生じる。御史の謝祖源による遊歴官派遣の提議はこうした流れの中で提出されたものである。

謝祖源の上奏の内容は、一八八五年四月二一日付で受理された総理衙門の覆奏から窺うことができる。(81)まず謝祖源は、いま公使に随行している在外公館員の質を問題視する。つまり、京師同文館などの外国語学校出身者は学術にいまだ精通していない上に、機器局出身者は多くが下品な小者に過ぎず、たとえ公使の幕友であってもわずかに文書の処理を行うばかりで、決して傑出した人材はいない。随行員中の出色の人員といっても、機器を学習し通訳を行うに過ぎず、長期の赴任の間に外国の習俗に染まってしまっている、と。ここに列挙されている人々は、先に確認したようにまさに在外公館員の中核をなす人々であり、彼らに対し痛烈な批判が加えられているのである。そして、彼らに代わって正途出身の官僚こそが洋務を掌るべきだと謝祖源は考える。つまり、翰林院・詹事府・六部の属員から人材を選抜し、各国に二名ずつ派遣し、在外公使のもとで視察を行わせ、才識の群を抜く者がいれば、これを公使から密かに推薦させたならば、「他日の公使候補者を用意できるだけでなく、洋務を熟悉する人員の増加にもつながる」と提案したのである。

「畏途」とみなされてきた在外公館員の中に、視察という形ではあるが翰林院以下の中央官庁の属員から正途出身の官僚を派遣しようというこの提案が、どれほど画期的であったかは言うまでもない。だが、その背景にある人材観にはむしろ伝統的観念が認められる。洋務が士大夫の責務となった以上、その中心には科挙官僚がいなければならないとの危機感の表れである。

二年後、この提案を契機として傅雲龍以下一二名の遊歴官が派遣された。この科挙官僚による西洋諸国視察事業は、これまでも研究者の関心をひきつけてきた。しかし従来の研究[82]は、科挙官僚の対外認識という思想面での考察に集中しており、この事業の背景にある在外公館員の人選の問題には触れていない。ここでは在外公館員との関連から捉え直すことで、清末中国の人材登用に関わる問題の文脈の中にこの遊歴官派遣事業を位置づけてみたい。

さて、先の総理衙門の覆奏に話を戻そう。謝祖源の批判に対し、総理衙門は次のように反駁し、在外公館が果たしている外国事情の考察と人材養成の機能を擁護する。つまり、公使は参賛や領事を駐在国の要衝の地に派遣し、その状況を随時報告させている、また学生の派遣は練習に資するためであり、北洋大臣もしばしば武弁・工匠を派遣し、各国の造船所・兵器工場で技術を学習させており、用意周到である、と。そして、目前の急務は「ただ敵情を察し、洋律に通じ、製造・測絵之要を諳じ、水師・陸戦之法を習い、税務・界務・茶商・収鉱の諸事を講究する」ことであり、にわかに精通することはできないが、まずは大要を把握すべきである、と述べる。このため、中央官庁の属員を遊歴官として派遣することには反対しないが、公使に随時在外公館員を派遣して駐在国を視察させ、留学中の武弁や学生にはそれぞれ技術を勉強させ、監督と奨励を行うべきである、と回答している(83)。

要するに、学生を含めた公使の随行員には実務家としての訓練が要求され、先に見たように在外公館はその訓練機関としての機能を果たしているとの認識である。しかし、それはあくまで科挙官僚とは明確に区別されるものであった。

では、二年後の一八八七年に遊歴官派遣が実施されたことは、こうした総理衙門の認識が変化したことを表すのだろうか。一八八七年という時期に遊歴官派遣が実施を見たことについて、佐々木揚はこれを駐英公使であった曾紀澤の帰国および総理衙門大臣就任と関連づけている(84)。海外勤務の経験を有し、西洋的国際関係の受容に熱心であった曾紀澤が、総理衙門大臣として洋務重視の改革を試みたことは確かに想像できることである。

ただ、筆者は謝祖源の原案と実際に行われた遊歴官派遣事業との相違点に注目せざるを得ない。それは在外公館員との関係である。謝祖源の原案は各国に二名ずつ科挙官僚を派遣し、当該国に駐在する公使のもとで視察を行わせることであった。期間は一年とするが延長を希望するものはそのまま留まることを許すものとしている。つまり、在外公館が有する人材養成機能に科挙官僚を参加させることであり、当然それは現在の在外公館の人事や人材養成のあり方に変化をもたらすものとなったであろう。科挙官僚の在外研修制度の導入といった意味合いが強い。一方、実際に派遣された遊歴官たちは、在外公館員の人事とは関係なく、一人が複数国を歴訪する形をとっている。しかも遊歴官派遣はこの一回限りで終わってしまったため、恒常的な研修制度の確立を目指すというよりは、特別な海外視察員の派遣という性格が濃厚となった。

このように中途半端な形に終わってしまった背景には、様々な要因があるのだろうが、やはり公使の幕府あるいは「局」に相当する在外公館に、科挙官僚を中央政府から送り込むことには、抵抗があったのだと思われる。その一端を窺わせるのが、上海の新聞『申報』に掲載された次の論説である。

一八八七年一一月一五日掲載の「遊員与随員不同説」という論説は、論者と遊歴官との対話形式をとって論を進めている。様々な示唆に富む論説だが、その中で、経費節約により有益な視察ができないと嘆く遊歴官に対し、論者は次のように答えている。

目下、捐納例を開いているとはいっても、海防のための寄付金は海防に、黄河の治水のための寄付金は治水に充当するに足るだけしか集まっておらず、それでも足りないことを憂慮している状況なのに、どうしてこれらの重要な資金を、遊歴人員のような不急の費用に当てることができるだろうか。

捐納、つまり寄付という名の一種の売官に依らなければ、当時の清朝は立ち行かなくなっていた。そして、この捐納によって大量に生み出された候補官たちが、その「寄付」の元をとるために「局」などのポストに群がっていたが、この時期、候補官の収容先として在外公館が注目されるようになっていた。そのような風潮について、再び「遊員与随員不同説」の内容を紹介しよう。

「余」が遊歴官の責務の重要性を論じると、「遊員」は笑って、自分たちを「遊勇や遊民に等しい」存在だと卑下した。そもそも「遊歴人員」を「遊員」と略しているあたり、この記事全体からこれを揶揄する意図が感じられる。この「遊員」の発言に対し「余」は、公使の随行員になりたくて八方手を尽くし、それでも随行員になれない人もいるのに、皇帝の命を奉じて出洋・遊歴のできるあなた方はそれとはるかに異なるではないか、と非難する。すると「遊員」は、次のように反駁する。つまり、随行員ならば、有力なものは領事に任命してもらって自分の役所をもらうことができる、領事になれなくても、公使館にこもっていて外国人と交際しなければ費用も省け、費用を節約して俸給を貯金できるので、随行員の中には富貴となる者もいる。しかし、遊官は遊歴の官なので、必ず視察に動き回らなければならず、費用がいくら要するかも知れない。にもかかわらず与えられる俸給には限りがある、と。そして、不十分な経費しか準備されないまま海外に派遣される自分たちは、みすみす恥をかきに行くようなものだと嘆くのである。これに対し「余」は、遊歴によって得た知見を報告して朝廷に献じたならば、国家に裨益すること浅からざるものがあり、また朝廷もあなた方の勤労に必ず報い、他日公使という重任を帯びることになるだろう、どうして随行員などとあなた方を並べて論じることができようか、と「遊員」たちを慰めた、とある。

この会話はフィクションであろうが、随行員にせよ遊歴官にせよ、その応募の動機がいかなるものであったのか、あるいはいかなるものであると思われていたのかがよく分かるだろう。

実際、一八八〇年代後半以降、新しい公使の任命があるたびに、大勢の人間が随行員に加えてもらおうと、関係する高官たちに働きかけているが、そのほとんどが保挙を目当てにしたものであった。たとえば、李鴻章の息子の李経方が駐日公使を拝命した当時、李鴻章は駐独・露・蘭・墺公使の許景澄に宛てた書簡の中で「出洋随員の職は、近頃では出世の早道とみなされ、公使の交替があるごとに人々が群がってまるで市をなすかのようだ。……東洋（日本）は地も近く、皆が争って向かうところであり、息子の経方も群がる人々から逃げ出そうにも逃げ出せず、ただ北京出発後に改めて人選を行うと言って婉曲に断るしかない」と述べている。[85]また楊儒の駐米公使派遣が決まった一八九三年初め頃の状況として、翁同龢の日記にも「このところ続々と懇願に来るものは、みな随員の座を得んと欲するものたちで、それは将来の保挙のためである」と見える。[86]

在外公館での勤務には、三年の任期を終えれば公使より保挙を受けられるという優遇措置が採られていた。三年間の職と俸給、重要視される洋務の経験、さらに任期後の保挙――在外公館員の職がもたらすこれらの利点に、多くの候補官が群がり、あらゆるツテを使ってこの職を得ようとする風潮が急速に広まった。当然、彼らの間では、保挙を受ける資格を得るために三年の任期を勤め上げることが主たる目的となり、任務の内容は二の次になる。当時の官僚の公文書や日記、新聞などには、在外公館員の情実による人事と冗員の増加を批判する記述が散見する。三年間で帰国する素人集団、という通説的なイメージは、こうした状況によって強調され、固定化したものであろう。それは、あたかも地方の「局」「所」が、地方督撫と候補官との私的な関係によって人事が行われ、冗員の受入機関と化していると、その整理・削減がたびたび議論されていたのと同様である(87)。

こうした状況を考えると、候補官たちに正規の官職を与えられない清朝中央が、在外公館員の人事に介入し、その中に科挙官僚の定数を設定することには抵抗があったのではないだろうか。

しかし、それでも正途出身者を在外公館に配置するよう求める意見が、ほかならぬ在外公使より提議された。駐独公使・洪鈞による一八八八年の上奏は、科挙官僚の在外研修という点で、謝祖源の提案をより進めたものである。

この上奏はまず、属国を次々と失い、外国勢力による領土の侵食が日々進む多難の時にあたり、これまでの洋務人材のあり方を問題視する。つまり、自強のための軍事訓練や近代兵器の製造にしろ、対外交渉のための通訳にしろ、その西洋理解は皮相浅薄なものに過ぎない、と。また、遊歴官の派遣も洋務人材の育成には不十分な方法だとする。なぜなら、「西洋の学問には、それぞれ専門家がおり、大は内治、外交から、小は鉱山技師、職人に至るまで、みな一意専念し精緻を求めて熟慮し、歳月を重ねてようやく成功に至る」のであり、二年の視察でその要領を得ることなどできないからである。そこで洪鈞が提案したのが、翰林院庶吉士の中から選抜した人物を、在外公館の参賛として海外に派遣し、西洋学術を研究させるというものである。洪鈞は庶吉士の出洋を促すため、彼らに課されている散館考試（庶吉士となって三年後に受ける試験で、これにより配属先が決められた）を免除することさえ提案している。また、六部など中央官庁の属員に関しては、遊歴官を新たに選抜する方法に代えて、すでに試験によって総理衙門章京の候補者となっている正途出身者の中から参賛、随員を選抜し派遣する方法を採るよう求めている。なぜなら、「総理衙門は洋務の中心であり、そこで事務を担当するものが、入ってから後に学ぶ、ではいけない。あらかじめ経験しておけば、大きな助けとなる。西洋諸国の領事や参賛、随員は外部（外務省）の総辦（事務次官補）や司員（各局職員）であり、将来の公使もこの中から選ばれる」からである。そこで、今後は翻訳官を除き、公使が自ら選抜する人数を制限し、残りのポストには翰林院と中央官庁の属員を当てることを提案した。(88)

この提案に対し、総理衙門は吏部の章程を根拠に、庶吉士の散館免除はいかなる理由があろうとも認められないとし、もし洋務を熟知し、出洋に耐えられる人物がいれば、随時公使から奏調させるべきであると回答している。(89)

随行員の人選権は公使にあり、公使から適任者を奏調する従来の形式で対応できるとの考えである。在外公館員に限らず、洋務関連の部局ではその人事は基本的に地方督撫による保挙の形を取っており、実質的に洋務人員は地方督撫の幕友であった。特に公使は海外の「絶域」に赴任するため、総理衙門も公使の随行員人事権については、「事件は内地と異なり、帯同するところの随行員は、当該の使臣が平素より熟知している人物であってこそ、はじめて緊密な連携の効果を得ることができる。このため、歴代の出使大臣には自ら奏調を行うことを許しており、自ら属僚を招致するのを許した漢代の制度の意図にならい、それにより責任をはっきりさせる」(90)と、むしろ随行員は公使と私的な関係でつながった幕友である方が良いとみなしていた。

ただし、総理衙門は総理衙門章京に関しては、公使の参賛として派遣することに前向きな姿勢を見せる。つまり、総理衙門章京の候補者の中で才識通達の者は、随時総理衙門大臣より選抜・派遣し、交渉事務の補佐を行わせる、とした。(91)また一八九〇年には志鋭の上奏を機に、総理衙門は公使との協議の上で随行員に総理衙門章京と海軍衙門章京から一、二名ずつを派遣することとした。(92)総理衙門と海軍衙門から章京を在外研修に派遣するというのは、その職務内容から考慮された措置である。このように、総理衙門にも洋務専従人材の養成という意識はあったと思われる。

しかし、公使の人事権がこれによって制限されたわけではない。総理衙門章京ら科挙官僚の洋行は、むしろ先の遊歴官派遣の続きであり、あくまで将来の公使候補者の研修として、他の在外公館員たちとは区別する意識があったからである。この点について、先の洪鈞の上奏をあらためて検討してみよう。

洪鈞が翰林院庶吉士の洋行を提案したのは、西洋学術が専門家によって一意専心に追求されており、その深奥を究めるには正途出身者でなければならない、との認識があるからである。これは、天文算学館の設置にあたって、総理衙門がその学生に正途出身者を想定したのと同じ論理である。また、総理衙門章京候補者の派遣を求めたのは「西洋諸国の領事や参賛、随員は外部の総辦、司員である」からであり、西洋諸国の「外部の総辦や司員」に相当するのが総理衙門章京であったからである。ただし、総理衙門は西洋的な意味での外交機関ではなく「洋務の中心」であり、また章京を含めてその人員には専業性は求められていなかった。薛福成が指摘するように、優秀な総理衙門章京であれば、しばらくすれば海関道に転出し、地方官としての階梯を登っていくものであり、それを当然視するのが当時の官僚社会であった。[93]翰林院庶吉士にせよ総理衙門章京（候補）にせよ、彼らは将来重任を担うべきエリートとして、政府の中枢近くで研修を行っている身であり、洪鈞の提案はその研修をいっそのこと在外公館で行わせようというものである。また、在外公館での研修内容も外交交渉に特化したものではなく、広く洋務一般、つまり軍事や科学技術を中心とした西洋学術であったことも重要である。つまり、読書人と政府当局によって担われるべき政策としての「洋務」を確立するための提案であった。

しかし、外政機関としての在外公館の役割とその重要性を主張する声もまた、在外公館の側から上がっていた。たとえば、二〇世紀初頭に駐日公使となる蔡鈞が、駐スペイン公使館の随員として勤務した経験をもとに著した『出洋瑣記』と『出使須知』（一八八五年刊）は、公使以下の在外公館員の職務として、第一に任国の各界人士との日常的な交際を挙げ、それによる議員や世論への働きかけ、および情報収集の重要性を論じている。そこには持続的な外交の基礎たるべき在外公館の機能が、余すところなく述べられている。[94] そしてこのような外政機関としての在外公館の重要性を最も強調したのが、薛福成である。

西洋社会の特徴の一つが専門性の重視にあるとする点では、薛福成の考えも洪鈞の意見と変わらない。しかし、薛福成によれば、西洋の外交官たちのキャリアパターンは、「出使の一途は、随員から領事に、そして参賛となり、公使となり、推挙されて全権公使やあるいは外務大臣に昇進し、数十年にわたって同じ業務につく」と、在外公館の下級館員からキャリアを積み、最後には外交のトップにまで累進していくものであり、[95] このように経験豊富な専門家によって処理されるからこそ、西洋諸国の外交は周到で失敗しないのであった。[96]

同じように西洋の外交官と接していながら、外交官の任用制度に対する認識が洪鈞と正反対なのは、洪鈞が科挙の最終試験を第一位で合格した状元であるのに対し、薛福成が洋務の実務能力を買われて昇進してきたという、両者の経歴が影響しているだろう。だが、それ以上に重要なのは、在外公館の機能、あるいは外交に対する両者の認識の違いである。洪鈞が想定した在外研修の内容は、外交交渉も含めた洋務一般であり、読書人や政府当局によって担われる、あるべき「洋務」を追求したものである。一方、薛福成が強調したのは、「使才与将相並重」との考えが示すように、外交それ独自の重要性であり、その「外務」を担う在外公館の重要性であった。そして西洋の「外務」がそうであるように、それは専門的・専業的に担当されるべきものであった。

だが、薛福成が問題視したように、「洋務」の中心である総理衙門ですら、章京を含めその人員の専業性は未確立であった。[97] 外務省の事務次官や大臣あるいは貴族が大使や全権公使に任命される西洋社会のように、外交とそれを司る在外公使の重要性を確立することが急務だと薛福成には思われた。彼が公使候補として翰林院から有為の人材を調達すべきことを提唱したのも、[98] まずは外交の重要性が中国社会で認識され、確立することを望んだからである。

このように在外公館の位置づけは不安定であったが、現場の現実的対応として在外公館では外交人材の養成が行われていた。一八八五年から九四年までに派遣された翻訳官・翻訳学生には、呉宗濂、胡惟徳、陸徴祥、劉式訓、梁誠、鍾文耀、蘇鋭釗、施肇基、容揆ら清末から民国初期の外交官として活躍する人材を認めることができる。広方言館・京師同文館出身の胡惟徳・陸徴祥・劉式訓については第Ⅲ部冒頭で述べた通りで、彼らは二〇世紀初めに相次いで在外公使となり、民国外交部の基礎を築いた外交官である。また、同じく広方言館・京師同文館出身の呉宗濂も長期にわたる在外公館での勤務経験を有す。彼は一九〇九年に駐伊公使となり、民国期には地方交渉員として地方での対外交渉に当たっている。[99]

また、この時期から増え始めるのが留美幼童出身者である。駐米公使の張蔭桓の翻訳官を務めた梁誠は、張蔭桓に重用され、帰国後は総理衙門章京となっている。その後一九〇二年には駐米公使に、一九一〇年には駐独公使に任命されている。[100] 容閎の甥の容揆は留学事業停止後もアメリカに留まって学業を続け、一八九〇年に駐米公使館の翻訳官となり、[101] 以後、清朝・民国を通じて半世紀にわたり駐米公使館に勤務している。[102] 鍾文耀、蘇鋭釗はともに一八九三年に駐米公使の楊儒に随行して渡米、駐米公使館の翻訳官となっており、この時の同僚に施肇基がいる。鍾文耀、蘇鋭釗はともに長期にわたり在外公館に勤務し、領事になっている。[103]

このほか、施肇基のように学生身分として随行し、海外の大学に学ぶものが現れ始めるのもこの時期である。このタイプの人材は日清戦争以降に増えることとなるが、彼はその先駆けとも言えよう。

以上、清仏戦争以降における、在外公館の構成員の変化とそこに求められた新しい「機能」について確認してきた。

保挙目当ての候補官、旗人を中心とする総理衙門・海軍衙門の章京、洋務を重視する経世家、そして外国語学校出身者や留学生を中心とする翻訳官——このように雑多な人員によって規模の拡大した在外公館は、よくも悪くも様々な機能を有することとなった。従来の研究のようにこれらの人員を随行員として一括りにしていては、在外公館の有した様々な機能・性格を理解することはできないであろう。そして、在外公館に付与されたこの多様な性格は、科挙の伝統を有する中国が近代化の過程で直面することになった様々な問題を、あるいは「洋務」というものの性質を映し出しているのである。

小結

本章では、清朝による在外公館の設置当初から日清戦争に至る時期までについて、在外公使およびその随行員(在外公館員)の経歴から、在外公館の有した諸機能を明らかにしてきた。その機能の中でも特に注目されるのが、その外交人材養成の機能である。外国語学校出身の翻訳官にとって、在外公館とはまさに実地訓練の場であり、ここを中心として、対外交渉に専門的に従事する人材が養成されていた。もっとも、本章で取り上げた時期には、重要な外交交渉に携わるだけの能力も社会的な地位も、一部の例外を別として彼らの多くにはなかった。洋務全般にわたり、新しい人材の多くが李鴻章らの幕下において活躍していた中国国内の状況は、在外公館員の官僚社会における地位にも影響を与えていた。公使と随行員の関係が、様々な意味で中国国内の科挙官僚と幕友の関係と類似していることが確認されただろう。

しかし、制度的な整備、改革は行われなかったが、洋務全般がそうであったように、体制外的な、あるいは現実的な方法によって、対外交渉に従事する専門家が養成されつつあったのも事実である。そしてそれが日清戦争後の彼らの飛躍を準備した。公使を補佐し将来の公使候補と目される参賛の地位にまで昇進した翻訳官が、日清戦争前にすでに現れていたことは注目すべきである。同じく参賛に充当され、将来の公使候補と目された総理衙門章京たちの中からは、その後も外交に専従する人材はほとんど現れなかった。清末から民国初期の外交官を生み出したのは、むしろ翻訳官や翻訳学生から随員や領事、そして参賛へと累進していった一群であった。

本章では、洋務期の在外公館における人材の登用や育成の特徴について、洋務一般との関係を軸に説明してきた。洋務という新しい時代の要請は、科挙という体制内制度はそのままに、幕友制度や局などの体制外的・臨時的制度の拡大、変容によって対応された。体制外的・臨時的な対応であったがために、洋務には多くの限界や弊害が伴ったが、一方で、体制外的・臨時的であったからこそ、地方督撫に現実的な対応を可能とさせ、次の時代を担う実務担当者を養成し得た側面もあった。在外公館の設立という新しい動きも、臨時的・現実的な手段で対応され、このため、地方の局と同様の限界、弊害を伴うこととなった。しかし、その一方で、対外交渉の実務を担う人材が、在外公館での経験を積む中で養成されたのである。

以上のように、外交官試験というような、体制内的制度を伴うものではなかったが、在外公館では翻訳官から始まって、外交官としての階梯を累進していくキャリアパターンの原型が、日清戦争以前にすでに形成されていた。次章では、この外交の現場における現実的対応が正規の制度の中に定置されていく過程を明らかにしたい。

第7章　外交制度改革と在外公館

――日露戦争後の人事制度改革を中心として――

はじめに

一九〇一年七月、清朝は総理衙門を改組して外務部とした。総理衙門では大臣をはじめ章京も兼任であり、外政機関としての専門性も専業性も確立していなかったのに対し、義和団事件ののち、列強からの要請を受けて設立された外務部では、その当初より、責任ある外政機関としての専門性・専業性を備えた組織・制度が目指された。こうした外務部の組織・制度面に対する先行研究(1)の評価はおおむね高く、外務部を中国最初の正式な外政機関とみなし、そのもとでは総理衙門の制度的問題点が改められ、中華民国の外交部につながる近代的外政機関の基礎が築かれた、とする。

なかでも特に注目を集めてきたのは、一九〇六年から〇七年にかけて実施された外務部および在外公館の人事に関する一連の改革である。儲才館の設置による外交人材の養成、公使（出使大臣）以下の在外公館員の実官化、外交官の昇進ルートの確立など、この時に実施された人事制度改革は、清朝の外政担当官の専業性・専門性を高め、民国期における職業外交官の活躍に道を開いたものとして、重視されてきた。

本書もこの時の改革が有した重要性、特に民国期の外交官との連続性を重視する立場に異を唱えるものではない。だが、先行研究の評価には、以下の二点について問題があると考えている。

第一に、先行研究は関連する上奏文や章程の内容の検討に止まり、この改革の実施状況、特に在外公館における人事の実態にまで分析が及んでいない。これまでの研究では、改革前後の在外公館の構成員を截然と分かち、両者を対比的に捉えるのが一般的である。つまり、改革以前の在外公館員とは、コネによりポストを得た外交の素人集団であり、改革後の在外公館員は、外務部により正規に任用された、専門知識を有する外交官である、という理解である。だが、こうした理解は、前章で明らかにした総理衙門期の在外公館の実態とは異なるものである。先行研究では上奏文や章程のみに依拠して、改革前後の人事状況の断絶面を強調してきたが、総理衙門期の実態と改革後の状況とを比較することで、この改革によって何が変わり、何が変わらなかったのか、つまりこの改革の持つ真の意義を明らかにすることができよう。

第二点目は、一九〇七年の改革の端緒となった駐仏公使・劉式訓の提案と、儲才館設置との関係性に関わる問題である。一九〇六年に劉式訓は、西洋の外交官制度にならった在外公館員の任用方法・昇進ルートの確立を求め、さらに外交人材の養成のため、外務部より「外交生」を選抜し、在外公館において外交官としての実地研修を受けさせることを提唱した。この建議を受け、外交官の専業化を促す人事制度改革が実施された。先行研究では、この劉式訓の提起した「外交生」制度と外務部に附設された「儲才館」とを特に区別せず、甚だしい場合には「儲才館」の設置は劉式訓の提案によるとの誤謬を犯している(2)。

実際には、儲才館の設置は一九〇六年初めに外務部より提起されたものであり、その章程を作成したのは、当時、外務部候補員外郎であった張元済だった。進士出身の張元済は、かつて総理衙門章京を務め、のち出版・教育事業に従事していた。一方の劉式訓は、京師同文館を卒業後、一八九四年に出洋、ヨーロッパの清国公使館で翻訳官や参賛として外交活動に従事し、一九〇五年に駐仏公使を拝命した。両者は出身も経歴も異なるだけでなく、外交人材養成の理念においても大きく考えを異にした。先行研究では、そうした両者の違いが全く等閑視されているが、しかし、こうした両者の相違は、科挙の伝統を有する中国において、外交官という高度に専門的でかつ実務経験が要求される職業の確立を考える上で、軽視できない重要性を含んでいる。さらに、両者の人材養成計画は、外務部と在外公館のそれぞれの立場から立案されており、近代中国外交を特徴づけている中央（外務部）と地方（在外公館と地方交渉機関）との関係にも関わる問題であった。

以上の二点の問題を中心として、日露戦争後の一九〇六年から〇七年に実施された人事制度改革の意義を問い直すのが、本章の目的である。

一　二つの視点

まず外務部期の人事制度改革を再考するにあたり、総理衙門期の在外公館の人事の実態を検討した前章で得られた知見に基づき、次のような二つの視点を提示したい。

第一点目は、在外公館の地方洋務機関（局・所などの体制外的・臨時的機関）との類似性・共通性が、日露戦争後の人事制度改革においてどのように変化したのかを問うことである。

二〇世紀初頭、中国の政治・行政制度は大きな転換期を迎えた。一九〇一年に始まる光緒新政では、制度改革のため政務処を設置、外務部や商部など新たな官庁が設立された。さらに日露戦争の衝撃により、一九〇五年から〇六年にかけて政治考察五大臣が派遣され、その報告と提案を受けて、清朝は立憲制の採用を決定した。そして、その準備のためにまず着手されたのが中央と地方の官制改革であった。また、一九〇五年には科挙が廃止され、帰国留学生など新式人材の登用が進んだ。外務部の人事制度改革も、このような行政機構・官僚社会の大変化の中で行われたものである。

近年の研究では、光緒新政期の官制改革の歴史的意義を、新政以前の状況、つまり太平天国期以来大きな変容を遂げていた清朝官僚制度の状況や特質との関連性から捉えようとしている。

太平天国期以降の行政機構・官僚社会に生じた最大の変化は、地方督撫の権限拡大による地方分権化と、それを促した幕友など体制外制度の膨張、および「局」「所」などと呼ばれる臨時的機関の増加である。社会の変化に伴い日ごとに増大する行政の必要に対応したのが、この体制外的・臨時的制度・機関であり、その拡大・膨張は体制内制度との矛盾を深め、両者の調整を不可避のものとした。近年の研究は、一九〇七年の地方官制改革による総督・巡撫衙門の幕職設置をこうした文脈の中で捉えるが[3]、この時期の改革に含まれる、時代の変化に応じて拡大した体制外制度を正規の官制体系の中に取り込み、近代的行政機構の一環として定置した側面を無視することはできない。つまり、これら体制外制度に付随した多くの限界・弊害という負の遺産も含め、一九世紀後半に起こった行政・官僚制度における変化は、光緒新政期の改革に多大な影響を及ぼしていたのである。

こうした点は、同じく臨時的・体制外的制度によって対応されていた在外公館にも当てはまる。在外公館の設立という新しい動きも、臨時的・体制外的だが現実的な手段によって対応された。このため地方の局と同様の限界や弊害を伴うこととなったが、その一方で、在外公館には多くの外国語学校出身者や留学生などが翻訳官・翻訳学生として勤務し、在外公館での実務経験を積んでいた。その中から、職業外交官となるものが登場することとなる。陸徴祥、劉式訓、胡惟徳らはその典型であるが、前章で確認したように、翻訳官から始まって、外交官としての階梯を累進していくキャリアパターンの原型は、日清戦争以前にすでに形成されていたのである。

ただし、それは制度的に確立されたものではなく、外交の現場における現実的な対応の結果であった。そのような現場における対応は、人事制度改革の中でいかに位置づけられたのだろうか。

第二点目は、清末中国には外交人材の養成に関して二種類の異なった理念が存在していたこと、そして両者は在外公館が有していた研修機能に対してもそれぞれに異なった認識を示していたことである。

「洋務」人材養成のため、京師同文館をはじめとする教育機関が設置されたが、これらは西洋の専門技術を取得するための機関であり、高級官僚の養成まで想定したものではなかった。「同文館は外交官を養成したのではなく、単に新式の『通事』を養成したに過ぎない[4]」と言われるゆえんである。知識人一般の態度として「洋務」を語ることを潔しとしない風潮があり、このため「洋務」は「新式通事」などの実務人材に委ねられた。在外公館でも、公使には外国語能力は求められなかったので、多くの翻訳官が実務に当たっていた。

しかし、一八八〇年代に入り、「洋務」や「西学」の重要性が知識人の間で広く認識されるようになると、在外公館員の中に一定数の正途出身者を派遣するよう求める意見が相次いだ。これらの提案は、在外公館が有していた研修機能に着目したものだが、このことは在外公館で実務経験を積んできた翻訳官たちの社会的地位の上昇を意味するものではない。むしろ、彼らを「新通事」とみなす認識はそのままに、彼らとは責務を異にし、将来の重任を担うべき正途出身者に海外研修を受けさせ、それを制度として確立しようとしたものである。これらの提言を受け、一八九〇年頃より在外公館には総理衙門章京が一、二名ずつ派遣されるようになるが、その在外勤務は三年、あるいはもっと短い期間に過ぎなかった。ここには、外政に携わる高級官員に求める能力として「技術（実践）」よりも「学問」を重視する姿勢が見える。ともあれ、現場の対応に依存していた人材の養成は、総理衙門章京の海外派遣という形で、むしろ中央よりその制度化が着手された。

その一方で、在外公館などでの実務経験を通じて養成される人材を重視する動きも、同時に起こっていた。薛福成は、西洋の外交が優れている理由として、その外交官が在外公館においてキャリアを積み、専門性が高いことを指摘していた。また、許景澄は翻訳官の陸徴祥に将来の外交官たるべく指導を施した[5]。さらに外国語学校出身の翻訳学生らを任地の大学等で学ばせることも行われた[6]。

このように、「技術（実践）」と「学問」との対比、あるいは中央と在外公館との立場の相違を背景として、清末中国では外交人材養成に関し二通りの立場が存在した。先に言及した張元済と劉式訓の相違はここに関連している。そうした立場の相違が日露戦争後の人事制度改革にどのような影響を与えたのか、こうした視点からの問いかけも必要である。

本章は、以上のような視点より、一九〇六年から〇七年の人事制度改革の意義を再考することとする。まず次節では、設立当初の外務部の組織と人事制度の特徴を整理し、総理衙門期との連続面と変容面を明らかにする。そうすることで、一九〇六年から〇七年の改革の意義がより明確になるからである。

二　外務部の組織と人事制度

（1）外務部の組織・人事制度とその実態

外務部の組織は、その前身である総理衙門との明白な対比のもとに編成されている。

まず、臨時的機関であった総理衙門に対し、外務部は「六部の前」に配置される常設の官庁であった。その首脳部についても、総理衙門の王大臣が他官との兼任であったのに対し、外務部は総理事務大臣一人（慶親王）、会辦大臣二人（王文韶・瞿鴻禨）、左右侍郎各二人（徐寿朋・聯芳）の「員缺を特に設」け、「以って責成を専らにし」ている（括弧内は設立時）[7]。三人の大臣は親王、軍機大臣からの選抜であり、左右侍郎には外交実務に従事した経歴を有し、少なくとも一人は必ず外国語を解する人物が任命された。こうした首脳部の構成は、義和団事件後の講和交渉の中で列国より提示された要求を受け入れたものである[8]。義和団事件の衝撃冷めやらぬ中、西洋国際社会の外交方式に則った、責任ある外政機関の設置という列国の要求に応えたのが、この外務部の組織であった。

部内の組織・人事制度に関しても、スタッフの専従性の保証という原則が貫かれている。まず組織を見てみよう。その内部組織は六部の司員の例にならったものとなっているが、外務部独自の制度もある。まず、侍郎の下には総理衙門総辦章京に相当する左右丞（正三品）各一人、左右参議（正四品）各一人が置かれ、部務を総轄した。部務は和会・考工・榷算・庶務の四司によって分担され、各司には郎中（正五品）二人、員外郎（従五品）二人、主事（正六品）二人、額外行走六人が置かれた[9]。

さらに、外務官僚としての専業性を保証するため、外務部内での昇進制度も整備された。ここで重要なのが丞・参議の位置づけである。この点について、王立誠は次のように指摘している。従来の六部では、侍郎と郎中の間に三、四品の職官はなく、昇進階梯の途絶により専門的な官員を養成するに至らなかった。一方、総理衙門では大臣・章京ともに正式な職官ではなく、品秩の規定も厳格ではなかったため、章京から総辦章京への昇進や、総辦章京から大臣への諭旨による任命が行われ、いわば部内における司員から堂官（尚書・侍郎）への昇進が実現していた。外務部ではこの総辦章京を丞・参議として三、四品の正規の官職とし、司員と堂官との官階を連結し、部内における昇進階梯が設けられた。つまり、員外郎、郎中から参議、丞を経て侍郎にまで累進することが、制度として可能となったのである[10]。外政担当者の専門化・専業化という点で、先行研究が外務部のこの人事制度を高く評価するゆえんである[11]。

だが、丞・参議の設置がたとえそのような意図からなされたものであったとしても、実際にどのような機能を果たしたかは別の問題である。それは人事の実態によって確認されなければならない。幸い、台湾故宮博物院所蔵の史料や『申報』の記事から外務部設立時の丞・参議および司員の計二八名全員の名前が確認できる。[12]また、『清代職官年表』より外務部の全期間（一九〇一～一一年）における参議以上の上層部についてその人事異動の状況が把握できる。この二種類の史料を比較してみると、一九〇六年の前後における丞・参議の性格の違いが見えてくる。

丞・参議に任命された人物を、その任命時点を基準に一九〇六年前後で分けてみると、それぞれの集団の性格は大きく異なっている。まず一九〇六年以前の状況を整理しよう。

一九〇六年以前に丞・参議に任命されたのは八人、そのうち伍廷芳を除き残り七人はすべて外務部設立時点の丞・参議および司員である。彼らの経歴からは、司員から参議そして丞へという昇進がすでに通例化していたことが分かる。だが、丞から侍郎への昇進は一例のみで、[13]丞から侍郎への昇進が通例となっている一九〇六年以後と対照的である。なぜならそれは、外務部設立時の丞・参議および司員はみな総理衙門章京であったからである。伝統的な教育を受けた正途出身の総理衙門章京の中には、外交の実務経験（具体的には出洋経験の有無が基準と思われる）を有し一人は必ず外国語を解すること、という侍郎任命の基準を満たすものはほとんどいない。[14]元総理衙門章京の彼らの方でも出洋には消極的であり、従来通り地方官として転出するものが多かった。二八人のうちその後の経歴が判明している一五人についていえば、地方官への転出が六人、他の中央官庁への異動が四人で、外交に従事し続けたものは五人。[15]そのうち三人は後に公使や侍郎に累進したが、それが汪大燮、雷補同、鄒嘉来であり、この三人は一九〇六年以前に丞・参議に任命された八人に含まれる。

先行研究はこの三人の経歴をもって外務部における専門的外交人材の養成の証左とするが、逆にこの三人以外に一九〇六年以前の外務部司員が公使や侍郎となった事例はない。一九〇六年以前では、外務部司員の採用は相変わらず京官の考試によっており、帰国留学生など新式人材が外務部司員に採用されるようになるのは一九〇六年以後のことである。つまり、一九〇六年以前の外務部司員（以下、便宜上「旧司員」とする）は、実質的には総理衙門章京の延長に過ぎなかった。この点については次節でさらに検討を加える。

次に、一九〇六年以後の丞・参議について見てみるが、この時期の改革については第三節で論じるので、ここでは簡単に触れるに止める。一九〇六年以後に丞・参議に任命されたのは一五人、そのうち旧司員に分類されるのは四人のみ（うち二人は雷補同と鄒嘉来）、残り一一人は帰国留学生などの新式人材である。ここに、一九〇六年以降の改革による外務部人事の刷新が看取される。また、丞から侍郎への昇進も通例化していた。しかし、この時期の丞・参議の特徴として重要なのは、先行研究も指摘する通り、その人数の多さと個々の在任期間の短さである。[16]侍郎への昇進、他の官庁や地方への転出、公使としての出洋など事情は様々だが、この時期は丞・参議の人事異動が激しく、特に一九〇八年から〇九年にその激しさは集中している。ここから、この時期の丞・参議のポストは、王立誠の強調するものとは別の機能を有していたことが予想される。この点については第三節で改めて論じたい。

以上のように一九〇六年以前の外務部は、制度の上では総理衙門との相違が強調されたが、内部の人的構成の面では依然として総理衙門の延長上にあった。そうした側面は、次に見る在外公館との関係においてより顕著である。

(2)　在外公館との関係

一国の外政機関として、本国の外務省と同様に重要なのが在外公館である。だが、総理衙門が外務部に改組されたのに対し、在外公館の体制外的・臨時的な洋務機関としてのあり方に変更は加えられなかった。一九〇六年から〇七年の改革以前においては、公使以下の在外公館員の実官化は行われず、公使の人事権もそのままであった。わずかに一九〇一年の章程が外務部司員から在外公館への派遣について規定しているに過ぎない。そこでは丞・参議を「出使大臣之選に備え」、郎中・員外郎・主事を「参賛・領事・随員之選に備え」るとし、[17]彼らに外務部での現任職位を保有したままの出洋を認めている。[18] 一方、在外公館員の人事や、在外公館から外務部への人材の異動に関しては、全く言及されていない。

こうした状況に対し、一九〇二年四月に張之洞・劉坤一・袁世凱は連名で上奏を行い、外務部と在外公館との人材の相互転官や、在外公館員の実官化を求めた。[19] これに対する外務部の回答は次のようなものであった。まず外務部司員の採用については、新政に対応するため京師大学堂仕学館で京官の再教育が行われていることから、従来通り京官の考試による登用方法で問題ないとし、ただ人材を広く集めるため、在外公館員や遊学・留学経験者などをその上官が推薦することは認めた。在外公館の人事については、章程にすでに規定があるので外務部司員からの派遣は認めたが、積極的にこれを推進するものではなかった。また、適当な人材がいれば京外各官から広く推薦を受け付けるとするが、公使の人事権を制限するものではなかった。むしろ遠い異郷での活動を円滑に行うには、公使に部下の人事権を委ねるほうが良いとの考えであった。さらに在外公館員の実官化に至っては、一言の言及もなされなかった。[20]

外務部の回答からは、在外公館の存在や外交人材の登用が「制度化」の埒外にあることが分かる。外交人材の登用はあくまで臨時的・個別的な推薦（保挙）によってなされるものであった。

「制度化」があったとしても、それは中央から在外公館への派遣に関してのみであり、それも決して多くは行われなかった。たとえば設立時の外務部司員二八人のうち、在外公館に派遣されたのは三人のみで、うち二人は公使となった汪大燮と雷補同である。[21] 在外公館の人的構成から見ても、各公使のもとに外務部から派遣されるのは一、二人で、しかも彼らの多くは額外司員であり、三等参賛や領事として三年の任期を務めたに過ぎない。こうした状況は、総理衙門章京一、二人を三等参賛として派遣していた総理衙門期を髣髴とさせる。在外公館との関係は総理衙門期と何ら変わるところはなかったのである。

外務部は確かに組織・制度の上で総理衙門とは大きく異なる外観を有する。しかし、その人的構成の面では総理衙門の延長に過ぎず、外交人材という点でも、総理衙門期の状況と何ら変わるところはなかった。

だがその一方で、体制外の部分には外交人材が養成・蓄積されつつあり、これを取り込み、その養成・登用を「制度化」する必要もまた意識されていた。

駐露公使の楊儒は、一九〇一年の上奏文の中で、総理衙門および在外公館員の実官化を求めていた。楊儒はそこで人材の採用・養成・昇進制度といった、外交専門官養成の具体的な制度を論じている。つまり、優秀で漢文・外国語の双方に通じている二〇歳前後の青年を選抜し、総理衙門で国際法などを学ばせた後、章京や在外公館員に当てること、国内では章京から堂官まで、在外公館では随員から公使まで累進できるようにすること、総理衙門および在外公館員はともに実官とし、人材の異動はこの両者の間に限り、生涯にわたって外交職に従事し続けるものとすること、などが述べられている。楊儒がこのような提言を行った背景には、人材の登用を推薦に頼っている限り、せっかくの人材が任用されず、逆に声望だけで外交の素人が登用される弊害があり、それが外国人の中国軽視を招いているとの危機感があった(22)。

同様の提案は袁世凱も行っていた。袁世凱は一九〇一年四月二五日付の上奏の中で、イギリスの外交官制度を参考に、外政担当官が長期にわたり外交に従事できるよう、昇進制度の整備や総理衙門・在外公館間の人材の相互転官などを求めた(23)。

こうした提案は、在外公館の臨時的洋務機関としての性質を大きく改変するものである。しかし、当時はそれを時期尚早とみなすのが大方の姿勢であった。

ここで先に言及した一九〇二年四月の張・劉・袁による三者連名の上奏を再度取り上げたい。先行研究では、この上奏を袁世凱の上奏とみなし、その画期性や影響力を重視している。確かに、この上奏は前年四月のイギリスの外交官制度にならうべきとの袁世凱の主張と連続したものであり、この三者連名の上奏も袁世凱の提案を発端としている。しかし、実際には袁世凱の原案に対し、張之洞・劉坤一による改訂が加えられ、最終的には劉坤一によって上奏が行われていた。『張之洞全集』所収の電信よりその具体的な改訂内容を窺うことができるが、そこでは、在外公館と外務部との間での人材の相互転官を求めた袁世凱の提案に対し、張・劉は人材の異動を在外公館・外務部の間に限る必要はないとし、京外各官や遊学・留学経験者を上官より推薦させるとの文章が加えられていた[24]。先に見たように、外務部が受け入れたのは、実はこの改訂部分の提案だったのである。

張之洞と劉坤一による改訂は、広く人材を集めることを目指したためのものではある。だが、現在の在外公館員の中には任用に堪える人材が少ないという、彼らの在外公館員に対する評価の低さがそうした改訂の大きな要因としてある。一方、袁世凱の原案には、楊儒の意見と同様、在外公館員を実官とするとともに外務部と在外公館の間に人事異動を限定することで、外交官職の専業性を確保しようとの意図が含まれており、そうした意味で張・劉による改訂は、外交人材の登用を相変わらず洋務的なものに引き戻すものであった。外務部の回答に至っては言うまでもないだろう。つまり、袁世凱の原案が有していた革新的部分は、張・劉の改訂によって弱められ、外務部の回答に至っては、一顧だにされていなかったのである。

以上のように、外務部には総理衙門との連続面が多く、特に在外公館との関係においてそれは顕著であった。中央の総理衙門は外務部へと改組されたが、在外公館や外交人材の登用は以前のままであった。しかし、中国を取り巻く国際環境の変化は、こうした外交人材の登用や在外公館のあり方に変更を迫ることとなる。

三 日露戦争後の人事制度改革（一九〇六〜〇七年）

日露戦争の勃発と日本の勝利は、清末中国に強烈な衝撃を与え、自らの置かれた国際環境と改革の必要性への認識の深化は、立憲制採用の準備に端的に示されるように、清朝の政治制度に大転換を促した。外務部の人事制度改革もこうした時代状況の中で実施された。

一九〇六年から〇七年にかけての人事制度改革の要点は二つ、外務部に研修機関の「儲才館」が設置されたことと、公使以下の在外公館員が実官となったことである。先行研究はこの二つの措置の関連性について次のように理解する。儲才館で帰国留学生に外交官としての研修を実施し、研修を終えた彼らを外務部司員や在外公館員に充当した、つまり、外務部（中央）において外交人材の養成・登用が一元的に行われ、それにより公使の人事権は制限を受けるようになり、コネ人事の弊害が減って外交官の質が向上した、というものである。こうした理解は、この時期の改革の性格・意義を、改革前後における在外公館員の人的断絶と、中央から在外公館への管理・統制の実施、として捉えている。

しかし、こうした理解は上奏や章程の文字面から導き出されたものに過ぎず、改革前後の実態を検討した結果ではない。また、上奏や章程の分析にも不十分な点が見られる。筆者は、この改革が有した本当の意義とは、改革以前からの連続面に、また在外公館から中央への提言・人材の異動という側面にこそ求められるべきと考える。

以下、この時期の改革の経緯と改革後の人事の実態とを説明し、この改革の意義について明らかにする。

(1) 儲才館の設置と劉式訓の上奏

日露戦争後の国際環境の変化と外交人材の需要増大に対応するため、外務部は一九〇六年より人事制度の改革に着手した。まず、この年三月に外務部司員の採用方法を従来の京官の考試から「奏調」に、つまり候補・候選官を含む京外各官および帰国留学生の推薦を随時受け付けることに改めた。[25]帰国留学生を中心とする新式人材の登用は、科挙廃止や留学の推奨および取り締まりという当時の趨勢[26]に従うものだが、この時に外務部で改革が始まったのは、その直前の一九〇六年二月に唐紹儀が外務部右侍郎に任命されたことと無関係ではないだろう。留美幼童出身の唐紹儀が帰国留学生、特にアメリカ留学組の官界進出に重要な役割を果たしたことは様々な事例より知られている。また、『申報』は考試から奏調への改革は袁世凱の意見を取り入れたものだと報じている。[27]

これより以前、外務部では旧司員の再教育の必要性を感じ、法律など専門学科を教授する学堂の附設が考慮されていたようである。[28]そうした経緯もあってであろう、外務部に研修施設を設置し、各地より推薦されてくる帰国留学生たちにも試用期間としてそこで研修を受けさせることが計画された。そして、この計画の責任者に任じられたのが張元済であり、彼によってこの研修施設構想は「儲才館」として具体化された。「儲才館」の設置と以後の外交人材の登用について奏請した上奏文も、またそれと同時に上呈された章程二十五カ条も、ともに張元済によって起草されたものである。[29]そしてそれは、外交人材養成に対する張元済の理念を反映したものであった。

張元済は日清戦争後のいわゆる変法期に総理衙門章京を務めていた。その当時、通芸学堂を主宰し外国語を学んでいた張元済は、「その頃、総理衙門章京の中で、いささかでも欧文に通じたのは私だけだったのである」と述べ、総理衙門の腐敗ぶりと章京の無能さを回想している。[30]こうした経験を背景に、外交人材の養成計画の責任者となった張元済は、まず外国語のできない旧司員を全員地方に転出させ、帰国留学生と入れ替えようとした。[31]張元済にとって、外務部の状況は相変わらず「腐敗」したものだったからである。[32]この旧司員総入れ替えの計画は、旧司員たちの抵抗により、結局その四割は残留させることで調整されたが[33]、張元済の外交人事刷新に対する理想は、彼が起草した儲才館章程の内容にも認められる[34]。

章程では儲才館学員の資格として、①各国在外公館・各省洋務局の人員については、欧米留学経験のある者、もしくは外国語に精通し交渉に通じている者で、若年で精力旺盛な者、②欧・米・日の大学を卒業した帰国留学生に関しては、政治・法律・商務・理財を専攻した者、を挙げているが[35]、これは「治標之法」に属し[36]、「治本之法」として外務部より官費留学生を派遣すること[37]、その人選は儲才館提調（つまり張元済）が主管することとしている[38]。そして、外務部司員をはじめ、在外公館、地方洋務局の人員はすべてこの儲才館から派遣することとされた[39]。これまで現場の対応に委ねられてきた外交人材の養成・登用を、留学生の人選に始まり、養成から配属まですべて中央で一元的に管理しようという大胆な改革である。そして、その人選を主管するのはほかならぬ張元済自身であった。だが、唐紹儀との意見の相違から、張元済は章程の上呈後すぐに北京を離れてしまう[40]。しかし、儲才館の設置は既定のことであり、その学員の召致のため、各在外公館および地方督撫に管轄下の人材を調査・報告することが命じられた。そうした中、駐仏公使の劉式訓から外交専門官の設置を求める上奏が行われたのである。

劉式訓は西洋にならった外交官制度の確立のため、以下のような提案を行った。①公使：公使は外務部侍郎・丞参および在外公館の参賛の中から任命を請うこと、三年の任期を廃し、能力に応じて長期の在任を可能にすること、②在外公館員：実官とし、定員を設け昇進制度を定めること、外務部の重要ポストは在外公館の参賛・領事経験者を当てること、③「外交生」の設置：中学（中国の伝統的学術）を修め外国語にも通じた子弟を「外交生」として外務部で登録し、外交官の基礎とする。公使派遣の際に彼らを「随員学生」として帯同し、在外公館で研修を実施、研修期間終了後は外務部司員候補とし、他途への転向を禁じる。外務部司員も参賛・随員として派遣し、在外公館で研修を受けさせる[41]。

この上奏に対し、一九〇六年九月二四日に上諭が下り、この提案内容を検討して上奏することが外務部に命じられた[42]。次いで、外務部より公使以下の在外公館員を実官とすることなどが奏請され、それが一九〇七年一月二四日の上諭で裁可された[43]。

このように、劉式訓の上奏は、在外公館員を正規の官職とし、専門職としての外交官職が清朝の官制上に導入される上で、重要な転機をなすものであった。ではなぜこの時期に劉式訓はこのような上奏を行ったのだろうか。それを明確に記す史料はまだ発見できていないが、本国で進められていた儲才館の設置が影響を与えたと思われる。いま一度、張元済と劉式訓の提案を比較し、その関係を考えてみたい。

張元済が起草した上奏では、儲才館に優秀な人材を集め、そこから各機関に人員を配置することは計画されても、在外公館員の位置づけやその昇進制度、外務部との間の人材の相互転官などは全く考慮されていない。在外公館から優秀な人材を儲才館に送るよう命じているが、これは研修機関への派遣であって、同じ外交専門官の間における人事異動ではない。張元済にとって、現任の外務部司員も在外公館員も外交官に必要な学識に欠けた人物の集団であり、それを中央から派遣する留学生と入れ替えることが目的であった。しかし、在外公館も地方洋務局も臨時機関としての性格を改めない限り、中央からの派遣は「差委」、つまり臨時的なものに過ぎない。それでは、特定任務のため科挙官僚を中央から派遣していたこととあまり変わらないのではないだろうか。もちろん、科挙官僚と帰国留学生では修得してきた学問の内容は違う。しかし、張元済の中では専門職としての外交官職という意識は薄かっただろう。

一方、劉式訓の提案は、専門職としての外交官職を確立するための制度的裏付けを求めたものである。そして、劉式訓のほかにもこの時期に同様の提案を行った人物がいた。駐オーストリア公使の李経邁である。李経邁も一九〇六年秋に在外公館員の実官化、内外人事の相互転官、昇進制度、額外学習人員の設置など、外交専門職の制度化のための提案を外務部に対して行っている。そこでは、こうした提案を行う直接的な要因として、儲才館章程の第一八、一九、二〇条、つまり儲才館学員から外務部、在外公館、地方洋務局に人員を派遣するという規定に言及している。(44) 本国で進む儲才館計画に対し、在外公使たちの間では、外交官の専門職化のために真に必要なのは、むしろ在外公館員の実官化といった在外公館の位置づけの改革なのだ、という危機感が生じたのである。それが劉式訓の上奏を促したのであろう。

また、先行研究は儲才館と劉式訓の「外交生」を同列に扱うが、「外交生」は随員学生として在外公館での研修が義務化されており、これは西洋の外交官補の制度にならったものである。劉式訓は、外務部の主要ポストには参賛経験者を当てることや、外務部司員にも在外公館での研修を行わせるよう求めるなど、外交官の経歴として、在外公館での実務経験を重視している。つまり、張元済の人材養成の理念が「学問」を重視するものであるとすれば、劉式訓の理念は外交官としての「実践」や「技術」を重視するものであった。これは、両者の経歴の違いが大きく影響しているのだろう。張元済にすれば、在外公館はコネ人事の素人の集まりだったのだろうが、実際には在外公館は外交人材の養成において一定の役割を果たしていた。劉式訓こそそうして養成された外交官の一人である。そして、この時期の改革が持った意義を考えるとき、重要な役割を果たしたのは儲才館ではなく在外公館であった。

(2) 改革後の実態

一九〇六年初めに外務部司員の採用方法の変更から始まった外交人事制度の改革は、儲才館の設置、劉式訓の上奏を経て、在外公館員の実官化にまで至った。外交官職は一定の任用方法によって採用されるべき正規の官職となったわけだが、この新しい官制のもとで行われた人事の実態はどのようなものだったのか。以下、外務部と在外公館のその後の状況を説明する。

外務部では、一九〇七年に袁世凱が尚書に就任すると、大胆な人事の刷新が行われた。その際、新たな人材の登用には二通りの形態が見られた。

まず一つ目の形態は、第二節ですでに触れたように、丞・参議に新式人材が起用されたことである。しかもその大半は、外務部司員からの昇進ではなく、留美幼童や同文館出身で、それまで洋務機関あるいは在外公館で実務に携わってきたものたちを、外務部の上層部にいきなり抜擢するものであった。留美幼童についていえば、朱宝奎、梁如浩、梁敦彦、劉玉麟であり、同文館出身についていえば、楊枢、周自斉である。このほか唐紹儀とともにチベット問題に関して対英交渉に当たった張蔭棠や、アメリカ留学から帰国後、国内で洋務に従事していた施肇基も挙げることができる。彼らの多くは唐紹儀と関係があり、またその丞・参議の在任期間は短く、彼らが入れ替わり立ち替わりに任命されているのが大きな特徴である。

王立誠が「正規の官僚制度と私的庇護体系の結合」と評するように、この時期の人事刷新には、唐紹儀を中心とするアメリカ留学経験者らの私的な人間関係を利用した人材の抜擢、という性格が強い(45)。特に朱宝奎や梁如浩は一旦外務部に召致されたのち、それぞれ郵電部左侍郎と奉天左参賛に転じており、いずれのポストも唐紹儀との関係は明らかである。

ただ、この時期の丞・参議の在任期間が短いのには別の理由もある。楊枢や張蔭棠、劉玉麟、施肇基の場合は、丞・参議の身分をもって在外公使を拝命したゆえの異動であった。丞・参議は「出使大臣之選に備える」という一九〇一年の章程の規定が、ここに来てようやく制度として定着したのである。外務部官制との一体化は、「差使」であった公使の官職が正式の官となったことの具体的な表れであり、公使の地位の上昇を示すものである。さらに重要なのは、洋務機関で実務を担ってきた人材にこの丞・参議の身分を与え、その上で公使として派遣していたことである。つまり、この時期の丞・参議の官位は、侍郎への昇進階梯としての機能だけでなく、実務家の社会的地位を上昇させるための肩書きとしての機能も果たしていたのである。[46] この時期の丞・参議は人数が多く、個々の在任期間が短くなっているのはこのためである。そして、そのような丞・参議の任命形態は、外交や外交官の制度化が、体制外的・臨時的な「洋務」が正規の官制の中に定置される形で進んだことを示している。

外務部人事刷新の二つ目の形態は、帰国留学生の外務部司員への採用である。

先行研究では、彼らの多くは一九〇七年四月に開館した儲才館で研修を受け、外務部司員に採用されたとしてきた。[47] 確かに、儲才館の設立当初は、張元済の言うところの「治標之法」として、在外公館員や留学経験者から人材を呼び寄せており、この中からは民国期に外交官となるものが現れている。[48]

まず帰国留学生としては、民国期に朝鮮総領事となる富士英（日本留学）や、駐日公使館の秘書や駐横浜総領事等を歴任する王鴻年（日本留学）らが含まれている。それと同時に、在外公館での勤務経験を有する儲才館学員も多い。たとえば民国期に駐レニングラード総領事や駐ハバロフスク総領事を務める傅仰賢は、京師同文館出身のロシア語学生で、胡惟徳公使のもとで駐露公使館使署学生となり、その後随員に昇格、外務部翻訳官を経て、儲才館に調せられたのである。また、駐バンクーバー領事や駐ニュージーランド領事となる林軾垣は、天津水師学堂を卒業後、張徳彝のもと駐英公使館の使署学生であった。興味深いのは、欧米の在外公館からは儲才館に学員が推薦されているが、日本留学生の場合は帰国後、遊学畢業生試験で法政科の資格を取得したことが儲才館に調せられる背景となっている点である。

このように、確かに儲才館は留学経験者らの登用に一定の役割を果たしたと言えるが、在外公館員からの推薦も多い。では儲才館の本来の機能である「治本之法」はどうなったのだろうか。

実は、儲才館は一九〇九年春には閉館されており、帰国留学生の登用は、遊学畢業生試験の定着に伴い、その合格者、つまり法政科の進士や挙人から外務部に配属させる形で行われていたのである。

『大清搢紳全書』などの史料から筆者が確認する限り、その数は一〇〇名余りに上る。だが、この遊学畢業生試験の定着に伴い大量に外務部に配属された帰国留学生のその後はといえば、一九一二年の外交部設立時に外交総長となった陸徴祥のもと、外交部に集められた人員のリスト[49]を見るに、そうした帰国留学生で外交部に残されたものは一〇名程度に過ぎず、その一方で陸徴祥は在外公館から多くの人員を呼び寄せていたことが分かる。この点については後に改めて述べる。

大量採用の法政科の進士・挙人に話を戻すと、その後の経歴が詳らかでない者も多いが、外務部での勤務の後、民国でも引き続き外交部に奉職している者の場合、在外公館への派遣は少なく、主に本国において外務官僚としてのキャリアを積んでいる。また、外交官よりも司法関係など法律の知識を活かせる別の職業に従事する例がまま見られ、特に帰国留学生の大多数を占めていた日本留学組にはそうした傾向が強かったと推測される。筆者は先に、帰国留学生の登用を柱とする張元済の儲才館計画を科挙制度下の人材登用になぞらえたが、「新たな科挙」と評される遊学畢業生試験にその役割を譲っていたことからも、また、外務部に配属された法政科進士・挙人のその後の経歴からも、儲才館計画の有するそうした性格——あるいは限界と言うべきか——が窺われよう。それは、劉式訓の提案した「外交生」の代わりとなるものではなかったのである。

次に在外公館での人事改革の実施状況について見ていこう。

前章で明らかにしたように、在外公館は一九〇六年以前よりすでに外交人材を養成する機能を果たしていた。だが、それと同時に候補官の収容機関としての性格も有しており、雑多な人員によって構成されていた。このため、外務部は在外公館員の実官化に際し、各国に駐在する公使にその管轄下の館員の勤務評価を行わせ、その結果に基づいて人員の整理を行わせた。つまり、外交官としての適性を外国語や政治・法律などの専門学科の修得を基準として評価させ、合格者は外務部で履歴を確認の上、各官職に採用することとし、基準を満たさないものの有能な者に対しては、その試用を認めた。[50] 以後、在外公館員には一定の試用期間が設けられ、監督者の公使より適任と認められた後、正式にその官職に就くこととなった。[51]

このような措置により、保挙めあての外交の素人は淘汰され、在外公館員の能力水準が向上したことは疑いない。だが、ここで重要なのは、そうした改革による変容面だけでなく、改革以前からの連続面である。

一八七六年から一九一一年までの間に在外公館に勤務した八〇〇名以上の経歴を調査した結果、一九〇七年以降の在外公館員の中にはそれ以前から在外公館において翻訳官や学生などとして外交官のキャリアを開始していたものが多く含まれることが確認された。そして、そうした外交官の多くは陸徵祥、劉式訓、胡惟徳らのもとで一九〇六〜〇七年の改革以前から在外公館において実務経験を積んでいたこと、さらにその一部は民国期の外交官となったことが明らかとなった。以下にいくつかの具体例を挙げてみよう。[52]

民国期に駐オランダ公使や駐イタリア公使を務めた唐在復と駐スウェーデン公使を務めた戴陳森は、広方言館から京師同文館を経て、一八九九年総理衙門より駐仏公使館に派遣された学生である。一九〇三年、彼らは当時の駐仏公使・孫宝琦によりパリの政治学院に入学させられ、[53] 一九〇五年に政治学院を卒業すると駐仏公使館の随員となった。孫宝琦の後任として駐仏公使となった劉式訓の信任を得た彼らは、翻訳官から参賛に昇進し、[54] 民国の外交官となったのである。

駐露公使館では対ロシア専門家が養成されていた。たとえば、蘇州省城大学堂の法文学生であった鄭延禧は、一九〇二年に駐露公使となった胡惟徳によりロシアに呼ばれた。胡惟徳は彼を一年間フランスに留学させた後、駐露公使館に呼び戻し、翻訳官に当てた。[55] 鄭延禧は駐露公使館でキャリアを積み、民国成立後も同館での勤務を続けた。のち国民政府外交部の亜洲司科長や駐黒河総領事を務めている。

清末に駐オランダ公使となり、民国でも駐露公使となった劉鏡人は、広方言館から京師同文館を経て、一八九四年に駐英・仏・伊・白公使の龔照瑗に随行して出洋した。一八九七年に駐露・独・墺・蘭公使の許景澄の召請を受け、シベリア鉄道問題のためロシアとの交渉に当たるようになる。一九〇五年に胡惟徳によって駐露公使館二等参賛に当てられた[56]。一九〇八年に帰国し哈爾濱道となるが、胡惟徳の推薦を受け公使候補となり、一九一一年に駐オランダ公使に任じられた。

また、民国期に駐メキシコ公使となった岳昭燏は、ロシアに私費留学中の一八九七年に許景澄によって駐露公使館の使署学生に当てられ、仏文翻訳官となった。一九〇二年にシベリア鉄道経由で帰国、端方のもとで通訳を務め、政治考察大臣の三等参賛としてヨーロッパに滞在中の一九〇六年、駐オランダ公使の陸徴祥により駐オランダ公使館に留め置かれ、万国赤十字会議などの国際会議に随行している[57]。

彼らの経歴からは、一九世紀末より在外公館では私費留学生を公使館に迎えたり、あるいは外国語学生を西洋の学校に入れるなどして、単なる「翻訳学生」とは違う「使署学生」として外交人材を養成していたこと、そして、二〇世紀初めに同文館出身の翻訳官から公使となった陸・劉・胡らが、こうした人材を在外公館に召致していたことが分かる。さらに、民国外交部の初代外交総長となった陸徴祥のもとで、民国初年に様々な外交制度改革が実施されたが[58]、陸・劉・胡らのもと在外公館に勤務していた人材の多くがそのまま外交界で活動していたのである。

前述したように、外交部設立にあたり、多くの在外公館員が外交部に呼び寄せられたが、民国初期の外交部の上層部は、その多くが陸徴祥らのもとにいた在外公館員で占められていた。これは、外交官の内部において人間関係が重要な意味を持っていたこと、つまりこれも正規の制度と私的人間関係との結合と言えるかもしれない。しかし、同時にこれは、外交部の重要ポストには在外公館での豊富な実務経験を有するものが充当されるべきだという、陸徴祥らの外交官としての信念の表れでもあるだろう。

このように在外公館に視点を置いてみれば、一九世紀末以来の連続性を確認することができる。在外公館においては、外交の現場の現実的な対応として外交人材の養成が進められていた。しかし、それは制度化されたものではなく、在外公館自体が体制外的・臨時的「洋務」機関であり、外交人材の経歴もそうした「洋務」人材としての性格を示している。それが、劉式訓の上奏を発端として在外公館員の実官化が達成され、正規の官制に位置づけられたことで、外交人材の専業化に制度的裏付けが与えられたのである。

従来の研究では、外務部期の制度改革を考察するにあたり、専門化・中央集権化という指標に基づき、儲才館による帰国留学生の登用と外務部による在外公館の人事面での管理を重視してきた。だが、留学生の登用という点でいえば、先に見たように、すでに在外公館では「使署学生」という形でこれを実施していたのである。

多くの外交官を生み出したアメリカ留学生についても、前章で言及したように、駐米公使館と留学生との関係は一八八〇年代の留美幼童出身者の採用にまで遡ることができる。特に一八九三年に第五代駐米公使となった楊儒には留美幼童出身である鍾文耀や蘇鋭釗、そして留学を目的とする施肇基が随行していた。楊儒は駐露公使に転任した際にも蘇鋭釗と施肇基をロシアに呼び寄せているように、彼らを重視していた。このように若い外交人材の養成に熱心であった楊儒であれば、彼が専門的外交官の養成を上奏したのも当然であろう。施肇基は「使署学生」の先駆けだった。さらに一九〇三年に駐米公使として赴任した梁誠のもと、増え始めたアメリカ留学生の組織化が行われている。(59) 在外公館による留学生の管理と登用が進んだ背景には、留学生の間への革命勢力の浸透を防止するためという当時の状況も大きく影響しているだろうが、在外公館を紐帯とした人材の登用が行われていたこともまた疑いのない事実なのである。そもそも民国を代表する外交官である顔恵慶や顧維鈞にしても、その外交界への登場には、在外公館との関係を無視することはできない。顔恵慶は駐米公使館での働きが認められ、その時の同僚で、一足先に袁世凱によって外務部に召致されていた周自斉の推薦で外務部に迎えられたが、このことが後の活躍の契機となった[60]。また周知の通り顧維鈞は、アメリカ留学中の一九〇八年にワシントンの清国公使館で特使としてやってきた唐紹儀に認められ、外交の世界に入ることとなった[61]。

一九〇六年から〇七年の改革は、こうした在外公館の機能を基礎とした上で実施されたものであり、中央からの統制という方向よりも、むしろ体制外的機関が正規の官制上に位置づけられたという方向から評価する必要がある。ただし、ここで明らかとなった在外公館の外交人材養成の機能や人的連続性は、ヨーロッパとアメリカの在外公館には顕著であるが、駐日公使館ではそれほど顕著には認められない[62]。留日学生の場合、むしろ帰国後に法政科進士・挙人（特に後者）として外務部に採用されるパターンが多く見られた。このようにヨーロッパ、アメリカ、日本の各地域では、人材養成において異なった様態を見せていたのである。

小結

太平天国以降、「洋務」をはじめとする社会の変化に対応したのは、幕友制度のような体制外制度と「局」「所」などの臨時的機関であり、こうした部分の存在を基礎として二〇世紀初頭の光緒新政やそれ以降の制度改革、あるいは中央と地方、国家と社会の関係性を考えなければならない。そしてそれは、「洋務」の一部として始まった外交についても同じである。外務部の人事制度改革は、在外公館が有していた性格・機能を基礎として実施され、またそれゆえに「洋務」機関に伴う弊害・限界もこの新しい外交官制度に引き継がれることとなった。一連の改革を通じて外交官たちの能力水準は向上しただろうが、外交官の登用や昇進は公使の評価に基づいていたことから、外交官たちの間で同郷関係や同窓関係といった人間関係が大きな作用を持ったと思われる。

だが、そうした「洋務」機関的背景は、良くも悪くも清末から民国の過渡的な外交制度を成り立たせたのではないだろうか。外交官たちの多くは、同文館のような外国語学校やミッションスクールに入り、早くから外国語や西洋の学問・文化に触れ、欧米留学や在外公館での勤務など、共通した教育背景や経験を有しており、それに基づいた人間関係が形成されていた。そうした外交官内部の人間関係こそが、比較的同質な外交官集団の形成を促したのである。外交官試験のような制度の確立が難しい政治状況にあっては、「洋務」機関的背景を持つこの半公半私的な人事こそが、その代わりとしての機能を果たしたのだろう。

外務部の成立とその人事制度改革は、中国に近代的外交制度が確立する上で一つの転機をなすものとして注目され、それ以前との断絶性が強調されてきた。これに対し本章では、外政機関の地方洋務機関との共通性・類似性に着目し、時代の変化に応じて拡大したこのような体制外制度が、正規の官制へと変貌し、近代的行政機構の一環として定置されていく過程として、この人事制度改革を捉え直した。そのような視点に立ったことで、この人事制度改革において在外公館が果たした重要な役割と、一九世紀以来の中国外交の制度的、また人的連続性とが明らかになった。

では、本章で明らかにした在外公館の位置づけや、それを通じて見えてきた連続性は、近代中国外交史の研究にどのような新たな視点を提示することができるのだろうか。

外務部期を対象とした研究はまだ緒に就いたばかりであり、その研究成果も外務部の組織・制度面に集中してきた。それに対し近年、清末から民国期までの外交を通時的に捉える中で外務部期の位置づけを問う試みがなされている。それはたとえば、清末から民国の外交を、「修約外交」という観点やハーグ平和会議のような国際会議への関与から通時的に捉えるもの(63)であり、また外務部期から民国初期の外交官たちの活動を、「文明国化」という彼らの目標に焦点を当て、その共通性・連続性を描くものである。(64)これらの研究では、中国の西洋国際社会への参入過程において陸徴祥ら外交官たちが果たした役割と、その活動の背景をなす彼らの国際情勢および中国の国際的地位に対する理解とが考察の中心となっている。

第II部で述べたように、西洋国際関係およびその外交制度の受容という点で、在外公館は一九世紀以来、重要な役割を果たしてきた。特に薛福成は国際法を積極的に利用した外交を展開し、西洋国際社会における清朝の地位の向上を目指した。彼のこうした外交活動の背景には、英露対立という世界情勢および清朝がその国際社会で占める立場に対する深い認識があった。そして、この薛福成のもとには胡惟徳・呉宗濂・銭恂という外務部期の在外公使が、翻訳官や随員として活動していた。一九世紀の外交や国際組織の中心はヨーロッパであり、本章で明らかにした在外公館員の人的連続性も、特にヨーロッパ駐在の在外公館員たちの間に顕著であった。ではこのヨーロッパ駐在の在外公館員における人的連続性は、彼らの外交観や国際認識の面での連続性にもつながったのだろうか。

また、日清戦争、義和団事件、そして日露戦争という衝撃は、彼らの外交観・国際認識にどのような影響を与えたのだろうか。特に日露戦争とその後の国際情勢の変化は、陸徴祥、劉式訓、胡惟徳らが外交官として頭角を現す契機となっており、また本章で検討した制度改革の背景でもある。民国外交部の基礎を築くこととなる彼ら外交官たちは、日露戦争後の国際情勢をどのように認識し、いかなる対応を採ったのか。

さらに、日露戦争後の国際社会と在外公館との関係を考えるとき、外交人材の養成・登用方法において、ヨーロッパ、アメリカ、日本ではそれぞれ異なった様式が形成されていたことは興味深い。日露戦争の前後において、中国をめぐる国際環境も国際社会の構図も大きく変容した。アメリカと日本の台頭である。日露戦争後の改革を通じて形成された中国外交官の制度的、人事的特徴が、中国の対ヨーロッパ、対アメリカ、対日本それぞれの外交関係とどのような関係を有するのだろうか。これらの問題については、次章で検討することとする。

第8章 「外交官」たちの国際認識

はじめに

前章では、外務部期の人事制度改革によって「外交官」が登場する過程を再検討し、外交人材の養成・登用において在外公館が果たした役割を明らかにした。この在外公館を中心として養成された外交人材が、中華民国期に活躍する外交官へとつながっていたのである。では、そのような外務部期から中華民国期の外交官の人的連続性は、中国外交の政策面にどのような影響を与えたのだろうか。

外務部期、特に日露戦争後の中国外交を民国期のそれとの連続性で考えるとき、注目されてきたのが、一九〇七年に開催された第二回ハーグ平和会議の中国外交官たちに与えた影響である。第二回ハーグ平和会議に清朝代表として参加したのは、中華民国初代外交総長となる陸徴祥その人であり、彼はハーグ平和会議への参加を通じ、中国の置かれている国際的地位への危機感を強め、国際社会への積極的な参与の必要性を痛感した。先行研究は、そうした第二回ハーグ平和会議での中国外交官の経験と認識を、民国期の国際会議や国際連盟における積極的な中国外交につながるものとして評価している[1]。

このように第二回ハーグ平和会議は中国外交官の国際認識に重大な影響を与えるものであったが、特に中国外交官たちをして危機感を募らせたのが、仲裁裁判所に派遣される清国裁判官の任期が三等国扱いとされたことである。仲裁裁判所国際事務局に対し、大国として一等国並みの会費負担をしてきた清朝だが、司法制度の未整備を理由に、三等国に列せられたのである。このため、陸徵祥と清朝在外公使たちは連名で司法制度改革を求める上奏を行わんと、外務部に電信を送り、その代奏を要請した。この電信の中で公使たちは、司法制度改革を立憲制導入の基礎とみなし、「世界各国の憲政の公理に合致する努力をすべき」であり、それによってこそ「列強と並立しうる」と強調している[2]。当時、中国本国で大論争の的となっていた立憲制導入と中国の国際的地位の問題とが、彼らの中でいかに結び付いていたかがよく分かる。

この電信に名を列ねたのは、駐独公使の孫宝琦、ハーグ平和会議代表の陸徵祥、駐露公使の胡惟徳、駐仏公使の劉式訓、駐ベルギー公使の李盛鐸、それに陸の代わりに駐蘭公使を務めていた銭恂である。この電信が外務部宛に発信された一九〇七年九月二一日当時、各国に駐在していた清国公使は全部で八人、そのうちヨーロッパに駐在していた五人と陸徵祥がこの司法改革の奏請に参与したわけだが、この六人は相互に密接な関係を有しており、特に進士出身の李盛鐸を別とした残りの五人は、上司と部下あるいは同僚として、ともに在外公館で活動してきた仲であった。

陸徵祥、劉式訓、胡惟徳はともに上海広方言館および京師同文館で学んだ翻訳官出身の外交官である。また、孫宝琦、胡惟徳、銭恂は同じ浙江省出身で、早くから親しく交際している。特に胡惟徳と銭恂はともに薛福成の幕下で洋務にあたっており、彼らは薛福成のヨーロッパ赴任にも同行している。一九〇二年に胡惟徳が駐露公使となると、銭恂を駐露公使館の参賛としてロシアに呼び寄せている[3]。銭恂が駐露公使館に勤務するのは、一八九一～九三年の時とこの時の二度だが、いずれの時も陸徴祥と同僚となっている。また、陸が駐蘭公使となった際には、ハーグ平和会議参加の事務を助ける人員として、銭恂を駐蘭公使館の参賛として呼び寄せている[4]。陸徴祥がハーグ平和会議の代表の任に専従していた間は、銭恂が駐蘭公使を拝命し、この二人はともにハーグ平和会議に出席している。このほか、孫宝琦が駐仏公使であった際、その参賛を務めていたのが劉式訓であり、彼を公使候補に推薦したのも孫宝琦である。このように、この五人が一九〇七年のこの時にともにヨーロッパに駐在していたのは、決して偶然ではなかった。

また、同様の密接な関係を有する外交官として、一九〇七年当時は孫宝琦のもとで参賛を務めており、一九〇九年に駐伊公使となる呉宗濂をここに加えることができる。呉宗濂も広方言館および京師同文館を卒業した翻訳官出身の外交官で、薛福成および孫宝琦のもと駐仏公使館に勤務した経験を有す。彼を公使候補に推薦したのも、やはり孫宝琦であった。

前章で在外公館を紐帯として民国外交部につながる外交官集団が形成される過程を明らかにしたが、この五人の公使たちの密接な関係こそ、一九世紀後半以来、在外公館において形成されたものであり、また彼らを中心として民国外交部につながる外交官集団が形成されていた。

本章では、ヨーロッパに集っていたこの一群の清国公使たちを取り上げ、一九世紀末以来、ヨーロッパの清国在外公館において、日清戦争・義和団事件・日露戦争という衝撃を受けながら、彼らの中でいかなる国際認識や外交思想が形成されていたのかを検討することとする。

まず第一節と第二節では、薛福成のもとにいた銭恂と呉宗濂が日清戦争前後の時期に著した外交意見書を検討する。薛福成の外交は一八八〇年代以来の在外公館で起こっていた対外意識の転換という動きを集大成するものであり、また彼によって外政機関としての在外公館の重要性が明確化された。そのもとにあった経世家知識人の銭恂と翻訳官の呉宗濂という立場を異にする人物が、在外公館においていかなる国際認識や外交思想を有していたのか、そしてそれが日清戦争や義和団事件を経る中で、どのように展開したのかを明らかにする。

第三節では、在欧公使たちの中心的存在である孫宝琦の国際認識と、彼によって、陸徴祥や呉宗濂ら在外公館で養成されてきた翻訳官出身の外交人材が日露戦争後に台頭する契機が与えられた過程を明らかにする。

第四節・第五節では、日露戦争後の中国を取り巻く国際情勢に対する在欧公使たちの認識を検討する。その際、民国の外交官とはならなかった銭恂と他の公使たちの認識を比較することで、かつてともに在外公館員の中心を占めた経世家知識人と翻訳官の分岐と、後者から誕生し、民国外交部の基礎を築くことになる中国外交官の国際認識の特徴を明らかにしたい。

一　英露対立と清朝――銭恂の対外関係研究

銭恂は、いわゆる「経世」のために「洋務」の必要性を意識し、積極的に自身の意見を公にした知識人の一人である。

銭恂は寧紹台道であった薛福成の門下に入り、洋務を担当した。すでに先行研究の指摘するところだが、この時期の薛福成の幕下には、銭恂と同様の「経世」思想を抱く同志が集い、対外関係について研究するとともに、彼ら自身の対外方針を積極的に世に問うていた(5)。銭恂は江蘇無錫の楊楷、江蘇江寧の李圭とともに中国近代の貿易史に関心を有し、その研究成果として『通商表』を公刊している(6)。また楊楷は、曾紀澤によるロシアとのイリ問題の交渉経緯を記録した『金軺籌筆』を、同志と資金を募って一八八七年に刊行したが、これは『榣秀山房叢書』に収められた『金軺籌筆』を銭恂が買い求めてきて楊楷に見せたことがきっかけであった。[7]

『通商表』にせよ『金軺籌筆』にせよ、その刊行によって彼らが主張せんとしたのは「聯俄惎英」という対外方針であった。つまり、中国の対外貿易において最も大きな比重を占めるのはイギリスだが、この対英貿易は常に中国の出超で、これが中国の貧困の原因であるとの認識のもと、その対応策として、イギリスと対立するロシアと結び、中国の富強を図るべきとの考えである。[8] 経済の中心地である江浙の知識人として、銭恂らの関心が貿易の現状に向けられたのも自然なことであり、そうなればイギリスこそ彼らにとって差し迫った脅威と映ったのである。

世界規模の英露対立は、清朝をめぐる国際状況を規定する重要要素であった。特に露仏間の接近がついに同盟成立にまで至った一八九〇年代前半には、露・仏と英の緩衝役として清朝の存在が重視された。薛福成がこうした国際情勢と清朝の立場を利用して英外務省から譲歩を引き出し、清朝の国際的地位を高めようとしたことは先に見た通りである。この薛福成の滇緬界務交渉と並行して進められ、滇緬界務交渉にも影響を与えていたのが、パミールをめぐる清・英・露の国境交渉である。[9] そして、この交渉に関わり、清朝側の対露交渉方針として独自の国境案を作成したのが、ほかならぬ銭恂であった。

銭恂は薛福成の随員として一八九〇年に欧州に赴任すると、翌一八九一年に駐露・独・墺・蘭公使を務めていた許景澄の招聘を受け、独・露両国の清国公使館に異動した。[10] ちなみに、許景澄と銭恂は同郷人である。

一八九二年夏にロシアはパミールに大規模な派兵を行い、その兵は一時清朝が実質的に管理する「華界」間近のアクタシ地域にまで至った（第5章地図2を参照）。このため、一八九二年一一月からロシアと清朝の間で、国境画定交渉が行われることとなった。この地域の国境については、一八八四年の清露カシュガル協定が、ウズベリ山以北までの両国国境線を画定していたが、ウズベリ山以南の、つまり今回ロシア兵が侵出したアクタシなどの地域についてては、国境は不明確なままであった。カシュガル協定の第三条は、ウズベリ山以南について、わずかに両国の領域を漠然とした方角によって示すばかりであった。つまり、ウズベリ山以南の両国国境線について、ロシア側の国境線は、ウズベリ山より西南に向かい、清朝側の国境線は南に向かう、というものである。(11) このため、ロシア側はウズベリ山から分水嶺に従い、まず東に向かい、それから南に向かう国境線を主張した。(12)

一方、総理衙門の指示を受け、清朝側の交渉担当者となった許景澄がロシア側に提示したのは、ウズベリ山から真南に国境線を引いてヴィクトリア湖にまで至る国境線であった。一八八四年のカシュガル協定の漢文訳では、ウズベリ山以南について「中国界線は一直に南に往く」となっており、これを根拠にしたのである。(13) この国境線によれば、アクタシなどはすべて清朝領となる。ただし、このカシュガル協定は満洲語版とロシア語版を正文テキストとしており、満洲語版とロシア語版には「一直に」に相当する表現はなく、ただ「南に向かう」と規定するだけであることが、ロシア側より許景澄に指摘された。(14)

こうした中、銭恂はヴィクトリア湖に至る国境線を主張すべく、独自の国境案を作成し、許景澄に提示した。それが銭恂の「帕弥爾分界私議」である。

銭恂は、パミールのような複雑な地形の地域を、経線に沿って南にまっすぐ国境線を引くのは無理があり、ロシアが主張するように分水嶺を基準とすることを合理的とする。ただし、彼はウズベリ山からヴィクトリア湖に至る国境線を放棄したわけではなく、この地域の地形を西洋で出版されている地図を参照して調べ上げ、あくまでウズベリ山からヴィクトリア湖までつながるように、都合のよい分水嶺を選び、これを線で結んだのである。(15) 許景澄も銭恂によるパミールの地理研究を高く評価し、一八九三年初めに総理衙門に対し、「銭恂が任期終了により帰国する機会を使って、彼に総理衙門にてパミールの地勢を直接報告させるか、あるいは大臣らの諮問に控えさせれば、辺境の情勢を研究する助けとなるでしょう」と提案している。(16)

清朝側がヴィクトリア湖までの領土を主張するかどうかは、英露関係にも大きく関わっていた。ロシアのインドへの侵入路を塞ぐという点で、それはイギリスの利益にも合致するものだったからである。実際、一八九三年初めの時期、李鴻章もヴィクトリア湖までの領土要求を主張していることが英国駐天津領事を通じて英外務省に伝えられるや、[17]英外務省は、李鴻章の対露積極姿勢を歓迎し、これを支持する方針をとった。[18]

一八九三年初めといえば、第5章で確認したように、英外務省は薛福成との間で雲南・ビルマ間の国境画定をめぐる交渉を続けていたが、その最中にインド政庁が中国西南辺境地域への派兵を繰り返していたことに対し、パミール問題での清朝の協力を必要と考えるローズベリ外相が、インド総督に軍事行動を慎むよう要請した時期に当たる。[19]つまり、清朝側がヴィクトリア湖までの領土を対露交渉で主張し、英領インドにとって死活的な重要性を有する地域に興味を示すことは、英露間の緩衝役としての役目を果たそうとの意思をイギリスに示すことであり、それが薛福成の滇緬界務交渉にも有利に働いたのである。ヴィクトリア湖までの領土主張は、ロシアと「華界」の間に緩衝地帯を残そうという意図と同時に、英露対立の中で清朝がイギリスの協力を得て有利な立場に立つためのアピールの側面も有していたと言えよう。銭恂の「帕弥爾分界私議」もまた、そうした主張を含んだものであった。それをよく示しているのが、「帕弥爾分界私議」に対する陳春瀛の感想である。

陳春瀛は福建長楽の人で光緒十五年（一八八九）の進士、薛福成の後任として駐英・仏・白・伊公使となった龔照瑗の随員で、一八九四年にヨーロッパに赴任した。なお、一八九三年にいったん帰国した銭恂も、許景澄や翁同龢の推薦によって龔照瑗の随員のポストを得、再びヨーロッパに赴任していた。[20]銭恂は、同僚となった陳春瀛に自らの著作である『光緒通商綜覈表』と「帕弥爾分界私議」を含む『中俄界約斠注』を渡したのである。

陳春瀛は、ロンドン到着後すぐに続議滇緬界務商務条約の批准書を中国本国に持ち帰る任務を与えられ、中国にとんぼ返りすることになった。彼は、ロンドンからの帰国途次に記した日記を『回颿日記』と題して一八九六年初めに出版しているが、その一八九四年九月三〇日の日記では銭恂の「帕弥爾分界私議」に言及し、パミールの国境画定に対して、おおよそ以下のような感想を述べている。つまり、パミールの地を得たところで、これを保持することは難しく、かといって国境を画定した以上は、従来のようにこの地を棄て置くことはできず、「棄」「守」のいずれも困難がある。だが、そもそもロシアがパミールに侵出するのは、インドを目指してのものであって、新疆を狙ってのものではない。イギリスが我々を支援するのも、我々をしてインドをロシアから守るための障壁とせんがためである。我々の目前の得失を考えるに、イギリスこそ今後の内憂である。この機会を利用してイギリスを動かして調停をさせ、ロシアに全パミール地域を緩衝地帯と認めさせることができたら、我々は「棄」をして「守」とすることができる。いまの世界の大勢は、英露が対立し、いずれも中国を利用しようとしているが、中国が逆にこの情勢を利用して保全することができたなら、両国をつなぎとめてこれを制御する方法もないわけではないだろう。パミールはそのよい例だ、と。(21)

ここからは、陳春瀛が清朝にとっての脅威はロシアのパミール侵出ではなくむしろイギリスであるとみなしていることが分かる。では、イギリスのもたらす「今後の内憂」とは具体的には何か。陳春瀛が翌初三日の日記に、同じく銭恂の著作である『光緒通商綜覈表』の一部を引用していることから、それは対英貿易の出超による富の海外流出を指すものと思われる。(22)陳春瀛もまた、銭恂の「帕弥爾分界私議」や『光緒通商綜覈表』を通じ、これらの著作を貫く「聯俄惎英」の主張を理解し、その方針に賛同しているのである。

「帕弥爾分界私議」に示される領土主張は、英露対立を利用するためにも必要であった。そしてそうした交渉戦術の背景にある情勢認識は、李鴻章のような外政担当者も共有するところであり、また陳春瀛のような知識人にも共感をもって受け取られていた。さらに、薛福成の滇緬界務交渉における成果に見られるように、実際の外交交渉においても一定の効果を生んでいた。

だが、日清戦争によって英露と清朝の関係性は大きく変化する。周知のように、清朝の求めに応じて日本に遼東半島を返還させたのは、露・仏・独の三国であり、日清戦争以前にはロシアの南下防止のために清朝が朝鮮をその勢力下に置くことを望んでいたはずのイギリスではなかった(23)。このため、日清戦争後の中国は、露清秘密同盟条約や東清鉄道協定の締結に見られるように、ロシアへの依存を強めていく(24)。一方、パミール方面についても、イギリスはロシアとの直接交渉で国境を画定し、清朝の代わりにアフガンを両者の緩衝役とした。つまり、日清戦争後の清朝は、英露対立の緩衝役として重視される外交主体ではなく、むしろ列強が相互の均衡を保つために利権を奪い合う対象へとその立場を変えたのである。特に一八九七年末のドイツの山東侵出以降、列強による利権獲得競争は先鋭化し、列強の勢力圏設定による中国分割が現実のものとなるに至る。

では、このように英露と清朝の関係性が大きく変化する中、銭恂はどこでどのような活動を行っていたのだろうか。

日清戦争時はヨーロッパに駐在していた銭恂は、一八九五年初めに湖広総督・張之洞の招聘を受けて帰国し、自強学堂や武備学堂の提調として湖北の学堂行政を担当するなど、張之洞の幕下で洋務活動に従事していた(25)。

銭恂が活動する長江流域にも、日清戦争後の中国を取り巻く列強間の勢力関係の変化の影響が及んでいた。ここで重要なのは、長江流域への日本の進出である。日清戦争以前にあっては、日本は長江流域での通商から締め出されていたが、下関条約によって沙市・重慶・蘇州・杭州を日本に対して開放させ、この地域へ進出する基盤を獲得していた。さらに一八九七年末からの西洋列強による中国での勢力圏設定に危機感を抱いた日本では、長江流域を管轄する劉坤一や張之洞へ接近し始める。一八九七年末には陸軍大佐の神尾光臣と大尉の宇都宮太郎が湖北を訪れ、張之洞に日・英と結んで露・独に対抗する策を説き、また日清提携の具体的な手段として、中国人学生を日本の陸軍学校に留学させることを提案した(26)。神尾らを応対し、また湖北から派遣される留学生の監督官として日本に派遣されたのが、ほかならぬ銭恂であった(27)。銭恂は留学生事業だけでなく、日本からの軍事顧問派遣や湖北に設立する製造工場への資金貸与など、張之洞と日本との提携事業の交渉を担当し、張之洞の腹心として日清提携を進めんとする日本側関係者に重視される存在となる。列強による「瓜分の危機」に対する銭恂の答えは、日本との提携による西洋への抵抗であり、彼はその方針を堅持し続けることとなる。[28]

だが、この対外方針は、冒頭で挙げた他の公使たちと比較したとき、陸徴祥ら民国外交部の基礎を築く外交官たちの選んだ対外方針とは異なるものであった。

次節以降では、銭恂以外の公使たちの国際認識を取り上げて検討を加え、銭恂とは異なる対外方針が、民国の外交部の基礎を築く外交官たちの間で形成され、共有されている様子を論じたい。

次節ではまず銭恂と同じく薛福成のもとにいた呉宗濂の意見書を取り上げる。随員の銭恂とは異なり翻訳官の呉宗濂は、その立場に基づいて職業外交官の養成を論じた。その意見こそ、在外公館の果たしてきた外交人材養成の機能を明確化したものであった。

二　職業外交官の必要性とその養成方法——呉宗濂の意見書

日清戦争後のいわゆる変法期には、中国では様々な学会が設立され、新聞・雑誌が各地で発行されて、活発な言論活動が展開された。在外公館員たちも、日記や紀行文、あるいは黄遵憲の『日本国志』のような研究書の形で、海外事情を中国に伝え、改革運動に参与していた。ただ、そうした文章の書き手はだいたい伝統的教育を受け、科挙の一定資格を有する随員たちで、翻訳官の場合は、外国新聞の記事を翻訳して雑誌に寄稿する形での参加が主だった。[29]その点、外国語学校出身の翻訳官としては珍しく、呉宗濂は在外公館赴任中にしたためた意見書や報告書を雑誌に掲載しただけではなく、それらを単著としても刊行し、積極的な言論活動を行っていた。[30] この呉宗濂の意見書は、翻訳官から公使にまでなった初期の職業外交官の、翻訳官時期の外交思想・意見を知ることができる非常に貴重な史料である。[31]

呉宗濂は江蘇嘉定の人で、一八七六年に広方言館に入ってフランス語を学び、優秀であったので翌年、京師同文館に送られた。一八八五年に駐英公使館に仏文翻訳学生として派遣され、以後、一八九七年まで駐英・駐仏公使館で仏文翻訳官を務めた。この間に公使として薛福成が赴任しており、薛福成が計画した世界地誌編纂のために、呉宗濂はフランス語の地誌類を多く翻訳している。[32] 一八九七年に帰国した後、主に浙江知識人によって刊行されていた『経世報』という雑誌に、仏文記事の翻訳員として関わっている。『経世報』は一八九七年八月に創刊された旬刊誌で、宋恕、章炳麟らが撰述を務めていた。[33]

先にも述べたように、呉宗濂はこの『経世報』に単に仏文の新聞記事を翻訳・寄稿しただけでなく、彼が在外公館赴任中にしたためた意見書や報告書を、毎号のように掲載している。また、それらの文章は、経世報館から単著としても刊行されている。[34] 江蘇人の彼が、主に浙江知識人によって刊行されていた『経世報』になぜこれほど深く関わったのか、その経緯はよく分からない。ただ、この雑誌の「館外撰述」であった浙江宝山人の瞿昂来も、薛福成・龔照瑗の公使時期（一八九〇～九七）に駐英公使館の英文翻訳官を務めており、呉宗濂は在外公館での勤務を通じて、浙江知識人たちのグループに加わることとなったのだろう。

なお、同じく呉宗濂が関わった学会として訳書公会があり、この学会は『訳書公会報』という雑誌を一八九七年一〇月から翌九八年四月まで上海で発行していた。この訳書公会もやはり薛福成の門下で薛福成に随行してヨーロッパに駐在した趙元益を発起人の一人としており、彼は薛福成がヨーロッパ駐在中に計画した世界地誌の編纂・公刊事業を継承せんと、呉宗濂らと翻訳した地誌書を刊行している。この訳書公会も、そうした世界地誌の翻訳の刊行計画をその発端としていたという[35]。翻訳官としては珍しい呉宗濂の活発な言論活動も、洋務や外交政策に関する著作の刊行に積極的であった薛福成やその門下の知識人たちと在外公館で知り合い、その世界地誌の編纂計画に参与したことが大きく影響していると見て間違いないであろう。

さて、『経世報』に掲載された呉宗濂の意見書には二種類ある。一つは、一八九三年秋に龔照瑗に提出されたものである。これは、龔照瑗を迎えるため中国に一時帰国した呉宗濂が、出洋準備中のこの新任公使に対し、在外公館での経験をもとに意見を述べたものである。その内容は、随行員の選定や任地における職務に関する注意点や要望、海外赴任に準備すべきもののアドバイスなど、いわば海外赴任マニュアルとでもいうべき性格を有している。

このような海外赴任マニュアルとしては、すでに蔡鈞の『出使須知』（一八八五年刊行）があり、呉宗濂の意見書の中にはこれと内容的に重なる部分もある。特に双方とも、在外公館での活動で最も重視すべきこととして、任地の政治家や有力者、他国の公使たち、そして新聞社と友好な関係を築くこと、つまり平時における交際の重要性を挙げている。

呉宗濂の意見の特色は、やはりその経歴・立場上、翻訳官の重要性を強調している点にある。彼はこの意見書の前半で、随行員選定にあたっての注意点と自身の要望を述べているが、まず西洋の外交官養成制度を紹介し、西洋の外交官がおおむね上流階層の出身で、大学で法学の学位（「公法挙人」）を取得したエリートであること、卒業後に外務省に採用され、特定の外国語を専門とし、その専攻言語によって任地が決められ派遣されること、外交官としての昇進ルートが整っており、専業性があることを説明する。一方、事情の異なる中国では、これまで外国語のできる翻訳官から参賛となる人物が現れたとし、具体例として陳季同・慶常・聯芳・張斯栒の名を挙げている。そして、外交の場における翻訳官の職責の重要性を説明し、公使の補佐役としての翻訳官の存在を強調している。

また、翻訳学生は多く帯同すべきであると主張している。そして、同文館などから選んだ彼らを、さらに任地の学校に入れて学ばせたなら、翻訳官の養成にもなる、と述べている(36)。

これは、紛れもなく在外公館が果たすべき外交人材養成の機能を語っているものである。制度的な裏付けはなくとも、在外公館ではここまで明確に外交人材養成の役割が認識されていたのであり、またここに述べられている翻訳学生を任地の大学で学ばせるということは、前章で見た「使署学生」の設置に相当するものである。このような在外公館の機能が、翻訳官より新任公使に語られていたのである。ちなみに、このとき龔照瑗が帯同した仏文翻訳学生の一人が劉式訓である。

ただ、これは現場における対応としての人材養成を語っているに過ぎなかった。一方、この二年後に作成された彼のもう一つの意見書では、外交官養成論としてさらに進んだ意見が主張されていた。

その意見書とは、日清戦争直後に有力者らに宛てて提出された改革意見書である。日清戦争敗北の衝撃を受け、政治制度改革の必要性が上下を問わず論じられたが、呉宗濂のこの意見書もそうした潮流の中で作成されたものである。彼は一八項目の改革意見を、その実施が容易だと思われる順に列挙している。意見書はまず教育・官制の改革論から始まり、後半は対外関係に関する事柄を論じ、最後に――つまり最も実施に困難が伴うということだが――外交人材養成の制度化を提起している。

呉宗濂はここでもまず、西洋の外交官について説明しており、それは生涯を通じて従事する専門職で、また在外公館員のポストはすべて実官であると述べる。ただし、西洋の外交官には次のように二つの種類があるとする。つまり、一つは、法学の学士号を有し、外務省に試験で採用された後、まず無給のアタシェとして在外公館で実務の経験を積み、その後参事官や領事に昇進し、外交官としてのキャリアを進めていく外交官である。もう一つは、東方各国に派遣される、通訳生（「繙《ママ》訳学生」）出身の外交官であり、大学受験資格（「秀才」）を有する学問レベルの学生に、公立の学校で東方諸言語を学ばせ、卒業後は有給の通訳生として派遣するものである。彼らのような通訳生出身で公使にまで累進したものに、ウェードやパークス（Sir Harry S. Parkes）、ルメール（Victor G. Lemaire）らがおり、呉宗濂はこの通訳官出身の公使たちの存在を、西洋外交官制度の中では本来は特例であるが、同時に本国政府が彼らを重視している表れでもある、と評している。

一方、中国の現状に対しては、次のように厳しく批判する。つまり、在外公館員のポストはみな臨時の「差使」で、その人事も多くはコネによるものである。このため、館員の中で外国語を解するものは一、二割に過ぎず、その他の者は、通常の漢文公文書を作成するには問題ないが、西洋諸国の優れた法律・制度に対しては、わずかにその表面を理解するに止まる、と。そこで呉宗濂は西洋の制度を参考に、専門的外交官を養成するための制度を提案する。それは、漢文に通じ、国際法を熟知し、外国語にも精通するものを、総理衙門が試験で選抜・登録し、随時在外公館に派遣し、給与も規定通りに与える、そのポストはすべて実官とし、生涯にわたってこの職に従事させる、というものである[37]。

これは、西洋の二種類の外交官制度を折衷したものと言えよう。一言に外交官といっても、西洋諸国間に赴任する外交官は、大学卒業後の無給のアタシェ制度が示すように、富裕な上流階級の出身者が多くを占めるが、東方諸国に派遣される外交官は、外国語という専門性を武器に、現場のたたき上げで昇進してきたもので、やはり両者は社会的地位を異にする。同じ翻訳官（通訳官）出身として、呉宗濂は後者の外交官によりシンパシーを感じただろうが、それゆえにこそ、単なる翻訳官とは違う、社会的地位を認められた専門外交官の養成制度を考えたのである。

呉宗濂の二件目の提案が、前章で見た劉式訓の「外交生」案と酷似しているのは、言うまでもないだろう。呉宗濂と劉式訓とは、同じ外国語学校（広方言館および京師同文館）出身で、同じ時期に、同じ駐仏公使館で仏文翻訳官・参賛を務めている。同じような教育背景・職務経歴を有していたのだから、彼らの西洋外交官制度や自らの立場に対する捉え方が似ていたとしても、不思議なことではない。あるいは彼らは在外公館で外交官養成制度について語り合ったのかもしれない。

いずれにせよ、一九〇六年の劉式訓の「外交生」案は劉式訓個人の意見に止まるものではなく、一九世紀後半以来、外交人材養成の必要を自覚し、それを行ってきた在外公館員の中で形成され、共有されていた考えだったということであり、中でも実際にそうして養成されてきた翻訳官たちの間で、在外公館の人材養成の役割に対する意識が強かったということである。

だが、劉式訓ら外国語学校出身の外交官たちが、日露戦争後の外交人事制度の改革において主導的な役割を果たし、一群の職業外交官を養成・登用することができたのは、その時期に、彼らがすでに公使にまで昇進していたことと無関係ではないだろう。次節では、彼らを公使候補として推薦した人物――孫宝琦に焦点を当て、彼が日露戦争前後の時期における中国外交の変化の上に果たした役割を明らかにしたい。

三　人材登用の新しい動き――孫宝琦の果たした役割

呉宗濂は一九〇二年に新任の駐仏公使となった孫宝琦の二等参賛として再びヨーロッパに赴任した。いかなる経緯で呉宗濂が孫宝琦の随行員に選ばれたのか、しかもそれが二等参賛という、公使に次ぐ重要館員としてであったのかについては、よく分からない。ただ、『経世報』に参与していたように、呉宗濂は政治改革に熱心な浙江知識人に知人が多く、そうしたつながりから、高官を父に持ち、浙江知識人の間では名望の高い孫宝琦に知られるようになったのかもしれない。

中華民国の国務総理や外交総長等の国務大臣を歴任した著名な政治家である孫宝琦は、浙江銭塘の人で、父の恩蔭（父祖の功により子孫に任官などの特権が与えられること）によって一八九三年に主事となった。日清戦争後は、天津で育才館を設立して中学と西学を兼ね備えた人材の育成に従事し、その業績が認められて、直隷省の洋務活動を委ねられた。義和団事件の際には、西太后・光緒帝の行在先である西安の電報局に派遣され、国内各地との連絡に活躍した。この時の活躍が認められ、外務部の首班となる慶親王の女婿となったことは有名である。なお、孫宝琦は袁世凱とも姻戚関係にあった[38]。

孫宝琦がフランスに赴任していた一九〇二年末から〇五年といえば、満洲をめぐる日露の対立が緊迫の度を加え、ついには戦争にまで発展した時期であり、この日露戦争を境に中国では内政・外交ともに劇的な変化が起こる。自国の領土で他国同士が戦うという異常事態に対し、あるいは日露戦後の善後策をめぐり、在外公使たちも清朝の採るべき対策について様々な提言を行ったが、中でも孫宝琦の提言は、日露戦争後の中国の内政・外交の大方針につながっていく重要なものであった。ここでは孫宝琦が行った提言について、その背景にある彼の国際認識を中心に検討していこう。

まず、日露開戦前夜の議論について確認しよう。日露開戦の危機が迫る中、清朝の官員・知識人の間では、日本の側に立ってともにロシアと戦うべき（聯日拒俄）か、それとも中立の立場を採るべきかが、深刻に議論された。在外公使の中にも日本とともに対露宣戦をすべきとの意見が見られたが[39]、駐仏公使の孫宝琦は、聯日拒俄に否定的であった。

一九〇三年一二月三一日付の汪康年宛の書簡の中で、孫宝琦はフランスの態度について、「フランスの考えとしては、我々が日本を援助しないならば、フランスもロシアを援助しないとのことだ」と述べており、また続けて「我々中国人は、日本を信頼しすぎている。ロシアは本当に虎狼のように残酷で欲深く、李相（李鴻章）の密約は大いなる過ちだが、しかし（ロシアとは）友好関係を保つこと二〇〇年余で、国境を接すること二万里の関係にあるのだから、他国の勢いに頼ってこれに対抗しようとするなら、国際関係に明るいものがその得失を判断しなければならない」とも述べている。[40] 清朝が日本の側に立って対露参戦することが、いかに複雑な影響を国際政治に及ぼすものであるか。彼は中国を取り巻く国際情勢を冷静に分析する必要を述べていた。

ちょうどこの頃、中国本国では、日露開戦の場合、まずは局外中立の立場を採るべきとの袁世凱の提案が採用され、清朝政府の基本方針が決定されていた。袁世凱の軍機処宛電信（一九〇三年一二月二六日付）や軍機処の返電（一二月二七日付）の内容からその経緯を整理すると、以下のようになる。まず両江総督の魏光燾が袁世凱に対し、日露が開戦した場合の対応を尋ねる電信を送った。魏光燾はさらに電信を送り、日露開戦後、日本の船舶が中国の港湾で物品を購入しようとした場合、いかに対応すべきか、日本は（満洲における）中国の主権のためと言って（戦って）いる以上、我々は関係ないと局外にいることはできないのではないか、とも質している。これに対し袁世凱は、「ロシアの側につけば、日本は海軍を派遣して我が東南を乱すだろうし、日本の側につけば、ロシアが陸軍を分派して我が西北を乱すだろう。単に中国だけが危うくなるだけではなく、恐らくは全世界に影響を及ぼすだろう。日露が果たして決裂したら、我々は局外の立場を堅持すべきである」とし、日本船が軍事関連品を購入しようとした場合も、局外中立に関わる国際法に従って対応すべきと答えた。[41] 袁世凱からこれらの応答内容について報告を受けた軍機処も、袁世凱の意見を全面的に容れ、局外中立の基本方針を袁世凱と魏光燾に伝えたのである。[42]

魏光燾はもともと日本とともにロシアと戦うべきとの意見を有しており、[43] また袁世凱への電信からも局外中立方針に批判的だったことが窺われる。このように、清朝の官員の間には聯日拒俄を唱え、局外中立に批判的な意見が根強かったわけだが、袁世凱の一二月二六日付の電信は、そうした意見をはねのけ、局外中立を基本方針として確立させるものであった。そして、袁世凱が局外中立を選択した何よりの理由は、中国の置かれている国際情勢にあった。

袁世凱が述べるように、もし清朝が参戦したなら、戦闘地域は満洲から中国全土に拡大するだろう。そうなれば、中国に利権を有する他の列強も戦争に加わらざるを得なくなる。つい数年前の義和団事件の際、列強による中国分割が回避されたのは、列強自身が相互の衝突を避けるため自制したのはもとより、東南諸省の総督たちが、列強の権益が集中する東南地域の治安を維持したことで、列強にこの地域への派兵の口実を与えなかったからである。それは列強の側にとっても、他国の兵による東南地域の侵出が防がれ、現状が維持されることを意味し、列強の自制的態度を可能ならしめるものであった(44)。このいわゆる東南互保が、義和団事件による混乱を中国北部に限定したように、日露戦争を満洲地域に限定するためには、中国の局外中立こそが必要であった。袁世凱の魏光燾に対する回答は、中国の置かれているこのような国際的立場を端的に示したものである。そして、先の汪康年宛の書簡から窺うに、孫宝琦もまた中国を取り巻く国際情勢に対し、袁世凱と同様の認識であったことが分かる。

だが、局外中立の方針は事態の拡大を防ぐための窮余の策に過ぎない。日露間で戦争がはじまると、戦後の新しい情勢に備え中国が採るべき政策について、孫宝琦は本国に向かって積極的な提言を繰り返した。

まず一九〇四年三月二三日には、孫宝琦は胡惟徳らヨーロッパに駐在する清国公使三名と連名で朝廷に対し、徹底的な内政改革の実施を要請する上奏を行っている(45)。

この上奏では、冒頭においてまず、この度の日露の戦いが西洋ではアジアとヨーロッパの戦い、黄色人種と白色人種の強弱の分かれ目とみなされているが、実際には「亜洲の同種もまた未だ恃むべからず」であると述べられている。これは、聯日拒俄論の背景にある、日露戦争を人種間戦争とみなし、同種の日本に期待を寄せる認識とは異なるものである。また、中国の現状については、諸列強による領土分割の危機に瀕しているとみなしつつも、日露が戦火を交じえ各国が時期を待っているいまこの時を利用して、一方で局外中立を厳守しつつ、一方で徹底的な改略を許さない自強を達成しようとの考えである。

革を実施すべきことを要請している。この上奏にも、先に確認した孫宝琦の国際情勢に対する認識が反映されているだろう。聯日拒俄を否定し、中国の局外中立が諸列強の自制を確保している間に、内政改革を実施して他国の侵略を許さない自強を達成しようとの考えである。

また、孫宝琦は一九〇四年六月二四日にも上奏を行い、スペイン外相からの忠告として、次のような提言を行っている。つまり、日露が停戦・講和したら、中国自らが東三省・モンゴル・新疆などの地域を諸外国の通商活動に対して門戸を開放する、というもので、それによって日露の間で満洲の利権を勝手に規定し中国が主権を失うことを防ぎ、また敗北したロシアが満洲以外の土地を占拠することも防ぐことができる、というものである。また門戸の開放は鉄道・鉱山の開発や製造業の発展など、中国にとって有益である、とする。ただし、それは中国の自発的な門戸開放でなければ意味がないのである。その点を、スペイン外相は次のように指摘したという。つまり、「従来、中国の通商港開放は、すべて外国人に強要されたものであって、中国自身が本当に通商を願って行ったものではない。もしいま、内地を外国人の通商に開放し、外国人を敵視する意図がないことを示すことができたなら、外国人の猜疑を免れ、国交にも非常に裨益するだろう。ただし法律を改定し、治外法権を撤廃する必要がある」と。[46]

門戸開放主義は、この当時アメリカが中心となって盛んに唱えていた中外関係の原則である。だが、列強による領土分割の危機が差し迫ると、中国自らが門戸を開放し、各国の平等な経済活動を保証することが、特定の列強による独占的支配を防ぐ手段として、中国の当局者の間でも注目されるようになっていた。[47] この孫宝琦の提言も、このような門戸開放主義に同調する意見の一つであるが、その対象地域が満洲（東三省）・モンゴル・新疆と、列強の利害が鋭く対立し、かつ清朝政府の直接支配が確立していない広大な地域であるだけに、特に思い切った提言である。

だがこの提言は、孫宝琦の中国を取り巻く国際情勢に対する認識および領土問題に対する意識をよく表している。

先に孫宝琦が日露戦争に対し局外中立の堅持を主張したことを確認したが、そこでも局外中立を列強の自制を確保するものとみなしていたように、列強の勢力均衡の間に中国の活路を見出すべく、門戸開放主義の導入を提唱し、それによって藩部地域を含む現在の領域を保持しようと考えたのである。さらに、スペイン外相の言を引用する形であるとはいえ、司法制度の改革による領事裁判権の撤廃が門戸開放の前提条件として言及されている点も興味深い。

また、日露戦争は清末中国において立憲制導入の動きが本格化する契機ともなったが、立憲制導入をめぐる議論においても、孫宝琦は重要な役割を果たしている。孫宝琦は日露戦争の最中に、政務処王大臣に立憲制導入を求める意見書を上呈しているが、その意見書は一九〇四年九月二一日の『申報』にも掲載されている。彼のこの意見書は当時より、日露戦争後に政治考察五大臣が派遣された契機の一つとみなされていた[48]。

もちろん、清朝が立憲制導入へと動き出したことを孫宝琦一人の功績に帰するわけではない。ただ、立憲制導入の議論が本格化する契機の一つとなった意見書が、日露戦争期に、駐仏公使である孫宝琦からなされたことの意味を、つまり、立憲制導入という内政改革の動きが外交政策の延長上にあったことを、ここに確認しておきたい。

さて、一九〇五年一月に日本軍が旅順を陥落させると、関係各国では「戦後」の国際秩序のあり方が意識されるようになる。そうした中、在外公使たちが強い関心を寄せたのが、第二回ハーグ平和会議と、紛争の平和的解決手段である仲裁裁判所、そして仲裁条約締結であった。

清朝は一八九九年の第一回ハーグ平和会議参加国であったが、そのときの関係条約は義和団事件の際に失われてしまい、仲裁裁判所などへの参加も棚上げとなっていた。日露戦争勃発後、赤十字への加入をきっかけに、清朝は改めて各条約の批准手続きを行い、正式に平和会議に加入し、また自ら仲裁裁判所国際事務局の一等会費を負担することを申し入れた[49]。そして、アメリカが各国に第二回ハーグ平和会議の開催を照会すると、日露戦争後に中国の権利を保護する方法として、平和会議への代表派遣が重視された[50]。

そうした中、孫宝琦が中国の権利を守る手段として注目したのが、この当時国際的に広がっていた仲裁条約締結の動きであった[51]。彼は一九〇五年四月二四日付で受理された上奏文の中で、この仲裁条約締結の動きに参加するよう、奏請している[52]。

仲裁条約とは、特定分野の紛争を前もって仲裁に付することを締結国が認めあう二国間の取り決めで、日本もこの時期にアメリカとの締結を交渉していた[53]。孫宝琦はこの動きに中国もならうことを提案し、まず初めに「一、二の平和主義的大国」と交渉をまとめることができたなら、将来各国との間で紛争が生じたとき、これをハーグの仲裁裁判所に持ち込むことができる、と述べる。「一、二の平和主義的大国」とは、恐らくアメリカを念頭に置いたものであろう。実際、清朝は一九〇八年にアメリカとの間で最初の仲裁条約を締結している。孫宝琦が特に仲裁条約を重視する背景には、仲裁条約締結という動きの拡大は、国際法の進歩にほかならないという認識がある。よって、その流れに従って仲裁条約を締結することは、依然として「公法外」の国だとみなされている中国が、国際社会の中に進んで参加しようとする意志を世界に示すことになるのである。

また孫宝琦は、ハーグの仲裁裁判所事務局に清朝から委員を派遣するだけでなく、永世中立国で国際機関の事務局も多いスイスや、同じアジアに属するシャム、あるいはデンマークやスウェーデンなどにも清国公使館を開設し、諸外国との外交関係を広めていくことを提案している。彼は広く常駐使節を派遣する理由として、特に諸外国の政治制度の調査や敵情の偵察など、情報収集の面での機能を強調している。

このように、日露戦争後の新しい国際情勢への対応として、諸外国との外交関係を積極的に広めていかなければならないとの認識を孫宝琦は強めていたわけだが、そのためには多くの外交人材が必要となる。そこで彼が推薦した外交人材こそ、呉宗濂や劉式訓、陸徴祥だったのである。

仲裁条約締結などを奏請したこの上奏と同日（つまり一九〇五年四月二四日）付で受理された彼の上奏片は、公使の職能として外国語能力を重視し、呉宗濂や劉式訓、陸徴祥らを公使候補として推薦していた[54]。ちなみに、やはり同じ四月二四日付で受理されたもう一件の上奏片で[55]、孫宝琦は古くからの知人である銭恂のことも推薦している。ただしそれは、内政改革に必要な人材としてであって、外交人材としてではないところが興味深い。この点については第五節で再び論じることとする。

孫宝琦は外交における外国語の重要性を痛感しており、外交人材の養成にも積極的であった。たとえば、先に言及した汪康年宛の書簡でも、清朝の公使に外国語のできるものが少ないことを嘆き、孫自身もフランス語を学び始めたと語っている[56]。また、前章でも言及したが、フランスに派遣されてきた京師同文館の学生を、外交官を輩出していたパリの政治学院に入学させ、卒業後は公使館の館員としてさらなる研鑽を積ませていた。

こうした孫宝琦の行為と、彼の部下であった呉宗濂・劉式訓の意見書との直接的な関連を示す史料はない。ただ、『経世報』に自身の意見書を掲載していた呉宗濂が、上司である孫宝琦に年来の自説を説いたことがあったとしても、不思議ではないだろう。また、孫宝琦が呉宗濂や劉式訓、陸徴祥という外国語学校出身者を公使候補として評価していたこと、そしてそれが前章で確認したような、日露戦争後における外国語学校出身者の台頭と、彼らによる外交人材の養成・登用を可能にしたことは否定できまい。民国外交部の基礎を築いたヨーロッパ駐在の外交官集団の中核には、孫宝琦がいたのである。

では、この孫宝琦や、彼が日露戦争後の国際情勢に対応するに必要な人材として期待した「外交官」たちは、日露戦争後の新しい国際情勢をどのように認識し、どのような対外方針を選択したのだろうか。

四 「外交官」たちの対外認識――日露戦争後の国際情勢への対応をめぐって

日露戦争後の新しい国際情勢を調整すべく、アメリカ大統領ローズベルト（Theodre Roosevelt）の呼びかけにより、第二回ハーグ平和会議が開催された。この第二回ハーグ平和会議は、四四カ国の参加のもと、一九〇七年六月一五日から一〇月一八日にかけて開催され、一三の条約と一つの宣言を採択した。だが、平和会議というその名称とは裏腹に、ヨーロッパの国際情勢は穏やかではなかった。会議開催中の八月三一日には英露協商が成立し、これにより英仏協商、露仏同盟と合わせ三国協商という同盟体制が完成した。また、会議開催直前の六月一〇日には日仏協商が、七月三〇日には日露協商が締結され、日英仏露「四国協商」が対独包囲網を形成するとともに、四列強は東アジアにおける勢力範囲を互いに確認し合っていた。このことは、門戸開放主義を利用して主権を保護し、特に日本に対抗しようとしていた中国にとっても危機感を抱かせるものであった。陸徴祥はこの四国協商の形成を評して、「日本の野心が最も大きく、陰で各国の在華利益を保護する警察を自認している」と述べ、さらに「その外相の林董氏は本年の夏に、『韓国の事をもって中国の鑑となす』と公言し、その満々たる野心を露骨に表している」と、日本への警戒を露にしている[57]。

この陸徴祥の言葉は、彼がハーグ平和会議閉会後に本国政府に対して行った上奏の中に見られるものである。この上奏で陸徴祥は、ハーグ平和会議に出席した際の各国代表との接触の様子を詳しく論じ、時局に対する分析の結果として、日本の野心を一番の脅威と捉え、これを防ぐための対策を建言した。つまり、四国協商の形成によって中国への侵略の意図を逞しくしている日本だが、独・米とは対立しており、清朝がこの二国と提携することは可能であるとし、独・米と提携しつつ、対外的には平等の権利を保持し、国内的には速やかに立憲制を確立させることが必要だ、というものであった。

独・米との提携といえば、一九〇八年秋に派遣された唐紹儀の使節が想起されるだろう。[58] 日本の満洲侵出に対し、袁世凱・唐紹儀は日米間の反目を利用して対抗しようとしていたが、国際的に孤立させられたドイツも、彼らに清・独・米の三国提携を持ちかけていた。陸徴祥のこの上奏文が作成されたのは、一九〇八年一月二日のことだが、まさにちょうどこの時期に、三国提携を目指した特使を清朝から派遣する計画が進められていた。[59]

門戸開放主義を掲げ、満洲で日本と対立するアメリカについては、これと提携すべきとの声は、中国でも盛んに起こっていた。だが、ドイツも含めた三国提携について陸徴祥が提起していること、しかもハーグ平和会議の様子と、現時の国際情勢を論じた報告書の中で提起していることは、ヨーロッパに駐在する中国外交官の国際認識を表すものとして、非常に興味深いものである。

そして、清・独・米の三国提携を主張したものは、彼だけではなかった。駐独公使の孫宝琦は、ドイツ外相から清・独・米三国提携の提案を受けたことを外務部に報告し、独・米は英・仏・日の協商が成立した後もなお我が国を平等に扱っており、悪意はないだろう、と好意的に述べている。[60] 彼はまた、一九〇八年九月一八日付で受理された外務部宛の書簡で、ドイツとの結び付きを強め、先頃立憲制の導入を果たしたトルコとの国交樹立を提言しており、これは四国協商に対抗する陣営の形成に加わろうとするものであった。[61] また、駐仏公使の劉式訓も三国提携を主張していた。彼の提言は、アメリカと提携して日本を牽制するだけでなく、同時にドイツとも提携してフランスを掣肘し、それによって日仏協商を破ることを目指すものであった。[62]

清・独・米三国提携の計画といえば、これまでは一九〇八年の唐紹儀使節ばかりが注目されてきたが、ヨーロッパ駐在の外交官たちも、四国協商成立後の危機を打開する方策として、それぞれの立場から清・独・米三国提携を主張していたのである。ヨーロッパ駐在の公使たちと袁世凱・唐紹儀の対外方針が一致したのは、両者が中国を取り巻く国際情勢に対し同様の認識を有していたからであり、それは四国協商形成とそれによる日本の対中侵出を警戒するというものであった。

しかし、ヨーロッパ駐在の清国公使の中には、独・米との提携に不賛成の人物もいた。第二回ハーグ平和会議の閉会後、一九〇八年に駐伊公使に転じていた銭恂は、その「最近外交情形疏(63)」において、清朝が提携すべき相手は独・米ではなく、日本だと主張した。

つまり、黄禍論を唱えるドイツに対し、中国も種族の同じものに特に気を配るべきで、「兄弟は家の中で相争っても、外部からの侮りを忘れてはならない」と述べる。アメリカに対しても、初めはロシアへの対抗上、日本を利用したのに、日露戦争に日本が勝利した後はこれを憎むなど、態度に一貫性がなく、信用が置けないとする。そして、キューバ・フィリピンを得た後、アメリカは対外政策を転換し、いまや太平洋に勢力を伸張しようとしている、ヨーロッパに勢力を拡大できないと見たアメリカがアジアを侵略しようとするのは必然だと、アメリカを提携の相手ではなく、警戒すべき相手とする。一方、日本に対する態度としては、日本が将来この二国に挟み撃ちされたなら、それは黄種にとっての危機であり、同種のもの同士相助け合う気持ちを起こさずにはいられない、とする。

また、近年の各国のアジア政策の特徴として「代我興学」と「迫我借款」の二点を挙げるが、これはいずれも独・米を批判したものであろう。つまり、「代我興学」とは、ドイツ政府が青島に大学設立を計画したことと、アメリカによる義和団賠償金返還による教育事業や、ロックフェラー財団による中国での大学設立の動きのことを指すと見て良いだろう。また「迫我借款」とは、アメリカが参入を図っていた鉄道借款のことであろうが、銭恂がここで主として念頭に置いているのは、日本への対抗手段として計画されていた満洲への鉄道敷設ではなく、粤漢鉄道問題のように、中国民族資本の敵としての、中国人知識人たちの利権回収の対象となっていた鉄道借款であろう。銭恂にとって、独・米こそ敵視すべき相手であった。

この上奏文自体は一九〇九年九月、つまり唐紹儀の特使が初期の目的を遂げられず、アメリカがルート・高平協定により対日妥協した後のものであるため、確かにこの史料だけでは銭恂が一貫して清・独・米三国提携に反対であったかどうかを証明することはできない。ただ、銭恂の清・独・米三国提携反対、日清提携という対外方針の背景にある認識、つまり世界の大勢を白人と黄色人との人種対立の構図で捉え、また西洋の外交ルールの普遍性を疑問視する意識は、唐紹儀の特使失敗以前においても確認できる。

銭恂は一九〇七年当時、駐蘭公使という立場から、陸徴祥とともに第二回ハーグ平和会議に出席していた。同じく平和会議に出席していながら、なぜこの二人は全く反対の対外方針を主張しているのか。また、清・独・米三国提携を唱えたのは陸徴祥だけでなく、孫宝琦や劉式訓もそれぞれの立場からこの対外方針を支持していた。ともに在外公館で外交に携わり、密接な人間関係を有するヨーロッパ駐在の公使たちの中で、なぜ日露戦争後の対外方針について考えがこれほどにも異なるのだろう。

対外方針の相違の背景には、その対外方針を導くに至る国際認識や世界観自体の相違がある。第二回ハーグ平和会議に出席した陸徴祥と銭恂が、平和会議参加を通じて当時の国際社会をどのように認識したのか、またこの両者の認識と他のヨーロッパ駐在公使の認識との間にはどのような関係が見られるのか、節を改めて論じたい。

五　「経世家」と「外交官」

先に述べたように、第二回ハーグ平和会議では一三の条約と一つの宣言が採択されたが、参加各国はそれぞれの条約・宣言を本国に持ち帰って検討し、調印するかどうかを判断することとし、また調印の最終的期限は一九〇八年六月三〇日とされていた。この最終期日を前に、六月一八日付の電信で外務部は陸徴祥に対し条約への調印を命じた[64]。陸徴祥は、駐蘭公使として平和会議に出席した銭恂もともに調印するべきだと返信したが[65]、銭恂は自身が調印する必要はないと主張した[66]。結局、外務部の命に従い、二人そろって調印したのだが、銭恂が条約への調印を渋った背景には、その内容に対する不満、特に仲裁裁判制度への不信感があった。

銭恂は条約に調印した直後の七月三日付で「国際保和約可賛同不可軽信疏」という上奏文を発送している[67]。その中で銭恂は、ハーグで採択された条約について、表面的には平和への意思を抱いているが、その実、ひとり中国にだけ適用できないものである、と評する。なぜ中国にだけ適用できないのか。銭恂が問題視したのは仲裁裁判制度であり、彼は「今日の中国には、仲裁裁判が国際関係の対処に有益であると信じることができない事情がある」として、その理由を詳述する。それは、西洋とは文字も人種も宗教も法律制度も異なるからだという、中西の文化的相違を重視するものであった。つまり、いまの中国が外交問題を仲裁裁判所に提訴しても、西洋の言語に基づき、欧米人が多数を占める裁判員のもとで行われる仲裁裁判では、近代的法典の整備された日本であっても不利であったのに[68]、まして領事裁判権が未回収の中国に公平な裁定など期待できない。また、仲裁裁判制度の実施にあたっては、事前に仲裁条約を締結し、仲裁裁判所の裁定に帰すべき事項を締約国の間で取り決めておかねばならないが、中国の国内法がいまだに諸外国に承認されていない現状では、仲裁条約の締結自体が新たな不平等条約を締結するに過ぎない、というのである。

だが、この仲裁裁判の制度に対し、陸徴祥は先の第二回ハーグ平和会議の報告書[69]において、戦争の惨禍を回避するための手段としてこれ以上のものはないとし、仲裁裁判の制度化を目指す世界の流れを説明している。つまり、已亥の条約（第一回ハーグ平和会議の「国際紛争の平和的処理に関する条約」を指す）が採択されて以降、その効果が明らかなことから、英米はこの方法を推し進め、新しい裁判所の組織やいわゆる義務仲裁条項の制定を目指したが、もしそれらが実施できたなら、「今後、世界中の国家で仲裁裁判を日常生活の飲食に不可欠なもののごとくみなすようになろう」と。もちろん陸徵祥も、現実の国際政治において、たとえ紛争の仲裁裁判による解決を義務化できたところで、戦争を防ぎ得ないことを認めている。また、参加国を三等にランク分けし、仲裁裁判所に派遣する裁判員の任期に等差を設けたり、仲裁裁判に付託される紛争から治外法権を除外しようとするなど、平等性という点でも問題を感じている。しかし、仲裁裁判の制度化が世界の流れであると認識している。

仲裁裁判や仲裁条約といえば、第三節で言及したように、孫宝琦もその広がりを重視し、清朝も各国と仲裁条約を締結すべきことを上奏していた。その際すでに孫宝琦は、仲裁裁判・仲裁条約締結の広がりを国際法の進歩であると認識し、「公法外之国」とみなされる中国にとって、仲裁条約の締結は国際法の中、つまり国際社会への参加につながるとの意識を有していた[70]。

これに対し銭恂は、仲裁裁判や仲裁条約をあくまで西洋社会のものとみなし、これに積極的に加わることの意義を認めないどころか、有害であるとさえ考えていた。銭恂が唯一意義を認めたのは、仲裁裁判所に中国からも裁判員を派遣できることであった。だがこれも、中国の裁判員が国際紛争の解決に参加できるからではなく、法律の調査研究や司法人材の育成に資するから、というもので、「他国の裁判員は一国の法学の代表だが、我が国の裁判員は国家が法律を改定するための補助であり、知識人が法律を研究するための先導である」と述べている[71]。この言葉は、銭恂が裁判員の派遣を「国際社会」への参加という外交上の観点からではなく、あくまで中国の法律改定のためという内政改革の視点から捉えていることを表している。

仲裁裁判・仲裁条約に対する銭恂の認識を陸徵祥や孫宝琦のそれと比較してみると、銭恂の世界観がはっきりと見えてくる。後者が「国際社会」への積極的な参加を目指すのに対し、銭恂は現在の「国際社会」はしょせん西洋社会のものでしかなく、自分たちの「外」にある調査・研究の対象であって、積極的に「中」に入っていくべきものとは考えていない。彼にあっては白人と黄色人の別、あるいは西洋と東洋という枠組みから世界を捉える意識が強いのである。第二回ハーグ平和会議は、アジアやラテンアメリカ諸国も多数参加し、「国際社会」の広がりを象徴するものであったが、この会議に出席してもなお、銭恂の中にあってはそのような「国際社会」という観点よりも人種や文化による観点が勝っていた。このため、四国協商の成立を見ても、同文同種である日本と中国との結び付きを疑わなかったのである。

一方、陸徴祥は、第二回ハーグ平和会議においてこの「国際社会」の広がりを実感していた。彼は治外法権の問題をめぐりアジアがまとまってヨーロッパに対抗する様を目の当たりにし、「まさにヨーロッパ・アメリカ・アジアの三大陸が鼎立しつつある」との印象を受けている。もはや「国際社会」はヨーロッパだけのものではなく、アジア会議に参加したすべての国がこの「国際社会」の主体であった。だがこのような「国際社会」の広がりは、逆にこの「国際社会」に参加することを当然のこととして世界の各国に迫るものであった。実際、陸徴祥はトランスヴァール共和国や韓国の例を挙げて、ハーグ平和会議に参加できることが独立国の証であるとの認識を示している(72)。それと同時に、彼がこの会議への参加を通じて強く印象づけられたのは、この「国際社会」は生存競争の激しい社会であるということであった。このため彼は、四国協商の形成に対して危機感を強めたが、特にロシアとの戦争に勝利して列強の仲間入りを果たし、「各国の在華利益の警察を自認する」日本は、中国の脅威にほかならなかった。

第二回ハーグ平和会議は、日露戦争後の国際情勢を様々な点で反映した会議であったが、その会議に出席した清朝の二人の代表が下した「国際社会」への評価や国際情勢への認識は、このように全く異なっていたわけであり、そうであれば、この両者の唱える対外方針が異なるのも不思議ではない。

ともに長く在外公館に勤め、同じ会議に出席したにもかかわらず、銭恂と陸徴祥の「国際社会」に対する認識・評価が全く異なるのは、そもそも両者の世界観が異なっていたからだろう。

第一節の最後で触れたように、銭恂は列強による中国分割の危機が迫る中、日本の唱える「日清提携論」あるいは「支那保全論」に共鳴し、日本との関わりを強めていた。日清提携という対外方針の基礎にあるのは、世界をアジアと欧米諸国との二つに分けて捉える世界観であり、前者の中心的存在であり「同文同種」「歯唇輔車」の関係にある日清両国が提携することで西洋列強の圧迫に抵抗すべきという思想である。

一方の陸徴祥は、第一回ハーグ平和会議に招待されなかったトランスヴァール共和国と韓国の例を挙げ、この会議に参加できるかどうかが国家の存亡を表すと述べているように、「国際社会」に入ることが中国の自立に不可欠だという認識が強い。それは、仲裁条約締結という世界の流れに従い、国際社会の中に加わるべきだと唱えた孫宝琦の認識と近いものである。孫宝琦と陸徴祥の対外方針が一致する根底には、このような日露戦争後の「国際社会」に対する認識の共通性があったであろう。孫宝琦が陸徴祥を公使候補として推薦したのもうなずける。そしてそれは、孫宝琦が銭恂を――早くから海外事情の調査・研究に熱心で、海外での活動経験も豊富な彼を――公使候補ではなく、内政改革の人材として推薦したこととも符合しよう。

銭恂の経歴からして、公使候補となっても不思議はない。また、彼は「洋務」が忌避され、郭嵩燾をはじめ在外公使が批判される風潮の中、曾紀澤のイリ交渉の成功を転機として、常駐使節の意義を認め、それを世に訴えてもいた。[73] それにもかかわらず、孫宝琦が銭恂を外交人材としてではなく、あくまで内政改革の人材とみなした点は、清末中国において「洋務」や「経世家」とは違う、「外交」と「外交官」に対する認識が確立してきた表れではないだろうか。

銭恂と他のヨーロッパ駐在公使たちの国際認識が異なる背景には、世代や受けてきた教育の違いというものもあるだろう。孫宝琦は外国語学校出身ではないが、外国語を重視しており、また世代という点では、銭恂が一八五〇年代の生まれであるのに対し、他の公使たちは一八六〇年代末から七〇年代の生まれである。

また、銭恂と他の公使たちとの国際認識や対外方針が異なる背景には、彼らの領土問題に対する意識の違いも影響していよう。

清朝の版図解体の危機が最高潮にまで達したのは、義和団事件の際である。一九〇〇年六月二一日に北京の朝廷が列強に対する宣戦の上諭を発したことで、列強による分割の危機を招くとともに、戊戌の政変以降、北京の朝廷に不満を募らせていた漢人知識人の間で南方独立の動きが起こり、清朝の版図は解体の危機に瀕した[74]。結局、新政府の首班候補であった南方諸省の総督らが列強との間に東南互保を成立させたことで、列強による分割と南方独立というこの二つの可能性は未然に防がれた。だが、南方独立の動きに示されるように、漢人知識人の中では、清朝の版図が彼らの守るべき領土であるという意識が確立していたわけではない。銭恂もまた北京の朝廷に不満を抱き、義和団事件の際には張之洞を首班とする南方新政府樹立の可能性を宇都宮太郎に語っていた[75]。彼の交友関係を見ても、章炳麟と親しい間柄であり、また彼の女婿の董鴻褘も光復会のメンバーであった。満洲王朝に対する銭恂の複雑な心情は、その領土問題に対する意識にも影響を及ぼしており、たとえば義和団事件時にロシアによって満洲（東三省）が占拠されたことに対し、汪康年に宛てた書簡の中で銭恂は、満洲の数千里の地、数百万の愚かで荒しい民を、数十・百の満洲の貪欲で残虐な官吏の手に委ねたところで、ロシアの侵出に対し三年と持ちこたえることはできない、とし、新政は必ず望みがなく、東三省を求めたとて何の意味があるのかと述べていた[76]。彼の中では満洲よりも長江流域を中心とする中国中南部の利害のほうが優先されただろう。

このような銭恂の「領土意識」、あるいは利害関心のあり方は、日本との提携という対外方針とも親和する。中国中南部の差し迫った脅威は、西洋列強の経済進出であった。特に日露戦争後の中国における列強の競争は、鉄道投資競争を主とするものであり、中国中南部の鉄道敷設に対しても、英米を中心とする西洋列強による鉄道投資競争が展開され、当地の漢人知識人たちの利権回収運動を引き起こしていた。つまり銭恂は、日清戦争以前において

「聯俄惎英」を唱えたように、日本との提携によって西洋列強の経済進出に対抗すべきと考えたのである。

だが、日露戦争後の事態の進展は、そのような銭恂の対外方針を容れるものではなかった。

まず中国では、清朝皇帝を要としてゆるやかに統合される多民族・多文化集団の集合体でしかなかった清朝の版図に対し、これを中国の領土として一体化する改革が実施された。一九〇七年の東三省（満洲）での省制実施や、チベット・モンゴルでの制度改革の強制など、辺境領域に対する内地化・直接統治が進められた。列強による分割の危機は、清末の中国をして領土の一体性・不可分性を追求させていた。[77]

また、日露戦争後の日本の対華政策も、満洲権益の確立という一点に収斂していくものであった。一九〇七年に日露協商が締結され、この両国が満洲を勢力圏とすることを承認する日英露仏の四国協商が形成された。これを背景として日本の対華政策は、「対列国強調関係の維持強化を背景として満洲権益の確立を図ることを優先し、列国との利害対立を惹起しかねない南進を当面は棚上げ」した。[78] 英仏資本に依存する日本には、銭恂が期待するような役割を果たすことは困難であった。

一方、清・独・米三国提携を主張した他の在欧公使たちは、四国協商形成後の日本を評して「陰で各国の在華利益を保護する警察を自認している」と述べたように、この協商ブロック形成が中国に及ぼす影響をよく理解していた。それが清・独・米三国提携を提唱する理由であったことは先に確認した通りである。

では、彼らの「領土意識」とはどのようなものだったのだろうか。孫宝琦が門戸開放によって満洲・モンゴル・新疆の維持を提唱していたことは先に見たが、この点について興味深いのは、劉式訓の提言である。一九〇八年一〇月に劉式訓は外務部に宛てて電信を送り、その代奏を要請したが、その内容はトルコの轍を踏まぬよう、速やかな憲法公布、三年以内の国会開設、ならびにチベット・モンゴルでの省制実施を請うというものであった。劉式訓がトルコを引き合いに出すのは、周辺諸国によって属国や領域を蚕食されてきたトルコの状況が中国の現状に通じるからであるが、彼はトルコの辺境喪失の原因を立憲制導入の遅れに求めている。当時、清朝政府は九年後の憲法制定を約していた。だが劉式訓は、その間にチベットやモンゴルが強大な隣国の扇動を受け、ブルガリアの例のような事が起こらないとも保証できず、危機が一たび起これば、それは全局に影響する、と述べ、そのような事態を防ぐため、立憲制を速やかに導入し、同時にチベット・モンゴルに省制を実施して外国勢力の浸透を防ぐよう、提案したのである。[79] 辺境の危機は全局に波及すると述べるように、劉式訓の中でも、列強による分割への危機感は、チベット・モンゴルを含めた清朝の版図を一体のものとして見る意識につながっている。特にバルカン半島をめぐるヨーロッパ情勢の緊迫を肌で感じていた劉式訓は、トルコと中国の立場を重ね合わせる中で、清朝の版図を不可分のものとする意識をより強くしていた。

銭恂も一九〇九年二月にバルカン情勢を論じているが、そこには劉式訓のようにトルコの状況と中国の領土分割の危機とを重ねるような視点は全く見られない。[80] 同じくヨーロッパにおいてバルカン情勢を観察しながら、両者の領土問題に対する意識は大きく異なっていた。そして、日露戦争後の中国で進んだのは、清朝の版図を不可分の「領土」とする政策であった。

列強の角逐の中で実態はともかくも清朝の版図を「領土化」して中国の自立を図ることは、愛国主義的な課題に応え、国家の統一を維持することとなっていった。このように守るべき中国の領土として清朝の版図が前提とされる以上、「外交官」にはそれに対応する領土問題への意識が要求されよう。陸徴祥や劉式訓らが民国外交部の基礎を築くこととなったのは、その人間関係もさることながら、近代的な「職業外交官」を志向する意識や国際社会への認識、領土意識など、彼らの中に日露戦争後の中国外交のあり方に関する共通認識があり、それは中国の国内的・対外的な情勢の中で、中国の自立とそのまとまりを維持するために必要なものだったからである。

小　結

銭恂は一九〇九年に駐伊公使の職を、着任後わずか一年で解任され、以後は外交とは関わりを持たなくなる。在外公使の任期は通常は三年とされ、その途中で解任された背景には、外務部との不和があったとされるが[81]、対外方針をめぐる対立も影響していたのではないだろうか。実は銭恂が「最近外交情形疏」を上奏し、独米敵視・日清提携を主張したのは、彼の解任が決定されてからである。袁世凱や唐紹儀が下野した後も、外務部では尚書の梁敦彦を中心に親米傾向が強かった。このような傾向を批判するために先の「最近外交情形疏」を上奏したのだろう[82]。

銭恂は、日清戦争以前より「経世」のために海外事情の研究を志し、その成果を著作の形で公刊して外交方針に関する積極的な提言を行った。また張之洞のもとで対日交渉に当たり、日露戦争の際には駐露公使館に、第二回ハーグ平和会議への参加にあたっては駐蘭公使館に呼ばれるなど、彼の経歴は外交の現場でも評価されてきた。にもかかわらず、銭恂は「外交官」とはならなかった。それは彼の外交に関わる活動・主張を貫くものが、あくまで浙江人の「経世家」としてのアイデンティティーであったことによるだろう。確かに彼は熱心に海外事情の調査・研究を行い、対外問題について積極的に提言した。しかし、その活動を貫くのは、「経世」のためという紛れもなく伝統的な中国知識人としての責任感・自負心である。そして、西洋社会はあくまで研究対象に過ぎず、世界は西洋と東洋とに分かれているという世界観が揺らぐことはなかった。ゆえに他の公使たちのように、「国際社会」の広がりも、それへの積極的な参加の必要性も実感されることはなかった。

日露戦争前、特に一九世紀後半の在外公館では、銭恂のような「経世家」が海外事情を調査・研究し、著作を刊行するなどして自身の主張を公にすることも珍しくはなく、そのような人物が対外事務の人材として、在外公使や地方督撫のもとに招聘されていた。だが、孫宝琦は銭恂を外交人材とはみなさなかった。
銭恂の後任として呉宗濂が駐伊公使に任命されたのは、そうした人材観の変化を象徴していよう。
思えば、この二人はともに薛福成のもと、随員と翻訳官として在外公館に勤務した同僚であった。銭恂も薛福成と同じく英露対立を利用する対外方針を主張した。だが、薛福成の中では中国を国際法の中に位置づける必要も同時に痛感されていた。中国の自立を守るためには、単に英露の対立を利用するだけではなく、中国が国際法を適用される存在として英露の角逐に対する必要があったのであり、そうして初めて中国は英露の勢力均衡を促す存在として自立することができるのである。しかし、銭恂にとって「国際社会」は中国の外に存在する西洋のものであった。このため、日清戦争以降の列強による分割の危機に対し、彼は日本との提携を選んだ。

一方、呉宗濂もまた『経世報』で積極的な言論活動を行ったり、龔照瑗公使期の在外公館の活動を『随軺筆記』として刊行したりするなど、在外公館とその外交の重要性を訴える点で、薛福成の認識を受け継いでいた。ただ、薛福成自身は明確には語らなかった在外公館における外交人材の養成を、呉宗濂は在外公館の機能として明確化し、日清戦争後には専門外交官養成の制度にまとめ上げた。その意見が劉式訓の一九〇六年の上奏につながっていった。そして、そのような外交官養成論を共有する在欧公使たちの間で、中国の自立を守るため中国を国際法の中に位置づける必要性が認識されていたのである。

もっとも、薛福成の時点では、中国を国際法の中に位置づけることと同時に「遠略」に勤めることが目指された。そうすることで英露対立に対しバランサーとして中国が自立することができたのである。一方、日清戦争後の中国が列強の角逐の中で自立をはかるには、清朝の版図を実態はともかくも不可分の「領土」とみなすとともに、制度改革を進めて「文明国」として国際社会の正式な一員となり、門戸開放主義に対応しなければならなかった。情勢の変化により具体的な政策は異なるが、中国が列強の勢力均衡を促し、その中で自らの自立をはかるためには、中国を国際社会の中に位置づけなければならないという認識は、両者に共通するものである。そして、この認識を受け継いだ外国語学校出身の「外交官」たちが、中国のまとまりを象徴すべき民国の職業外交官の基礎を築いたのである。

補論　領事館の増設とその意味

——陸徴祥によるオランダとの領事館設立交渉を中心に——

はじめに

清朝のもとでは、一八七七年にシンガポールに最初の領事館が設立され、一八七〇年代後半から八〇年代初めに日本やアメリカ大陸において領事館の設置が続いた。だが、最も華人の多い東南アジアについては、領事館の増設がたびたび議論され、また東南アジア地域を支配する植民地宗主国との間で幾度も領事派遣を求めた交渉が行われながら、領事館の増設は進まなかった。

一八九〇年に至り、薛福成は英露対立という当時の情勢を利用してイギリス政府からイギリス領への清国領事館設置の原則的承認を獲得し、一八九一年に駐シンガポール領事館を総領事館に格上げし、一八九三年にはペナンに領事館を設置、現地華商をその副領事に任じた。また、一八九四年の「続議滇緬界務商務条約」には、清朝がイギリスに雲南・蛮允への領事館設置を認めるのと引き換えに、清朝はラングーンに領事館を設置できることも規定された（実際の設置は一九〇九年）。

薛福成はその外交活動の中で領事館の増設を特に重視したが、その政策の特徴は領事館の機能として特に通商保護を重視したことにある。薛福成は中国の貿易収支の出超状況に危機感を有し、これを是正する手段として海外華人の本国送金に注目した。[1] 領事派遣により海外華人の経済活動を保護し、これを清朝の国家政策の中に位置づけようとしたのである。薛福成はさらに一八九三年に海禁解除を求める上奏を行い、これを受けて清朝はついに海禁政策を廃止した。[2] 薛福成の外交思想は、海外華人政策の面においても一つの画期となるものであった。ただ、実際の領事派遣においては、ペナンに商人領事を当て、駐シンガポール総領事に管理させる形を採っており、これは第2章で言及した一八八二年の左秉隆の領事派遣論を継承するものであった。

日清戦争後になると、清朝は朝鮮各地に領事館を設置している。また、アメリカ領となったマニラにも領事館が設立された。そして一九〇〇年代、清朝の在外公使館、領事館はともに一気に数を増し、東南アジアやオセアニア、アフリカ、ヨーロッパ、北米など世界各地に清朝の領事館が設立された。

ただ、一九〇〇年代に新たに設置された領事館について具体的な形態を見てみると、一九世紀後半からの連続性が認められる。表2を見てすぐ気がつくように、半数が現地商人による副領事もしくは代理領事、あるいは西洋人を名誉領事に任命したものである。総領事には清朝官員が派遣されているが、そのほとんどは駐オーストラリア総領事館や駐ニュージーランド総領事館のように大英帝国の植民地政府に派遣されたもので、公使館に準ずるものである。また、南アフリカやメキシコ、サモアなどは招工への対応のために清朝官吏が派遣されていた。つまり、総領事には清朝官吏が派遣される一方、その下位にある各都市の領事館は現地商人に委ねるという左秉隆の提案した派遣形態が基本的に続いており、また領事派遣の目的として招工対策が依然として重要な位置を占めていたのである。また、この時期に新設された領事館の多くは、清朝に領事館設置をすでに認めていたアメリカやイギリスの支配下にある地域であった。

こうした状況の中で目を引くのが、一九一一年に設立されたオランダ領インドネシア（以下「蘭印」）の領事館で

表 2　外務部期新設領事館の設立状況

年代	国・地域	初代領事	備考	種類	
1902 年	ボストン（米）	米人	外国人	副領事	
	元山（韓）	懿善	随員	副領事	
1904 年	南アフリカ（英）	劉玉麟	留美幼童出身	総領事	
	メキシコ	梁詢	随員	総領事	駐メキシコ公使館を兼ねる
	ナポリ（伊）	伊人	外国人	名誉領事	
1905 年	モザンビーク（独）	独人商人	外国人	名誉領事	
1906 年	ポートランド兼シアトル（米）	梅伯顕	現地華商	代理領事	
1908 年	オーストラリア（英）	梁瀾勳	香港皇仁書院卒，随員	総領事	
	ニュージーランド（英）	黄栄良	翻訳官出身	総領事	
	シアトル（米）	阮洽	現地華商	代理領事	
	ボルドー（仏）	仏人商人	外国人	名誉領事	
	ノルウェー	ノルウェー人	外国人	名誉領事	
1909 年	シドニー（英）	劉汝興	現地華商	副領事	
	パース（英）	雷華	現地華商	副領事	
	ブリスベン（英）	王占元	現地華商	副領事	
	カナダ（英）	龔心釗	随員	総領事	
	バンクーバー（英）	蕭永熙	翻訳官出身	領事	
	サモア（独）	林潤釗	広東洋務委員	領事	
	オーストリア	奥人商人	外国人	名誉領事	
	ラングーン（英）	欧陽庚	留美幼童出身	領事	
1910 年	パナマ	欧陽庚	留美幼童出身	総領事	
	マルセイユ（仏）	仏人商人	外国人	名誉領事	
1911 年	ジャワ（蘭）	蘇鋭釗	翻訳官出身	総領事(蘭)	
	パダン（蘭）	徐善慶	翻訳官出身	領事	
	スラバヤ（蘭）	陳恩梓	随員	領事	
	新義州（韓）	王克均	前駐英公使館参賛	領事	
	ジェノバ（伊）	伊人	外国人	名誉領事	

注）年代は領事の任命の年を表し，実際の着任年ではない。

出典）『清季中外使領年表』（中国第一歴史檔案館・福建師範大学歴史系合編，中華書局，1985 年）「清朝駐外領事年表」，73–90 頁より作成。

である。まず、オランダ植民地への領事館設置はこれを最初とする。また、古くから華人社会の発達した東南アジアでありながら、総領事をはじめその下位の領事まで清朝官員が派遣されている。この蘭印への領事館設置は、中国の領事館設置史、特に東南アジアへの領事館設置史において一つの画期をなすものであろう。さらにこの時の蘭印への領事館設置をめぐる交渉は、中国で最初の国籍法である「大清国籍条例」の制定を促したとして、つとに注目されてきた。しかも、このオランダとの交渉を担当したのが、民国・外交部の基礎をつくることとなる陸徴祥その人であった。

従来の研究では、血統主義を採る清朝と出生地主義を採るオランダ両国による蘭印華人の国籍をめぐる争いに焦点が置かれ、清朝がオランダに妥協し、領事条約の付則で蘭印において華人はオランダ臣民とみなされること、蘭印を離れれば華人は中国人とみなされると規定したことに対し、外交上の成否が問われてきた[3]。確かに陸徴祥は、蘭印在住華人の中国国籍を維持しようと努力した。だが、陸徴祥がオランダとの交渉において重視したのはそれだけではなかった。

この補論では、蘭印への領事館設置交渉を通じて、陸徴祥の海外華人政策、特に国籍に関する考えを検討するとともに、陸徴祥が蘭印における「中国人」のヨーロッパ人や日本人との対等な地位を求めていたことを明らかにしたい。

一　蘭印領事館設置交渉（一九〇八～一一年）の発端

華人への虐待が報告される蘭印への領事館設置は、一九世紀後半より何度か提起されていたが[4]、一九〇八年に駐蘭公使の陸徴祥が領事館設置交渉を命じられた直接のきっかけは、陸徴祥の前任者である銭恂の建言による。

銭恂は一九〇六年に外務部と農工商部の命を受け、ジャワの工商業・学務の視察調査に赴いた経験があり、その時の見聞をもとに一九〇八年五月一四日付の上奏で蘭印華人社会の状況を報告し、清朝の採るべき政策を提言した。(5) よく言われるように、二〇世紀に入ると海外華人社会に対し康有為や梁啓超らの変法派と孫文らの革命派が影響力を及ぼすのに対し、清朝も官員を派遣したり、商会を組織させたりするなどして華人社会における民族意識の形成を促し、これを取り込もうと働きかけていたが、銭恂の派遣もそうした働きかけの一環である。一方、蘭印華人社会でも一九〇〇年のバタビア中華会館の設立を機に華僑運動が始まり、「中華民族」の意識が急速に高まっていた。(6) 蘭印華人は中華学校を中華会館に併設し、中国志向の教育を始めたが、清朝のほうでも銭恂の女婿である董鴻禕を派遣し、蘭印華人の漢文教育を指導するなど働きかけを行った。銭恂も蘭印華人の子弟が中国本国で学べるよう、両江総督の端方と協力して暨南学堂を設立するなど、教育を通じた愛国心の涵養を重視していた。(7)

このように銭恂は華人社会への働きかけに積極的であったが、彼の上奏で興味深いのは、銭恂が蘭印華人を華工と華商とに分類し、それぞれに異なった対応を主張している点である。

まず華工についてでは非常な苦境にあるとするが、それは華工の多くが中国内地の奸民によって誘惑され販売されてきたものであり、またオランダ人資本家のもとで、長く定住している華人（プラナカン）が工頭や管理人となり、この新来の華工（トトッ）を虐待しているからであった。銭恂は華工問題への対策として、オランダ側が福建での招工を希望しているのを利用し、招工条約を締結してその中に領事館の設置を規定することを提案している。

一方、華商も様々な差別待遇により不満を積もらせており、その対策として華商の間ではオランダ籍や日本国籍の取得が考慮されているとする。これに対し銭恂は、商会を設立し、有力商人をその総協理に推挙することを通じて華商との関係を強めることを提案している。それは、商会の設立の場合、領事館のように領事条約の締結という外交交渉は不要で、しかも領事よりも華商の状況をより詳しく正確に把握することができるからであった。[8]

以上の銭恂の提案からは、一九世紀後半以来、清朝官員が領事の機能をどのように考えていたかが端的に示されている。まず領事は招工の管理者であり、その招工は一般条約ではなく「招工条約」によって管理されるべきものとみなされていた。一方、華商ら海外華人社会の有力者に対しては、官は領事という権威を与える形で接してきたが、商会の設立が広がる中、この商会が有力商人への権威の付与という商人領事設置の機能を代替していた。[9]

銭恂の「領事観」はこのように一九世紀後半以来のもので、必ずしも目新しいものではなかったが、ちょうど日本がオランダとの間に領事職務条約を締結し、蘭印への領事館設置を承認されたことから、この機会を利用して清朝もオランダ政府に領事館設置を要請するよう奏請した。[10] そして、一九〇八年七月二九日付の外務部の電信により、銭恂の後任として再び駐蘭公使となった陸徵祥に、オランダ政府との交渉が命じられた。[11]

オランダ政府との領事館設置交渉の命に接した陸徵祥は、すぐさま日本とオランダの領事職務条約の条約文を取り寄せて研究するとともに、[12] オランダ外務省に領事館設置を要請した。しかし、オランダ側は交渉の開始をしぶり続けた。[13] オランダが議会で新しい国籍法を制定し、蘭印現住の華人をみな植民地籍に編入した後で領事館設置交渉に応じるつもりであることを察知した陸徵祥は、一〇月八日付の電信で外務部に対し、速やかに国籍法を制定し、国籍離脱（出籍）の制限を厳密に規定することを要請した。[14] 蘭印華人の国籍問題を契機として、清朝中国では国籍法の制定が急がれることとなったのである。

二　蘭印華人の国籍問題と「大清国籍条例」の制定

すでに先行研究で指摘されているように、海外華人が西洋諸国の国籍を取得することはつとに清朝官員の間でも問題視されていた。だがそれは華人保護の観点からというより、海外で西洋諸国の国籍を取得した華人が、中国本国において西洋諸国の領事裁判権を利用し、地方行政を乱すことが懸念されたためであった[15]。たとえば一八八二年に広西省候補知府の李勉は左宗棠に上申し、ジャワに領事館を設置することを提言しているが、その際李勉は、ジャワで生まれ育った華民はオランダの国籍に編入されるが、彼らが後に中国に帰った際には西洋人の管理に帰し、清朝官員の所管とはならないとの説があること、もしそうならば、沿海には戸籍を偽り問題を起こす者があふれるだろうと、危機感を表している[16]。李勉の提言を受けた左宗棠は、総理衙門と駐英公使であった曾紀澤にこの上申書を送り、また駐シンガポール領事の左秉隆に調査をさせるよう促した。この時の左秉隆の回答が、現地の有力華人を各地の領事・副領事とする一方、清朝官員の総領事を派遣して、彼らを管理させる、二重構造の領事設置を提案するものであったこと、そのような間接的な海外華人管理の方法が、二〇世紀初頭においても実施されていたことは先に見た通りである。

その後も清朝官吏の間では、外国籍華人が西洋諸国の領事裁判権の庇護を受けることを問題視する議論がたびたびなされているが、特に二〇世紀に入ると、海外華人の外国籍取得が増加し、清朝官員の間でも危機感が募っていった[17]。また、外国政府からも華人の国籍離脱（出籍）について問い合わせを受けるようになり[18]、清朝政府は対応を迫られることとなった。だが、修訂法律館における国籍法の制定作業は遅々として進んでいなかった。

そうした中、一九〇七年には閩浙総督の松寿が国籍法の早期制定を求める上奏を行っている。松寿は、海外華人だけでなく内地の華人も続々と外国籍を取得しているとし、平時は内地に居住している彼らが、一旦ことがあれば外国領事の保護を受け、国内の事件が外交問題に変じる状況にあることから、早期に制限を設けることを求めた[19]。また、一九〇八年一一月には両広総督の張人駿が「限制華民託籍五条」を作成し、国籍法制定の参考にと修訂法律館に送付したが、それは多くの華民が外国籍を騙ることを憂慮したためである[20]。沿海部を所管する地方督撫を中心に、地方官の間では、華人の外国籍取得による地方社会の混乱を憂慮し、国籍法の制定が切望されるようになっていた。

一方、駐仏公使の劉式訓も、修訂法律大臣が外務部・民政部・法部とともに「入籍出籍条例」を制定することを奏請している。一九〇八年三月二二日付で裁可されたその上奏文の中で、劉式訓は国籍法制定が必要である理由を次の四点から説明している。まず一点目は、華人が外国籍を取得し、外国の領事裁判権を利用することで、これは主権に関わるとする。二点目は、外国籍を取得した華人が中国内地に不動産を所有することにより、外国人の内地での不動産取得を禁じた条約の規定がなし崩しにされることで、これは現行の条約に関わるとする。ただ、劉式訓は以上の二点は領事裁判権の回収や内地開放によりいずれは心配する必要はなくなるとし、国籍法制定がより急がれる理由は残りの二点だとする。三点目は、東南アジアにいる多数の華人の国籍問題で、特に蘭印の華人が出生地主義によりオランダ籍に編入されようとしており、それによってオランダは清朝の領事館設置をひそかに拒もうとしているとする。四点目は、現在立憲制導入の準備が進んでおり、将来、国民としての権利を享受し義務を尽くさせるには、国籍法を制定して国民の範囲を明確に定める必要がある、とする[21]。

劉式訓の提言にも地方督撫と同じく、外国籍華人が地方の秩序を乱すことへの危機感がある。だが、そのような問題が起こる背景には領事裁判権の存在と内地未開放という中国の現状があり、それはいずれは解消されるべき状態であった。華人が外国籍を取得することが問題なのではなく、それが問題となる中国の現状こそ問題なのであり、国籍法制定が急がれる理由はむしろ「国民」となるべき人々の保護や、「国民」として権利と義務を有すべき人々を明確にすることにある。それが劉式訓の考えであり、地方督撫らの意見とは根本において異なっていることを注意すべきだろう。

劉式訓の奏請を受け、修訂法律館は外務部とともに国籍法の制定を行うが、ここに蘭印華人の国籍問題が喫緊の課題として浮上してきたのである。

第一節で述べたように、一九〇八年に再び駐蘭公使となった陸徴祥は、オランダ政府に蘭印への領事館設置を要請した。だが、オランダ議会では新しい国籍法（のち一九一〇年に制定される「臣民籍法」）の制定が進んでおり、領事館設置交渉の前に蘭印華人を植民地籍に編入してしまおうというオランダ側の意図を察した陸徴祥は、蘭印華人の代表機関である商会に札文を送って彼らの行動を促した。一九〇八年一二月六日に蘭印の商会に届いたというこの札文は、オランダ議会での新しい国籍法制定の動きと、これが華人を植民地籍に編入しようというものであることを知らせるとともに、清朝でも国籍法がまもなく制定されるとし、華人社会の上層である彼ら商人に、同胞を励まして華僑の人々が愛国の心を持ち、人々が有国の民であること、つまり各国の国民は軽々しくその郷里を捨ててその国籍を捨てようと願うものではないことを知らせてほしいと要請している[22]。

この札文に接した蘭印の華商らは、一二月末にスラバヤで集会を開き、札文に従って華人大衆を啓発するとともに、中国本国の農工商部や陸徴祥に電信を送り、速やかな領事館の設置と血統主義による国籍法の制定を要請した[23]。同様の電信は外務部や上海などの商会にも送られており[24]、中国本国でも国籍法制定がにわかに注目されるところとなった[25]。またスラバヤの集会には蘭印で調査中だった駐蘭公使館の王広圻参賛も招かれており、王広圻もこの状況を外務部に報告している[26]。

蘭印華人の要望を受け、農工商部は速やかな国籍法の制定を奏請し、一九〇九年二月二七日の上諭で修訂法律大臣に外務部とともに早急に討議の上、具奏するよう命じられた[27]。そこで外務部は修訂法律大臣とともに国籍条例の草案を上呈した。三月九日の上諭により、憲政編査館に対してこの草案の審議が命じられ、三月二八日に憲政編査館が議覆を行い、こうして血統主義に基づく「大清国籍条例」が制定されたのである。

「大清国籍条例」が急遽制定された背景には、蘭印華人たちの盛んな訴えがあったことは否定できない[28]。第一節でも述べたように、蘭印では二〇世紀初頭より代々定住するプラナカンと新来のトトッの両者を含めた「華人」「中華民族」としての意識が発生していた。植民地統治の中で様々な差別を受け、不満を募らせていた蘭印華人に対し、清朝も教育事業や商会の組織を指導するなどしていた。蘭印華人の間にそうした民族意識の形成と政治運動を行うための組織があったことが、「大清国籍条例」の制定を求めるアピール行動につながっていた。

ただ、その行動の直接のきっかけは陸徴祥の札文であり[29]、また蘭印華人たちの集会やアピールには王広圻参賛も参加していた。さらに陸徴祥は蘭印華商らの国籍法制定を求める電信を受け取ると、国籍法公布後すぐに蘭印華人たちに国籍証明書を発行できるように、王広圻参賛を通じて蘭印華人の調査・リスト作成・外務部への報告を命じていた[30]。陸徴祥がオランダの臣民籍法制定の動きに対して先手を打ち、蘭印華人の中国籍を確保すべく積極的に動いていたことが分かる。

血統主義に基づく「大清国籍条例」の制定により、蘭印華人たちの「中国籍」を主張する基礎ができた。これをもとに陸徴祥はオランダ政府との領事館設置交渉を進めていくこととなった。

三　領事館設置交渉と陸徴祥の方針

陸徴祥の度重なる要請にもかかわらず、オランダ外務省は臣民籍法が審議中であることを理由になかなか領事館設置交渉の開始に応じなかった[31]。その間、陸徴祥は他国の蘭印領における領事館設置状況を調査していたが、そこで領事館設置に際してはオランダの統治法一〇九条の存在が重要な意味を持つことを知る[32]。

蘭印では、統治法一〇九条により住民は「ヨーロッパ人」と「原住民」の二つに区分されていた。同じ外国人でも、華人や日本人など「外来東洋人」は「原住民と同等視される者」として実質的には第三のカテゴリーとして扱われ、ヨーロッパ人に比べ様々な差別的待遇を受けていた。ところが、一九世紀の末に日本人は他の「外来東洋人」とは別の扱いを受けるようになる。日蘭通商航海条約の締結を受けて一八九九年に成立した「日本人法」は、日本人をヨーロッパ人と同等視することで、一〇九条の「人種基準」に例外を設けたのである[33]。この措置は、蘭印における「人種」区分に初めて風穴を開け、華人運動の勃興にも刺激を与えたとされるが[34]、その一方で、蘭印華人がヨーロッパ人と同等の待遇を獲得する方法として、日本国籍の取得という抜け道を蘭印華人に開くこととなった。特に一九〇八年に日蘭間で領事職務条約が締結され、翌年蘭印に日本領事館が開かれると、蘭印では台湾人も「日本国籍」と認められたため、蘭印華人の間で台湾籍を取得する者が増えることとなる[35]。

実はこの統治法一〇九条により「外来東洋人」の華人はヨーロッパ人や日本人に比べ差別待遇を受けていること、それに対し蘭印華人が強い不満を抱いていることは、銭恂も把握していた。銭恂は先に言及した一九〇八年の上奏の中で、華僑が最も苦しんでいる差別待遇として、①裁判の不平等、②旅行・居住の不平等、③納税の不平等を挙げていた[36]。①は華人に対し刑法は原住民法が適用され、警察裁判所・原住民裁判所で裁かれていたことで、華人は裁判自体への不満とともに原住民と同じ扱いを受けることに屈辱を感じていた。②は旅行や居住に制限が加えられていたことで、特に華商の経済活動はこれによって制約を受けていた。[37]

こうした蘭印華人の不満に対し、銭恂は「西洋人は人格の貴賤を基準に待遇の厚薄を判断し、人格の貴賤は貧富に準じる」とし、華僑の多くは貧しく、犯罪者なども含まれることから、こうした待遇を受けるのも半ばは自業自得だとする。ただ「いまは学堂を興し、商会も設置しているので、まさに優待を要求し不平を免れる機会である」とも述べ、西洋では納税額に応じて権利の等差が決められるので、オランダとの間で納税額が一定以上の者は欧米人と同等の待遇を受けられると取り決めてはどうかと提案していた。[38]

銭恂はこのように蘭印華人に対するヨーロッパ人および日本人との差別待遇をそれほど深刻に受け止めていない。しかし、陸徵祥はこの統治法一〇九条による差別を、特に日本との差を重視した。陸徵祥は蘭印に領事館を設置しているトルコ・ペルシア・シャムのアジア諸国と日本とを比較し、

トルコ・ペルシア・シャムの三国は、領事がいてもその僑民は依然としてヨーロッパ人と平等になることはできない。日本は領事条約を締結したばかりだが、その僑民はすでに一〇年前からヨーロッパ人と平等な権利を享受している。オランダ人は植民地統治法をおおよそ二種類に分け、初めはヨーロッパ人を一種類、アジア人と原住民を一種類に区別していたが、一八九九年に改定してより、当該条項は日本人をヨーロッパ人の中に入れ、ヨーロッパ人と日本人を一種類とし、その他のアジア人と原住民を一種類とした。各国の領事はむろん自国の商民を保護する権利を有するが、植民地統治法がどの国の僑民を何れの地位に置くかはやはりその主権に関わることである。ゆえにその法律が改正されれば、まだ領事が派遣されていない日本人はその法律を軽視することはできないが、改正されなければ、トルコ・ペルシア・シャムなどは領事がいても依然として障害が多

い。[39]

領事館を設置しても、統治法一〇九条による差別がある限り、蘭印華人は同じ外国人であるヨーロッパ人や日本人と平等な地位を得ることはできない。このことを問題視するということは、つまり陸徴祥にとって領事を派遣する意義は、中国人が外国において他の国の人々と平等に扱われること、平等な条件のもとで経済活動に従事できることにあったと言えよう。

もちろん、ここで大事なのはヨーロッパや日本と「平等」であることであり、それは同時に蘭印の原住民や他のアジア諸国と自らを差異化する意識を伴うものではある。

いずれにせよ、陸徴祥がオランダとの交渉において争ったのは蘭印華人の国籍だけではなく、この統治法一〇九条の改正によるヨーロッパ人や日本人との平等な待遇だったのである。

一九〇九年一二月一七日にオランダ側はようやく領事条約の草案を陸徴祥に提示した。この条約案自体は日蘭領事職務条約と同内容のものであったが、「本条約の施行にあたっては、オランダ臣民を中国臣民とみなすことはできない」との付則が添えられていた。[40]血統主義を採る「大清国籍条例」がすでに制定されていたが、オランダ側はまもなく成立する予定のオランダ臣民籍法によって出生地主義を採るため、蘭印華人は二重国籍を有することになる。オランダ側はこの付則によって蘭印華人の中国籍を否定し、彼らを清国領事の保護の外に置こうとしたのである。当然、陸徴祥もそのようなオランダ側の意図を見抜き、すぐさまオランダ側の付則案に「また中国臣民をオランダ臣民とみなすこともできない」との文言を付け加えるように提案した。[41]

また、一九一〇年二月三日付のオランダ外務省宛第二次照会では、オランダ原案の付則に続けて、「付則本文に称する人民とは、オランダ領に居住する者のみについて言うものである」との文言を加えることを要求した。[42]これは蘭印華人のオランダ臣民籍をオランダ領内に限定しようとするもので、オランダ領を離れ中国に帰国した場合には、中国人とみなされるという、一九一一年の最終的な妥協案に近い内容である。陸徴祥が早い段階から蘭印華人のオランダ臣民籍をオランダ領内に限定する形を考慮していたことが窺われる。

ただ、一九一〇年二月時点で陸徴祥と外務部がこの付則に対して採った態度は、オランダに華人の国籍選択権を認めさせるというもの、つまり付則を「オランダ臣民とは自ら（オランダ臣民籍の）承認を願ったオランダ臣民を称す」との表現に改めることを要求するもので、これ以上の妥協はできないと、陸徴祥はオランダ側に伝えた[43]。

このように付則について争う一方で、陸徴祥は同時に統治法一〇九条の削除・改正を要求した。オランダ側はこれに対し、統治法は植民地統治の根本法であり、にわかに議論することはできないとし、特に蘭印における華人の状況はヨーロッパ人や日本人とは比べられない、いまその法を改めれば、蘭印は中国の行省となってしまう、と答えた。だが、蘭印華人の民族意識の高まりを受け、オランダ側も華人の要求に一定の譲歩をする必要は認めるようになっており、オランダ外務省は一九一〇年三月八日付の照会で、入境・居住・旅行に関する華人の行動制限について年内に改正すると陸徴祥に回答している[44]。

ただ付則については、オランダ外務省は改める必要を認めなかった[45]。陸徴祥から報告を受けた外務部は、国籍選択の自由を認めるのは「各国国籍法の普遍主義であり、オランダ外務省がこれも拒否するのは、明らかに公理を無視している」とし、もし融通をきかすことができないなら、こちらはむしろ領事条約を締結しない方が、付則の束縛を受けずにすむと、領事条約交渉の停止も含めた強い姿勢を陸徴祥に伝えている[46]。

一方、オランダ外務省は植民地省の意向を盾に、付則を改めることを断固拒否した[47]。付則をめぐり双方の主張が平行線をたどり、交渉は停頓した。オランダ臣民法も成立する中、陸徴祥は清朝側の決然たる姿勢を示すため、皇帝への報告を理由に帰国し、交渉は北京に移されることとなった。この帰京が清朝側の抗議を示す実質的な公使の召還であることは、九月二一日の第一回会談の際に陸徵祥から駐華オランダ公使にも伝えられている[48]。だが、付則をめぐりこのような強硬姿勢を示す一方で、国籍に関しては譲歩する方針が北京での交渉開始前に決まっていた。

陸徵祥の帰京を受け、駐蘭公使代理となった唐在復参賛は、外務部に宛てた書簡で、領事館設置を優先し国籍については譲歩することを求めた。その理由も統治法一〇九条による差別と関わっていた。つまり、オランダはいま蘭印華人に対する行動制限等の差別待遇の改善を検討しているが、それは華人をオランダ臣民籍に編入させるための甘言で、オランダ臣民籍を拒否した華人も差別待遇改善の利益に均霑できるかどうか分からない。今後、蘭印の華人の間では本籍・客籍の区別が生じるため、領事がいなければオランダ官員が法を曲げ華人が偏った待遇を受けないとは保証できず、予防措置を採る必要がある、というものである。このため、領事館の設置は先延ばしにできず、国籍法については譲歩の方法を考えるべきと主張した。そこで唐在復が提案した譲歩案が、オランダ臣民籍を有する蘭印華人がオランダ領を離れたら、中国国籍の範囲内に帰するというもので[49]、これこそ清蘭領事条約付則の最終的内容にほかならない。

一九一〇年九月一日にこの唐在復の書簡に接した外務部[50]がすぐにこの唐の提案を受け入れていることは、外務部が農工商部に宛てた九月一八日付の書簡から窺われる。ここで外務部は国籍問題について、蘭印華人のオランダ臣民籍をオランダ領内に限り、華人がオランダ領を離れれば本籍に帰するとすることを交渉方針とする旨、農工商部に伝えている[51]。

ただ国籍に関するこの譲歩案は、先に述べたように、唐在復によってこの時初めて唱えられたものではなく、陸徵祥がハーグにいた時から考えられていたものと思われる。九月二一日に持たれた駐華オランダ公使との第一回会談において陸徵祥は、自分はすでにハーグでオランダ外務大臣に対し、国籍に関してはそれぞれが自国の法律を適用するのを黙認してはどうかと提案していたと述べている。そして、「それぞれが自国の法律を適用するのを黙認する」ということの具体的な表現として、付則の内容を「領事条約の施行にあたっては、二重国籍の衝突が起こった場合、オランダ領植民地においてはオランダの法律に照らして問題を解決することを妨げないが、一旦オランダ領植民地を離れたなら、中国の法律に照らして解決するものとする」とすることを駐華オランダ公使に提案した[52]。

先にも述べたように、陸徵祥は早い時期から蘭印華人の二重国籍について、オランダ臣民籍の適用をオランダ領植民地内に限定する方針であったと考えられる。

一方、陸徵祥が駐華オランダ公使との交渉で重視したのは、統治法一〇九条の改正により、中国人が蘭印においてヨーロッパ人や日本人と平等な地位を獲得することであった。陸徵祥は会談の冒頭で、統治法一〇九条第三款で中国人を原住民と同等としているのを、第二款の他の友好国の子民と同等とするよう、その改定を要求した。駐華オランダ公使が、統治法一〇九条が東方諸国とヨーロッパを区別しているのは、法律と宗教が異なるためで、ことさら中国を軽視してのものではないと述べるのに対し、陸徵祥は法律について、中国はいま修訂法律大臣に命じて法律の改正を行っているとし、宗教についても日本がすでに統治法一〇九条の改正を受けていることから理由にならないと反駁している[53]。陸徵祥にとって大事なのは、法律の整備に示されるように、中国の「文明国」としての国際的地位を認めさせることだったと言えよう。

陸徵祥の反駁に対し、駐華オランダ公使は蘭印華人が最も不満を抱いている警察裁判所について、法律改正のための調査を始めており、これは統治法一〇九条改定の起点だと答えている[54]。清蘭両者の領事条約交渉において、国籍問題とともに蘭印華人に対する差別待遇の改善が重要な位置を占めるようになっていたのである。

北京で交渉が続く中、一九一〇年一〇月にオランダは蘭印華人に課していた差別待遇を改正する法令を公布した。だがそれは、入境・居住・旅行に関する行動制限の緩和に関するだけで、蘭印華人が最も不満を感じていた警察裁判所は対象ではなかった。さらに、行動制限の緩和も適用されたのはジャワ・スマトラ二島に限られ、居住の自由が認められたのも「体面上等の人」に限定されるなど、不十分なものであった[55]。蘭印華人の間でも不満が噴出する中、唐在復から新しい法令について報告を受けた陸徴祥は、一一月一七日の第四回会談で駐華オランダ公使に抗議するとともに、このままでは領事条約交渉を停止し、唐在復をパリに退かせるつもりであることを伝えた[56]。こうした陸徴祥の強硬姿勢に駐華オランダ公使も譲歩し、一二月一五日の最終会談で領事条約付則について、清朝案をオランダ本国政府に通知することを承知した[57]。結局、この清朝案が付則の最終案として承認された。

小結

領事条約締結を奏請した外務部の上奏は一九一一年五月一日付で裁可され、清朝側は陸徴祥が全権大臣として条約の調印を行った。

外務部の上奏は、領事条約締結までの経緯を説明する中で、付則をめぐって両国の間で激しい応酬があったとし、最終的な付則の内容について、次のように説明している。

昨年、臣部は両江・湖広・閩浙・両広総督と電信で商議した際、総督の中には我々がオランダの法律を認めたなら各国がそれを援用するのではないかとの恐れや、この新しい法律が帰国僑民の子弟に波及することへの憂慮がありました。しかし、英米ではその属領のシンガポールやフィリピン等の地に対する立法主義はオランダと等しく、オランダの法律に先んじて実施されており、この種の方法はオランダに始まるわけではありません。

帰国僑民が外国籍を援用することは、誠に流弊が多く、ここにオランダ植民地籍の人民が中国に帰ったなら、中国籍に帰すべきことを明確に規定し、これに借りて挽回に資するものと考えます。オランダ植民地生まれではない僑民はもとより中国籍と認められ、我が国の国籍法とも抵触することになりません。(58)

ここからは、付則の表現をめぐり蘭印華人の国籍を争った背景には、外国籍華人が中国の地方社会の秩序に及ぼす影響に対する地方総督らの憂慮があったことが分かる。実際、陸徴祥が付則の内容をめぐり重視したのは、中国国内での蘭印華人の外国籍を否定し、彼らを中国法の支配下に置くことであり、地方総督らと同様の憂慮があったのは確かであろう。だが、付則を通じて蘭印華人の国籍選択の自由を確保しようとするなど、蘭印華人の中国国籍自体を維持しようとしたことも確かである。そもそも、オランダ臣民籍法制定の動きに対し、先手を打って中国国籍法の制定を促し、オランダ臣民籍法に対抗して蘭印華人が中国国籍を獲得する基礎を作ったのは彼である。さらに、蘭印華人のオランダ臣民籍はオランダ領内に限られ、それ以外の地では蘭印華人は中国人とみなされることをオランダ側に認めさせたことは、オランダ臣民籍に編入された蘭印華人の潜在的な中国籍を維持するものであり、このような海外華人の二重国籍状態により、中国世界の伸縮自在性が維持されたと言えよう。

だが、陸徴祥がオランダとの領事条約交渉で争ったのは、付則だけではない。外務部は上奏の中でこの度の領事条約の性格について、陸徴祥は当初より日蘭領事条約と同内容のものでなければ妥協は難しいと言明していたこと、実際に締結された領事条約は確かに日蘭領事条約と異ならないものであること、この条約で認められた清国領事の権限は、オランダが各国領事に認める普通規則に基づくものであると説明している。(59) 陸徴祥にとって条約本文が他国と同じものであることは大前提であったが、この他国との平等性を実質的なものにするため、統治法一〇九条による華人への差別待遇を争った。これは、単に蘭印に現住する華人の待遇を改善するためだけでなく、中国人が蘭印においてヨーロッパ人や日本人と平等な地位を獲得するためであった。統治法一〇九条に関わる華人への差別待遇については、一九一四年に旅行制限と警察裁判所が廃止されているが、陸徵祥の領事条約交渉の時点で大きな改善を獲得できたわけではない。このため、先行研究においても付則をめぐる争いには注目しても、陸徵祥が統治法一〇九条の改正を求めたことは言及されていない。だが、この統治法一〇九条の存在を領事派遣の実質的効果を削ぐものとして問題視する彼の認識はもっと注目されても良いだろう。日本との対等性を求めたのは、おそらく蘭印華人の中で日本国籍（台湾籍）取得の動きがあったことへの対応に違いない。たとえオランダ政府に蘭印華僑の中国国籍を認めさせることができても、統治法一〇九条による差別が解消されなければ、蘭印華僑にとって中国国籍取得の現実的なメリットは少なく、彼らの外国籍取得に歯止めをかけることはできない。蘭印華僑の中国国籍の維持のためには、つまり蘭印華僑が中国国籍取得に魅力を感じるためには、付則が象徴する原則問題を争うだけではなく、統治法一〇九条の改正や領事の派遣を通じて、蘭印における「中国人」の権利保護を実質の伴ったものにする必要があったのである。ここに、海外華人と中国国籍をめぐる問題の特質がよく表れており、付則をめぐる清蘭政府の争いばかりを検討することの限界が分かるであろう。それと同時に、海外における「中国」と「中国人」の権利拡大を目指すことで華人の中国国籍の維持をはかった陸徵祥ら外交官には、単に外国籍華人の増大を憂慮するだけのものとは異なる意識を認めることができるだろう。

結論

本書は、科挙の伝統を有する中国においていかにして職業外交官が誕生したのかという問いに答えるため、清国在外公館に注目し、常駐使節の派遣に至るまでの経緯から、設立後の在外公館において西洋国際社会に対する意識の変化と外交人材の養成が進み、そうした在外公館での変化を基礎として職業外交官が誕生するまでの過程を明らかにした。

科挙と職業外交官という問題設定には、伝統と近代を対比的に捉える意識があると言われるかもしれないが、在外公館における外交人材の養成を論じるにあたり、これを洋務機関における人事慣行との関係から捉えたように、本書は、科挙を中心とする中国官僚社会のあり方と職業外交官の誕生とを相対立するものとする観点から出発したものではない。むしろ、在外公館における職業外交官の誕生を、一九世紀後半以降の「洋務」の展開と幕友制度の拡大・変容による伝統的な中国官僚社会の構造的変容の一環として位置づけ、これを論じてきた。

「洋務」は、本来は読書人によって担われるべきものであり、本書でも論じたように、在外公館員をはじめ「洋務」人材の養成・登用を科挙制度の中に定置しようとする意見は何度も提起された。一九〇六年の張元済の儲才館構想も、人材観の共通性という点で、そうした流れの延長上に置くことができるだろう。だが、「洋務」を正規の制度の中に位置づけようとする意見は、「洋務」を「夷務」とみなす勢力により批判され立ち消えとなるか、不十分な形でしか実現されなかった。その一方で現場では、制度的な裏付けを欠いたままではあるが、確実に変化が起こっていた。在外公館では本国に先駆けて西洋近代的国際関係が受容され、外交人材がいわば実地訓練によって養成されていた。そして、儲才館が設立されたまさにその時に、在外公館で養成されてきた外交官たちが主導する形で、在外公館とその外交人材が正規の制度の中に定置されたのである。

従来の研究では、儲才館設立による外交人材の刷新が強調され、その前後において在外公館員の人的構成に連続性はないかのようにみなされてきた。だが、実際には職業外交官の誕生において重要な意味を持ったのは在外公館における人的連続性であった。さらに言えば、在外公館では創設当初より外交人材の養成が行われていたが、そのような在外公館の実際を基礎として、民国の職業外交官誕生につながる専門外交官養成論が形成されていたのである。それを端的に示しているのは、呉宗濂が龔照緩に提出した意見書である。呉宗濂は慶常ら在外公館創設期の翻訳官が参賛となっていることを例に、新任公使である龔照緩に、在外公館における人材養成の重要性を説いた。呉宗濂の専門外交官養成論は、在外公館におけるそれまでの人材養成の実際を基礎としており、その後の呉宗濂の経歴や人間関係から見て、彼の専門外交官養成の思想が一九〇六年の人事制度改革以降の職業外交官の誕生につながるものであることは間違いない。呉宗濂の意見書を通じて我々は、創設期からの在外公館における外交人材養成が、民国の職業外交官登場にまでつながっていることを知るのである。

だが、これまでの研究において、在外公館が外政機関としていかなる機能を果たしていたのか、清末から民初までの中国外交の変容過程の中でそれはいかに位置づけられるのか、このような問いはなされてこなかった。川島真や岡本隆司は、これまでの外交史研究の基本的な視点・枠組みが「夷務」的な観点と民国の「民族主義」的な「外交」の観点に覆われ二分されてきたとして批判し、近代中国外交の変容を「夷務」から「洋務」・「外務」の段階を経て民国の「外交」へという展開過程として捉える新しい視点を提起した。それは、従来の二分法的視点では見落とされる事象があるからである。その一つが、洋務機関として始まった清国在外公館の外政機関としての位置づけであろう。「夷務」と「民族主義」の観念は一八七〇年代半ば、つまり「海防論議」を境として近代中国外交史を分断してきたが、まさにその「海防論議」を通じて在外公館の創設が決定された。このため、「洋務」のあり方と密接に関わり、これに規定されていた在外公館に対し、その性格や中国外交における位置づけが十分に解明されないまま、「夷務」との決別の象徴としてその創設決定までの経緯が注目されるか、あるいは在外公使による積極的な外交交渉を扱う個別の事例研究が積み重ねられることとなった。

もちろん、在外公使による外交が、本国に先駆けて西洋近代的国際関係を受容していたことはしばしば指摘されるところであり、特に薛福成の国際法観は日清戦争前のそうした在外公館の動向を集大成するものとして注目されてきた。ただ、薛福成の具体的な外交交渉を扱った研究では、そうした彼の外交思想と実際の外交交渉との関係が十分に論じられてこず、特に国際法に基づく「野人山地」分割案などは、まさに「民族主義」的観点から否定的に評価され、それが薛福成にとっていかなる意味を有したのかは無視されてきた。そうなれば当然、「遠略」に勤めることと「公法内」に入ることとの関係性は見えてこず、そのような外交思想を持っていた薛福成が外交それ自体の重要性を「外務」として明確化した意味も、ひいては日清戦争後の在外公使たちの外交思想との関連性も理解されないだろう。外務部期の在外公館に至っては、事例研究がようやく始まったに過ぎない。

本書では個々の外交交渉をつなぎ中国外交の変容過程を総体的に捉えるため、在外公館の組織と人事に注目し、民国外交部の基礎を築く職業外交官が誕生するまでの外交人事制度の展開を動態的に論じた。その中で、日清戦争前から民初に至るまでの外交人材の人的連続性が明らかとなると同時に、連続していたのは人的構成だけでなく、国際認識や外交観においても連続性があることが認められた。

つまり、薛福成は英露対立という国際情勢を利用し、中国を国際法・国際社会の中に位置づける必要を感じ、その上で外交の持つ独自の重要性を明確化したが、それは清朝の内政と軍事の現状を補うものとして、「外務」とそれを司る在外公館の重要性が痛感された結果である。このようにして「洋務」から外交部分の分岐が始まった。そして日清戦争とその後の列強による分割の危機により、「外務」の重要性はいっそう高まることとなり、在外公館員の間でも外交人材養成の必要が強く感じられた。呉宗濂の専門外交官養成の意見書はそうした在外公館員の意識を明確にしたものである。そして、そのような外交人材観は特に在欧公使館の外交官の間で共有され、彼らを中心に専門的外交人材の養成・登用が進められた。その中心にいた孫宝琦や陸徴祥、劉式訓らは、列強の勢力均衡を促し中国の自立を維持するためには、中国を国際法・国際社会の一員とすることが不可欠だとの認識を共有していた。薛福成の時点では、国際法・国際社会の一員としての地位を確かにし、中国の自立を守るには、「遠略」を伴うべきだと考えられたが、日露戦争後の外交官たちが必要だと考えたのは、中国の「文明国」化と国民国家の形成であった。彼らは立憲制の導入や法制改革に対しても積極的な提言を行ったが、同時に国籍法制定において重要な役割を果たし、また清朝の版図を中国の不可分の領土とする政策に同調するなど、近代国家の形成という課題に応える外交を目指した。彼らが民国外交部の基礎を築くこととなったのは、その人間関係もさることながら、このような日露戦争後の国際情勢に対する外交方針を共有していたからであり、何よりそのような外交を推進するに必要な外交人材について、意見を同じくしていたからである。ここに、民国の「外交」を担う職業外交官が誕生したのである。

本書は在外公館を洋務機関と同様の性質を有するものとする観点を出発点とし、外交における「洋務」の位置を明確にせんとしたことで、これまで「夷務」の観念と「民族主義」的「外交」の観念によって分断され見落とされてきた清国在外公館の役割と、その中国外交における位置づけを明らかにした。

中華民国の外交は、このような清末における展開を背景としている。特に体制外的な対応によって展開された

「洋務」の段階を経たことは、近代中国外交に独特の性質を与えていよう。在外公館において「洋務」のあり方さながらに体制外的な方法で外交人材の養成が行われ、そこでは相互に密接な人間関係を有する外交官の一群が形成された。この半公半私的な職業外交官の集団が、これまた袁世凱「幕府」さながらの民国北洋政権の中で、外交を担当した。「洋務」的な人事慣行が正規の制度の中に定置される形で、外交制度の近代化も進んだのであり、同様のことは近代中国の様々な側面で言えることであろう。

在外公館ではそれと同時に、列強の勢力均衡に対応する中で、「洋務」から「外務」が分岐し、内政・軍事の混乱に対し「外務」を司る職業外交官の存在が突出していった。このことが民国に入り中央政府が弱体化する中、彼らが「民族主義」的な「外交」を担い、「中国」のまとまりを象徴する存在となる背景となっていよう。

また、在外公館における外交人材の養成において、駐在地域によって差異が生じていた点も重要である。ヨーロッパの公使館では職業外交官の養成が進んだ一方、駐日公使館からはそのような人材がほとんど現れなかった。日本の脅威を契機として海防論議の中で常駐使節の派遣が決定されたにもかかわらず、当初は日本語通訳を養成するシステムさえ整ってはおらず、最初の日本語学校は中国国内ではなく、駐日公使館に併設された。駐日公使館で職業外交官が誕生しなかったことは、日本と中国の関係が結局は近代西洋的な外交関係とは異なるものであったことを端的に表していよう。

このように、在外公館における職業外交官の誕生過程は、清末における中国の対外態勢の変容とその特質を端的に示しており、ここに職業外交官の誕生を問うことの中国外交史研究における意義があるのである。

注

序論

（1）岡本隆司「中国外交へのまなざし」（岡本隆司・川島真編『中国近代外交の胎動』東京大学出版会、二〇〇九年）、八頁。なお坂野正高の研究については、川島真『中国近代外交の形成』（名古屋大学出版会、二〇〇四年）、三三～三五頁も参照。
（2）カリエール著、坂野正高訳『外交談判法』（岩波文庫、一九七八年）。原題は *De la manière de négocier avec les souverains.*
（3）坂野正高『現代外交の分析――情報・政策決定・外交交渉』（東京大学出版会、一九七一年）。
（4）日本における外交研究史と坂野正高の位置づけについては、細谷雄一『外交――多文明時代の対話と交渉』（有斐閣、二〇〇七年）、五～七、一八～一九頁を参照。
（5）坂野正高『中国近代化と馬建忠』（東京大学出版会、一九八五年）第一章「フランス留学時代の馬建忠」。
（6）同書、四五～四六頁。
（7）王立誠『中国近代外交制度史』（甘粛人民出版社、一九九一年）第一一章。
（8）岳謙厚『民国外交官人事機制研究』（東方出版社、二〇〇四年）。
（9）千葉功『旧外交の形成――日本外交 一九〇〇～一九一九』（勁草書房、二〇〇八年）、三一頁。
（10）同書、七頁。
（11）細谷雄一『大英帝国の外交官』（筑摩書房、二〇〇五年）、五〇～五一頁。またイギリスを含む諸外国の外交官官職とその任用制度の概要については、H・ニコルソン著、斎藤誠・深谷満雄訳『外交』（東京大学出版会、一九六八年）第九章を参照。
（12）千葉功『旧外交の形成』、九頁。
（13）川島真『中国近代外交の形成』、六～九頁。
（14）同書、第一部第三章。
（15）在外公館に関する研究史については、岡本隆司「清末の在外公館と出使日記」（『中国近代外交史の基礎的研究――一九世紀後半期における出使日記の精査を中心として』平成一七～一九年度科学研究費補助金（基盤研究C）研究成果報告書、二〇〇八年）、三～五頁も参照。

(16) I. C. Hsü, *China's Entrance into the Family of the Nations : the Diplomatic Phase 1858-1880*, Cambridge, Mass. : Harvard University Press, 1960.

(17) もっとも領事館に関しては、その設立が公使館に比べて段階的に続いたことや、地域的な差も大きかったことから、一八七七年の在シンガポール領事館の設立から辛亥革命までの清国領事館の設立過程を扱った通史的なものから特定の地域に着目したものまであり、華僑・華人史研究の発展と関連して、外交史的な視点から領事館の設立過程・機能を明らかにしようとする研究は多い。

(18) たとえば特定の外交官を扱った研究として、李恩涵『曾紀澤的外交』（中央研究院近代史研究所、一九八二年）、鈴木智夫『洋務運動の研究』（汲古書院、一九九二年）第五編第二章など。また特定地域の在外公館を通時的に扱った研究として、Chow Jen-hwa, *China and Japan : The History of Chinese Diplomatic Missions in Japan 1877-1911*, Singapore : Chapman Enterprises, 1975 など。

(19) 川島真『中国近代外交の形成』、一七頁。また岡本・川島編『中国近代外交の胎動』は、この「夷務」「洋務」「外務」の概念をもって清末の対外関係を時期区分し、その変遷を論じる構成を採っている。岡本隆司「中国近代外交へのまなざし」を参照。

(20) 川島真「外務の形成――外務部の成立過程」（岡本・川島編『中国近代外交の胎動』）。

(21) 岡本隆司「「洋務」・外交・李鴻章」『現代中国』第二〇号、二〇〇七年、三～四、一二～一三頁。

(22) 岡本隆司「中国近代外交へのまなざし」、一二頁。

(23) 幕友制度については、T'ung-tsu Ch'ü, *Local Government in China under the Ch'ing*, Cambridge, Mass. : Harvard University Press, 1962、特に太平天国以降の拡大・変容に関しては、Kenneth E. Folsom, *Friends, Guest, and Colleagues : the Mu-fu System in the Late Ch'ing Period*, Berkeley and Los Angeles : University of California Press, 1968 を参照。

第I部　清朝在外公館の設立

(1) H・ニコルソン著、斎藤真・深谷満雄訳『外交』（東京大学出版会、一九六八年）、一～二五頁。

(2) 坂野正高『現代外交の分析――情報・政策決定・外交交渉』（東京大学出版会、一九七一年）、三一～三六頁。

(3) H. Wheaton, *Elements of International Law : with a Sketch of the History of the Science*, London : B. Fellowes, 1836, p. 243. なお、『萬國公法』の当該部分の訳は「古來教化漸行、諸國以禮相待、即有通使之例、惟近今又有欽差駐紮各國之例」（巻三、論諸國平時往來之例、第一章論通使之權、頁一）となっており、原文の「There is no circumstance which marks more distinctly the progress of modern civilization, that the institution of permanent diplomatic mission between different states」に明示される「modern civilization」の意味合いが訳出されていない点は興味深い。中国における万国公法（国際法）受容については、佐藤慎一「文明と万国公法」（同『近代中国の知識人と文明』東京大学出版会、一九九六年）、四三～一二八頁、田涛『国際法輸入与晩清中国』（済南出版社、二〇〇一年）、川島真「中国における万国公法の受容と適用——「朝貢と条約」をめぐる研究動向と問題提起」『東アジア近代史』第二号、一九九九年、同「中国における万国公法の受容と適用・再考」同第三号、二〇〇〇年、林学忠『従万国公法到公法外交——晩清国際法的伝入、詮釈与応用』（上海古籍出版社、二〇〇九年）などを参照。

（4）Gerrit W. Gong, *The Standard of 'Civilization' in International Society*, Oxford : Clarendon Press, 1984, p. 15、中西寛『国際政治とは何か——地球社会における人間と秩序』（中央公論新社、二〇〇三年）、二一三頁。

（5）現行の国際法ではこの「使節権」は否定されており、外交使節の派遣・接受は関係国間の同意によって行うものとされている。杉原高嶺ほか著『現代国際法講義』第二版（有斐閣、一九九五年）、一八二〜一八三頁を参照。

（6）横田喜三郎『外交関係の国際法』（有斐閣、一九六三年）、一頁。

（7）堂ノ脇光朗「外交関係および外交特権に関する制度の法典化について」『外務省調査月報』第二巻第二号、一九六一年二月、三二頁。

（8）坂野正高はウィーン会議（一八一五年）の取り決めに対し「ディプロマティック・サービス（diplomatic service）というものの、一つの『プロフェッション』(profession) としての成立を確認したものといえる。プロフェッションとは、神学・法学・医学、あるいは軍人（士官）というような特殊な知的専門職業を指す」と指摘している。坂野正高『現代外交の分析』、三一頁。

（9）I. C. Hsü, *China's Entrance into the Family of the Nations : the Diplomatic Phase 1858–1880*, Cambridge, Mass. : Harvard University Press, 1960, Part III.

（10）領事制度の歴史については以下を参照。信夫淳平『外政監督と外交機関』（日本評論社、一九二六年）第三章第五款、堂ノ脇光朗「領事の制度、職務および特権——領事関係に関するウィーン会議の議論をめぐって」『外務省調査月報』第四巻第一一〜一二号、一九六三年一一〜一二月、横田喜三郎『領事関係の国際法』（有斐閣、一九七四年）、一〜三頁、角山栄「イギリスの領事制度および領事報告」（同編著『日本領事報告の研究』同文館、一九八六年）、二一二頁など。

（11）日本における近代中国の対外関係史研究では、「条約体制」の側に事実解釈の基準を置く徐中約のような視点に対し、東アジアの在来秩序の構造を明らかにし、これに立脚して一九世紀以降の「条約体制」との関係を解明しようとする方向が主流である。その中心は経済史研究から出発した濱下武志の「朝貢システム論」であり、これを外交思想史研究に援用した茂木敏夫氏の研究である。ただ、このような近年の研究潮流が抱える実証面での問題は、岡本隆司の『属国と自主のあいだ——近代清韓関係と東アジアの命運』（名古屋大学出版会、二〇〇四年）が痛烈な批判を加えるところである（特に同書の緒論および註を参照）。

第1章　清朝による常駐使節の派遣

（1）清朝が最初に派遣した常駐使節は光緒二年（一八七六）に英国に派遣された郭嵩燾である。なお、正式には清朝の派遣する外交使節は全て「出使欽差大臣」と呼ばれるが、他の外交使節と常駐使節とを区別するため、また、清朝が派遣した常駐使節は公使に相当するため、本章では引用史料中を除き、「常駐使節」、「常駐公使」の呼称を用いるものとする。

（2）I. C. Hsü, *China's Entrance into the Family of Nations : the Diplomatic Phase 1858–1880*, Cambridge, Mass. : Harvard University Press, 1960, pp. 172–179, 199–200.

（3）徐中約のほか清末の在外公館設置に関する先行研究として、陳體強『中國外交行政』（商務印書館、一九四五年）第六章、嚴和平『清季駐外使館的建立』（臺灣商務印書館、一九七五年）、王立誠『中国近代外交制度史』（甘粛人民出版社、一九九一年）、また王曾才「中國駐英使館的建設」（中華文化復興運動推行委員會主編『中國近代現代史論集　第七編　自強運動(二)　外交』臺灣商務印書館、一九八五年）、同「自強運動時期中國外交制度的發展」（中央研究院近代史研究所編『清季自強運動研討會文集』中央研究院近代史研究所、一九八八年）、Knight Biggerstaff, "The Establishment of Permanent Chinese Diplomatic Mission Abroad," *The Chinese Social And Political Science Review*, Vol. 20, 1936 ; Owen H. H. Wong, *A New Profile in Sino-Western Diplomacy : The First Chinese Minister to Great Britain*, Kowloon : Chung Hwa Book, 1987 などを参照。ただし、これらの研究の多くは概説的であったり、使節派遣に関わる中外の言動を羅列するのみで、理論的には徐中約の研究を大きく超えるものではない。なお、第2章で考察するように、海外華人の保護も清朝の常駐使節派遣を促した要因の一つである。

（4）Hsü, *China's Entrance into the Family of Nations*, p. 194、張富強「李鴻章与清末遣使駐外」『広東社会科学』一九九一年第二期、園田節子「出使アメリカ大臣の「洋務」と「僑務」——南北アメリカへの「ひと」の移動と清国常駐使節の設置」『年報地域文化研究』第三号、一九九九年、のち同『南北アメリカ華民と近代中国——一九世紀トランスナショナル・マイグレーション』（東京大学出版会、二〇〇九年）第五章第一節など。厳和平も初期の常駐公使の主な任務は海外華民の保護と情報収集・西洋機器の買い付けの二点であったとする。嚴和平『清季駐外使館的建立』、四六〜四七頁。

（5）「協力政策」については、M. C. Wright, *The Last Stand of Chinese Conservatism : The T'ung-Chih Restoration, 1862–1874*, Stanford : Stanford University Press, 1957, Chap. III、坂野正高『近代中国政治外交史』（東京大学出版会、一九七三年）、二七五頁を参照。

（6）ハートの「局外旁観論」とウェードの「新議略論」の内容および両者に対する総理衙門と地方督撫の反応については、*ibid.*, pp. 263–268、坂野正高「同治年間（一八六二〜一八七四年）の条約論議」（同『近代中国外交史研究』岩波書店、一九七〇年）、二二六〜二三一頁を参照。

（7）『籌辦夷務始末』同治、巻四〇、同治五年二月丙午付、總理各國事務恭親王等奏摺附「總税司赫徳遞局外旁觀論」、頁二〇。

(8) 同上、總理各國事務恭親王等奏摺、頁一〇。

(9)『籌辦夷務始末』同治、巻三九、同治五年正月丙寅（一八六六・二・二〇）付、總理各國事務恭親王等奏摺、頁一～二。

(10) 同上、頁一。

(11) 前注(8)史料、頁一〇。

(12) 同上、頁一一～一二。

(13) Hsü, *China's Entrance into the Family of Nations*, p. 162.

(14)『籌辦夷務始末』同治、巻五〇、同治六年九月乙丑付、總理各國事務恭親王等奏摺附「總理衙門條説」、頁三〇～三五。

(15) 同書、同巻、同治六年九月乙丑（一八六七・一〇・一二）上諭、頁二八。

(16) 前注(14)史料、頁三二。

(17) 總理衙門と地方督撫の意見を包括的に検討した研究としては、K. Biggerstaff, "The Secret Correspondence of 1867–1868 : Views of Leading Chinese Statesmen Regarding the Future Opening of China to Western Influence," *Journal of Modern History*, Vol. 22, No. 2, 1950 ; Wright, *The Last Stand of Chinese Conservatism*, pp. 271–277、坂野正高「同治年間の条約論議」、二三二～二三七頁、また使節派遣に関する意見については、Hsü, *China's Entrance into the Family of Nations*, pp. 164–166 を参照。

(18) 兩廣總督瑞麟（『籌辦夷務始末』同治、巻五二、頁一九～二〇）、閩浙總督呉棠（同書、巻五五、頁二～三）の各奏文を参照。

(19) 署湖廣總督江蘇巡撫李瀚章（同書、巻五二、頁三一～三三）、署直隷總督官文（同書、巻五六、頁一一）の各奏文・條議を参照。

(20) 同書、巻五一、同治六年十月甲辰付、陝甘總督左宗棠の奏摺、頁二〇。

(21) 同書、巻五三、同治六年十一月庚午付、總理船政前江西巡撫沈葆楨の奏摺、頁四～五。

(22) 前注(19)署直隷總督官文の奏摺附「官文條議」、頁一一。

(23)『籌辦夷務始末』同治、巻五一、同治六年十月乙巳付、總理各國事務恭親王等奏摺、頁二六～二八。なお、バーリンゲームと彼の使節団については以下を参照。F. W. Williams, *Anson Burlingame and the First Chinese Mission*, New York : Charles Scribner, 1912.

(24) S. F. Wright, *Hart and the Chinese Customs*, Belfast : The Queen's University, 1950, pp. 368–369、前注(23)總理各國事務恭親王等奏摺附片、頁二八。

(25) *Ibid.*, p. 367 ; Robert Hart, *Note on Chinese Matters*, 30th June, 1869, in *North China Herald*, 9th November, 1869.

(26) Williams, *Anson Burlingame*, pp. 134–139.

(27)『籌辦夷務始末』同治、巻六三、同治七年十二月甲子（一八六九・二・二）付、總理各國事務恭親王等奏摺附「美國公使照會」、頁七八～七九。（ ）内は引用者。以下同じ。

(28) H. B. Morse, *The International Relations of the Chinese Empire*, Vol. 2, Shanghai, etc., 1918, pp. 202–202、バーリンゲームとブラウンの政策の相違については、Williams, *Anson Burlingame*, pp. 198–214 ; David L. Anderson, *Imperialism and Idealism, American Diplomats in China, 1861–1898*, Bloomington : Indiana University Press, 1985, pp. 38–61 などを参照。

(29)『籌辦夷務始末』同治、巻六八、同治八年九月丁亥付、總理各國事務恭親王等奏摺附「英使阿禮國節略」、頁一六～一七。

(30) 同上、恭親王等奏摺附「給英使阿禮國節略」、頁一八。なお、総理衙門大臣の同様の困惑は、駐華アメリカ公使代理ウィリアムズの報告にも見受けられる。Williams, *Anson Burlingame*, p. 225.

(31) 天津条約改定交渉の結果が清朝内部で承認された過程については、坂野正高「同治年間の条約論議」、二三九～二四一頁を参照。

(32) Hart, *Note on Chinese Matters*.

(33)『籌辦夷務始末』同治、巻五五、同治六年十二月乙酉付、湖廣總督李鴻章奏摺附「李鴻章條款」、頁一二～一三。

(34) 同書、巻七九、同治九年十二月癸亥付、協辦大学士直隷總督李鴻章奏摺片、頁四八。日清修好条規に関する先行研究としては以下のものを参照。田保橋潔「日支新関係の成立――幕末維新期に於ける㈠㈡」『史学雑誌』第四四編第二号、第三号、一九三三年、藤村道生『日清戦争前後のアジア政策』（岩波書店、一九九五年）第三章「日清修好条規の成立――日清同格の達成」、坂野正高「同治年間の条約論議」、徐越庭「「日清修好条規」の成立㈠㈡」『法学雑誌』第四〇巻第二号、第三号、一九九四年、王璽『李鴻章與中日訂約（一八七一）』（中央研究院近代史研究所、一九八一年）、谷渕茂樹「日清修好条規の清朝側草案よりみた対日政策」『史学研究』第二三一号、二〇〇一年、森田吉彦「幕末維新期の対清政策と日清修好条規」『国際政治』第一三九号、二〇〇四年、同「日清関係の転換と日清修好条規」（岡本隆司・川島真編『中国近代外交の胎動』東京大学出版会、二〇〇九年）など。

(35)『李鴻章全集』譯署函稿巻一、「述副島商論外交」同治十二年四月初七日、頁四四。

(36)『籌辦夷務始末』同治、巻九八、同治十三年九月丙寅（一八七四・一一・五）付、總理各國事務恭親王等奏摺、頁一九～二〇、上諭、頁二〇～二一。「請勅議海防六事疏」は、『籌辦夷務始末』には収録されていない。『道咸同光四朝奏議』第六冊（王雲五主持、臺灣商務印書館、一九七〇年）、二六一〇～二六一四頁を参照。なお「海防論議」、特にこれによって巻き起こった「海防・塞防論議」に関しては以下の先行研究を参照。I. C. Hsü, "The Great Policy Debate in China, 1874 : Maritime Defence vs Frontier Defence," *Harvard Journal of Asiatic Studies*, XXV, 1965, pp. 212–228、片岡一忠『清朝新疆統治研究』（雄山閣、一九九一年）、一一二～一二七頁、劉石吉「清季海防與塞防之爭的研究」（『故宮文獻』第二巻第三期、一九七一年）。日本論については、佐々木揚『清末中国における日本観と西洋観』（東京大学出版会、二〇〇〇年）、五一～五四頁を参照。

(37)『李鴻章全集』譯署函稿巻二、「論臺灣」同治十三年四月二十一日、頁三〇。

(38) 同書、奏稿巻二四、「籌辦鐵甲兼請遣使片」同治十三年十一月初二日、頁二七～二八。

(39) 前注(37)史料および『李鴻章全集』朋僚函稿巻一四、「復沈幼丹節帥」同治十三年四月十八日、頁四。なお、佐々木揚は台湾事件発生当時、李鴻章らは新聞報道によって日本の情報を得ていたこと、日朝関係についての情報はほとんど得ていなかったことなどを明らかにしている。佐々木揚『清末中国における日本観と西洋観』、三八～五〇頁。

(40)『李鴻章全集』朋僚函稿巻一四、「復文博川中堂」同治十三年十一月初四日、頁三二。

(41) 前注(37)史料。

(42)『籌辦夷務始末』同治、巻一〇〇、同治十三年十一月辛亥付、両江總督李宗羲奏摺、頁一〇。この他、福建巡撫・王凱泰も外国諸国の状況を知るため主要国への使節派遣を提案した。特に日本については西洋の植民地にされることを警戒し、使節を駐在させることで日本を「東洋の守り」とすることができるとしている（同書、巻九九、同治十三年十一月十一日付、福建撫巡王凱泰奏片、頁四八～四九）。

(43) 光緒元年二月二十七日付、禮親王世鐸等奏摺（『洋務運動』第一冊、中國史學會主編、上海人民出版社、一九六一年、一二〇頁）。

(44) 光緒元年四月二十六日付、總理各國事務恭親王等奏摺附單（同書、同冊、一五一～一五二頁）。なお、李鴻章の洋学局計画を漢の武帝の故事に引きつけた総理衙門の論法は、薛福成の「海防密議十條・儲才宜豫」から着想を得たと思われる。『光緒朝東華録』第一冊（朱壽朋編、張静廬等校点、中華書局、一九八四年）、総七四～七五頁を参照。

(45)『李鴻章全集』奏稿巻二四、「籌議海防摺附奏摺議覆各條清單」同治十三年十一月初二日、頁二三～二四。

(46) 光緒元年二月二十七日付、通政使于凌辰奏摺（『洋務運動』第一冊、一二一頁）。

(47) 光緒元年二月二十七日付、大理寺少卿王家璧奏摺附片（同書、同冊、一二九頁）。

(48) 周家楣撰『期不負齋全集』政書巻一、「擬奏覆海防事宜疏」、頁二七。

(49) マーガリー事件に関しては、S. T. Wang, *The Margary Affair and the Chefoo Agreement*, London etc.: Oxford University Press, 1940（中訳：王縄祖「馬嘉里案和煙台条約」『中英関係史論叢』第三章、人民出版社、一九八一年）、岑練英『中英煙臺條約研究——兼及英國對華政策之演變概況』（珠海書院中國文學歴史研究所、一九七八年）、神戸輝夫「マーガリー事件をめぐる英清交渉——ウェードの第一次北京離脱まで」『東洋史研究』第四四巻第二号、一九八五年を参照。

(50) Hsü, *China's Entrance into the Family of Nations*, pp. 176–179. なお、清朝がこの時期伝統的な対外態度を改めたことと英国本国が懐柔政策を採ったことによって、清英関係は新たな段階に入り、その最終的な結果として駐英公使派遣が行われたとする見方もある。Wong, *A New Profile in Sino-Western Diplomacy*, pp. 46–65.

(51) 李鴻章とウェードとの交渉内容については、『李鴻章全集』譯署函稿巻三、頁三三～四一を参照。

(52) *British Parliamentary Papers*（以下 *BPP* とする）, 1876, LXXXII, China No. 1 (1876): *Correspondence Respecting the Attack on the Indian*

expedition to Western China, and the Murder of Mr. Margary, 1876, No. 36, Wade to Derby, Aug. 26, 1875.
（53）『李鴻章全集』譯署函稿巻三、「請酌允威使一二事」光緒元年七月十三日に添付の「譯威使送來洋文節略」、頁四二〜四六、*BPP*, 1876, LXXXII, China No. 1 (1876), Inclosure in No. 34, Memorandum for the Information of his Excellency the Grand Secretary Li, Aug. 11, 1875.
（54）『李鴻章全集』譯署函稿巻三、「述威使要求六事」光緒元年七月初九日、頁三五。
（55）同書、同巻、「請酌允威使一二事」光緒元年七月十三日、頁四〇。
（56）『清季外交史料』巻三、「照録覆英使威妥瑪節略」、頁一二〜一三、*BPP*, 1876, LXXXII, China No. 1 (1876), Inclosure in No. 36, Memorandum from the Tsung-li Yamen in reply to Mr. Wade's Memorandum of August 11, address to the Grand Secretary Li, Aug. 22, 1875.
（57）『李鴻章全集』譯署函稿巻三、「論滇案不宜決裂」光緒元年七月二十四日、頁四六。
（58）『清季外交史料』巻三、「總署奏請派駐英國公使片」光緒元年七月二十八日（一八七五・八・二八）付、頁一四〜一五。
（59）同上史料に添付の光緒元年七月二十八日上諭、頁一五。
（60）『光緒朝東華録』第一冊、光緒元年八月初八日（一八七五・九・七）上諭、総一二〇頁。なお、明発上諭が下ったことについて、これを強く望んでいたウェードは、李鴻章の勧めによってこのことはなされたと自分は信じていると報告している（*BPP*, 1876, LXXXII, China No. 1, No. 49, Wade to Derdy, Oct. 12, 1875）。
（61）『申報』光緒元年九月十六日（一八七五・一〇・一四）「論設官於外國事」。
（62）『李鴻章全集』朋僚函稿巻一五、「復郭意城内翰」光緒元年十二月初四日（一八七五・一二・三一）、頁三五〜三六。
（63）"The Chinese Embassy to England," in *The Times*, 9 Sep. 1875.
（64）*Archives of China's Imperial Maritime Customs, Confidential Correspondence between Robert Hart and James Duncan Campbell, 1874–1907*, Vol. 1, 1990, Letter No. 191, Campbell to Hart, A/37, Sep. 9, 1875, pp. 152–153.
（65）J. K. Fairbank et al., *The I. G. in Peking : Letters of Robert Hart, Chinese Maritime Customs 1868–1907*, Vol. 1, Letter No. 142, Hart to Campbell, Jan. 26, 1876, pp. 211–213.
（66）前注(56)史料、頁一一。
（67）総理衙門とハートとの関係については、坂野正高「ロバート・ハート」（同『近代中国外交史研究』岩波書店、一九七〇年）、三三五〜三五七頁、岡本隆司「清末における総税務司の設立について」（同『近代中国と海関』名古屋大学出版会、一九九九年）、二五三〜二九三頁などを参照。
（68）『李鴻章全集』譯署函稿巻五、「覆赫德條議並請速遣使」光緒二年閏五月二十日（一八七六・七・一一）、頁三〇、「與赫德總税司

問答説略」光緒二年閏五月十九日（一八七六・七・一〇）、頁三五〜三六、「論遣使」光緒二年閏五月二十七日（一八七六・七・一八）、頁三六。なお、マーガリー事件解決後、清朝は光緒二年八月十三日（一八七六・九・三〇）に日本への公使派遣を決定し、英国への使節団の副使であった許鈐身が初代日本公使に転任を命じられた。この点について、許が英国への使節団から外されたのはハートの陰謀であるとの説があったことをウェードは報告している（FO17/727, Wade to Derby, No. 204, Oct. 9, 1876）。

(69)『李鴻章全集』譯署函稿巻五、「請奏派大員往煙臺會商」光緒二年六月初二日、頁三七。

(70)同書、同巻、「譯閏五月二十五日赫德總税務司來信」、頁三八〜三九。

(71)前注(69)史料。

(72)『李鴻章全集』朋僚函稿巻一五、「復幼丹制軍」光緒元年七月十九日（一八七五・八・一九）、頁二二。

(73)同書、譯署函稿巻四、「論遣官駐日本」光緒元年八月二十五日（一八七五・九・二四）、頁二四〜二五。

(74)D. C. Boulger, *The Life of Sir Halliday Macartney K. C. M. G.: Commander of Li Hung Chang's Trained Force in the Taeping Rebellion, Found of the First Chinese Arsenal, for Thirty Years Councillor and Secretary to the Chinese Legation in London*, London: J. Lane, the Bodley Head, 1908, p. 245.

(75)*Ibid.*, pp. 259–264.

(76)*Ibid.*, p. 260.

(77)『李鴻章全集』朋僚函稿巻一六、「復李丹崖部郎」光緒二年四月十四日（一八七六・五・一二）、頁一四。

(78)福建船政局学堂の留学生派遣については、包遵彭『中國海軍史』上冊（中華叢書編審委員會、一九七〇年）、七四二〜七六七頁、林慶元『福建船政局史稿』（福建人民出版社、一九八六年）、一四一〜一六一頁、瑪麗昂娜・巴斯蒂著、張富強・趙軍訳「清末赴欧的留学生們——福州船政局引進近代技術的前前後後」（『辛亥革命史叢刊』第八輯、中華書局、一九九一年）、マリアンヌ・バスチド著、島田虔次・長部悦弘訳「清末のヨーロッパへの留学生たち——福州船政局の近代技術導入をめぐって」『東亜』第二一三号、一九八五年、姜鳴『龍旗飄揚的艦隊——中国近代海軍興衰史』（生活・読書・新知三聯書店、二〇〇二年）、一三八〜一四九頁を参照。

(79)『李鴻章全集』譯署函稿巻四、「議派弁赴德學習」光緒二年三月初四日（一八七六・三・二九）、頁四〇。

(80)同書、朋僚函稿巻一六、「復丁雨生中丞」光緒二年三月初六日、頁八。

(81)前注(77)史料。

(82)『李鴻章全集』朋僚函稿巻一六、「致沈幼丹制軍」光緒二年三月十七日、頁一二。

(83)前注(77)史料。

(84)『李鴻章全集』譯署函稿巻六、「議選員管帶學生分赴任各國學習」光緒二年八月二十五日（一八七六・一〇・一二）、頁二九。
(85) 同書、朋僚函稿巻一六、「復郭筠仙侍郎」光緒二年三月初八日、頁九。
(86) 同書、譯署函稿巻八、「論李鳳苞」光緒四年八月二十日（一八七八・九・一六）、頁一七。
(87) Boulger, *The Life of Sir Halliday Macartney K. C. M. G.*, pp. 259–260.
(88) Wright, *Hart and the Chinese Customs*, p. 468.
(89) Wright, *ibid.* ; *Archives of China's Imperial Maritime Customs*, Vol. 1, 1990, Letter No. 244, Hart to Campbell, Mar. 16, 1876, p. 188 ; FO 17/721, Wade to Derby, No. 96, Apr. 6, 1876.
(90) 坂野正高「ロバート・ハート」、三四一頁。キャンベルの活動については、Robert Ronald Campbell, *James Duncan Campbell : A Memoir by His Son*, Cambridge, Mass. : Harvard University Press, 1970 を参照。
(91) Wright, *Hart and the Chinese Customs*, pp. 476–477.
(92)『清代職官年表』第四冊（銭実甫編、中華書局、一九八〇年）、三〇二八～三〇三〇頁を参照。なお、駐日公使は一八七七年一月に許鈐身から何如璋に変更されている。
(93) 岡本隆司「「洋務」・外交・李鴻章」『現代中国研究』第二〇号、二〇〇七年、三～四、九頁。
(94) 岡本隆司『馬建忠の中国近代』（京都大学学術出版会、二〇〇七年）、五九～六〇頁。

第2章　清朝による領事館の設立とその特徴

(1) 清末の在外領事館の設立情況については、故宮博物院明清檔案部・福建師範大学歴史系合編『清季中外使領年表』（中華書局、一九八五年）「清朝駐外領事年表」、七一～九〇頁を参照。
(2) I. C. Hsü, *China's Entrance into the Family of Nations : The Diplomatic Phase 1858–1880*, Part III, Cambridge, Mass. : Harvard University Press, 1960.
(3) 清朝の領事派遣については以下を参照。陳體強『中國外交行政』（商務印書館、一九四五年）第六章、一四一～二三九頁、嚴和平『清季駐外使領館的建立』（臺灣商務印書館、一九七五年）、六八～七六頁、王立誠『中国近代外交制度史』（甘粛人民出版社、一九九一年）、一三二～一三八頁、Robert L. Irick, *Ch'ing Policy toward the Coolie Trade 1847–1878*, Taipei : Chinese Materials Center, 1982 ; Yen Ching-Hwang, *Coolies and Mandarins : China's protection of Overseas Chinese during the Late Ch'ing Period (1851–1911)*, Singapore : Singapore University Press, 1985, Chap. 4.
(4) 茂木敏夫「中国における近代国際法の受容――「朝貢と条約の並存」の諸相」『東アジア近代史』第三号、二〇〇〇年、同「東アジアにおける地域秩序形成の論理――朝貢・冊封体制の成立と変容」（辛島昇・高山宏編『地域の世界史』第三巻「地域の成り立ち」山川出版社、二〇〇〇年）、五二〜八八頁。茂木は、一八七〇年代以降の在外華人保護論を、在外華商の掌握・保護の機能を有していた「朝貢体制」が機能不全に陥った代替として「万国公法（国際法）」を適用したとされる。だが、清朝による万国公法の受容過程を検討する中で領事派遣に触れているため、領事制度は実際には国際法ではなく二国間条約によって規定されるという、この制度の性質や清朝官僚たちの領事観がその視野に入っているとは言い難い。

（5）たとえば丁韙良訳『萬國公法』では、領事の権限について、「領事官、不在使臣之列、各處律例、及和約章程、或准額外賜以權利、但領事等官、不與分萬國公法所定國使之權利也、若無和約明言、他國即可不准領事官駐劄其國、故必須所往國君准行、方可辦事……」と説明している（第三巻第一章第二二節「領事權利」、頁一一）。

（6）領事制度の歴史については、第Ⅰ部冒頭部の注（10）に挙げる諸研究を参照。

（7）坂野正高『近代中国政治外交史』（東京大学出版会、一九七三年）、一一五〜一一六頁。

（8）たとえば道光十八年七月丙寅付、広州将軍・德克金布等の上奏には、「該領事義律有事則來省稟辦」とある。「義律」とは英国貿易監督官チャールズ・エリオット（Charles Elliot）のことである（『籌辦夷務始末』道光、巻四、頁一五）。

（9）China, Imperial Maritime Customs, *Treaties, Conventions, etc., between China and the Foreign States*, Vol. 1, Shanghai : The Statistical Department of the Inspector General of Customs, 1908, p. 160.

（10）植田捷雄「南京条約の研究㈠」『国際法外交雑誌』第四五巻第三・四号、一九四六年、二四頁。

（11）坂野正高『近代中国政治外交史』、一九四頁。

（12）『籌辦夷務始末』道光、巻七〇、道光二十三年十月乙卯付、署兩江總督璧昌等奏摺、頁九〜一〇。ちなみに英国の初代上海領事G・バルフォア（Sir George Balfour）は軍人出身である。

（13）『夷艘入寇記』（中國史學會主編『鴉片戰爭』第六冊、新知識出版社、一九五五年）、一〇六頁。

（14）坂野正高「同治年間の条約論議」（同『近代中国外交史研究』岩波書店、一九七〇年）、二二五〜二五五頁。

（15）『籌辦夷務始末』同治、巻二五、同治三年四月戊戌付、總理各國事務衙門恭親王等奏片、頁一〇〜一二。

（16）『籌辦夷務始末』道光、巻五九、道光二十二年八月戊寅付、欽差大臣耆英等奏摺、頁四〇。

（17）たとえば「清英五港通商附粘善後条款」第十条の規定を参照。

（18）岡本隆司『近代中国と海関』（名古屋大学出版会、一九九九年）、六七〜七七、一七九〜二一九、二五三〜二九三頁、村上衛「清末中国沿海の変動と制度の再編」（『岩波講座　東アジア近現代通史　第一巻　東アジア世界の近代　一九世紀』岩波書店、二〇一〇年）。

(19)『籌辦夷務始末』同治、巻五五、同治六年十二月乙酉付、湖廣總督李鴻章奏摺附「李鴻章附呈藩司丁日昌條款」、頁一七～二六。なお、「領事館」ではなく「市舶司」としている点について、後に海防論議において郭嵩燾も「竊謂各海口官商製造輪船、宜略仿宋元遺制、設市舶司領之……」と述べている（中國史學會主編『洋務運動』第一冊、上海人民出版社、一九六一年、一三九頁）。清末の海防政策と領事館設置の関係性について、清仏戦争以後に両広総督・張之洞の提唱によって派遣された「南洋調査団」の目的にも、南洋華人の寄付による「護商」艦隊創設の構想が含まれていた。この「南洋調査団」派遣については、青山治世の一連の研究を参照。青山治世「清朝政府による「南洋」調査派遣（一八八六～八八年）の背景」『文研会紀要』第一三号、二〇〇二年、同「清朝政府による「南洋」調査（一八八六～八八年）――華人保護の実施と領事設置の予備調査」『文研会紀要』第一四号、二〇〇三年、同「清朝政府による「南洋」華人の保護と西洋諸国との摩擦――一八八六年の「南洋」調査団の派遣交渉を中心に」『東アジア近代史』第六号、二〇〇三年。

(20) 日清修好条規に関する先行研究については、第1章の注(34)を参照。

(21)『籌辦夷務始末』同治、巻七九、同治九年十二月癸亥付、協辦大學士直隷總督李鴻章奏片、頁四八。

(22) 同書、巻八〇、同治十年正月己酉付、大學士兩江總督曾國藩奏摺、頁一〇。

(23) 日清修好条規においてのみ「領事官」の代わりに「理事官」という語が用いられているが、これは清朝側が条約案を準備する過程で、西洋とは異なる日清間の関係を示すため、「領事」を「理事」にわざわざ改めたものである。王璽『李鴻章與中日訂約（一八七一）』（中央研究院近代史研究所、一九八一年）、六〇、六六頁を参照。なお、清朝の「理事官」派遣後の日本側の在日華人の取り締まりに関する対応については、五百旗頭薫「隣国日本の近代化――日本の条約改正と日清関係」（岡本隆司・川島真編『中国近代外交の胎動』東京大学出版会、二〇〇九年）、同『条約改正史――法権回復への展望とナショナリズム』（有斐閣、二〇一〇年）、四九～五三、一一二～一二〇、二八五～二九五頁を参照。

(24) 洋務派による不平等条約の認識と対応を論じた鈴木智夫の研究が、「法権」問題にも言及している。鈴木智夫「不平等条約と洋務派」（同『洋務運動の研究』汲古書院、一九九二年）、五一一～五一四頁。また清朝による領事裁判権行使の実態とその国家間関係上の意義について論じた研究として、青山治世「領事裁判権を行使する中國――日清修好条規の領事裁判規定と清朝在日領事による領事裁判事例を中心に」『東アジア近代史』第一三号、二〇一〇年を参照。

(25)『李鴻章全集』譯署函稿巻四、「論遣官駐日本」光緒元年八月二十五日（一八七五・九・二四）、頁二四～二五。

(26) 同上。

(27) 前注(3)王立誠、アイリック、顔清湟の諸研究を参照。また、清朝と南北アメリカの中国人移民コミュニティーとの関係を包括的に論じた最近の研究として園田節子『南北アメリカと近代中国――一九世紀トランスナショナル・マイグレーション』（東京大学出版会、二〇〇九年）がある。なお、契約移民による中国人労働者には「クーリー」「苦力」の呼称が一般的であるが、清朝の公文書では「華工」の語が使用されているので、本書では「華工」の語を使用する。ただし「クーリー貿易」など術語となっているものについては、適宜呼称を使い分けるものとする。
(28) Irick, *Ch'ing Policy toward the Coolie Trade 1847–1878*, pp. 410-413. アイリックの研究は、キューバ、ペルーとの条約で清朝が華人の自由移民原則を規定したことを重視し、「契約移民制度」を廃止して「自由移民制度」の確立を進める国際的な潮流の中に清朝の「移民政策」を位置づけるものである。
(29)『毛尚書奏稿』巻一三、「辦理盗犯有須變通例文摺」同治三年八月初二日、頁三五。
(30)『華工出国史料彙編』第一輯、中国官文書選輯（陳翰笙主編、中華書局、一九八五年、以下『華工史料』とする）、五一～五二、一五五頁。
(31) 同書、三八～四三頁。
(32) 同書、四三～四四頁。
(33) 同書、一一七頁。
(34) 同書、一一七～一二四頁。
(35) 同書、九～一〇頁。
(36) 同書、一〇～一二頁。
(37) 同書、一一八頁。
(38) 同書、一三五～一三八頁。
(39) フランス側意見については同書、一四〇～一四八頁、フランス側草案については同書、一四五～一四八頁。
(40) 同書、一四八～一五〇頁。
(41) 交渉過程については同書、一五四～一五六頁、招工章程二十二款については同書、一五六～一六一頁。
(42) 同上。
(43) Yen, *Coolies and Mandarins*, pp. 107-109. ただし、このような詳細な章程の制定は、西洋人の招工活動を制限し、華工の出洋自体を抑制しようとする総理衙門の意図の表れとする見解もある。李家駒「同治年間清政府対華工出洋的態度与政策」『近代史研究』一九九二年第三期。
(44) 前注(41)。
(45)『華工史料』、九六七～九六八頁、『中美關係史料』同治朝下冊（中央研究院近代史研究所、一九六八年）、「總署致美使勞文羅斯照

會」同治八年五月初三日付、六一三～六一五頁。このペルーからの嘆願書については園田節子『南北アメリカと近代中国』、七〇～七一頁を参照。なお園田はこの嘆願書がきっかけとなって清朝当局がマカオでのクーリー貿易禁止を徹底するに至ったとして、この嘆願書の意義と清朝政府の積極的態度を評価している。園田節子、同書、七一～七二頁。

(46)『華工史料』、九六八～九六九頁。

(47)『中美關係史料』同治朝下冊「美使鏤斐廸致總署照會」同治九年四月十九日（一八七〇・五・一九）付、六六七～六六八頁。

(48)同書、同冊「美副使衛廉士致總署照會」同治十年四月二十一日（一八七一・六・八）付、七七三頁。

(49)同上史料附件「華人控告受難原稟」、七七四～七七五頁。

(50)前注(48)。

(51)『中美關係史料』同治朝下冊「總署致美副使衛廉士照會」同治十年五月三十日（一八七一・七・一七）付、七八二頁。

(52)同書、同冊「美使鏤斐廸致總署照會」同治十一年五月初十日付、八七一～八七六頁。

(53)『華工史料』、五四二～五四四頁。

(54)同書、五四五～五四七頁。

(55)『籌辦夷務始末』同治、巻九一、同治十二年八月丁丑付、總理各國事務衙門恭親王等奏摺、頁二六～二九。キューバとの条約交渉および陳蘭彬のキューバ調査の詳細については、園田節子『南北アメリカと近代中国』、六四～六六、八八～九九頁を参照。

(56)ペルーとの条約交渉の詳細については、Irick, *Ch'ing Policy toward the Coolie Trade 1847–1878*, pp. 317–367、園田節子「一八七四年中秘天津条約交渉の研究」『相関社会科学』第一〇号、二〇〇〇年、同『南北アメリカと近代中国』、六一～六四頁。

(57)『中美關係史料』同治朝下冊「總署給美使鏤斐廸照會」同治十二年六月十二日付、一〇〇〇頁。

(58)『李鴻章全集』譯署函稿巻一、「論秘魯立約」同治十二年閏六月十三日、頁五一～五二。

(59)バーリンゲーム条約とは、清朝の欽差大臣として欧米諸国を巡遊したバーリンゲーム前駐華アメリカ公使が一八六八年アメリカ政府との間に結んだ天津条約追加条款である。その第五条はクーリー貿易の禁止を規定しており、「自由移民」原則のモデルとして、駐天津アメリカ領事がこの条項をペルー条約にも採用するよう助言したのである。

(60)交渉過程の詳細については、Irick, *Ch'ing Policy toward the Coolie Trade 1847–1878*, pp. 291–317を参照。

(61) Form of Convention, by Mr. Otin, Encl. 6 in No. 45, Arvery to Fish, Mar. 31, 1875, *Papers Relating to the Foreign Relations of the United States*（以下*FRUS*とする）*1875*, pp. 306–307.

(62) Comments of the Tsungli Yamen on Mr. Otin's form of convention, Encl. 7 in No. 45, *FRUS 1875*, pp. 307–308 ; Further comments by the Tsungli Yamen on Mr. Otin's form of convention, Encl. 8 in No. 45, *FRUS 1875*, pp. 308–310.

(63) Joint note of five ministers to Tsungli Yamen, Encl. 4 in No. 73, Arvery to Fish, Jul. 7, 1875, *FRUS 1875*, pp. 361–363.

(64) Reply of the Tsungli Yamen to the representatives of the five powers, Encl. 5 in No. 73, Arvery to Fish, Jul. 7, 1875, *FRUS 1875*, pp. 363–366.『期不負齋全集』政書巻二「擬復五國公使書」は、総理衙門章京・周家楣の作成したこの回答書の草稿。

(65) 同上。

(66) Amended protocol from the Tsungli Yamen, Encl. 9 in No. 73, *FRUS 1875*, pp. 370–372.

(67) Foreign ministers to the Tsungli Yamen, Encl. 14 in No. 73, *FRUS 1875*, p. 374.

(68) スペイン側は、一八七五年末以降軍事的な圧力を加えつつ、過去の海難事故の賠償請求を行って賠償金を清朝より獲得すると、条約交渉に応じた。詳細は、Irick, *Ch'ing Policy toward the Coolie Trade 1847–1878*, pp. 312–316を参照。

(69) 黎庶昌撰『西洋雜誌』(『走向世界叢書』喩岳衡・朱心遠校点、湖南人民出版社、一九八一年)「古巴設領事情形」、三〇～三四頁を参照。また、領事館設立後のキューバの華人社会については、園田節子『南北アメリカと近代中国』、二七二～二八一頁を参照。

(70)「自由移民制度」に関して、そのモデルとされるバーリンゲーム条約自体、西部開拓のため大量の安価な労働力を必要としたアメリカの意図の反映でもあり、「自由移民」の中に「賒単クーリー」など様々な形態の移民が含まれるなど制度自体の問題も指摘される。華工問題を通じた清朝の「移民」に対する認識の変化に関する問題については、一八八〇年代のアメリカでの華人排斥事件に対する清米交渉まで含めて検討する必要があると思われる。この点については、第3章を参照。

(71)『籌辦夷務始末』同治、巻九九、同治十三年十一月庚戌付、福建巡撫王凱泰奏片、頁四八～四九。

(72)『籌辦夷務始末』同治、巻一〇〇、同治十三年十一月辛亥付、兩江總督李宗羲奏摺、頁九～一〇。

(73) 光緒元年二月二十七日付、醇親王奕譞奏摺（『洋務運動』第一冊、一一六頁）。

(74) 光緒元年四月二十六日付、總理各國事務衙門奕訢奏摺附單（同書、同冊、一五一頁）。

(75) 同上。

(76) 光緒元年四月二十六日上諭（『光緒宣統兩朝上諭檔』第一冊、中國第一歷史檔案館編、廣西師範大學出版社、一九九六年、一〇八頁）。

(77)『李鴻章全集』奏稿巻二五、「秘魯換約事竣摺」光緒元年七月初八日、頁三〇～三二、「添議照會・照覆」、頁三三～三四。容閎のペルーにおける調査については、園田節子『南北アメリカと近代中国』、七三～八八頁を参照。

(78)『李鴻章全集』奏稿巻二五、「請遣使赴秘魯片」光緒元年七月初八日、頁三五。

(79) 同書、譯署函稿巻三、「論秘魯換約」光緒元年六月初八日、頁二一。

(80) 光緒元年七月初十日上諭（『光緒宣統兩朝上諭檔』第一冊、一八九～一九〇頁）。

(81)『清季外交史料』巻四、「總署奏請派員出使美日秘國保護華工摺」光緒元年十一月十四日付、頁一七～一九。
(82) 光緒二年八月十三日上諭（『光緒宣統兩朝上諭檔』第二冊、二二八頁）。
(83) シンガポール領事館設立情況や在シンガポール領事を扱った研究として以下を参照。Owen Hong-Hin Wong, *A New Profile in Sino-Western Diplomacy : The First Chinese Minister to Great Britain*, Kowloon : Chung Hwa Book, 1987, pp. 209–219、陳育崧「新嘉坡中國領事設置史」『南洋雜誌』第一巻第六期、一九四七年、高維廉「黄公度先生就任新嘉坡總領事攷」『南洋學報』第一一巻第二輯、一九五五年、余定邦「清朝政府在新加坡設置領事的過程及其華僑政策的転変」『中山大学学報』哲学社会学版、一九八八年第二期、蔡佩蓉『清季駐新加坡領事之探討（一八七七～一九一一）』（新加坡国立大学中文・八方文化企業公司、二〇〇二年）など。
(84)『光緒朝東華録』第一冊（朱壽朋編、張静廬等校点、中華書局、一九八四年）光緒二年九月己巳付、總理各國事務衙門奏摺「出使奏定十二條」第四條、総二九五～二九六頁。
(85)『清季外交史料』巻一一、「使英郭嵩燾奏新嘉坡設立領事片」光緒三年八月二十七日付、頁一三～一五。
(86) 同上。
(87)『清季外交史料』巻一一、「總署奏議覆郭嵩燾請於新嘉坡設立領事片」光緒三年九月二十五日付、頁三〇～三二。
(88) 同書、巻一四、「總署奏新加坡設總領事經費薪俸法摺」光緒四年十一月初八日付、頁二〇～二二、『曾惠敏公遺集』奏疏巻三、「揀員補領事疏」辛巳二月二十六日、頁一〇。
(89) 歴代の駐シンガポール領事（総領事）については『清季中外使領年表』、七三頁を参照。
(90) 布政使銜貴州候補道烏勒興額巴図魯羅應旒「敬陳管見疏」光緒五年（王雲五主持『道咸同光四朝奏議』第九冊、臺灣商務印書館、一九七〇年、三六四九頁）。
(91) 兩江總督沈葆楨「籌議羅應旒條陳疏」光緒五年（同書、同冊、三七八三頁）。
(92)『李鴻章全集』奏稿巻三五、「議覆中外洋務條陳摺」光緒五年十一月二十六日、頁四五～四八。
(93)『湘綺樓箋啓』巻一、「致李中堂」、頁一二～一三。
(94)『李鴻章全集』朋僚函稿巻一九、「復王壬秋山長」光緒六年十二月二十二日、頁四二～四三。
(95)『清季外交史料』巻一一、「使英郭嵩燾奏新嘉坡設立領事片」光緒三年八月二十七日付、頁一四。
(96) E. Wickberg, *The Chinese in Philippine Life 1850–1898*, New Haven : Yale University Press, 1965, p. 233、青山治世「在外領事像の模索」（岡本・川島編『中国近代外交の胎動』）、一〇六～一〇七頁。
(97)『曾惠敏公遺集』文集巻三、「倫敦致總署總辦」己卯七月十二日、頁七～八。
(98) この書簡は李鴻章の幕友であった薛福成が代書したものである。薛福成「代李伯相復曾星使書」『庸盦文別集』（上海古籍出版社、一九八五年）、一三八～一三九頁。

（99）青山治世はこの李鴻章の返書の「無事生擾」について、これは領事が華民の登録手続きや寄付金の募集などの管理さえできれば、領事経費は確保され、在住華人をめぐる西洋側との無用な摩擦も回避できるという、領事派遣への期待をにじませたものだと解する。だが青山は、曾紀澤が使った「無事生擾」が、「（派遣した領事が）融通がきかず意固地な者であったらいざこざを起こすだろうし、軟弱無能の者なら外国人に軽蔑されるきっかけを招いてしまう」の部分を指すものであることを理解しておらず、このため李鴻章も「無事生擾」のすぐ後にこの曾紀澤の言葉を引用していることに注意を払っていない。青山治世「在外領事像の模索」、一〇二～一〇五頁を参照。

（100）余定邦「清朝政府仰光設置領事的過程——兼論清廷所派領事与華僑的関係」『中山大学学報』哲学社会版、一九九〇年第一期。なお、清朝が領事派遣に消極的だった理由として経費不足を挙げる研究もある。Yen, *Coolies and Mandarins*, pp. 151-153.

（101）華民護衛署（Chinese Protectorate）とは、英国海峡植民地政庁が契約移民の保護と会党の登録・取り締まりのために、一八七七年シンガポールに設置したものである。詳細については、白石隆「華民護衛署の設立と会党——十九世紀シンガポール華僑社会の政治的変化」『アジア研究』第二二巻第二号、一九七五年を参照。

（102）李鍾珏『新嘉坡風土記』（『霊鶼閣叢書』第二集）、頁六。

（103）Yen, *Coolies and Mandarins*, pp. 178-180、青山治世「在外領事像の模索」、一〇七～一一二頁。

（104）『駐徳使館檔案鈔』㈠（臺灣學生書局、一九六六年）、二七三～二八二頁。

（105）青山治世「在外領事像の模索」、一一一～一一二頁。

第3章　在外華人保護の動きとその限界

（1）張蔭桓は捐納によって候補知県の資格を得、山東巡撫の閻敬銘・丁寶楨、湖広総督の李瀚章の幕僚として実務に従事したが、特に丁寶楨に引き立てられた。光緒元年（一八七五）海防の推進にあたってその洋務の才を丁に買われ、山東の海防に従事、この際北洋大臣・李鴻章に知られる。光緒二年（一八七六）には署登莱青道として李鴻章の芝罘協定交渉を助けた。光緒十年（一八八四）には署安徽按察使から総理衙門学習行走となり、光緒十二年（一八八六）から十五年（一八八九）の三年間、出使美・日・秘国欽差大臣（駐アメリカ・スペイン・ペルー公使）として海外に赴任、帰国後は光緒十六年（一八九〇）総理衙門行走、光緒十八年（一八九二）戸部左侍郎。彼の経歴については、『清史稿』巻四四二、Fang Chao-ying, "Chang Yin-huan" in Arthur Hummel ed., *Eminent Chinese of the Ch'ing Period*, Vol. 1, Washington D. C.: Government Printing Office, 1943, pp. 60-64、何炳棣「張蔭桓事蹟」『清華學報』第一三巻第一期、一九四一年を参照。

（2）何炳棣「張蔭桓事蹟」、一八五頁。

（3）張蔭桓著・王貴忱注『戊戌日記手稿』（尚志書社、一九九九年）「後記」、二六六頁。

（4）魏長洪・李暁琴「張蔭桓述評」『新疆大学学報』哲学社会科学版、一九九八年第一期、四六〜四七頁など。

（5）湯志鈞『戊戌變法人物傳稿』上篇（中華書局、一九八二年、増訂本）、三九〇〜三九三頁など。

（6）馬忠文「張蔭桓与戊戌維新」（王暁秋・尚小明編『戊戌維新与清末新政――晩清改革師研究』北京大学出版会、一九九八年）、五五〜八六頁、Gong-way Lee（李恭蔚）, "Chang Yin-huan's（張蔭桓）San-chou Jih-chi（三洲日記）and His Diplomatic Experiences in America," *Chinese Culture Quarterly* Vol. 34, No. 4, 1993, pp. 43–76 ; Lee, "Chang Yin-huan and Sino-American Relations (1886–1889)"『屏東師範院学報』第四期、一九九一年、Lee, "Comments on the Study of Chang Yin-huan : the Diplomat and Reformer of the Late Nineteenth Century China (1837–1900)"『初等教育研究』第五期、國立屏東師範學院、一九九三年、王貴忱「張蔭桓其人其著」『学術研究』一九九三年第六期など。

（7）『三洲日記』の全体的な内容については、坂野正高「張蔭桓著『三洲日記』（一八九六年刊）を読む――清末の一外交家の西洋社会観」『国家学会雑誌』第九五巻第七・八号、一九八二年を参照。なお坂野が利用した『三洲日記』はハーバード・エンチン図書館所蔵のもので、このコピーは現在国際基督教大学図書館坂野正高文庫に所蔵されている（青山治世氏のご教示による）。現在では『續集四庫全書』史部・伝記類・五七七（上海古籍出版社、一九九七年）に収録されており（「據光緒二十二年（一八九六）刻本影印」）、また同じく張蔭桓の日記である『甲午日記』（光緒二十年）、『戊戌日記』（光緒二十四年）とともに『張蔭桓日記』（任青・馬忠文整理、世紀出版社・上海書店出版社、二〇〇四年）として刊行されている。

（8）清末の在外官員の日記については、王錫祺輯『小方壺齋輿地叢書』（上海著易堂排印本）や沈雲龍主編『近代中國史料叢刊』（文海出版社）などにその多くが収められている。また主な日記については校註をほどこした『走向世界叢書』（湖南人民出版社・岳麓書社）として整理されており、鍾叔河『走向世界――近代知識分子考察西方的歴史』（中華書局、二〇〇〇年）といった包括的な研究書も出版されている。この他に清末の出使日記を扱った研究として、朱維錚「使臣的実録与非実録――晩清的六種使西記」（同『求索真文明――晩清学術史論』上海古籍出版社、一九九六年）や楊易「晩清外交官及其著述」『北京檔案史料』一九九九年第一期などがある。なお、近年では出使日記の刊行の歴史的位置について、これを在外公館の組織・外交活動との関連から論じる視点も提起されている。岡本隆司「清末の在外公館と出使日記」（同『中国近代外交史の基礎的研究――一九世紀後半における出使日記の精査を中心として』平成一七〜一九年度科学研究費補助金（基盤研究C）研究成果報告書、二〇〇八年）を参照。この報告書には青山治世による「清末出使日記リスト」も収録されている。

（9）初期の出使大臣やその随員に関する先行研究の傾向については呉宝暁『初出国門――中国早期外交官在英国和美国的経歴』（武

漢大学出版社、二〇〇〇年）、一〜四頁に簡単に整理されている。

（10）坂野正高「張蔭桓著『三洲日記』（一八九六年刊）を読む」、Gong-way Lee（李恭蔚）, "Chang Yin-huan's（張蔭桓）San-chou Jih-chi（三洲日記）and His Diplomatic Experiences in America" など。

（11）一九世紀後半のアメリカにおける華人排斥運動に関する研究については、主にアメリカ側の背景・対応について研究が進んでいる。M. R. Coolidge, *Chinese Immigration*, New York: Arno Press and The New York Times, 1969; E. C. Sandmeyer, *The Anti-Chinese Movement in California (1939)*, Urbana: University of Illinois Press, 1973 (reprint)、油井大三郎「十九世紀後半のサンフランシスコ社会と中国人排斥運動」（油井大三郎・木畑洋一他『世紀転換期の世界——帝国主義支配の重層構造』未来社、一九八九年）、一九〜八〇頁、貴堂嘉之「一九世紀後半期の米国における排華運動——広東とサンフランシスコの地方世界」『地域文化研究』第四号、一九九三年などを参照。なお、華人排斥問題をめぐる交渉以外の張蔭桓の在外活動については、岡本隆司「朴定陽のアメリカ奉使をめぐって——一八八〇年代末清韓関係の一面」（同『属国と自主のあいだ——近代清韓関係と東アジアの命運』名古屋大学出版会、二〇〇四年、第六章）、青山治世「清朝政府による「南洋」調査（一八八六〜八八年）——華人保護の実施と領事設置の予備調査」『文研会紀要』第一四号、二〇〇三年などがある。また駐アメリカ公使全体を扱った研究としては呉宝暁『初出国門』、園田節子『南北アメリカ華民と近代中国——一九世紀トランスナショナル・マイグレーション』（東京大学出版会、二〇〇九年）、梁碧瑩『艱難的外交——晩清中国駐美公使研究』（天津古籍出版社、二〇〇四年）がある。

（12）Shih-shan Henry Tsai, *China and the Overseas Chinese in the United States, 1868–1911*, Fayetteville: University of Arkansa Press, 1983, pp. 81–103; Yen Ching-hwang, *Coolies and Mandarins: China's Protection of Overseas Chinese during the Late Ch'ing Period (1851–1911)*, Singapore: Singapore University Press, 1985, pp. 234–242.

（13）Shih-shan Henry Tsai, *The Chinese Experience in America*, Bloomington: Indiana University Press, 1986, pp. 56–57; Yen, *Coolies and Mandarins*, pp. 209–210. また油井大三郎は白人社会内部におけるアングロサクソン系とアイルランド人などの非アングロサクソン系の民族集団別の対抗が、中国人排斥に与えた影響についても分析している。油井大三郎「十九世紀後半のサンフランシスコ社会と中国人排斥運動」を参照。

（14）中国人排斥運動とアメリカ政局との関係については、Coolidge, *Chinese Immigration* を参照。

（15）エンジェル使節団とアメリカの対清政策については以下の専論がある。Susan A. Capie, "James B. Angell, Minister to China 1880–1881: His Mission and the Chinese Desire for Equal Treaty Right," *Chung-yang yan-chiu-yen chin-tai-shih yen-chiu-so chi-k'an*, 1982, No. 11, pp. 273–314.

（16）条約の漢文テキストについては『中外舊約章彙編』（王鉄崖編、生活・読書・新知三聯書店、一九五七年）第一冊、「續修條約」

三七八～三七九頁を、英文テキストについては Coolige, *Chinese Immigration*, pp. 160–161 を参照。

(17) たとえば一八七九年日本が琉球の廃藩置県を断行した際、前アメリカ大統領グラントが清日間の交渉の調停を行ったが、アメリカ側が中国人労働者の移民問題について条約改定の意思を見せたことを受けて、李鴻章はグラントに「如し能く球事を將て議妥すれば、華工は總じて好く商量せん、將來或いは另に專條を立て、古巴・秘魯の辦法に仿照するも、總署未だ允さざるにあらず」と密かに告げたことを総理衙門に報告している。『李鴻章全集』譯署函稿、巻八、「議請美國前總統調處琉球事」、頁四〇～四一を参照。Shih-shan H. Tsai や Yen Ching-Hwang、貴堂嘉之も清朝側の事情について同様の理由を指摘している。Tsai, *The Chinese Experience in America*, p. 63 ; Yen, *Coolies and Mandarins*, p. 219、貴堂嘉之「「帰化不能外人」の創造――一八八二年排華移民法制定過程」『アメリカ研究』二九、一九九五年。また商人保護については呉宝暁『初出国門』、二〇三頁を参照。

(18) 一八八二年の中国人移民制限法および一八八四年の修正の成立過程については以下を参照。Coolidge, *Chinese Immigration*, pp. 168–186 ; Tsai, *The Chinese Experience in America*, pp. 62–67.

(19) Coolidge, *ibid.*, pp. 187–188.

(20) Coolidge, *ibid.*, pp. 271–272 ; Tsai, *China and the Overseas Chinese in the United States, 1868–1911*, pp. 72–78.

(21) 『三洲日記』巻一、光緒十二年三月二十日の条、頁一九。

(22) 『清季外交史料』巻六三、「舊金山中華會董致總署土人殺害華人求請美廷保護電」光緒十二年正月十四日（一八八六・二・一七）付、頁一八。

(23) 『張文襄公全集』巻一二六、電牘五、「致華盛頓鄭欽差」光緒十二年正月二十八日発、頁一四。

(24) 『李鴻章全集㈠　電稿一』（顧廷龍・葉亜廉主編、上海人民出版社、一九八五年）「寄譯署」光緒十二年二月初一日午刻、六四四頁。

(25) 『清季外交史料』巻六四、「旨寄張之洞外傳該督因美國華工被害將圖報復有無此議着電聞電」光緒十二年二月初四日付、頁九。

(26) 同書、同巻、「粤督張之洞致總署美害華工領事來牘道謝西人因懼生訛乞商禁電」光緒十二年二月初六日付、頁一一～一二。

(27) 薛福成撰『庸庵文編』巻一、「應詔陳言疏」、頁二〇。

(28) 許珏撰『復菴先生集』巻七、「上座師許星叔先生」丙戌（一八八六）、頁三。

(29) 同上、頁三～四。

(30) 同じ書簡で許珏は「總由數年來使臣皆係粤產、狃於咫尺之見、但爲一隅之民開方便之門、不爲中外大局籌久遠之略、此誠亟宜變計者也。……援遣使歐洲之例、此後使臣勿專用粤人、援內地用税務司之例、專任洋員以保護華民而已」とアメリカに派遣される使者が広東人ばかりである状況を批判している（同上、頁四～五）。なお清朝が派遣した出使美国大臣の籍貫は以下の通り。陳蘭彬：広東省呉川、容閎：広東省香山、鄭藻如：広東省香山、張蔭桓：広東省南海、崔國因：安徽省太平、楊儒：漢軍正紅旗、伍廷芳：

広東省新会、梁誠：広東省番禺、張蔭棠：広東省南海、施肇基：江蘇省震澤。

（31）『中美關係史料』光緒朝第二冊（中央研究院近代史研究所編、一九八八年）「總署致美使田貝照會」光緒十二年七月初四日（一八八六・八・三）、一二〇四～一二〇五頁。なお、鄭藻如が「自禁政策」を提唱した総理衙門宛の咨文「咨總署自禁華工來美節略」（光緒十一年十二月十六日付）は、『清季外交史料』巻七九、頁三二～三六を参照。

（32）清末にアメリカに渡った中国人移民の社会的背景・アメリカでの状況については Tsai, *The Chinese Experience in America*, Chap. I, II、劉伯驥『美國華僑史』（行政院僑務委員會、一九七六年）、油井大三郎「十九世紀後半のサンフランシスコ社会と中国人排斥運動」などを参照。

（33）前任の鄭藻如から交渉を引き継いだロックスプリングス事件以外の主な五事件は、①士哥坑烏盧公司（Squak Valley, Washington Territory）、②之奄布魯公司姑力煤鉱（Coal Creek Mine, Washington Territory）、③阿路美（Almy, Wyoming Territory）、④澳路非脳（Orofino, Idaho Territory）、⑤的欽巴（Tacoma, Washington Territory）。このほかシアトルでの暴動やモンタナ準州の事件の交渉も行っている。なお一連の華人被害について一八八八年に張蔭桓が賠償を要求した各事件およびその被害額のリストが以下の史料に確認できる。Statement of Claims, Inclosure in No. 255, Mr. Chang Yen Hoon to Mr. Bayard, Mar. 3, 1888, *Papers Relating to the Foreign Relations of the United States, Dec. 1888*（以下 *FRUS Dec. 1888* とする）, Washington : Government Printing Office, 1889, pp. 391–392.

（34）首都ワシントン到着直後に書かれたと思われる総理衙門宛の書簡には「至洛士丙冷案上下議院多議賠償、西五月十九号即中曆四月十六日可定議」とある（朱士嘉編『美国迫害華工史料』中華書局、一九五八年、九四頁を参照）。また別の書簡にも「似此情形、賠款当不落空」とある（同書、九五頁。なおこの書簡の冒頭には「七月十五日出使大臣張蔭桓函」とあるが、『三洲日記』の内容と照らし合わせると光緒十二年五月十二日頃の内容と一致するため、七月十五日は総理衙門が受け取った時期と考えられる。『三洲日記』巻一、光緒十二年五月初十日・十二日の条、頁四三～四四を参照）。

（35）ベイヤードとの会談内容については『三洲日記』巻一、光緒十二年五月初十日の条、頁四三および朱士嘉編『美国迫害華工史料』、九五頁を参照。張蔭桓が国務省に送付した抗議文の内容については Notes from the Chinese Legation in the United States to the Department of States, 1868–1906, Vol. 2, Chang Yen Hoon to Bayard, Jun. 14, 1886 および同送の Memorandam を参照。その漢訳は朱士嘉編『美国迫害華工史料』「張蔭桓致美外部函稿」、「致美外部函稿節略」、九六～九八頁を参照（なおこの史料も「七月十五日」と注記されているが、国務省に送付されたのは一八八六年六月一四日である。『三洲日記』巻一、光緒十二年五月十三日の条、頁四四も参照）。

（36）張蔭桓が在米公使館に赴任してから一八八六年八月の下院休会までのベイヤードとの交渉過程とその総理衙門に対する報告書簡は朱士嘉編『美国迫害華工史料』、九四～一〇四頁を参照。なおここに収録されている総理衙門宛の報告書簡の内容は『三洲日記』

の内容と字句等の表現も一致している。そもそも出使大臣は帰国後皇帝に日記を奉呈するよう義務づけられており、日記も報告書としての性質を有しているため、総理衙門への報告書簡の内容には日記を整理して記述された部分も多々あると思われる。

(37)『中美關係史料』光緒朝第二冊、「總署致美使田貝照會」光緒十二年八月初一日（一八八六・八・二九）、一二〇六〜一二〇七頁。

(38) 同書、同冊、「總署收美使田貝照會」光緒十二年八月初五日、一二〇七〜一二〇八頁。移民制限法改定について議会の動向を待つことになったわけであるが、総理衙門がデンビに照会した「自禁政策」について、ベイヤードが張蔭桓に交渉を求めたのは議会再開後の一八八七年一月以降のことであった。『三洲日記』巻二、光緒十二年十二月二十日の条、頁八五、Mr. Bayerd to Mr. Chang Yen Hoon, Jan. 12, 1887, No. 240, *FRUS Dec. 1888*, pp. 360–361 を参照。

(39)『三洲日記』巻二、光緒十二年八月二十六日の条、頁一二。

(40)『清季外交史料』巻六八、「使美張蔭桓奏舊金山戕害華工案辦理情形片」光緒十二年七月十四日付、頁九。

(41) たとえばサンフランシスコの会館董事に対し「間有勃谿、訴之會館、甚不得已、乃煩領事、努令彼族知我華人彼此相顧、庶可略免欺侮」と諭していたり（『三洲日記』巻一、光緒十二年三月初七日の条、頁一二〜一三）、「美西省之讎視華人、牢不可破、我華人猶不知危懼、同類自殘、抑何夢夢」と嘆いたりしている（『三洲日記』巻一、光緒十二年七月十六日の条、頁七八）。

(42)『三洲日記』巻一、光緒十二年四月二十七日の条、頁三三。

(43) 劉伯驥『美國華僑史』、三五五〜三五七頁、呉宝暁『初出国門』、一四九頁。

(44)『三洲日記』巻一、光緒十二年七月二十日の条、頁八〇。なおこの事件を機に張蔭桓は在外会館が挙貢・生監を董事に迎える際には、出使大臣より董事の原籍の督撫に通知・調査する規定を設け、彼らに対する管理を行うようにした。『三洲日記』巻三、光緒十三年正月初十日の条、頁七を参照。

(45) 園田節子は一八八二年のサンフランシスコ中華会館設置を取り上げ、サンフランシスコ華人社会における「官」のはたらきを論じている。園田節子『南北アメリカ華民と近代中国』、一八六〜一九〇頁。

(46)『三洲日記』巻二、光緒十二年十二月二十日の条、頁八五、Mr. Bayerd to Mr. Chang Yen Hoon, Jan. 12, 1887, No. 240, *FRUS Dec. 1888*, pp. 360–361.

(47)『三洲日記』巻三、光緒十三年正月十七日の条、頁一五。

(48) 同上。なおこの日の日記には「中国自禁華工之議、本於鄭光禄（藻如）、其亦錦堂（歐陽明）條議之一」とあり、「自禁政策」の発案者は欧陽明であり、それに賛同した鄭藻如が総理衙門に提案したとされる。

(49) 同上、および光緒十三年三月初二日の条、頁六一を参照。

(50)『三洲日記』巻二、光緒十二年十二月十一日の条、頁七八。

(51) 同書、同巻、光緒十二年十二月初二日の条、頁六九～七〇。
(52) 同書、同巻、光緒十二年十二月初六日の条、頁七三。
(53) 同書、巻三、光緒十三年正月初三日の条、頁二、正月二十三日の条、頁二一。
(54) アメリカへの広東移民と会館との関係、および張・ベイヤード交渉でも後に問題となるアメリカへの婦女の強制的輸送などについて、可児弘明『近代中国の苦力と「豬花」』（岩波書店、一九七九年）などを参照。
(55) 『三洲日記』巻三、光緒十三年正月十八日（一八八七・二・一〇）の条、頁一五～一六。
(56) 弁護士であり、米国公使としてメキシコ、ロシア、スペインに駐在したこともあるフォスターに対して張蔭桓は「心心相印之人」（『三洲日記』巻一、光緒十二年七月初七日の条、頁六七）と評して信頼しており、また李鴻章も張蔭桓に宛てた書簡の中で「科律師（フォスター）と厚結」するよう指示していた（『三洲日記』巻二、光緒十二年十月二十一日の条、頁三二）。
(57) 『三洲日記』巻三、光緒十三年二月十一日（一八八七・三・五）の条、頁四三。
(58) 同書、同巻、光緒十三年二月十六日（一八八七・三・一〇）の条、頁四七。
(59) 同書、同巻、光緒十三年二月十八日（一八八七・三・一二）の条、頁四八。
(60) 同書、同巻、光緒十三年二月二十四日（一八八七・三・一八）の条、頁五三。
(61) Mr. Bayerd to Mr. Chang Yen Hoon, Jan. 12, 1887, No. 240, *FRUS Dec. 1888*, p. 361.
(62) Draught of Convention Relating to Emigration Transmitted with Note to Chinese Minister, of Jan. 12, 1887, Inclosure in No. 240, *FRUS Dec. 1888*, p. 361.
(63) 『三洲日記』巻二、光緒十二年十二月二十一日の条、頁八七。
(64) 同書、同巻、光緒十二年十二月二十二日の条、頁八七。
(65) 同書、巻三、光緒十三年二月十七日の条、頁四七。
(66) 同上、頁四七～四八。
(67) 同上、頁四八。
(68) Negotiations for the Protection of the Chinese in the United States, Mar. 18, 1887, No. 244, *FRUS Dec. 1888*, p. 366.
(69) *Ibid.*, p. 366
(70) 華人殺害事件の犯人が処罰されないことに対し、張蔭桓はしばしば陪審員の不公平やアメリカの法律の「寛縦」に不満を述べている。朱士嘉『美国迫害華工史料』「張蔭桓函」（光緒十二年七月十五日付総理衙門収）、一〇三頁、『三洲日記』巻二、光緒十二年九月二十八日の条、頁二三～二四など。

(71) Negotiations for the Protection of the Chinese in the United States, Mar. 18, 1887. No. 244, *FRUS Dec. 1888*, pp. 366–367.

(72) *Ibid.*, p. 367.

(73)『中外舊約章彙編』第一冊、「續修條約」、三七八～三七九頁。

(74) Negotiations for the Protection of the Chinese in the United States, Mar. 18, 1887. No. 244, *FRUS Dec. 1888*, pp. 368–369.

(75)『三洲日記』巻一、七月初五日の条、頁六六。なおここで張蔭桓に上申書を送っている「香港華安公司」とはどのような会社かよく分からないが、張蔭桓がアメリカ赴任にあたり香港に立ち寄った際、「旋往華安公司諸同郷處言別」とあり、また張蔭桓の香港出発にあたっては「華安公司自雇小輪船、拖曳民船」とある。同書、同巻、光緒十二年二月初八日の条、頁三。

(76) 同書、同巻、光緒十二年七月初五日の条、頁六六。

(77)『三洲日記』巻三、光緒十三年二月二十四日の条、頁五三。なお海外における華工の中国製品の需要は、彼らの後方供給基地として香港が経済的な発展を遂げた要因の一つであった。余繩武・劉存寛主編『十九世紀的香港』（中華書局、一九九三年）、三七一頁を参照。

(78) たとえば Shih-shan Henry Tsai は張蔭桓の一五カ条の条約案を「基本的に総理衙門が一八八六年の八月三日にデンビに送付したものとほとんど同じであった」と評している。だが、Tsai は条約案のうち第七条以降の内容には一切言及していない。Tsai, *China and the Overseas Chinese in the United States, 1868–1911*, p. 85.

(79)『三洲日記』巻三、光緒十三年二月二十七日の条、頁五七。

(80) 同上。

(81) Draught of Convention to Regulate Emigration from China to the United States, Inclosure 1 in No. 245, Mr. Bayard to Mr. Chang Yen Hoon, Apr. 11, 1887, *FRUS Dec. 1888*, pp. 371-372.

(82) Memorandum on propositions left at the Department by the Chinese minister on the 18th of March last, respecting the emigration of Chinese subjects from China to the United States, and other subjects, Inclosure 2 in No. 245, *FRUS Dec. 1888*, pp. 373–374.

(83) *Ibid.*, p. 374.

(84) たとえばサンフランシスコで死亡した華人の遺体を中国の郷里に送り返す問題について、張蔭桓とベイヤードとの間には以下のようなやりとりがあった「(九月二十四日) 美外部復金山華人搬運枯骨事、已行嘉利福尼省酌辦」。「(九月二十五日) 午後令參贊往晤虮蝮（ベイヤード）、屬函告嘉利福尼省總督平決華人搬運骸骨事……虮蝮以嘉省事難於致書、或託議紳代達」。ここでベイヤードがすでにカリフォルニア州に対し公文書を送付しカリフォルニア州によって処理が行われると回答したのに対し、張蔭桓はベイヤード個人からカリフォルニア州知事に書簡を送り「平決」を命じるよう求めている。国務省長官個人から州知事個人に問題の処理決定をするよう指示してほしいとの要求である。このような要求は清朝の制度を念頭においてなされたものであり、ベイヤードはできないと回答している。アメリカと清朝の政治文化の違いを表す例である（劉素芬教授のご教示による）。『三洲日記』巻二、光緒十二年九月二十四日、九月二十五日の条、頁二二～二三を参照。

（85）Notes from the Chinese Legation in the United States to the Department of States, 1868–1906, Vol. 2, Chang Yen Hoon to Bayard, Oct. 12, 1886.

（86）*Ibid.*, Chang Yen Hoon to Bayard, Oct. 29, 1886.『三洲日記』巻二、光緒十二年十月初三日（一八八六・一〇・二九）の条、頁二六も参照。

（87）Notes to Foreign Legations in the United States from the Department of States, China, 1868–1906, Bayard to Chang Yen Hoon, Dec. 4, 1886. なおこの史料は岡本隆司氏よりご教示いただいた。記して謝意を表したい。

（88）Notes from the Chinese Legation in the United States to the Department of States, 1868–1906, Vol. 2, Chang Yen Hoon to Bayard, Dec. 18, 1886.

（89）『三洲日記』巻二、光緒十二年十一月二十日（一八八六・一二・一五）の条、頁四四～六三。なお、そもそも蔡錫勇が陳蘭彬の命を受けて合衆国憲法を漢訳した背景についても、張蔭桓のこの場合と同様な華人襲撃事件をめぐる交渉が関係していたことが指摘されている。つまり李文杰は、一八八〇年のデンバーでの排華事件をめぐり、陳蘭彬が連邦政府の介入を求めたところ、憲法を理由に否定されたことが、合衆国憲法漢訳の動機であったとする。李文杰「首部漢訳美国憲法問世考」『北大史学』第一五輯、二〇一〇年を参照。

（90）同書、同巻、光緒十二年十一月十九日（一八八六・一二・一四）の条、頁四二に「午間科士達（フォスター）來、自擕擬駁烏盧命案稿」とあるのが、この反駁書に当たる。

（91）前注(88)史料。

（92）Memorandum on propositions left at the Department by the Chinese minister on the 18th of March last, Inclosure 2 in No. 245, *FRUS Dec. 1888*, pp. 374–375.

（93）『三洲日記』巻三、光緒十三年三月二十日の条、頁六九～七〇。

（94）同書、同巻、光緒十三年四月三十日の条、頁八九～九〇。

（95）Mr. Chang Yen Hoon to Mr. Bayard, Aug. 16, 1887, No. 246, *FRUS Dec. 1888*, p. 375.

（96）*Ibid.*, pp. 376–377.

（97）*Ibid.*, p. 377.

（98）*Ibid.*, p. 377.
（99）*Ibid.*, p. 378.
（100）『中外舊約章彙編』第一冊、五四頁。
（101）同書、同冊、三七九頁。
（102）Mr. Chang Yen Hoon to Mr. Bayard, Aug. 16, 1887, No. 246, *FRUS Dec. 1888*, pp. 378–379.
（103）Mr. Bayard to Mr. Chang Yen hoon, Dec. 28, 1887, No. 247, *FRUS Dec. 1888*, pp. 379–380.
（104）『三洲日記』巻五、光緒十三年十一月十六日の条、頁二〇。
（105）同書、同巻、光緒十三年十二月二十八日（一八八八・二・九）の条、頁四〇。
（106）同書、同巻、光緒十四年正月初六日の条、頁四五。
（107）Tsai, *China and the Overseas Chinese in the United States, 1868–1911*, p. 88.
（108）『三洲日記』巻五、光緒十四年正月十六日の条、頁五一。
（109）Draught of additional articles to the treaty concerning emigration from China to the United States, Inclosure in No. 253, Mr. Bayard to Mr. Chang Yen Hoon, Feb. 29, 1888, *FRUS Dec. 1888*, p. 389.
（110）『三洲日記』巻五、光緒十四年正月十九日の条、頁五三。
（111）同書、同巻、光緒十四年正月二十日の条、頁五三～五四。
（112）同書、同巻、光緒十四年正月二十六日の条、頁五七。
（113）『中外舊約章彙編』第一冊、五三三～五三四頁。
（114）『三洲日記』巻五、光緒十四年二月初十日の条、頁六四、二月十七日の条、頁六七。
（115）同書、同巻、光緒十四年三月二十四日の条、頁八二。
（116）同書、同巻、光緒十四年三月二十九日の条、頁八五～八六、Mr. Bayard to Mr. Chang Yen Hoon, May 8, 1888, No. 260, *FRUS Dec. 1888*, pp. 396–400.
（117）『三洲日記』巻五、光緒十四年二月二十一日の条、頁六八。
（118）同書、巻六、光緒十四年六月十六日の条、頁五〇。
（119）同書、同巻、光緒十四年六月十四日の条、頁四九。
（120）『李鴻章全集㈠　電稿一』「寄譯署」光緒十四年六月十六日（一八八八・七・二四）申刻発、九七五～九七六頁。
（121）同書、「譯署致張使」光緒十四年六月十七日（一八八八・七・二五）未刻到、九七六頁。

(122) Tsai, *China and the Overseas Chinese in the United States, 1868–1911*, pp. 90–91.

(123)『復菴先生集』巻七、「與宗湘文」、二八八頁。

第4章　清朝外交のイメージの形成

（1）清朝の伝統に対する英国側の譲歩について、かつて矢野仁一は「この頃になってこういう朝貢の礼節は、空虚な形式的のもので、実質的の利益を収むる代償として廉価なものであると考えるに至ったためでないか」と述べた（矢野仁一『近世支那外交史』弘文堂書房、一九三〇年、九一五〜九一六頁）。近年では、余定邦は『中国海関与緬蔵問題』（中国近代経済史資料叢刊編輯委員会主編『帝国主義与中国海関資料叢編之二』中華書局、一九八三年）が収録するハートの電報を根拠に、彼の「譲出虚名、求得実利的詭計」に清朝ははめられたとする。余定邦『中緬関係史』（光明日報出版社、二〇〇〇年）、二三五〜二三八頁を参照。また、李恩涵『曾紀澤的外交』（中央研究院近代史研究所、一九八二年）、二六二〜二六八頁も清朝外交に対し同様の評価を下す。なおハートの活動については、S. F. Wright, *Hart and the Chinese Customs*, Belfast : The Queen's University, 1950, pp. 554–558 を参照。またイギリスによるビルマ併合の経緯については、J. F. Cady, *A History of Modern Burma*, New York : Cornell University Press, 1958, pp. 116–132 を参照。

（2）前掲の諸研究に対し、張誠孫や茂木敏夫は「伝統」への評価を異にするが、積極的な曾紀澤外交と消極的な本国側という区別・対比を行う点は共通している。張誠孫『中英滇緬疆界問題』（哈佛燕京學社出版、一九三七年）、一二三〜一三〇頁、茂木敏夫「中華世界の『近代』的変容——清末の周辺支配」（溝口雄三他編『アジアから考える㈡　地域システム』東京大学出版会、一九九三年）、二八八〜二九三頁。

（3）駐英清国公使館の西洋人参事官として三〇年にわたり中国外交に関わったマカートニーについては次の伝記を参照。D. C. Boulger, *The Life of Sir Halliday Macartney K. C. M. G. : Commander of Li Hung Chang's Trained Force in the Taeping Rebellion, Found of the First Chinese Arsenal, for Thirty Years Councillor and Secretary to the Chinese Legation in London*, London : J. Lane, the Bodley Head, 1908. なおマカートニーが李鴻章の推薦により駐英清国公使の随行員として欧州に赴任する経緯やハートとの関係については本書第1章第三節を参照。

（4）『李鴻章全集』譯署函稿、巻九、「與英國威使晤談節略」光緒五年五月初六日（一八七九・六・二五）、頁九〜一〇。ただし李鴻章は続けて「不過緬甸係中土屬國、你們若與緬甸動兵、先給我們一箇信、就於彼此交誼無礙、與日本辦琉球情形不同」と述べている。

（5）『清季外交史料』巻六一、「使英曾紀澤致總署英取緬北我宜取八幕電」、頁一六。なお曾紀澤がバモー占拠を主張したのはこれが最初ではない。一八八五年初めにバモーで反乱が発生、これに乗じて当地を占拠することを提案した（『清季外交史料』巻五二、頁九〜一〇）が、醇親王がこれに反対した。また醇親王もこの際「緬又生事。該國受脅於英、近未朝貢。……英必藉此據緬、或認為彼屬」と述べている（『文獻叢編』第七輯「醇親王奕譞致軍機處尺牘」、頁四～五）。

（6）『李鴻章全集㈠　電稿一』（顧廷龍・葉亜廉主編、上海人民出版社、一九八五年）「譯署致曾侯」光緒十一年九月十七日（一八八五・一〇・二四）戌刻到、五六二～五六三頁、『清季外交史料』巻六一、「使英曾紀澤致總署英取緬北我宜取八幕電」附旨、頁一六～一七。

（7）『李鴻章全集㈠　電稿一』「寄譯署」光緒十一年九月十七日巳刻、五六二頁。

（8）『德宗實錄』巻二一六、光緒十一年九月癸丑（十八）（一八八五・一〇・二五）、頁四。

（9）『李鴻章全集㈠　電稿一』「曾侯致譯署」光緒十一年九月二十一日（一八八五・一〇・二八）酉刻到、五六四～五六五頁。ベトナムの「属国」をめぐるフランスとの対立については、岡本隆司「属国と保護のあいだ――一八八〇年代初頭、ヴェトナムをめぐる清仏交渉」『東洋史研究』第六六巻第一号、二〇〇七年などを参照。

（10）『李鴻章全集㈠　電稿一』「譯署致曾侯」光緒十一年九月二十三日（一八八五・一〇・三〇）戌刻到、五六六頁。

（11）Ian Nish ed., *British Documents on Foreign Affairs : Reports and Papers from the Foreign Office Confidential Print*, Part I, Series E, Asia, 1860–1914, Vol. 23, Doc. 2, Memorandum from Foreign Office, pp. 3–4. この外務省作成の覚書は一八八五年一〇月末から一八八六年一月末までの清英交渉に関する主要文書を収録しており、当該時期の交渉経緯につき、その流れを知る上で便利な史料である。

（12）*Archives of China's Imperial Maritime Customs Confidential Correspondence between Robert Hart and James Duncan Campbell 1874–1907*, Vol. 3, Telegraph No. 1379, Hart to Campbell, No. 292, Nov. 2, 1885, p. 1208. なお、ハートが調査結果を総理衙門に報告したのは開戦後の一一月一二日であった。『清季外交史料』巻六一、「税司赫德呈總署英國向緬甸提出賠罪辦法電」光緒十一年十月初六日（一八八五・一一・一二）付、頁三二～三三。

（13）Nish ed., *British Documents on Foreign Affairs*, Asia, 1860–1914, Vol. 23, Doc. 2, p. 5. このスピーチについては、中央研究院近代史研究所外交檔案館所蔵の「緬甸檔」に、曾紀澤より総理衙門に報告された中国語訳を確認できる（總理衙門檔案 01-23-4-1「照錄頌答詞一冊」）。一八八〇年代の清英関係については、主に朝鮮問題に焦点を当てた研究が積み重ねられており、国際的な英露対立という構図の下、清英両国は事実上の「同盟」関係にあったとされる。それはこのビルマ問題と同時期に起こった巨文島事件での清英交渉に端的に見られ、英国は清朝の朝鮮における権利の承認を明示したとされる。英国のそのような外交方針は、清朝のビルマにおける権利に配慮を示すこのスピーチにも共通する。ただ、当時の朝鮮が関係各国の思惑入り乱れる「国際問題」であったのに対し、ビルマ問題においては第二節で述べるようにインド省の方針もまた重要な鍵を握っていた。またインド総督はインドから直接北京に特使を派遣し、ビルマ問題の交渉をインド側から行いたい意向を有していた（ただしこれは清朝側に拒否された）。なお一八八〇年代の朝鮮半島を舞台とした関係各国の攻防とそれぞれの外交政策については、岡本隆司『属国と自主のあいだ――近代清韓関係と東アジアの命運』（名古屋大学出版会、二〇〇四年）を参照。

（14）FO17/1000, Salisbury to Marquis Tsêng, Nov. 26, 1886、『李鴻章全集㈠　電稿一』「曾侯致譯署」光緒十一年十月二十一日（一八八五・一一・二七）酉刻到、五七七頁。

（15）*Archives of China's Imperial Maritime Customs*, Vol. 3, Telegraph No. 1436, Campbell to Hart, No. 567, Nov. 28, 1885, p. 1217.

（16）『李鴻章全集㈠　電稿一』「曾侯寄譯署」光緒十一年十月二十六日（一八八五・一二・二）戌刻到、五七九頁。

（17）同書、「譯署致曾侯」光緒十一年十月二十九日（一八八五・一二・五）申刻到、五八〇頁。

（18）『清季外交史料』巻六二、「使英曾紀澤致總署詢乾隆時緬王金印式樣電」頁二九、同書、同巻、「總署致曾紀澤說明緬王金印式樣電」、頁三〇、同書、同巻、「總署致曾紀澤奉旨緬以地讓英未告中國宜預籌電」、頁三一、『李鴻章全集㈠　電稿一』「曾侯致譯署」光緒十一年十一月二十一日申刻到、五九七頁。

（19）FO17/1060, Salisbury to O'Conor, No. 9, Jan. 12, 1886 ; Boulger, *The Life of Sir Halliday Macartney K. C. M. G.*, pp. 415–417.

（20）『李鴻章全集㈠　電稿一』「曾侯致譯署」光緒十一年十二月初九日（一八八六・一・一三）未刻到、六〇七頁。

（21）同書、「譯署致曾侯」光緒十一年十二月初十日（一八八六・一・一四）、六〇七頁。

（22）FO17/1060, Memorandum by Sir P. Currie, Jan. 23, 1886 ; Memorandum by Sir P. Currie, Jan. 28, 1886 ; Nish ed., *British Documents of Foreign Affairs*, Asia, 1860–1914, Vol. 23, Memorandum by Sir P. Currie, Jan. 28, 1886, p. 17.

（23）『李鴻章全集㈠　電稿一』「曾侯致譯署」光緒十一年十二月二十六日（一八八六・一・三〇）未刻到、六一六頁。

（24）同書、「曾侯致譯署」光緒十二年正月初九日（一八八六・二・一二）申刻到、六二六頁。

（25）余定邦『中緬関係史』、二三七頁、Wright, *Hart and The Chinese Customs*, pp. 555–558.

（26）"China and the Burmese Question," in *The Times*, Oct. 19, 1885.

（27）*Archives of China's Imperial Maritime Customs*, Vol. 2, Letter No. 1362, Campbell to Hart, Z/392, Oct. 23, 1885, p. 245 ; Vol. 3, Telegraph No. 1373, Campbell to Hart, No. 531, Oct. 24, 1885, p. 1207.

（28）*Archives of China's Imperial Maritime Customs*, Vol. 2, Letter No. 1362, Campbell to Hart, Z/392, Oct. 23, 1886, p. 245 ; Letter No. 1365, Campbell to Hart, Z/394, Oct. 30, 1885, p. 251.

（29）*Archives of China's Imperial Maritime Customs*, Vol. 3, Telegraph No. 1379, Hart to Campbell, No. 292, Nov. 2, 1885, p. 1208.

（30）*Ibid.*, Telegraph No. 1381, Hart to Campbell, No. 293, Nov. 3, 1885, p. 1208.

（31）*Ibid.*, Telegraph No. 1380, Campbell to Hart, No. 536, Nov. 3, 1885, p. 1208.

（32）*Archives of China's Imperial Maritime Customs*, Vol. 2, Letter No. 1369, Campbell to Hart, Z/397, Nov. 6, 1885, p. 255.

（33）*Archives of China's Imperial Maritime Customs*, Vol. 3, Telegraph No. 1384, Campbell to Hart, No. 539, Nov. 6, 1885, p. 1209.

（34）*Ibid*.

（35）*Archives of China's Imperial Maritime Customs*, Vol. 3, Telegraph No. 1386, Hart to Campbell, No. 294, Nov. 7, 1885, p. 1209.

（36）*Ibid*., Telegraph No. 1397, Hart to Campbell, No. 298, Nov. 14, 1885, p. 1211.

（37）*Ibid*., Telegraph No. 1399, Hart to Campbell, No. 299, Nov. 15, 1885, p. 1211.

（38）清仏戦争において両国間の調停に成功し、また一八八五年三月駐華英国公使パークスが在職中に死去するとその後任に推挙されるなど、一八八五年当時清朝の外交においてハートの果たす役割は重要さを増していた。だが後任総税務司の有力候補として、天津海関税務司であり、李鴻章のアドバイザー的存在であったデトリングを推す動きがあり、ハートは駐華公使就任を辞退して総税務司の地位に留まった。この時期のハートとマカートニーとの対抗関係についてはこういったハートと李鴻章との関係に留意する必要がある。Wright, *Hart and the Chinese Customs*, pp. 534–542.

（39）*Archives of China's Imperial Maritime Customs*, Vol. 3, Telegraph No. 1422, Hart to Campbell, No. 311, Nov. 24, 1885, p. 1215.

（40）一八八五年一一月四日時点ではキャンベルは併合ではなく保護国化が選択されると予測していた（*Ibid*., Telegraph No. 1383, Campbell to Hart, No. 538, Nov. 4, 1885, p. 1209）が、一六日には新聞も併合政策を支持していることをハートに報告している（Telegraph No. 1402, Campbell to Hart, No. 549, Nov. 16, 1885, p. 1212）。

（41）ハート案についてポンスフォートから「いかなる形式の朝貢も併合政策と矛盾する」との回答があり（*Archives of China's Imperial Maritime Customs*, Vol. 3, Telegraph No. 1413, Campbell to Hart, No. 555, Nov. 20, 1885, p. 1213）、インド相の秘書官からも「協定は時期尚早で、いまビルマの将来を決定することはできないし、併合の可能性は保持しておかなければならない」と伝えられたキャンベルは、インド省がマカートニーや『タイムズ』の記事の提案を支持しているのは明らかだとハートに報告している（*Ibid*., Telegraph No. 1415, Campbell to Hart, No. 556, Nov. 20, 1885, pp. 1213–1214）。

（42）FO17/987, O'Conor to Salisbury, Telegram No. 69, Nov. 19, 1885 ; O'Conor to Salisbury, No. 459, Nov. 19, 1885. オコナーは清朝側がビルマ遠征に介入する恐れは低いと読んでおり、李鴻章の言葉など様々な情報を総合するに、具体的な条件を提示して清朝側と交渉するには時期尚早であると判断した。ここでは「李鴻章の言葉」の具体的な内容を示していないが、先に見たように、李鴻章はビルマとの関係を過去のものと認めており、英国のビルマ併合自体は清朝外政担当者も想定していたことが影響しているだろう。

（43）インド省は、アヴァに保存されていた一七六九年の清緬条約のビルマ側テキストを英訳したものを根拠として、清朝とビルマとの間には「朝貢関係」は存在しなかったという立場を採っていた。*Archives of China's Imperial Maritime Customs*, Vol. 3, Telegraph No. 1415, Campbell to Hart, No. 556, Nov. 20, 1885, pp. 1213–1214 ; Boulger, *The Life of Sir Halliday Macartney K. C. M. G.*, p. 416.

（44）FO17/1000, Salisbury to Marquis Tsêng, Dec. 23, 1885.

（45）*Archives of China's Imperial Maritime Customs*, Vol. 2, Letter No. 1387, Hart to Campbell, Z/246, Jan. 8, 1886, p. 284. ここのみ引用中の（　）は原文による。

（46）FO17/1060, O'Conor to Salisbury, Telegram No. 3, Jan. 6, 1886.

（47）FO17/1060, O'Conor to Salisbury, No. 2, Jan. 2, 1886. 一八八五年一一月二三日キャンベルがポンスフォートと会談した際、ポンスフォートも清朝へは「朝貢」の代わりにバモー割譲を許してもいいと述べており、英外務省でもバモー割譲という選択肢はかなり現実味をもって検討されていたことが分かる（*Archives of China's Imperial Maritime Customs*, Vol. 2, Letter No. 1377, Campbell to Hart, Z/400, Nov. 27, 1885, p. 268）。

（48）FO17/1062, E. Neel, *Chinese Claims to Suzerainty over Burmah*, Mar. 31, 1886, Chap. 2, p. 1 ; FO17/1060, O'Conor to Salisbury, No. 10, Jan. 10, 1886. ビルマ王位について、ティーボーの王子を即位させると、ビルマが仏・伊との間で締結した条約も効力を有することとなり、英国側には受け入れ難い。清朝がビルマと同じ仏教国であるとは、もとより正確な認識ではないが、インド総督による「教王」提案はこうした難題を解決する妙案であった。

（49）FO17/1062, E. Neel, *Chinese Claims to Suzerainty over Burmah*, Mar. 31, 1886, Chap. 2, pp. 2, 5–6.

（50）『李鴻章全集㈠　電稿一』「會侯致譯署」光緒十二年二月初二日（一八八六・三・七）亥刻、六四八頁。

（51）同書、「譯署致曾侯」光緒十二年二月初四日（一八八六・三・九）亥刻到、六五〇頁。

（52）同書、「曾侯致譯署」光緒十二年二月初九日（一八八六・三・一四）午刻到、六五一頁。

（53）上諭の内容は以下の通り。「允論界務商務、既為認英滅緬、即辦到遣使呈儀何獨不然。況與緬督往來、尤失國體、斷不可行。前諭本以存緬為正辦、而以該大臣八募通商原議為第二步、此時仍宜堅守存祀前說、與之始終力爭。縱爭之不得、尚可留待異日也」（同書、「譯署致曾侯」光緒十二年二月初十日（一八八六・三・一五）戌刻到、六五二頁）。

（54）同書、「曾侯致譯署」光緒十二年二月十二日（一八八六・三・一七）申刻到、六五三頁。

（55）FO17/1062, O'Conor to Rosebery, Telegram No. 17, Mar. 27, 1886.

（56）FO17/1062, O'Conor to Rosebery, No. 108, Mar. 27, 1886. なおこの時期の清朝内部における西太后と李鴻章、清議派の関係については、L. E. Eastman, *Throne and Mandarins : China's Search for a Policy during the Sino-French Controversy 1880–1885*, Cambridge, Mass.; Harvard University Press, 1967 を参照。

（57）『李鴻章全集㈠　電稿一』「譯署致曾侯」光緒十二年二月二十九日（一八八六・四・三）巳刻到、六五五頁。

（58）FO17/1061, O'Conor to Rosebery, No. 73, Mar. 6, 1886.

(59) FO17/1061, O'Conor to Rosebery, Telegram, No. 10, Confidential, Mar. 7, 1886. なお、三月一〇日には *St. James's Gazette* に、バモー割譲要求は北京の意思ではなく欧州に駐在する清国公使館の、もっと具体的に言えば欧州人館員の発案だという記事が掲載されたらしい。*Archives of China's Imperial Maritime Customs*, Vol. 2, Letter No. 1403, Campbell to Hart, Z/417, Mar. 12, 1886, p. 301.

(60) インド省から外務省に回答が届いたのは一八八六年五月二一日で、インド省も李鴻章が総理衙門を説得できるのであればこの形式で使節派遣を継続することに同意している。FO17/1063, Godley to Pauncefote, May 21, 1886.

(61)『李鴻章全集㈠ 電稿一』「譯署致曾侯」光緒十二年三月二十二日(一八八六・四・二五)巳刻到、六六二頁。

(62) この間の交渉について、総理衙門は駐英清国公使館と協議を行っていない。マカートニーにとってこの協定内容は全く予想外なもので、曾紀澤が(実際にはマカートニー自身が)英外務省に認めさせた領土割譲などの条件が一切含まれていないことに憤慨していたらしい(*Archives of China's Imperial Maritime Customs*, Vol. 2, Letter No. 1453, Campbell to Hart, Z/439, Aug. 13, 1886, p. 347)。

(63) マーガリー事件と芝罘協定の概略については、坂野正高『近代中国政治外交史』(東京大学出版会、一九七三年)、三三三〜三三六頁および第1章の注(49)の諸研究を参照。

(64)『徳宗實録』巻二一五、光緒十一年九月庚子(初五日)(一八八五・一〇・一二)上諭、頁五〜六。なおこの上諭に対し駐蔵大臣らは「然藏番頑冥不靈、能否遵從、實難逆料、即使開導、或有成效、亦不能期以歲月。應請飭下總理各國事務衙門、俟英使馬科蕾到京、務將藏番頑梗藏地瘠貧一切情形、與各省大有區別、實非可以通商之處、詳細告之、庶可息其窺伺之萌、即以杜侵陵之漸」と奏請していた(『清季外交資料』巻六三、「駐藏大臣色楞額等奏派員開導藏番摺」、頁一六)。

(65)『李鴻章全集㈠ 電稿一』「寄譯署」光緒十二年四月二十六日(一八八六・五・二九)巳刻、六七三頁。

(66) FO17/1063, Prince and Ministers to O'Conor, May 29, 1886, Encl. in O'Conor to Rosebery, No. 177, May 30, 1886. なお、この時期のチベットをめぐる清英両国の態度について、平野聡『清帝国とチベット問題——多民族統合の成立と瓦解』(名古屋大学出版会、二〇〇四年)第五章を参照。

(67) FO17/1063, O'Conor to Rosebery, Telegram No. 25, May 31, 1886 ; O'Conor to Rosebery, No. 184, Jun. 1, 1886.

(68) ビルマより使節を派遣することについて、清朝側は協定に「貢獻」(進貢)の文字を明記することを主張し、また内陸通商についても、芝罘協定の「特別条項」自体を撤回することを主張したことが主な争点であった。最終的に「呈進方物循例擧行」の語を協定に挿入することで妥協した。

(69) China, Imperial Maritime Customs, *Treaties, Conventions, etc., between China and Foreign States*, Vol. 1, Shanghai : The Statistical Department of the Inspectorate General of Customs, 1908, pp. 314-316.

(70)『李鴻章全集』朋僚函稿、巻二〇、「復曾劼剛襲侯」光緒十一年十二月初九日(一八八六・一・一三)、頁六二。

(71) FO17/986, Brenan to O'Conor, Nov. 23, 1885, Encl. in O'Conor to Salisbury, No. 475, Nov. 30, 1885.
(72) *Archives of China's Imperial Maritime Customs*, Vol. 3, Telegraph No. 1415, Campbell to Hart, No. 556, Nov. 20, 1885, p. 1214 ; Telegraph No. 1418, Campbell to Hart, No. 557, Nov. 21, 1885, p. 1214.
(73) 『李鴻章全集』譯署函稿、巻一八、「譯送法士嘉爾蕪來函」光緒十一年十一月二十六日（一八八五・一二・三一）、頁一七、附「譯法國輿局紳士嘉爾蕪來函」、頁一七～二〇。
(74) 『德宗實錄』巻二二〇、光緒十一年十一月癸亥（二十九日）（一八八六・一・三）上諭、頁一四～一五。
(75) FO17/1060, O'Conor to Salisbury, No. 13, Jan. 18, 1886.
(76) FO17/1063, Rosebery to O'Conor, Telegram No. 29, Jun. 3, 1886 ; O'Conor to Rosebery, Telegram No. 28, Jun. 4, 1886.
(77) ビルマ問題で李鴻章がとった外交方針は、属国と自主の「あいだ」を創出し利用した、朝鮮問題における彼の外交方針にも通じるものと言えよう。李鴻章の朝鮮問題における外交政策については、岡本隆司『属国と自主のあいだ』、三七五頁を参照。
(78) The Marquis Tseng, "China, the Sleep and the Awakening," *The Asiatic Quartly Review*, Vol. 3, Jan. 1887, pp. 8–9.『皇朝蓄艾文編』巻一、曾紀澤著、顔詠經口訳、袁竹一筆述「中國先睡後醒論」、頁三六。

第5章　「遠略に勤めざるの誤りを論ず」

(1) 銭基博「薛福成傳」（『碑傳集補』巻一三）、頁七。
(2) 岡本隆司「清末の在外公館と出使日記」（同『中国近代外交史の基礎的研究——一九世紀後半における出使日記の精査を中心として』平成一七～一九年度科学研究費補助金（基盤研究C）研究成果報告書、二〇〇八年）、二四頁。
(3) 薛福成撰『出使公疏』巻下、「滇緬分界大概情形疏」光緒十九年七月二十七日、頁一一～一六。
(4) 鍾叔河「薛福成『出使英法義比四国日記』」（同『従東方到西方——『走向世界叢書』叙論集』岳麓書社、二〇〇二年）、五一五頁。
(5) 張誠孫『中英滇緬疆界問題』（哈佛燕京學社出版、一九三七年）。
(6) 呂一燃「薛福成与中英滇緬界務交渉」『中国辺疆史地研究』一九九五年第二期、張皓・楚双志「薛福成与中英滇緬劃界」『北京檔案史料』二〇〇二年第二期、朱昭華「薛福成与滇緬辺界談判再研究」『中国辺疆史地研究』第一四巻第一期、二〇〇四年三月。
(7) 佐々木揚「イギリス極東政策と日清開戦」『佐賀大学教育学部研究論集』第二九集第一号I、一九八一年、二六頁。
(8) 薛福成撰『出使英法義比四國日記』（以下『出使四國日記』）巻二、光緒十六年五月十四日（一八九〇・六・三〇）の条、頁四八～四九。

(9) 薛福成撰『出使公牘』巻一、「咨總理衙門與英外部申明滇緬界務舊議」光緒十六年八月二十五日(一八九〇・一〇・八)、頁一～二。
(10)『薛福成日記』には『タイムズ』の記事が引用されている。『薛福成日記』(蔡少卿整理、吉林文史出版社、二〇〇四年)、光緒十六年六月初一日の条、五五四頁を参照。
(11) 姚文棟の日本研究の主な成果としては『日本地理兵要』、『琉球』、『日本國志』などがある。実藤恵秀「姚文棟ものがたり」(同『明治日支文化交渉』光風館、一九四三年)、一一三～一四九頁、佐藤三郎『近代日中交渉史の研究』(吉川弘文館、一九八四年)、八～一四頁、呉偉明「姚文棟――一個被遺忘了的清末「日本通」」『新亞書院歴史學系系刊』第七巻、一九八五年、王宝平「姚文棟の日本研究」(同『清代中日学術交流の研究』汲古書院、二〇〇五年)、二一一～二三八頁などを参照。
(12) 姚文棟「景憲先生年譜略」(『景憲先生苦口文』勧社輯、一九一五年)、一〇二頁。なお、薛福成も姚文棟を評して「精勤穏練、留心洋務、研究輿地之學」と述べている(『出使公牘』巻一、頁一五)。
(13) 姚明輝撰『景憲府君年譜』(上海図書館所蔵)光緒六年五月初五日の条には「到王夔石司農(諱文韶)、徐頌閣宮詹(諱郙)延聘、邸中教讀。初住王邸、旋住徐邸蘇園」とあり、王文韶の日記からも姚文棟が日本から王文韶に『日本地理兵要』などの書を贈っていることが確認される。『王文韶日記』下冊(袁英光・胡逢祥整理、中華書局、一九八九年)光緒十二年正月初十日の条、六七二頁。
(14)『出使公牘』巻一、「咨總理衙門飭候補知府姚文棟順道査訪緬境情形」光緒十七年正月二十五日(一八九一・三・五)、頁一五。
(15)『出使公疏』巻上、「滇緬分界通商事宜疏」光緒十七年正月二十五日(一八九一・三・五)、頁二一八～二三二。
(16)『出使四國日記』巻五、光緒十六年十二月十七日(一八九一・一・二六)の条、頁三四。
(17) 前注(15)史料。
(18) 光緒十七年六月十四日(一八九一・七・三〇)、總理各國事務奕劻等摺(『光緒朝硃批奏摺』第一一一輯、四九九～五〇一頁)。
(19) 姚文棟撰『雲南勘界籌邊記』巻下、「電稟王制軍」、頁一。
(20) 姚文棟は薛福成に対しこの間の経緯および自身の意図について報告を行っている。『出使日記續刻』巻一、光緒十七年五月二十日(一八九一・六・二八)の条、頁四〇。
(21) FO17/1150, Papers semi-officially communicated by the India Office as to the relation between the British Authorities in Burmah and the Chinese Authorities in Yünnan.
(22) 前注(19)史料。
(23)『雲南勘界籌邊記』巻下、頁一～一二。
(24) 台湾中央研究院近代史研究所檔案館所蔵、總理衙門檔案01-38-27-2「總署發雲貴總督電」光緒十七年十月二十八日(一八九一・

一一・二九）：「英使言滇緬向以南弸河爲界、盛達爲滇省極邊、有奏摺可證此河在盛達之西。滇兵護商、若過此界、英必不允等語。所指河名如在野山之東、則彼已視野山爲緬境、竟究滇緬老界有無確據。如野山果在境外、目前祇宜守舊、未可啟爭」、「總署發雲貴總督電」光緒十七年十一月十四日（一八九一・一二・一四）：「滇緬以紅弸河爲界、既相沿有此説、英使所言非無因。華兵護商過河、彼疑爲展界之漸、必起爭端。此時界務未定、總宜守舊爲妥」。

(25) 總理衙門檔案 01-38-27-3「總署發雲貴總督電」光緒十七年十二月十一日（一八九二・一・一〇）：「佳電悉。已照會英使、並電薛大臣、請飭英兵切勿越界境、以後如有應與英人辯論、仍電屬轉達、以免兩歧。再英使以姚文棟游緬、先經薛大臣照會外部、給予護照。迨抵新街、英人預備派兵護送、該員不別而行、殊爲失禮、並姚如留滇於兩國交情有礙。其意蓋該員不視新街以東爲緬屬之地、故不令英人護送、以後如遇滇緬邊界實務、切勿派令該員前往、免滋口實。真」。

(26)『王文韶日記』下、光緒十七年十二月十八日（一八九二・一・一八）の条、八一七頁。

(27)『出使公牘』巻一〇、「遞北京總理衙門電」光緒十七年十一月十三日（一八九一・一二・一三）、頁八～九。

(28) 光緒十八年六月十六日（一八九二・七・九）付、總理各國事務奕劻等摺（『光緒朝硃批奏摺』第一一一輯、五〇二～五〇三頁）。

(29)『雲南勘界籌邊記』巻上、「野人山説」、頁一四～一六。

(30) 總理衙門檔案 01-38-27-3「總署發出使薛大臣」光緒十七年十二月十一日（一八九二・一・一〇）：「密。滇督電送、據騰越鎮廳稟、據西北沿邊土司報稱、英兵游弋邊外、已過野人山、勢將入境、人情洶洶、查滇省沿邊土司屬地毗連野人山、犬牙相錯、倘英兵闌入界內、邊野無知、恐滋事端、希布告外部速電緬督、轉飭英兵、切勿越境爲要。真」。

(31)『出使公牘』巻一〇、「遞北京總理衙門電」光緒十七年十二月二十三日（一八九二・一・二二）、頁九、『出使日記續刻』巻三、光緒十七年十二月二十四日（一八九二・一・二三）の条、頁三四～三五。

(32)『出使公牘』巻一〇、「遞倫敦使館張」光緒十七年十二月二十四日（一八九二・一・二三）、頁九、『出使日記續刻』巻三、十二月二十四日の条、頁三四～三五。

(33) FO17/1150 Macartney to Jervoise, Jan. 27, 1892.

(34) FO17/1150 Marquis of Salisbury to Sieh Ta-jên, Feb. 24, 1892、『出使公牘』巻八、「譯英外部秘密節略」光緒十八年正月二十六日（一八九二・二・二四）、頁二四～二五。

(35)『出使公牘』巻三、「論與英爭坎巨提事及滇緬界務書」、頁二十八。なお、日付は「辛卯正月二十七日」（光緒十七年）とされているが、内容から光緒十八年正月二十七日（一八九二・二・二五）と考えるべきである。

(36) 同書、巻八、「與英外部請阻止英兵過野人山境」光緒十八年二月十五日（一八九二・三・一二）、頁一八～一九。

(37) 同書、同巻、「與英外部擬滇緬劃界事宜」、「附答覆英外部滇緬劃界節略」光緒十八年二月二十九日（一八九二・三・二七）、頁二二～二四。

(38) 同書、巻三、「論滇緬界務書」光緒十八年三月初四日（一八九二・三・三一）、頁四三～四九（これも日付は「辛卯（光緒十七年）」となっているが、内容から光緒十八年の間違いである）、同書、同巻、「再論滇緬界務書」光緒十八年四月十三日（一八九二・五・九）、頁一八～一九。

(39)『李鴻章全集(二) 電稿二』（顧廷龍・葉亜廉主編、上海人民出版社、一九八五年）「譯署致薛使」光緒十八年四月二十四日巳刻到、四六八頁。

(40)『出使公牘』巻一〇、「遞雲南督院王」光緒十八年三月十四日、頁一一～一二。

(41) 同書、同巻、「遞北京總理衙門電」光緒十八年四月二十八日（一八九二・五・二四）、頁一二～一三。

(42) 光緒十八年六月十六日（一八九二・七・九）總理各國事務奕劻等摺（『光緒朝硃批奏摺』第一一一輯、五〇二～五〇三頁）。

(43)『出使日記續刻』巻五、光緒十八年七月十七日（一八九二・九・七）の条、頁三〇～三一。

(44)『李鴻章全集(一) 電稿一』（顧廷龍・葉亜廉主編、上海人民出版社、一九八五年）「曾侯致譯署」光緒十二年正月初十日（一八八六・二・一三）亥刻到、六二六頁。

(45)『出使公牘』巻九、「與英外部請退昔董英兵並索問厄勒瓦諦江上段之地」光緒十八年七月二十七日（一八九二・九・一七）、頁九～一一。

(46) 同書、巻五、「四論滇緬界務書」光緒十八年十一月初四日（一八九二・一二・二二）、頁二二～二三。

(47) 同書、巻二、「咨總理衙門並李・王與英外部催請英兵退出昔董地方」光緒十八年八月二十日（一八九二・一〇・一〇）、頁九～一〇。

(48) 同書、巻一〇、「遞北京總理衙門電」光緒十八年九月十五日（一八九二・一一・四）、頁二二。

(49) 同書、同巻、「遞北京總理衙門電」光緒十八年十一月二十六日（一八九三・一・一三）、頁二三。

(50)『出使日記續刻』巻六、光緒十八年十二月十四日（一八九三・一・三一）の条、頁五六～五七、『出使公牘』巻一〇、「遞北京總理衙門電」光緒十八年十二月初四日（一八九三・一・二一）、頁二三。

(51) 前注(46)史料。なお、薛福成の日記からは、これより少し前の一八九二年一二月初めに王文韶から現地調査に基づく境界図がロンドンに届いていたことが窺われる（『出使日記續刻』巻六、光緒十八年十二月二十二日（一八九二・一二・一〇）の条を参照）。この境界図に添付されていた王文韶が薛福成に宛てた書簡は、民国期に編集された『雲南北界勘察記』付録の『西界陳牘』に収録されており、そこではまずイギリス側が境界として主張する紅蚌河について「其實紅蚌河當在野山中之偏西、野人向來、滇緬兩不屬、亦非中國之老界也」と述べて、大きく態度を後退させており、また「志樑（姚文棟）之論界務、往往以前明曾屬過中國來入志書及私家記載者爲據。而不知以之考訂源流則可、以引爲争界鐵憑、則仍不堪究詰也」と姚文棟の主張する境界設定が実行性の薄いものであることを述べ、さらに「現定之稿、均就確有可據者、再三斟酌而出之。……而弟處現繪圖界、則實在本也。敬呈察覽、尚祈密存夾袋、以便隨宜操縱、即本署亦無宣露。他日定義、其爲贏爲縮、固可一望而知」と、雲南現地の希望を伝えている。この書簡と境界図によって、薛福成は雲南現地の消極的姿勢やその現状認識を確認したと思われるが、このように界務交渉の「目標ライン」を現地より提示されたこともまた、一八九二年末のこの時期に薛福成が表面的には強硬姿勢を堅持しつつも、同時に妥協的な態度を見せ始めたことの背景にあるのだろう。尹明徳編『雲南北界勘察記』（中國方志叢書、成文出版社、一九七四年）、「滇督王夔帥致薛叔耘星使書」、三三五頁を参照。

(52)『出使公牘』巻一〇、「遞北京總理衙門電」光緒十八年十二月初五日（一八九三・一・二二）、頁二四。

(53) パミールにおける清・英・露三国の国境画定問題については、G. J. Alder, *British India's Northern Frontier 1865-95 : A Study in Imperial Policy*, London : Published for the Royal Commonwealth Society by Longmans, 1963, pp. 206-299、矢野仁一『近世支那外交史』（弘文堂書房、一九四〇年）、八六五〜八六八頁、片岡一忠『清朝新疆統治研究』（雄山閣出版、一九九一年）、二一四〜二一九頁、關玲玲「許景澄與帕米爾交渉（一八九一〜一八九六）」（『中國近代現代史論集』第一四編、臺灣商務印書館、一九八六年）、許建英『近代英国和中国新疆（一八四〇〜一九一一）』（黒龍江教育出版社、二〇〇四年）、三五九〜三九九頁などを参照。

(54)『出使公牘』巻六、「六論滇緬界務書」光緒十九年二月初五日（一八九三・三・二二）、頁一〜四。

(55) 同書、巻二、「咨總理衙門並李・王送科干地圖」光緒十九年二月初二日（一八九三・三・一九）、頁二六〜二七。

(56) 同書、巻九、「與英外部條擬展界讓地辦法」光緒十九年二月初五日（一八九三・三・二二）、頁二九〜三〇。

(57) 同書、巻一〇、「遞天津中堂李」光緒十九年三月二十五日（一八九三・五・一〇）、頁一二、同書、巻二、「咨總理衙門並北洋大臣李・雲貴大臣王滇邊展界並請査勘漢龍關地方」光緒十九年四月初三日（一八九三・五・一八）、頁三〇〜三二。

(58) 同書、巻二、「咨總理衙門並北洋大臣李・雲貴大臣王滇邊展界並請査勘漢龍關地方」光緒十九年四月初三日、頁三〇〜三二。

(59) 一八九四年三月一日調印の「清英続議滇緬界務商務条約」では、その第一条が騰越西北部の「野人山地」の境界について、第二条が騰越西南部の「野人山」地域の境界について、第三条が雲南南部の境界（科干の割譲）について、第四条は二五度三五分以北の「野人山地」について、第五条は江洪・猛連の清朝帰属について、第六条では漢龍関の返還条件について規定されている。条約文については China, Imperial Maritime Customs, *Treaties and Conventions, etc., between China and the Foreign States*, Vol. 1, Shanghai : The Statistical Department of the Inspectorate General of Customs, 1908, pp. 328-339 を参照。

(60) 姚文棟は滇緬境界の調査結果を『雲南初勘緬界記』と題して一八九二年に刊行しており、そこでは野人山地への支配権を歴史的な背景から主張した「野人山説」が論の中心をなしている。なお、姚文棟の滇緬境界調査書としては『雲南勘界籌邊記』が有名であるが、これはまず『雲南初勘緬界記』の名で刊行された部分を上巻とし、これに王文韶や薛福成へ宛てた電信や公函を集めた下巻を加えたものである。

(61)『出使公牘』巻四、「再論滇緬界務書」、光緒十八年四月十三日（一八九二・五・九）、頁一八～一九。

(62)『徳宗實録』巻一九九、光緒十年十二月十四日（一八八五・一・二九）上諭、頁二〇。

(63)『出使日記續刻』巻四、光緒十八年六月二十九日（一八九二・七・二二）の条、頁八一～八二、『庸盦海外文編』巻三、「論不勤遠略之誤」癸巳（一八九三）、頁三六～三七。

(64)『出使日記續刻』巻五、光緒十八年八月初二日（一八九二・九・二二）の条、頁四二。

(65) C. P. Skrine and Pamela Nightingale, *Macartney at Kashgar: New Light on British, Chinese and Russian Activites in Sinkiang, 1890–1918*, London: Methuen, 1973, pp. 14–16.

(66)『出使公牘』巻四、「論帕米爾情形書」光緒十七年七月二十三日（一八九一・八・二七）、頁七～八、朱新光「英俄私分帕米爾与清政府的立場」『中国辺疆史地研究』二〇〇〇年第一期、七四～七五頁。

(67) パミール方面への侵出を始めたロシアを牽制するため、一八九一年末にイギリスは清朝の朝貢国であったフンザ（中国ではカンジュートと呼ばれる）・ナガルの二王国に派兵し、抵抗を続けるフンザ王を廃して新しい王を擁立した。薛福成はイギリスとの交渉で、新王の擁立にあたり、この選立式に清朝より官員を派遣してイギリスと会辦する形式を承認させることで清朝の体面を保った（矢野仁一『近世支那外交史』弘文堂書房、一九四〇年、八六九～八七四頁）。

(68) 薛福成はカンジュート事件の背景に関し「竊其意似因彼前送帕米爾地圖、華使赴鈞署探問消息、未見動靜、疑我竟置度外、遂欲趁此下手、爲先發制人之計、免被俄人侵佔」（『出使公牘』巻三、「論與英爭坎巨提及滇緬界務書」光緒十八年正月二十七日、頁二七～二九。なお、『出使公牘』はこの文書作成年を「辛卯」（光緒十七年）とし、丁鳳麟・王欣之編『薛福成選集』（上海人民出版社、一九八七年）もこれに従っているが、光緒十八年の誤りである）と述べており、前年にパミールの地図が送付された件に関し明確な態度を示さなかったことがカンジュート事件発生の原因であると総理衙門に対して主張している。同日付の「論英兵入坎巨提意在謀帕米爾書」（『出使公牘』巻三、頁三〇～三六）、光緒十八年閏六月十二日（一八九二・八・四）付の「密陳帕米爾情形片」（『出使奏疏』巻上、頁五七～五八）も合わせて参照されたい。

(69) FO17/1175, Telegram, Secretary of State to Viceroy, Jan. 9, 1893.

(70) 佐藤慎一『近代中国の知識人と文明』（東京大学出版会、一九九六年）、八五～八六頁。

(71)「野人山地」分割に関して、中国本国の反応を探っていた駐華公使オコナーは、薛福成の強硬姿勢をマカートニーの示唆によるものとみなしていたが、オコナーの報告（FO17/1176, O'Conor to Rosebery, No. 54, confidential, Feb. 20, 1893）によれば、李鴻章もまた薛福成の交渉方針に関して、これがマカートニーに示唆されたものであり、マカートニーには自分の上司（つまり薛福成）をミスリードする理由があるのだろう、と語っていた。このことからも、当時の清英関係におけるマカートニーの特異な立場と、薛福成の「野人山地」に対する強硬姿勢とが密接な関係を有していたこと、およびそのことは両国の外政担当者も認識するところであったことが窺われる。なお、前注(65)の研究書はカシュガルに駐在したジョージ・マカートニーの伝記である。

(72) FO/1104, Sieh Ta-jên to the Marquis of Salisbury, Sep. 25, 1890.

(73)『出使公牘』巻三、「論英員派員駐喀什噶爾及商設香港領事書」光緒十六年八月十二日、頁五～八。なお、先行研究では薛福成の『出使四國日記』に基づき、九月二四日に総理衙門から領事館設置交渉を命じる咨文が届いたため、薛福成は翌九月二五日に英外務省に照会文を送ったとみなしているが、総理衙門の咨文は六月三〇日付で、ロンドンに到着するのに三カ月もかかったとは考えにくい。薛福成自身が語るように、咨文を受け取った後も、英外務省に交渉を提起する糸口を探していたところ、北京でカシュガル駐在の交渉が始まったので、これを利用せんと急ぎ英外務省に領事館設置の要求を行ったと見るべきであろう。『出使公牘』巻三、「再論添設香港領事及英派員駐喀什噶爾書」光緒十六年十一月二十一日、頁一八を参照。この薛福成の領事館設置交渉に関する先行研究として以下を参照。余定邦「清朝外交官眼中的香港和中英関於香港設領的交渉」『学術研究』一九九八年第三期、郭双林「晩清香港設領問題初探」『近代史研究』一九九八年第六期、青山治世「清朝駐英公使薛福成の領事設置活動——総理衙門との論議を中心に」（金丸祐一編『近代中国と企業・文化・国家』ゆまに書房、二〇〇九年）。

(74)『出使公牘』巻三、「論英員派員駐喀什噶爾及商設香港領事書」光緒十六年八月十五日、頁七。

(75) 佐藤慎一『近代中国の知識人と文明』、八六頁。

(76) FO17/1104, Sieh Ta-jên to the Marquis of Salisbury, Nov. 25, 1890.

(77) 薛福成は駐香港領事に駐シンガポール領事の左秉隆を、駐シンガポール総領事に黄遵憲を当てることを英外務省に通知している。FO17/1104, Sieh Ta-jên to the Marquis of Salisbury, Dec. 11, 1890.

(78)『李鴻章全集(二) 電稿二』「譯署致薛使」光緒十七年四月初五日（一八九一・五・一二）戌刻到、三六三頁。

(79)『出使公牘』巻三、「四論添設香港領事及英派員駐喀什噶爾書」光緒十七年四月十二日（一八九一・五・一九）、頁五〇～五三。

(80) 同上、頁五二～五三。

(81)『薛福成日記』光緒十七年二月初十日（一八九一・三・一九）の条、六一八～六一九頁。

(82)『庸庵文編』巻一、「應詔陳言疏」乙亥、頁二〇～二一。

(83) 同上、頁二六。

(84)『籌洋芻議』「約章」、頁二。『籌洋芻議』は一八七九年の日本による琉球の廃藩置県、ドイツとの修約問題、ロシアとのイリ問題を受け、李鴻章に上呈した意見書で、のち一八八四年に薛福成自ら刊行している。
(85)同書、「敵情」、頁一七〜一九。
(86)『出使奏疏』巻上、「察看英法兩國交渉事宜疏」光緒十六年七月初六日、頁一三〜一五。
(87)岡本隆司「清末の在外公館と出使日記」、一四〜一六頁。
(88)『薛福成日記』光緒十八年六月二十日(一八九二・七・一三)の条、七二八頁。
(89)同書、光緒十八年六月二十八日(一八九二・七・二一)の条、七三〇〜七三一頁。
(90)同書、光緒十八年六月二十九日(一八九二・七・二二)の条、七三一頁。
(91)同書、光緒十八年閏六月初三日(一八九二・七・二六)の条、七三二頁。
(92)前注(64)史料を参照。
(93)『薛福成日記』光緒十八年閏六月初三日(一八九二・七・二六)の条、七三二頁、『庸庵海外文編』巻三、「論中國在公法外之害」壬辰、頁一五〜一六。
(94)『庸庵海外文編』巻三、「使才與將相並重説」、頁一九〜二〇。なお『薛福成日記』光緒十八年五月二十日の条はこの論説の草稿と思われる。
(95)武帝の故事は、在外使節の存在を正当化するための論拠としてさかんに用いられていたが、薛福成はそのような立場を集大成したとされる。岡本隆司『馬建忠の中国近代』(京都大学学術出版社、二〇〇七年)、一五四頁を参照。
(96)『出使奏疏』巻下、「強鄰環伺謹陳愚計疏」光緒十九年七月二十七日(一八九三・九・七)、頁二九。

第Ⅲ部　「外交官」の誕生とその特徴

(1)この六七名には、実際には病気などで赴任しなかった七名(許鈐身、李興鋭、陳欽銘、黄遵憲、張亨嘉、桂春、唐紹儀)および参賛による代理一名(邵友濂)を含む。各公使の派遣国および派遣期間については『清代職官年表』第四冊(銭実甫編、中華書局、一九八〇年)「出使各國大臣年表」を参照。清国在外公使の人事や在外公館の組織の概略については以下を参照。Chow Jen-hwa, *China and Japan : the History of Chinese Diplomatic Missions in Japan 1877–1911*, Singapore : Chopmen Enterprises, 1975, pp. 52-85.
(2)陸徴祥の経歴は以下を参照。『清代官員履歴檔案全編』第八冊(秦国経主編、華東師範大学出版社、一九九七年)、八九〜九〇頁、石源華『陸徴祥伝』(河北人民出版社、一九九九年)。
(3)劉式訓の経歴は以下を参照。『清代官員履歴檔案全編』第八冊、三二九〜三三〇頁、蘇精『清季同文官及其師生』(自費出版、一九八五年)、一九九〜二〇二頁。

（4）張徳彝は漢軍鑲黄旗人。京師同文館の英文学生であった一八六六年に、ハートに従い清朝最初の海外視察団の一員として欧州各国を歴訪、バーリンゲーム使節団（一八六八年）や崇厚謝罪使節（一八七〇年）にも随行し、一八七六年郭嵩燾の翻訳官としてイギリスに赴任、以後欧州の各公使館や総理衙門に勤務し、一九〇一年駐英公使に任命された。彼の八種類の出洋日記は『稿本航海述奇彙編』全一〇冊（北京図書館出版社、一九九七年）として刊行されており、その一部は『走向世界叢書』にも収められている。彼の経歴については、鍾叔河「張徳彝《航海述奇》《欧美環游記》」（同『従東方到西方――走向世界叢書叙論集』岳麓書社、二〇〇二年）、蘇精『清季同文官及其師生』、一七四～一七八頁。胡惟徳は浙江呉興県の人。上海広方言館卒業後、一八九〇年に駐英公使薛福成に翻訳学生の身分で随行、一八九三年からは楊儒に従いアメリカそしてロシアに赴任、楊儒の死を受けて一九〇二年より駐露公使に。清末から民国にかけての著名な外交官、政治家となる（蘇精『清季同文館及其師生』、一九六～一九九頁）。呉宗濂は江蘇嘉定県の人。広方言館ついで京師同文館卒業後、一八八五年駐英公使の劉瑞芬に仏文学生として随行、以後欧州に駐在し、翻訳官から参賛に累進、一九〇九年に駐伊公使に任命された（『清代官員履歴檔案全編』第八冊、二九一頁、蘇精『清季同文館及其師生』、二〇四～二〇七頁）。楊枢は広東同文館ついで京師同文館に学び、一八七八年翻訳官として日本に赴任、以後九年間を日本で勤務した後、広東に帰って洋務に従事、一九〇三年駐日公使に任命された（『清代官員履歴檔案全編』第六冊、五九一頁、第八冊、二九〇頁、蘇精『清季同文館及其師生』、二一三～二二〇頁）。劉玉麟は広東香山県の人。「留美幼童」出身で、一八八六年に駐ニューヨーク領事館の翻訳官となり、以後駐シンガポール総領事館翻訳官や駐英公使館の参賛など一九〇七年まで海外の使領館に勤務し、外務部での勤務の後一九一〇年に駐英公使に任じられた（『清代官員履歴檔案全編』第八冊、五四九～五五〇頁）。

第6章　在外公館における外交人材の養成

（1）伍廷芳は広東新会県の人。シンガポール生まれで、父は貿易業に従事。香港の聖ポール学院で学び、一八七四年に英国留学。一八七七年に法律博士学位と弁護士資格を取得。帰国後は李鴻章の幕友として、一八八五年の対日天津条約交渉など、李鴻章の対外交渉を補佐。一八九七～一九〇一年、一九〇七～〇九年に駐米公使を務めたほか、一九〇三～〇六年まで外務部右侍郎。辛亥革命期には南京政府の外交部長となり、南北講和会議の南方代表として折衝にあたる。清末・民国の政治家・外交官として有名。伍廷芳については、張雲樵『伍廷芳與清末政治改革』（聯經出版事業公司、一九八七年）、張礼恒『従西方到東方――伍廷芳与中国近代社会的演進』（商務印書館、二〇〇二年）などを参照。羅豊禄は福建閩県の人。福建船政局の附設学校で英語を学び、一八七七年に船政局から派遣された留学生に随行して欧州に赴任、一八七八年には駐独公使・李鳳苞の参賛としてベルリンに駐在するが、まもなく李鴻章の幕府に入り、李鴻章のそばにあって彼の外交交渉を補佐した。一八九七～一九〇一年まで駐英公使を務め、任地にて病死。羅豊禄の経歴については、『清代官員履歴檔案全編』第六冊（秦国経主編、華東師範大学出版社、一九九七年）、二一六～二一七頁を参照。
（2）施肇基『施肇基早期回憶録』（傳記文學出版社、一九六七年）、二八頁。
（3）伍廷芳と伊藤博文の留学時期は異なり、二人が最初に出会ったのは、一八八五年の天津での会議であろうと思われる。また、エピソードの後半部分は完全に史実と異なる。羅豊禄が最初に派遣される予定だったのはドイツで、イギリスには黄遵憲が派遣される予定であった。この両者を入れ替え、羅豊禄がイギリスに派遣されることとなった経緯については、以下を参照。馬忠文「黄遵憲与張蔭桓関係述論」『学術研究』二〇〇二年第九期、九三～九四頁、『梁啓超年譜長篇』第一冊（岩波書店、二〇〇四年）、三五三～三五四頁、FO17/1278, MacDonald to Salisbury, Dec. 2, 1896.
（4）捐納制度と候補官については以下を参照。近藤秀樹「清代の捐納と官僚社会の終末」（下）『史林』第四六巻第四号、一九六三年、岩井茂樹「中国の近代国家と財政」（同『中国近世財政史の研究』京都大学学術出版会、二〇〇四年）、四八九～五一六頁、伍躍『中国の捐納制度と社会』（京都大学学術出版会、二〇一一年）。
（5）施肇基は浙江銭塘の人。上海のセント・ジョーンズ学院を経て、一八九三年に駐米公使の楊儒に随行して渡米、駐米公使館の翻訳学生となる。コーネル大学在学中、駐露公使となった楊儒に招聘され、一時駐露公使館の随員となる。一九〇二年にコーネル大で修士号を取得して帰国、湖広総督・張之洞のもとで洋務に従事し、湖北省派遣の留米学生の監督等を務める。一九一〇年に外務部右丞となり、一九一一年に駐米公使に任じられるも、辛亥革命により赴任せず。民国期にはワシントン会議の中国代表となるなど、民国を代表する外交官となる。彼の略歴については、施肇基『施肇基早年回憶録』を参照。
（6）京師同文館、広東同文館、広方言館については、熊月之『西学東漸与晩清社会』（上海人民出版社、一九九四年）、蘇精『清季同文館』（自費出版、一九七八年）、高暁芳『晩清洋務学堂的外語教育研究』（商務印書館、二〇〇七年）などを参照。
（7）『李文忠公全集』奏稿巻三、「請設外國語言文字學館摺」同光二年正月二十二日、頁一一～一三。
（8）天文算学館事件については、熊月之『西学東漸与晩清社会』、三二四～三三三頁を参照。
（9）岡本隆司「「洋務」・外交・李鴻章」『現代中国』第二〇号、二〇〇七年、四～五頁。
（10）『籌辦夷務始末』同治、巻四六、同治五年十二月戊申付、總理各國事務恭親王等奏、頁四六～四七。
（11）同書、巻四七、同治六年正月甲申上諭、頁一六～一七。
（12）同書、同巻、同治六年正月甲申付、掌山東道監察御史張盛藻奏、頁一五～一六。
（13）王立誠「外交家的誕生——顧維鈞与近代中国外交官文化的変遷」（金光耀編『顧維鈞与中国外交』上海古籍出版社、二〇〇一年）、三四五頁。
（14）岡本隆司「「洋務」・外交・李鴻章」、九頁。

(15) 川島真『中国近代外交の形成』（名古屋大学出版会、二〇〇四年）、一一五頁。なお、公使や公使館員の任期や給与などを規定した「奏定出使章程」一二カ条では、公使館員の任期について「出使各國大臣所帶參贊、領事、繙譯等員、應由該大臣酌定人數、開列姓名等項、知照臣衙門查核。各該員亦隨同出使大臣以三年爲期、年滿奏獎。如有堪留用者、應由接辦大臣酌留、不能得力、亦即隨時撤回」とされている。『光緒朝東華録』第一冊（朱壽朋編、張静廬等校点、中華書局、一九八四年）光緒二年九月十二日、総二九五～二九六頁を参照。

(16) 郭双林「晩清駐外使領与維新運動」（王暁秋主編『戊戌維新与近代中国的改革――戊戌維新一百周年国際学術討論会論文集』社会科学文献出版社、二〇〇〇年）。

(17) なお、手代木有児「清末の外交制度論と国際認識――張徳彝の場合」（『中国文人の思考と表現』汲古書院、二〇〇〇年）は、初期の在外公館の組織・人事を章程に基づき概説し、在外公館員による外交制度論について、張徳彝を中心に論じている。ただ、張徳彝の意見書の内容は、総理衙門の改革と、在外公館の儀礼に関するものである。

(18) 清朝の派遣した常駐公使については、『清季中外使領年表』（中國第一歴史檔案館・福建師範大學歴史系合編、中華書局、一九九七年）「清朝駐外使臣表」を参照。

(19) 張富強「李鴻章与清末遣使駐外」『広東社会科学』一九九一年第二期。

(20) 郭嵩燾や何如璋、陳蘭彬、許景澄、洪鈞、崔国因など日清戦争以前に派遣された公使には特に進士出身が多い。また京師同文館出身者としては最初の公使となった汪鳳藻（一八九二年に駐日公使に任命）についても、総税務司で京師同文館の創設にも関わったハートは、部下のキャンベルに宛てた書簡の中で、汪が公使に任命された主たる理由は彼の英語力ではなく、その翰林院の肩書きにあると述べている。*Archives of China's Imperial Maritime Customs Confidential Correspondence between Robert Hart and James Duncan Campbell 1874-1907*, Vol. 2, Letter No. 2052, Hart to Campbell, Z/534, Jul. 17, 1892, p. 902 を参照。

(21) 姜鳴『龍旗飄揚的艦隊――中国近代海軍興衰史』（生活・読書・新知三聯書店、二〇〇二年）、一二七～一二八頁。

(22) 百瀬弘訳、坂野正高解説『西学東漸記――容閎自伝』（平凡社、一九六四年）、二七〇～二七五頁。

(23) ロシアに占拠されたイリ地方の返還交渉のため崇厚が全権大使として派遣された。だが、彼の締結したリヴァディア条約に対し清朝では非難が起こり、駐英公使の曾紀澤に駐露公使の兼任とロシアとの再度の条約交渉が命ぜられ、一八九六年まで駐露公使は駐英あるいは駐独公使の兼任とされた。駐露使節の任命形態の変化は、清朝の対ロシア外交体制の変化と関わるだろう。イリ問題については I. C. Hsü, *The Ili Crisis: a Study of Sino-Russian Diplomacy, 1871-1881*, Oxford: Clarendon Press, 1965、李恩涵『曾紀澤的外交』（中央研究院近代史研究所、一九八二年）第三章、Sara C. M. Paine, *Imperial Rivals: China, Russia, and their Disputed Frontier, 1858-1924*, Armond: M. E. Sharpe, 1996, pp. 132-173 を参照。なお崇厚を扱った専著として湯仁沢『経世悲歓――崇厚伝』（上海社会科学院出版社、二〇〇九年）がある。

(24) 清朝では公使館員は「随員」と称されるが、「随員」には二通りの意味がある。一つは公使館員全体を指す場合であり、もう一つは公使館員内部の階級で、参事官や通訳官などに対し下級館員を指す場合である。また、在外公館の各官職の呼称についても、史料や先行研究の中で様々な表現が使われている。このため本書では、公使館員全体を指すときは、史料引用中を除き、「在外公館員」あるいは「随行員」の呼称を用い、個別の官職については清朝の呼称に基づき「参賛」（参事官）、「翻訳官」（通訳官）、「随員」、「領事」、「学生」などの呼称を用いることとする。

(25) 一八七六年から日清戦争までの在外公館の人的構成について、筆者は以前リストを作成している。「清末公使館員表（一八七六～一八九四）」（岡本隆司『中国近代外交史の基礎的研究――一九世紀後半における出使日記の精査を中心として』平成一七～一九年度科学研究費補助金（基盤研究C）研究成果報告書、二〇〇八年、第四章）を参照。

(26) 楊易「晩清外交官与戊戌維新運動」（王暁秋・尚小明編『戊戌維新与清末新政』北京大学出版社、一九九八年）、郭双林「晩清駐外使領与維新運動」。

(27) 林友蘭「陳靄亭與香港華字日報」『報學』第一〇期、一九七八年。

(28)『最新支那官紳録』（支那研究会編、一九一八年（中国人名資料事典）第二冊、日本図書センター、一九九一年に再録）、七七七頁。

(29) 百瀬訳、坂野解説『西学東漸記』、三六頁、林友蘭「陳靄亭與香港華字日報」。

(30)『中美關係史料』光緒朝第二冊（中央研究院近代史研究所編、一九八八年）、「光緒十年随使美日秘國各員銜名差使清册」、一一一六頁、石霓『観念与悲劇――晩清留美幼童命運剖析』（上海人民出版社、二〇〇〇年）、二五五頁。

(31)『郭嵩燾日記』第三巻（湖南人民出版社、一九八二年）、五六頁。

(32) 岡本隆司『馬建忠の近代中国』（京都大学学術出版社、二〇〇七年）、三四～三五頁。同書第一部「フランス留学と在外公館」は、専門外交官養成論を著した馬建忠を中心に、一八八〇年前後の時期の清国在外公館の組織とその中国社会における位置について論じている。

(33) 張徳彝『随使英俄記』（『走向世界叢書』岳麓書社出版、一九八六年）、二七五～二七六頁。なお郭嵩燾の日記（光緒三年九月十五日の条）には随行員候補として張自牧、汪樹堂、羅世琨らの名が見えるが、彼らは実際には赴任していない。詳しくは張宇権『思想与時代的落差――晩清外交官劉錫鴻研究』（天津古籍出版社、二〇〇四年）、一四七～一四九頁を参照。

(34)『郭嵩燾日記』第三巻、光緒四年四月初九日（一八七八・五・一〇）の条、四九八頁。

(35)『清季外交史料』巻一〇、「使英郭嵩燾等奏保薦伍廷芳摺」光緒三年五月十二日（一八七七・六・二二）付、頁一五～一六。ただし、伍廷芳はまもなく香港に帰り、一八七八年から九六年に駐米公使に任命されるまで、李鴻章の幕下で彼の片腕として洋務を助けることとなることは先述の通りである。

(36) 張徳彝の経歴は第Ⅲ部冒頭部注(4)を参照。蔭昌は満洲正白旗人で、京師同文館独文学生出身。一八七七年に駐独公使館翻訳官となり、主に軍事を研究する。帰国後は李鴻章の設立した天津武備学堂の監督・総辦などを務める。義和団事件の後にはドイツへの謝罪使節に随行、一九〇一～〇六年まで駐独公使。清末は陸軍部尚書となる。蔭昌の経歴については、蘇精『清季同文官及其師生』（自費出版、一九八五年）、一七一～一七四頁を参照。黎庶昌については後述する。

(37) 慶常は漢軍鑲紅旗人。一八七七年に駐独公使館に派遣されてより、以後一八年にわたりヨーロッパで外交交渉に携わった彼は、翻訳官から参賛にまで累進し、一八九五年には駐仏公使に任じられている。慶常の経歴は、蘇精『清季同文館及其師生』、一六七～一七〇頁を参照。

(38) 「洪鈞使欧奏稿」『近代史資料』第六八号、一九八八年、一四頁。

(39) 『薛福成日記』（薛福成著・蔡少卿整理、吉林文史出版社、二〇〇四年）光緒十七年二月初十日の条、六一八～六一九頁ほか。

(40) 『清季中外使領年表』、七三頁。

(41) 福建船政局の附設学堂出身である陳季同に関しては、桑兵「陳季同述論」『近代史研究』一九九九年第四期、李華川『晩清一個外交官的文化歴程』（北京大学出版社、二〇〇四年）を参照。

(42) 『徳宗實録』巻二六七、光緒十五年二月乙巳（一八八九・三・三〇）、頁九。

(43) 聯芳は漢軍鑲白旗人。彼は三年の任期を終えると帰国し、李鴻章のもとで洋務に携わっており、李鴻章が一八九六年に特使として欧米に出洋した際にも随行している。一九〇一年の外務部設立時に外務部右侍郎に任じられている。彼の経歴については、『清代官員履歴檔案全編』第八冊、四七八頁を参照。

(44) 『曾惠敏公遺集』奏疏巻一、「奏抵上海随帶人員疏」光緒四年十月初六日（一八七八・一〇・三一）、頁一。

(45) 同書、巻三、「揀員補領事疏」光緒七年二月二十六日（一八八一・三・二五）、頁一〇。

(46) 聯興の経歴については、『清代官員履歴檔案全編』第五冊、四八一～四八二頁を参照。

(47) 黎庶昌の事跡については以下を参照。『清史稿』巻四四六、列伝二三三、鍾叔河「黎庶昌『西洋雑志』」（同編『走向世界叢書叙述論集　従東方到西方』岳麓書社、二〇〇二年）、三七五～三九五頁。

(48) 『曾紀澤日記』中冊（岳麓書社、一九九八年）、光緒四年八月二十八日（一八七八・九・二四）の条、七七五頁。

(49) 『曾惠敏公遺集』奏疏巻一、「派員駐英片」光緒五年正月初九日（一八七九・一・三〇）、頁一〇。

(50) 徐建寅の事跡については、鍾叔河「徐建寅『欧游雑録』」（同編『走向世界叢書叙述論集　従東方到西方』岳麓書社、二〇〇二年）、三九七～四二三頁を参照。

(51) 李鳳苞や徐建寅による装甲艦購入については、姜鳴『龍旗飄揚的艦隊——中国近代海軍興衰史』(生活・読書・新知三聯書店、二〇〇二年)、一二七〜一三〇頁を参照。

(52) 許景澄「外國師船表序」:「景澄幸奉詔命、持節六邦、濡染所及略覯、徑遂會前任故劉孚翊與洋譯官金楷理繙有各國甲船表」、『許文肅公遺集』巻一一、頁二、張蔭桓『三洲日記』巻二、光緒十二年十二月三十日(一八八七・一・二三)の条:「許竹篔見寄外國船圖表……師船圖表始輯於劉孚翊、竹篔集大成而每圖加之序」、頁九二。

(53) 李鳳苞『使德日記』光緒四年十二月十五日(一八七九・一・七)の条:「傅蘭雅、劉孚翊連日趕譯公法論、無可消遣處」、頁五二。

(54) 何如璋『使東述略』(『甲午以前日本游記五種』『走向世界叢書』岳麓書社、一九八五年)光緒三年十月癸卯(一八七七・一一・二六)の条、九〇頁。

(55) 王宝平は、中国第一歴史檔案館所蔵の「軍機処録副奏摺」の中に保存される出使経費の報告書をもとに、初代駐日公使の何如璋から第七代裕庚までの公使館スタッフのリストを作成している。王宝平「清末駐日外交使節名録」(浙江大学日本文化研究所編『中日関係史論考』中華書局、二〇〇一年、後に王宝平『清代中日学術交流の研究』汲古書院、二〇〇五年に所収)、二四一〜二五五頁を参照。このリストによると、一八七八年に追加された人員の中には王治本など在日華人が含まれている。王治本については実藤恵秀『明治日支文化交渉』(光風館、一九四三年)、一〇三〜一〇四頁を参照。

(56) 一八七八年に駐横浜兼築地理事館と駐神戸兼大阪理事館、駐長崎理事館が開設され、理事官として范錫朋と廖錫恩、余瓗が派遣されている。『清季中外使領年表』、七六〜七八頁を参照。また、日本の清国理事館と在日華僑社会との具体的な関係を扱った事例研究として、黄漢青「清国横浜領事の着任と華人社会」『中国研究月報』第四八巻第七号、一九九四年、陳来幸「鄭孝胥日記にみる中華会館創建期の神戸華僑社会」『人文論集』(神戸商科大学経済研究所)、第三二巻第二号、一九九六年などを参照。

(57) 実藤恵秀『明治日支文化交渉』、陳捷『明治前期日中学術交流の研究——清国駐日公使館の文化活動』(汲古書院、二〇〇三年)などを参照。

(58) 于德楙『于氏家譜』(中華民国八年)、頁一九〜二〇。

(59) 『鄭孝胥日記』(中国歴史博物館編、労祖徳整理、中華書局、一九九三年)、二〇三頁。

(60) こうした初期の駐日公使館員を張偉雄などは「文人外交官」と呼んでいる。張偉雄『文人外交官の明治日本——中国初代駐日公使団の異文化体験』(柏書房、一九九九年)を参照。

(61) 黄遵憲は一八八四年に鴻臚寺卿鄧承脩により「使才」(出使大臣候補)に推薦され、軍機処の候補者リストに記録されている。『清代官員履歴檔案全編』第六冊、一八六〜一八七頁を参照。

(62) 黄遵憲は一八九六年に駐ドイツ公使に任命されたが、ドイツ側の反対により実現しなかった。このドイツ公使任命問題について、前注(3)参照。また、戊戌変法の際には駐日公使に任じられたが、政変によりこれも実現しなかった。

(63) 姚文棟の日本研究については、第5章注(11)の諸研究を参照。

(64) 姚文棟の事跡については「景憲先生年譜略」(『景憲先生苦口文』勧社輯)を参照。なお、姚文棟の『雲南勘界籌邊記』が清末知識人に与えた影響については、拙稿「薛福成の滇緬界務交渉」(夫馬進編『中国東アジア外交交流史の研究』京都大学学術出版会、二〇〇七年)、四四八〜四四九頁を参照。

(65) 姚文棟『讀海外奇書室雜著』「上黎星使箋」癸未(一八八三年)十一月。

(66) 楊枢の経歴については以下を参照。『清代官員履歴檔案全編』第六冊、五九一頁、第八冊、二九〇頁、蘇精『清季同文館及其師生』、二一三〜二二〇頁。また彼の駐日公使時期の留学生政策について、王柯『二〇世紀中国の国家建設と「民族」』(東京大学出版会、二〇〇六年)第三章を参照。

(67) 薛福成『出使日記續刻』巻四、光緒十八年六月二十一日(一八九二・七・一四)の条、頁七六。

(68) 『中美關係史料』光緒朝第二冊「光諸十年随使美日秘國各員銜名差使清册」、一一一八頁。

(69) 京師同文館に東文館(日本語科)が設置されたのは日清戦争後の一八九七年である。劉建雲『中国人の日本語学習史——清末の東文学堂』(学術出版社、二〇〇五年)、七九頁を参照(なお一八九六年説もあり。詳しくは蘇精『清季同文館及其師生』、三一頁、注三六を参照)。

(70) 東文学堂とその学生については、王宝平「清国公使館内に設置された東文学堂の研究」(同『清代中日学術交流の研究』)、三七一〜四〇二頁を参照。

(71) 王宝平、同上論考、および同「陶大均および甲午戦争以前に在日した日本語通訳たち」(陶徳民・藤田高夫編『近代日中関係人物史研究の新しい地平』雄松堂出版、二〇〇八年)。

(72) 劉慶汾は一八八一年に東文学生として来日し、「学習翻訳」から理事官、翻訳官となり、一八九四年に帰国するまで一〇年以上を日本で過ごした。帰国後は江南で洋務に従事し、江蘇巡撫奎俊より「使才」に奏保されている(『清代官員履歴檔案全編』第六冊、四三八〜四三九頁、第七冊、一四七〜一四八、五九六〜五九七頁、第八冊、三七三〜三七四頁)。また陶大均、盧永銘は李鴻章の下関交渉に随行している。

(73) 『曾惠敏公遺集』文集巻三、「倫敦致總署總辦論事三條」光緒五年正月初九日(一八七九・一・三〇)、頁五。岡本隆司『馬建忠の近代中国』、六五〜六六頁。

(74) 坂野正高『中国近代化と馬建忠』(東京大学出版会、一九八五年)、二八頁。

(75) 岡本隆司『馬建忠と近代中国』、五七〜六六頁。

(76) 王立誠「外交家的誕生――顧維鈞与近代中国外交官文化的変遷」(金光耀主編『顧維鈞与中国外交』上海古籍出版社、二〇〇一年)、三四五頁。
(77) 小野川秀美『清末政治思想研究』(東洋史研究会、一九六〇年)、七二、八三～八四頁。
(78) 梁啓超『戊戌政變記』(『飲氷室専集』第一冊、中華書局、二〇〇三年重印)、二一頁:「至於光緒甲申、又二十年、朝士皆恥言西學、有談者詆爲漢奸、不齒士類。……馬江敗後、識者漸知西法之不能盡拒、談洋務者亦不以爲深恥」、湯震『危言』巻一「中學」:「昔以西學爲集矢之的、今則以西學爲炫奇之媒、昔以西學爲徒隷之事、今則以西學爲仕宦之摯」。
(79) 『光緒朝東華録』第二冊、光緒十年六月十一日(一八八四・八・一)上諭、総一七六〇頁。
(80) たとえば光緒十三年三月二十四日(一八七七・四・一七)に受理された御史・陳琇瑩の上奏は、「明習算学人員」に科甲の出身を斟酌して与えるよう求めている。なお、この上奏は以下で取り上げる遊歴官派遣事業に関連した提案であり、「明習算学人員」に正途の道を開き、彼らを遊歴官候補とし、海外の大学に留学させ、帰国後は洋務関連の職(総理衙門、公使など)に専従させるというものであった。この陳琇瑩の上奏からも、後述するように遊歴官派遣事業が、遊学制度導入による洋務専門人材の育成という目的のもとに提議されていたことは明らかである。『洋務運動』(中國史學會主編、上海人民出版社、一九六一年)第二冊、光緒十三年三月二十五日付、江南道監察御史陳琇瑩奏、二〇七～二〇八頁を参照。
(81) 光緒十一年三月初七日(一八八五・四・二一)付の総理衙門上奏は光緒十一年三月初七日(一八八五・四・二一)の『申報』に収録されているが、上奏年や上奏主体に誤りがあるので注意を要する。なお、佐々木揚がすでに指摘しているように、この上奏は『皇朝續文獻通考』などにも「奏疏恭録」として確認することができる。詳しくは佐々木揚『清末中国における日本観と西洋観』(東京大学出版会、二〇〇〇年)第三章「一八八〇年代末における清朝遊歴官の外国事情調査」、二〇八頁。
(82) 遊歴官派遣については佐々木揚が関連の研究を整理している。佐々木揚、同書、一九一～一九四頁を参照。このほか王暁秋・楊紀国『晩清中国人走向世界的一次盛挙』(遼寧師範大学出版社、二〇〇四年)も参照。
(83) 『申報』光緒十一年三月初七日(一八八五・四・二一)「奏疏恭録」。
(84) 佐々木揚『清末中国における日本観と西洋観』、一九五～一九六頁。
(85) 『李文忠公尺牘』第一七冊「復欽差徳俄和墺國大臣許」光緒十六年五月(一八九〇・六)、頁三八。
(86) 『翁同龢日記』(陳義杰整理、中華書局、一九九七年)第五冊、光緒十八年臘月初六日(一八九三・一・二三)の条、二五七五頁。このように保挙を目当てに随行を願うものが増えたため、随行員の規模も随員を中心に次第に膨れ上がっていった。たとえば駐日公使館・理事館についていえば、初代何如璋の時には中国人スタッフは参賛一、理事官四、随員八、翻訳官七、学生二の計二二名であった。しかし、第六代汪鳳藻の時には参賛二、理事官五、随員二〇、翻訳官一一、学生四の計四二に増えている。供事などを含めれば五二名の大所帯であった。このため汪鳳藻の時には人数を縮小するよう、総理衙門大臣となっていた洪鈞から注意がなされたほどである。『鄭孝胥日記』第一冊、光緒十八年閏六月二十四日（一八九二・七・一七）の条、三〇〇頁を参照。

(87) 岩井茂樹『中国近世財政史の研究』（京都大学学術出版会、二〇〇四年）、四九九～五〇〇頁。

(88) 「洪鈞使欧奏稿」『近代史資料』第六八号、一五～一六頁。

(89) 『中美關係史料』光緒朝第二冊、「總署奏摺」光緒十四年十二月二十四日（一八八九・一・二五）付、一二九六頁。

(90) 同書、同巻、「總署奏片」光緒十四年十二月二十四日（一八八九・一・二五）付、一二九七～一二九八頁。

(91) 前注(89)史料。

(92) 光緒十六年四月十五日（一八九〇・六・二）付、總理各國事務奕劻等奏摺（『光緒朝硃批奏摺』第一輯内政・官制、一八四～一八五頁）。

(93) 『薛福成日記』光緒十八年閏六月初四日の条、七三二～七三三頁。総理衙門章京に対する海関道保挙の優遇については、呉福環『清季總理衙門研究』（文津出版社、一九九五年）、九五～九六頁を参照。

(94) 『出洋瑣記』と『出使須知』は王韜によって光緒十一年に刊行されたが、すぐさま弾劾され、その後発禁処分とされている。光緒十一年十一月二十七日上諭、『光緒宣統兩朝上諭檔』第一一巻（中國第一歴史檔案館編、廣西師範大學出版社、一九九六年）、三〇八頁を参照。後に王錫祺輯『小方壺斎輿地叢鈔』第一一帙（光緒丁丑年序　上海著易堂排印）に収録。

(95) 『庸庵海外文編』巻三、「治術學術在専精説」、頁二三～二四。

(96) 『薛福成日記』光緒十八年閏六月初四日の条、七三二頁。

(97) 同上、七三三頁。

(98) 『庸庵海外文編』巻二、「保薦使才疏」光緒二十年、頁三七～三九。手代木有児「清末の外交制度論と国際認識」、四九七頁。

(99) 胡惟徳と呉宗濂の経歴については第Ⅲ部冒頭部注(4)を参照。

(100) 梁誠は広東番禺の人。その経歴については、『清代官員履歴檔案全編』第六冊、一六九～一七〇、三四五～三四六、六一四頁、羅香林『梁誠的出使美國』（香港大學亞洲研究中心、一九七七年）、高貞白「清朝最後一任駐徳公使梁誠」『傳記文學』第七四巻第五期、一九九九年を参照。

(101) 崔国因『出使美日秘日記』（劉発清・胡貫中点注、黄山書社、一九八八年）光緒十六年九月十二日の条、一一六頁。

(102) 王立誠「外交家的誕生」、三四七頁、石霓『観念与悲劇』、二五五頁。

(103) 石霓『観念与悲劇』、二五四～二五五頁。

第7章　外交制度改革と在外公館

(1) 外務部の組織・制度に関する先行研究としては以下を参照。陳體強『中國外交行政』(商務印書館、一九四五年)、王立誠『中国近代外交制度史』(甘粛人民出版社、一九九一年)、高超群「外務部的設立及外交制度的改革」(王暁秋・尚小明主編『戊戌維新与清末新政』北京大学出版会、一九九八年)、唐啓華「陸徴祥与辛亥革命」(中国史学会編『辛亥革命与二十世紀中国』中央文献出版社、二〇〇二年)、川島真『中国近代外交の形成』(名古屋大学出版会、二〇〇四年)、蔡振豊「晩清外務部之研究」(臺灣國立中興大學碩士論文、二〇〇五年)、川島真「外務の形成――清朝外務部の成立過程」(岡本隆司・川島真編『中国近代外交の胎動』東京大学出版会、二〇〇九年)。

(2) 唐啓華「陸徴祥与辛亥革命」、八五三頁。

(3) 関暁紅「従幕府到職官――清季外官制改革中的幕職分科治事」『歴史研究』二〇〇六年第五期。

(4) 王立誠「外交家的誕生――顧維鈞与近代中国外交官文化的変遷」(金光耀主編『顧維鈞与中国外交』上海古籍出版社、二〇〇一年)、三四五頁。

(5) 羅光『陸徴祥傳』(商務印書館、一九六七年)、石建国『陸徴祥伝』(河北人民出版社、一九九九年)。

(6) 第Ⅲ部冒頭で言及した施肇基はその一例である。また、日清戦争後には在外公館に「使署学生」が置かれるようになる。この点については後述。

(7) 『徳宗實錄』巻四八四、光緒二十七年六月初九日上諭。

(8) 高超群「外務部的設立及外交制度的改革」、二〇五～二〇六頁。

(9) このほかに司務庁を設けて司務二人を置き、また俄、徳、法、英、日本の五股を設けてそれぞれ翻訳官三人を置き、翻訳事務に当たらせた。『清季外交史料』巻一四八、「政務處大臣奕劻等奏遵議外務部應設司員額缺俸給章程摺」附「遵擬外務部額缺養廉各項章程單」光緒二十七年六月二十九日付、頁二七～二九を参照。

(10) 王立誠「外交家的誕生」、一九五～一九六頁。なお、一九〇一年の外務部の章程には「左右丞缺、以左右参議開列、奏請簡放、左右参議缺、先儘郎中、次用員外郎、由堂官保送引見、請旨録用、均備出使大臣之選。偶有該部侍郎缺出、先儘左右丞開列」と規定されている。前注(9)史料「遵擬外務部額缺養廉各項章程單」、頁二七を参照。

(11) たとえば王立誠はこの昇進ルートの整備をもって「司員を励まして外務部の事務に専念させ、彼らが職業外交官となることに有益であったことは疑いない」と述べている。王立誠「外交家的誕生」、一九六頁。また、この丞・参議の設置は、一九〇六年の中央官制改革によって他の官庁にも一律に導入された。この丞・参議の設置をはじめ、中央官制改革において外務部の組織・制度が他部のモデルとなっており、外務部の設立は新政の先駆けとしても評価されている。高超群「外務部的設立及外交制度的改革」、二〇八頁を参照。
(12)『申報』光緒二十七年十二月初十日（一九〇二・一・一九）「京師外務部各官銜名單」。これと同じ司員のリストは台湾国立故宮博物院所蔵の以下の史料でも確認できる。軍機処檔摺、光緒二十七年十一月十六日奕劻奏「奏爲揀員以補各司缺由・附件」。川島真「外務の形成」もこの二八名のリストを掲載している。
(13)この一例とは顧肇新のことで、総理衙門章京から一九〇一年に外務部右丞、一九〇三年五月に外務部右侍郎となるが、一九〇四年一月に商部右侍郎に転じている。顧肇新は張蔭桓の訪英や那桐の訪日に参賛として随行した経験があり、このため侍郎への任命が可能であったのだろう。『(江蘇省)呉縣志』巻六六下、頁四三を参照。
(14)なお総理衙門章京には、宗室はじめ多数の旗人が選ばれていたが、それは総理衙門章京の延長上である外務部司員に関しても同様である。
(15)この一五人の経歴については、『大清搢紳全書』、『清代職官年表』、『清史稿』、『最近官紳履歴彙録』等の史料に基づき集計を行った。
(16)高超群「外務部的設立及外交制度的改革」、二一二頁。
(17)前注(9)史料「遵擬外務部額缺養廉各項章程單」、頁二七。
(18)『大清光緒新法令』第一冊、第二類、「外務部奏酌擬外務部改設事宜摺」光緒二十七年十一月十九日付、頁一三～一四。
(19)『劉忠誠公遺集』奏疏巻三六、「變通外部及出使人員章程摺」光緒二十八年三月初八日（一九〇二・四・一五）。
(20)『光緒朝東華録』第五冊（朱壽朋編、張静廬等校点、中華書局、一九八四年）光緒二十八年六月初九日（一九〇二・七・一三）、総四八八九～四八九〇頁。
(21)汪大燮は一九〇五年に外務部左参議から駐英公使に、雷補同は一九〇七年に外務部右丞から駐オーストリア公使に任命された。
(22)「楊儒變法條議」（光緒二十七年正月二十九日）の第五策「重使務」の第一條「儲才」・第二條「修訂出使章程」を参照。なお、この上奏は「使俄楊儒奏請變通成法補救時艱謹擬六策摺」として『清季外交史料』巻一四九に収めるが、節略が多い。中国社会科学院近代史研究所近代史資料編輯組編の『楊儒庚辛存稿』（中国社会科学出版社、一九八〇年）所収の「楊儒変法条議」（二〇五～二一七頁）は社会科学院近代史研究所所蔵の「工部侍郎楊儒変法条議」鈔本によりこの不足を補うが、日付を「光緒二十六年七月初一日」とする。だが、この上奏は光緒二十六年十二月の上諭（変法預約の詔）を受けてなされているので、二十六年七月初一日は間違いであろう。一方、中央研究院近代史研究所檔案館の外交檔案は、この「條議」の「重使務」部分を収録しており、日付は「正月二十九日」となっている（外務部檔案02-14-14-2「各項條陳」）。ただし、中央研究院近代史研究所檔案館は「光緒二十八年」の中にこれを分類しているが、二十八年正月二十九日の時点では、楊儒はすでに病死しており、内容からしても、光緒二十七年正月二十九日が妥当と思われる。

(23)『袁世凱奏議』巻九（天津図書館・天津社会科学院歴史研究所編、天津古籍出版社、一九八七年）「遵旨敬抒管見上備甄擇摺」光緒二十七年三月初七日（一九〇一・四・二五）、二七三〜二七四頁。

(24)『張之洞全集』（苑書義・孫華峰・李秉新主編、河北人民出版社、一九九八年）電牘、「致保定袁制台、江寧劉制台」光緒二十八年二月十四日午刻発、八七五〇〜八七五一頁、同書、「致保定袁制台、江寧劉制台」光緒二十八年二月二十七日丑刻発、八七六一〜八七六二頁。

(25)『徳宗實錄』巻五五六、光緒三十二年二月二十一日（一九〇六・三・一五）付、外務部奏、『光緒朝東華録』第五冊、総五四九二頁、『順天時報』「外部司員爲奏調」光緒三十二年二月二十八日（一九〇六・三・二二）。なお、この時に外務部に推薦された帰国留学生の中に、民国の親日派外交官として有名な曹汝霖がいる。

(26)一九〇四年に張之洞が朝廷の命に従って制定した「約束遊学生章程」が、留学生の帰国後の官吏への特別任用を規定する一方、これを交換条件に日本政府に留学生の政治活動の取り締まりを要請したことに端的に示されるように、清朝政府にとって留学生の登用は、近代化に必要な人材を集めるためであると同時に、急進化する彼らの革命運動参加を防ぐ方途でもあった。

(27)『申報』光緒三十二年四月初七日（一九〇六・四・三〇）「外部司員改考試爲奏調之原因」。

(28)『順天時報』光緒三十一年十二月十三日（一九〇六・一・七）「外部議設法律學堂」。張元済の「條陳外交学堂事宜説帖」からも、学堂附設の目的として旧司員の再教育も考慮されていたことが窺える。『張元済詩文』（商務印書館、一九八六年）、一四〇〜一四一頁を参照。

(29)光緒三十二年閏四月二十二日付の上奏文については以下の史料を参照。『光緒朝東華録』第五冊、総五五三一〜五五三二頁、『張元済詩文』「代外務部擬辦理儲才館事宜奏摺」、一四九〜一五一頁、『東方雜誌』第三巻第八期「外務部奏陳調用人員辦法並設置儲才館摺片」。また張元済の章程案は『張元済詩文』所収の「草擬儲才館暫行章程」（一四四〜一四八頁）より確認できるが、『申報』光緒三十二年五月二十七日（一九〇六・七・一八）掲載の「外部儲才館章程」では原案の第六条が削除されているなど若干の改変がなされている。

(30)『張元済詩文』「戊戌政変的回憶」、二三三〜二三七頁、小野信爾訳「戊戌政変の回憶」『東洋史研究』第一七巻第三号、一九五八年。

(31)『申報』光緒三十二年四月二十八日（一九〇六・五・二一）「本館接到張元濟條陳用熟諳洋文語言各員爲外交官電」、『張元済詩文』「條陳外務部事宜稿」、一四二〜一四三頁。なお、同條陳は『申報』にも掲載されている。『申報』光緒三十二年閏四月初十日（一九〇六・六・一）「張元済條陳外部事宜」。

(32)『張元済詩文』「條陳外務部事宜稿」、一四三頁。
(33)『申報』光緒三十二年閏四月初十日（一九〇六・六・一）「外部司員請變通張部郎條陳」、『順天時報』光緒三十二年閏四月十九日（一九〇六・六・一〇）「外部司員之去留」。『申報』掲載の「外部儲才館章程」第一八條にも旧司員の四割残留が明記されている。
(34)『張元済詩文』「草擬儲才館暫行章程」、一四四～一四八頁。
(35)同書、「草擬儲才館暫行章程」第八条、第九条（『申報』掲載のものでは第七条、第八条）。
(36)同書、「條陳外交学堂事宜説帖」、一四〇～一四一頁。
(37)同書、「草擬儲才館暫行章程」第一〇条、第一一条、および「條陳外交学堂事宜説帖」、『東方雜誌』第三巻第八期「外務部奏陳調用人員辦法並設立儲才館摺片」。
(38)『張元済詩文』「草擬儲才館暫行章程」第一三条。
(39)同書、「草擬儲才館暫行章程」第一九、二〇、二一条。
(40)張樹年主編『張元済年譜』（商務印書館、一九九一年）、五九頁。また張元済が林紹年に宛てた書簡には「外部積弊甚深、欲大加整頓、堂憲恐無此魄力。去春上書邸堂疏通、舊有人員雖蒙嘉納、而至今未能實行。儲才館調員之始、復有阻力、風聲所播、羅致愈難逆料。賢者必不肯來、而來者志在利祿、所謂國家思想渺無所知」と述べている。『張元済書札』（張樹年・張人鳳編、商務印書館、一九九七年）、七六四頁を参照。
(41)『東方雜誌』第三巻第一〇期「出使法國大臣劉式訓奏條陳出使事宜擬請變通章程摺」。
(42)『德宗實錄』巻五六三、光緒三十二年八月初七日（一九〇六・九・二四）上諭。
(43)『光緒朝東華録』第五冊、総五六三四～五六三五頁。なお、『光緒朝東華録』は裁可の日付を「光緒三十三年正月十七日」とするが、『德宗實錄』ほかの史料より「光緒三十二年十二月十一日（一九〇七・一・二四）」とする。
(44)外務部檔案 02-12-33-1「収使奥李大臣函」光緒三十二年九月十一日。なお、この時期海外に駐在する公使たちの間では、日露戦争への対応や立憲制導入を中心とする制度改革などに関し、相互に連絡を取り合い、連名で提言を行うこともしばしば見られた。劉式訓の上奏も彼個人の意見というより、むしろ当時の在外公館全体に共通した意見を反映したものと考えるのが妥当であろう。
(45)王立誠「外交家的誕生」、三五二頁。こうした人間関係に基づく抜擢として、王立誠はこのほかに顔恵慶や鍾文耀、刁作謙等を挙げている。ただし、彼らも在外公館での勤務経験を有する。
(46)たとえば楊枢の参議任命について蘇精は、各国に派遣される出使大臣のポストが二品の実官とされたが、楊枢の官秩はそれに及ばなかったため、外務部参議に任命した上で公使として派遣したと説明している。蘇精『清季同文館及其師生』（自費出版、一九八五年）、二一三～二二〇頁を参照。

(47) 王立誠『中国近代外交制度史』第一章。
(48)『大清搢紳全書』によれば、光緒三十三年冬に「額外郎中・儲才館課員」は六人、「儲才館学員」は一八人であった。このうち一三人については民国期に外交部スタッフや領事となっていることが確認できる。なお、在外公館員および外務部司員の経歴調査にあたり参照した主な文献は以下の通り。『清代官員履歴檔案全編』、外務部檔案 02-12「出使設領」、支那研究会編『最新支那官紳録』（初版：富山房、一九一八年、復刻：日本図書センター、一九九九年）、徐友春主編『民国人物大辞典』（河北人民出版社、一九九一年）。
(49)『政府公報』第五〇号、一九一二年六月一九日。
(50) 前注(43)史料。
(51) 一九〇九年には参賛以下の在外公館員の任用基準が章程に規定された。『大清宣統新法令』第六冊、宣統元年五月「外務部奏定出使章程十四条」を参照。
(52) 以下に挙げる唐在復、戴陳森、鄭延禧、劉鏡人、岳昭燏の民国期の略歴は『最新支那官紳録』や『民国人物大辞典』などを参照。
(53) 外務部檔案 02-12-21-3「出使大臣孫寶琦信」光緒二十九年三月初十日。なお、この時同じく孫宝琦によってパリの政治学院に入学させられ、民国の外交官となったものに、陳籙がいる。陳籙の履歴については、『晩清國際會議檔案』第三冊（李國榮主編、廣陵書社、二〇〇八年）、一四一七〜一四一九頁を参照。
(54) 外務部檔案 02-12-23-2「収使法劉大臣文」光緒三十二年五月十八日。
(55) 外務部檔案 02-12-6-4「収使俄胡大臣文」光緒三十三年六月初九日。なお、史料の原文は「蘇省大學堂法文學生」であるが、これは蘇州省城大学堂のことと思われる。朱有瓛主編『中国近代学制史料』第一輯下冊（華東師範大学出版社、一九八六年）、四五四頁を参照。
(56) 外務部檔案 02-12-6-4「収使俄胡大臣文」光緒三十三年六月初九日。
(57) 外務部檔案 02-12-25-3「収使和大臣陸文」光緒三十三年十二月二十三日。
(58) 馮青「陸徴祥と民初の外政機構改革（一九一二〜一六）」『史艸』第四三号、二〇〇二年、張齊顯「中國『職業外交官』的崛起與確立——北京政府外交部人事之研究（一九一二—一九二八）」『中興史學』第七期、二〇〇一年。
(59) 羅香林『梁誠的出使美國』（香港大學亞洲研究中心、一九七七年）。
(60)『顔恵慶自伝』（商務印書館、二〇〇三年）、六八頁。
(61) 一九一二年に帰国した顧維鈞は、はじめ国務総理であった唐紹儀のもと、国務院秘書・総統府秘書となるが、唐紹儀の国務総理辞任に従い自らも辞職した。そしてまもなく唐紹儀と外務部副総長であった顔恵慶の勧めで、外交部に身を投じたのである。石建国「論陸徵祥与顧維鈞——兼論在巴黎和会上的作用問題」（金光耀主編『顧維鈞与中国外交』）、三九九頁を参照。顔恵慶は顧維鈞がアメリカ留学時代に在外公館にあって留学生の管理を担当しており、この両者はもちろんその時からの知り合いである。

(62) 駐日公使館でも、日清戦争以前においては、公使館に附設された東文学堂において日本語の翻訳官が養成され、彼らの駐在期間は長期にわたっていたが、外務部期にはそのような状況は見られない。なお、一九〇九年に当時駐日公使であった胡惟徳は、駐日公使館の翻訳学生の廃止を建議して、「査使館向設學生十名、現擬此後遇有空缺、即停止不補。蓋當年設此學額原爲培植譯才起見、今者留學日多、無藉乎此。且各生平時既不至使館辦事、學成後又皆別謀出路、與創設此項學生初意已不相符」と述べている（劉俊整理「駐俄日公使胡惟徳往来電報」『近代史資料』、第九九号、一〇二頁）。欧米とは異なる日本留学の状況や、そもそも外交の中心がヨーロッパであったことなど、駐日公使館で専門外交官の養成が進まなかった原因についていくつかの推測が可能であるが、その背後には中国と日本の関係が結局のところ「近代的外交関係」とは異なるものであったという根本的な問題が隠れているように思われる。

(63) 唐啓華「清季官方修約觀念與實踐之研究」『國立政治大學歷史學報』第二六期、二〇〇六年）、同「清末民初中國對「海牙保和會」之參與（一八九九～一九一七）」『國立政治大學歷史學報』第二三期、二〇〇五年、同『被〝廢除不平等条約〟遮蔽的北洋修約史（一九一二～一九二八）』（社会科学文献出版社、二〇一〇年）第一章。

(64) 川島真『中国近代外交の形成』。

第8章　「外交官」たちの国際認識

(1) 唐啓華「清季官方修約觀念與實踐之研究」『國立政治大學歷史學報』第二六期、二〇〇六年、同「清末民初中國對「海牙保和會」之參與（一八九九～一九一七）」『國立政治大學歷史學報』第二三期、二〇〇五年、唐啓華著、廖敏淑・柳亮輔訳「周辺としての中国——二〇世紀初頭の国際組織における中国と日本」（横山宏章・久保亨・川島真編『周辺から見た二〇世紀中国』中国書店、二〇〇二年）、川島真『中国近代外交の形成』（名古屋大学出版会、二〇〇四年）、一〇～一四頁、林学忠『従万国公法到公法外交——晩清国際法的伝入、詮釈与応用』（上海古籍出版社、二〇〇九年）、二八八～三四五頁。

(2) 外務部檔案 02-21-2-3「電外務部　海牙保和會列中國爲三等國請修明法律以保主權由」光緒三十三年八月十四日（一九〇七・九・二一）。

(3) 外務部檔案 02-12-5-2「収駐俄大臣胡惟德文」光緒二十九年閏五月十二日。

(4) 外務部檔案 02-12-25-1「収軍機處交出陸徵祥抄片」光緒三十二年九月初七日。

(5) 鈴木智夫『近代中国と西洋国際社会』（汲古書院、二〇〇七年）、一七五、二九七頁、岡本隆司「清末の在外公館と出使日記」

（『中国近代外交史の基礎的研究——一九世紀後半における出使日記の精査を中心として』平成一七～一九年度科学研究費補助金（基盤研究Ｃ）研究成果報告書、二〇〇八年）、一二～一四頁。

（6）楊楷が最初に光緒年間の通商統計を手がけ、銭恂がこれを継承し、さらに李圭が咸豊年間にまで遡らせた貿易史研究の書である。鈴木智夫『近代中国と西洋国際社会』、一七五頁。

（7）『金軺籌筆』楊楷自序、岡本隆司「清末の在外公館と出使日記」、一二～一三頁。

（8）『無錫楊仁山（楷）先生遺著』文存、「自序」光緒十二年六月、一九頁、岡本隆司「清末の在外公館と出使日記」、一三頁。

（9）パミールにおける清・英・露三国の国境画定問題に関する先行研究については第5章の注(53)を参照。

（10）『清代官員履歴檔案全編』第五冊（秦国経主編、華東師範大学出版社、一九九七年）、七五頁、『光緒朝東華録』第四冊（朱壽朋編、張静廬等校点、中華書局、一九八四年）、総三六三九頁。なお、銭恂の事跡については、鍾叔河「銭単士釐『癸卯旅行記』『帰潜記』」（同『従東方到西方——走向世界叢書叙述論集』岳麓書社、二〇〇二年）、鈴木智夫「『癸卯旅行記』解説」（銭単士釐著、鈴木智夫訳註『癸卯旅行記訳註——銭稲孫の母の見た世界』汲古選書、二〇一〇年）、高木理久夫編「銭恂年譜」『早稲田大学図書館紀要』五六、二〇〇九年などを参照。

（11）矢野仁一『近世支那外交史』（弘文堂書房、一九三〇年）、八六六頁。

（12）このロシア案によれば、清朝が実質的に管理する「華界」には影響ないものの、ロシア勢力と「華界」の間にあるランクルやアクタシはロシア領となってしまう。

（13）『許文肅公遺集』公牘、「照會俄外部帕界擬憑喀約商辦文」光緒十八年十月初一日、頁一三～一四。

（14）同書、函牘巻三、「致總理衙門總辦函」光緒十八年十月、頁二九。

（15）銭恂「帕弥爾分界私議」『中俄界約斠注』附（『質學叢書初集』第三函所収）。

（16）『許文肅公遺集』公牘、「咨呈総署銭恂差滿回華文」、頁一五。帰国した銭恂は実際に北京に向かい、たとえば翁同和のもとを訪れている。『翁同龢日記』（陳義杰整理、中華書局、一九八九～九八年）、光緒十九年十月十七日の条、二六四三頁を参照。なお、銭恂と翁同龢のこの時の会談や両者の関係については、孔祥吉「『翁文恭日記』稿本与刊本之比較」（同『清人日記研究』広東人民出版社、二〇〇八年）、三一～三四頁を参照。

（17）G. J. Alder, *British India's Northern Frontier 1865–95 : A Study in Imperial Policy*, London : the Royal Commonwealth Society, 1968, pp. 253–254. 李鴻章は許景澄に対し、ロシア案ではなく、ヴィクトリア湖までの領土を主張すべきと語っている。『李鴻章全集』第三五冊（顧廷龍・戴逸主編、安徽教育出版社、二〇〇八年）「復欽差出使徳俄和奧国大臣許」光緒十八年十二月初八日、四五九～四六〇頁を参照。

(18) Alder, *British India's North Frontier 1865–95*, p. 254.
(19) FO17/1175, Telegram, Secretary of State to Viceroy, Jan. 9, 1893.
(20)『翁同龢日記』光緒十九年十月十七日の条、二六四三頁。
(21) 陳春瀛『回颿日記』（光緒二十一年旆蒙協洽涂月排印本）、光緒二十年九月初二日（一八九四・九・三〇）の条、頁一八～一九。
(22) 同書、光緒二十年九月初三日（一八九四・一〇・一）の条、頁一九～二〇。
(23) 日清戦争までの朝鮮問題に関するイギリスの対清外交については、岡本隆司『属国と自主のあいだ――近代清韓関係と東アジアの命運』（名古屋大学出版会、二〇〇四年）第九章「英露と清韓関係」を参照。
(24) 日清戦争後の清朝の対露政策については、矢野仁一『日清役後支那外交史』（東方文化学院京都研究所、一九三七年）、佐々木揚「日清戦争後の清国の対露政策――一八九六年の露清同盟条約の成立をめぐって」『東洋学報』第五九巻第一・二号、一九七七年、同「一八九五年の対清・露仏借款をめぐる国際政治」『史学雑誌』第八八巻第七号、一九七九年、朴鐘玄「十九世紀末中国改革論者の聯盟論について」『東洋史研究』第四二巻第一号、一九八三年などを参照。
(25) 前注(10)史料を参照。
(26) 姚錫光「自序」（『東瀛學校挙概』光緒二十五年刊本）。
(27)『張之洞全集』第九冊（苑書義・孫華峰・李秉新主編、河北人民出版社、一九九八年）電牘、「致総署」光緒二十四年七月二十五日午刻発、七六五一頁。
(28) JACAR（アジア歴史資料センター）Ref. B07090025500（第二四一画像目から）、清國兵制改革一件。
(29) 在外公館員の変法期における言論活動については、郭双林「晩清駐外使領与維新運動」（王暁秋主編『戊戌維新与近代中国的改革――戊戌維新一百周年国際学術討論会論文集』社会科学文献出版社、二〇〇〇年）を参照。
(30) 北京国家図書館分館・家譜地方志閲覧室所蔵の呉宗濂訳纂・鳳淩編輯『随軺紀游續集』は「光緒丁酉秋經世報館印」で、この書には呉宗濂訳纂の『随軺紀遊餘編』や「匡時救策」のほか、『經世報』に掲載された論説等が付されている。
(31) 他の翻訳官のものとしては、張徳彝の出使日記『航海述奇』八種がある。また彼が一八九〇年と一八九三年に奕劻に送った総理衙門の組織と在外公館の儀礼に関する改革意見書が、彼の文集『光禄大夫建威将軍張公集』に収録されている。手代木有児「清末の外交制度論と国際認識――張徳彝の場合」（村上哲見先生古稀記念論文集刊行委員会『中国文人の思考と表現』汲古書院、二〇〇〇年）を参照。なお、張徳彝の『航海述奇』と『光禄大夫建威将軍張公集』の影印本が『稿本航海述奇彙編』全一〇冊として北京図書館出版社より一九九七年に刊行されている。
(32) たとえば『澳大利亜洲新志』（呉宗濂・趙元益訳、光緒二十三年刊。江標輯『霊鶼閣叢書』第四集および『使徳日記及其他二種』

王雲五主編、叢書集成初編、商務印書館、一九三六年所収）など。なお、呉宗濂の経歴については第Ⅲ部冒頭注(4)を参照。

(33)『經世報』は中国科学院近代史研究所所蔵光緒二十三年（一八八七）七～十二月（旬刊）排印本の複製本（村田雄二郎氏所蔵）を複製したものが東京大学文学部中国思想研究室に所蔵されている。

(34)前注(29)を参照。

(35)『譯書公會報』（譯書公會報館編、中華書局、二〇〇七年）「影印説明」、一頁。

(36)呉宗濂「上前出使英法義比大臣龔星使條陳」光緒十九年秋、『經世報』第一、二、三冊に掲載。

(37)呉宗濂「匡時急策」光緒二十一年、『經世報』第六、七、九、一〇、一二冊に掲載。呉宗濂の言及するヨーロッパの通訳生学校については未詳。イギリスの中国における通訳生の養成や、ウェードによる通訳生制度の整備については以下を参照。J. E. Hoare, *Embassies in the East : the Story of the British and their Embassies in China, Japan and Korea from 1859 to the Present*, Richmond : Curzon Press, 1999, p. 24 ; P. D. Coates, *The China Consuls : British Consular officers, 1843-1943*, Hong Kong : Oxford University Press, 1988, p. 337、高田時雄「トマス・ウェイドと北京語の勝利」（狭間直樹編『西洋近代文明と中華世界』京都大学学術出版会、二〇〇一年）、一三一～一三六頁。

(38)孫宝琦の経歴については、楊愷齢輯『孫慕韓（寶琦）先生碑銘手札集』（沈雲龍主編近代中國史料叢刊、文海出版社、一九八〇年）を参照。

(39)『清代軍機処電報檔彙編』第三四冊（中国第一歴史檔案館編、中国人民大学出版社、二〇〇五年）「収駐美梁大臣致外務部請代奏電」光緒二十九年十一月二十一日、六二頁。

(40)『汪康年師友書札』第三冊（上海圖書館編、上海古籍出版社、一九八六年）、一四九二頁。

(41)『清代軍機処電報檔彙編』第三九冊、「収北洋大臣軍機処電」光緒二十九年十一月初八日、五三～五四頁。なお、この袁世凱の電信は『清季外交史料』巻一七九も収めており、先行研究の中にはこの『清季外交史料』に依拠するものもあるが、この史料集では袁世凱の電信の間に別の史料が紛れ込んでおり、この『清季外交史料』を用いるのは不適当であろう。また、川島真は袁世凱が電信の中で引用している「江督（両江総督）」を張之洞のことと誤解しているが、当時の両江総督は魏光燾であり、それを理解しなければ、聯日拒俄を唱えていた魏光燾への回答、というこの袁世凱の電信の文脈も、ひいては清朝の日露戦争に対する局外中立の意味も理解できないのではないだろうか。川島真「日露戦争における中国外交――満洲における局外中立」（東アジア近代史学会編『日露戦争と東アジア世界』ゆまに書房、二〇〇八年）を参照。

(42)『清代軍機処電報檔彙編』第三八冊、「初北・南洋大臣電」光緒二十九年十一月初九日、二八六～二八七頁。

(43)同書、第三九冊、「収南洋大臣致軍機処・外務部電」光緒二十九年九月二十日、三二頁。

（44）東南互保とその国際的環境については、永井算巳「東南保護約款について――日中関係史料よりみたる」（『中国近代政治史論叢』汲古書院、一九八三年）、李國祁『張之洞的外交政策』（中央研究院近代史研究所専刊二七、一九八四年）第三章などを参照。
（45）『清代軍機処電報檔彙編』第三九冊、「収駐比英法俄国楊張孫胡大臣致外務部請代奏電」光緒三十年二月初七日（一九〇四・三・二三）、三一頁。なお、鈴木智夫はこの上奏を含め、『近代史資料』所収の日露戦争期に胡惟徳が外務部に送付した書簡・電信を検討し、旅順陥落後、すぐさま和平に向けて動き始めた胡惟徳の和平論を、「日清協商論的な観点に立って構築されていた」とする。鈴木智夫「日露戦争と中国駐露公使胡惟徳」、「日露戦争後半期におけるロシア駐在中国公使胡惟徳の和平構想」（同『近代中国と西洋国際社会』汲古書院、二〇〇七年）を参照。
（46）『清光緒朝中日交渉史料』巻六八、「出使大臣孫寶琦請將東三省蒙古等處開門通商以免日俄猜忌片」光緒三十年五月十一日（一九〇四・六・二四）、頁二五。
（47）たとえば張之洞はロシアの満洲占拠に対し、東三省の門戸開放を提言していた。李國祁『張之洞的外交政策』第四章を参照。また楊天宏は清末に増加する自開商埠を、中国の門戸開放政策の基本形態とみなしている。楊天宏『口岸開放与社会変革――近代中国自開商埠研究』（中華書局、二〇〇二年）、四五頁を参照。
（48）曽田三郎『立憲国家中国への始動』（思文閣出版、二〇〇九年）、四八頁。
（49）中国の赤十字参加については、篠崎守利「清末中国の赤十字活動に関する一考察――中国紅十字成立史の諸相」『学習院史学』第三四号、一九九六年を参照。
（50）唐啓華「周辺としての中国」、一二七頁。
（51）仲裁条約とハーグ平和会議については、千葉功『旧外交の形成――日本外交　一九〇〇～一九一九』（勁草書房、二〇〇八年）、四一三～四一九、四二七～四三一頁を参照。
（52）外務部檔案 02-21-1-2「収軍機處交出孫寶琦抄摺」光緒三十一年三月二十日（一九〇五・四・二四）。
（53）日本とアメリカとの仲裁条約は、一九〇五年二月一一日に調印されたが、アメリカ側の理由で批准に至らなかった。千葉功『旧外交の形成』、四二一～四二三頁。
（54）外務部檔案 02-12-22-2「収軍機處交出孫寶琦抄片　孫寶琦奏保使才一片」光緒三十一年三月二十日。
（55）外務部檔案 02-12-22-2「収軍機處交出孫寶琦抄片　孫寶琦奏保錢恂一片」光緒三十一年三月二十日。
（56）『汪康年師友書札』第三冊、一四九二頁。
（57）外務部檔案 02-21-4-1「収保和會専使大臣陸文」光緒三十四年正月十六日。
（58）唐紹儀の遣米使節については、李晶「唐紹儀一九〇八年的日美之行」（珠海市政協・暨南大学歴史系編『唐紹儀研究論文集』広東人民出版社、一九八九年）を参照。

(59)『徳国外交文件有関交渉史料選訳』第一巻（孫瑞芹訳、商務印書館、一九六〇年）、四一〜四二頁。
(60)『清代軍機処電報檔案彙編』第三四冊、「収駐徳孫大臣致外務部電」光緒三十三年十二月初九日、二〇六〜二〇七頁。
(61) 外務部檔案 02-12-19-2「収駐徳孫大臣致外務部函」光緒三十四年八月二十三日（一九〇八・九・一八）。
(62)『清代軍機処電報檔案彙編』第三四冊、「収駐法劉大臣電」光緒三十四年七月二十六日、五四六頁。
(63) 銭恂撰『二二五五疏』巻上「最近外交情形疏」、頁一七〜二一。
(64)『清代軍機処電報檔案彙編』第三四冊、「発駐和陸大臣電」光緒三十四年五月二十日（一九〇八・六・一八）、四二八頁。
(65) 同書、同冊、「収駐和陸大臣電」光緒三十四年五月二十七日、四四二頁。
(66) 同書、同冊、「収駐義銭大臣電」光緒三十四年五月二十七日、四四二頁。
(67)『二二五五疏』巻上「國際保和約可贊同不可軽信疏」、頁一五〜一八。
(68) これは一九〇四年から〇五年に英・仏・独との間で行われた「家屋税事件」をめぐる仲裁裁判で、日本が敗訴したことを指す。千葉功『旧外交の形成』、四二三〜四二六頁。
(69) 前注(57)史料。
(70) 前注(52)史料。
(71) 前注(67)史料、頁一七〜一六。
(72) 前注(57)史料。なお、一九〇四年に第一回ハーグ平和会議の条約批准後、加盟国として参加を求められた会議に出席するためオランダに赴いた胡惟徳も同様のことを述べており、川島真は「自らを世界の一員として相対化する方向性が示されている」と指摘している。川島真『中国近代外交の形成』、一一頁。
(73) 銭恂『中外交渉類要表』「使臣出洋分駐表」、頁一七。なお、曾紀澤のイリ交渉の記録である『金軺籌筆』の楊楷による刊行に銭恂も深く関わっていたが、薛福成の幕下に曾紀澤のイリ交渉の成功を通じて外交の重要性に対する実感が醸成されていたことが指摘されている。岡本隆司「清末の在外公館と出使日記」、一四頁参照。
(74) 戊戌政変から義和団事件までの清朝朝廷と漢人知識人との対立については、桑兵『庚子勤王与晩清政局』（北京大学出版社、二〇〇四年）を参照。
(75) 宇都宮太郎関係資料研究会編『日本陸軍とアジア政策——陸軍大将宇都宮太郎日記』第一巻（岩波書店、二〇〇七年）一九〇〇年六月二八日の条、八八頁。なお、この同じ日の日記を用いた研究として孔祥吉著、馮青訳「義和団時期の張之洞の帝王志向——『宇都宮太郎日記』を手がかりとして」（孔祥吉・村田雄二郎『清末中国と日本——宮廷・変法・革命』研文出版、二〇一一年）がある。

（76）『汪康年師友書札』第三冊、三〇一三頁。
（77）吉澤誠一郎『愛国主義の創成——ナショナリズムから近代中国をみる』（岩波書店、二〇〇三年）、八七～一〇二頁。
（78）北岡伸一『日本陸軍と大陸政策　一九〇六～一九一八』（東京大学出版会、一九七八年）、二四頁。
（79）『清代軍機処電報檔彙編』第三五冊、「収駐法劉大臣致外務部請代奏電」光緒三十四年九月十七日、三八～三九頁。
（80）『二二五五疏』巻上「巴爾幹半島情形疏」宣統元年正月二十一日、頁二一～二四。
（81）『申報』宣統元年七月初七日「美義公使調動之原因」。
（82）銭恂はこれより前に、外務部に対し、自身が代奏を求めて送付した「巴爾幹半島情形疏」や「美人興學密片」がすぐに処理されなかったことに抗議しており、特にロックフェラー財団による中国での大学設立計画に警鐘を鳴らした上奏片がすぐに代奏されなかったことに不信感を抱いていた。『二二五五疏』巻上「咨呈外務部」、「咨呈軍機處」、頁二五～二七を参照。

補論　領事館の増設とその意味

（1）薛福成『出使奏疏』巻上、「通籌南洋各島添設領事保護華民」光緒十六年十月初十日、頁二〇～二五。
（2）同書、巻下、「請豁除舊禁招徠華民疏」光緒十九年五月十六日、頁五～九。
（3）袁丁は南洋華僑の国籍をめぐる争いは、オランダの勝利に終わったとするが、血統主義に基づく「大清国籍条例」の制定により、華僑は蘭印を離れれば中国国籍を回復することができた点を評価する。袁丁『晩清僑務与中外交渉』（西北大学出版社、一九九四年）、一〇三頁。顔清湟も蘭印華僑が中国に帰れば中国籍に入れることを重視し、これは蘭印生まれの華僑に対するオランダの権利を明確に認めたものではないとする。なお、清蘭領事条約が清朝領事に認める権限に関しては、領事裁判権が含まれておらず、外交交渉の権限もなく、蘭印に駐在する他の西洋諸国や日本の領事の有する権限より劣るとする。ただ、これは顔の誤解であり、日蘭領事職務条約にも領事裁判権や外交権は含まれていない。Yen Ching-Hwang, *Coolies and Mandarins : China's Protection of Overseas Chinese during the Late Ch'ing Period (1851-1911)*, Singapore : Singapore University Press, 1985, pp. 202-203.
（4）本書第2章で言及した一八八二年の左秉隆の提言の次に蘭印への領事館設立が議題に上るのは、両広総督・張之洞の提議による。張之洞は、一八八六年に東南アジアの華人調査のため、調査団を派遣する。この調査団により、蘭印華人が殖民地当局の過酷な統治に苦しんでいること、華人がオランダ籍に強制的に編入されていることが問題視されたが、この時も総理衙門は慎重な態度を採り、状況は変わらなかった。日清戦争後の一八九七年に、駐オランダ公使を兼任していた駐独公使の呂海寰により、再び領事館設置が両国の外交議題に上げられた。呂海寰は蘭印華人への虐待の報を受け抗議したが、オランダ外務省は、調査の結果、虐待の事実はなく、また多くの華人がすでにオランダ国籍を有しているとの回答を行った。Yen, *ibid.*, pp. 177–188、袁丁『晩清僑務与中外交渉』、八六〜九一頁を参照。

(5) 錢恂撰『二二五五疏』巻上「和属僑狀疏」光緒三十四年四月十五日（一九〇八・五・一四）、頁九。

(6) この時期の蘭印における華僑運動については、白石隆「ジャワの華僑運動 一九〇〇〜一九一八年——「複合社会」の形成(一)」『東南アジア』第二号、一九七二年を参照。

(7)『二二五五疏』巻上「和属僑狀疏」光緒三十四年四月十五日、頁一二〜一三。

(8) 同上。

(9) 蘭印の中華商会と清朝との関係については、Yen, *Coolies and Mandarins*, pp. 188–193.

(10)『二二五五疏』巻上「領事約片」光緒三十四年四月十五日、頁一四〜一五。

(11)『清代軍機処電檔彙編』第三四冊（中国第一歴史檔案館編、中国人民大学出版社、二〇〇五年）「発駐和陸大臣電」光緒三十四年七月初二日（一九〇八・七・二九）、五一六頁。

(12) 同上、同冊、「収駐和陸大臣電」光緒三十四年七月初六日、五一九頁、外務部檔案 02-14-7-1「出使和國大臣陸咨呈外務部」光緒三十四年八月初一日。

(13)『清代軍機処電檔彙編』第三四冊、「収駐和陸大臣電」光緒三十四年七月初二十日、「収駐和陸大臣致外務部電」八月初一日、「収駐和陸大臣致外務部電」八月十六日、五四二、五五九、五九一〜五九二頁。

(14)『清代軍機処電檔彙編』第三五冊、「収駐和陸大臣電」光緒三十四年九月十四日（一九〇八・一〇・八）、三五頁。その後、オランダ外務省からも植民地省は臣民籍法の制定後に領事館設置を交渉したいとの意向であることが陸徴祥に伝えられている。『清代軍機処電檔彙編』第二四冊、「収駐和陸大臣致外務部電」光緒三十四年九月三十日、一二二頁を参照。

(15) 袁丁『晩清僑務与中外交渉』、八四〜九二頁、Yen, *Coolies and Mandarins*, pp. 28–31、村上衛「五港開港期廈門における帰国華僑」『東アジア近代史』三、二〇〇〇年、同「清末廈門における英籍華人問題」（森時彦編『二〇世紀中国の社会システム』京都大学人文科学研究所、二〇〇九年）などを参照。

(16)『駐徳使館檔案鈔』(一)（臺灣学生書局、一九六六年）、二六七〜二六九頁。

(17) 袁丁『晩清僑務与中外交渉』、八三〜九四頁。

(18) 一九〇六年には長崎華人の日本国籍取得申請に関し、長崎知事から華人の国籍離脱について問い合わせのあったことが駐日公使楊枢から報告されている（外交檔案 02-21-15-1「華商願入日籍辦法一案抄送往來文可否咨商修訂法律大臣著爲定律由」光緒三十二年七月十八日）。また同様の問い合わせが駐華米国公使からも為されている（外務部檔案 02-21-15-1「咨法大臣美使催詢入籍律例

事即査核声復由」光緒三十二年九月二十三日）。

(19) 袁丁『晩清僑務与中外交渉』、九五～九六頁。

(20)『清代軍機処電檔彙編』第二四冊、「収粤督致外務部電」光緒三十四年十月十三日、一六三～一六五頁。

(21) 外務部檔案 02-21-15-3「劉式訓請飭修律大臣會同外務部民政部法部妥定出入國籍条例摺」光緒三十四年二月二十日（一九〇八・三・二二）。

(22) 外務部檔案 02-21-15-4「収農工商部文」宣統元年正月二十九日の中に引用されている陸の札文。

(23) 同上。

(24) 外務部檔案 02-21-15-4「収南洋泗水商務總會稟　和定新律擬將華僑収入植民地籍請速設領事速頒國籍法由」宣統元年二月初六日、『華工出国史料彙編』第一輯第一冊（陳翰笙主編、中華書局、一九八五年）、「上海商会拠南洋中華商会函為和地華僑受虐及速訂国籍法事稟文」宣統元年二月初四日、四七一～四七三頁。

(25) この時期の『東方雑誌』や『申報』には蘭印華商・学会の電信や農工商部の上奏文、上海総商会の返書、また関連の論説などが掲載されている。

(26) 外務部檔案 02-21-15-4「収駐和王參贊致丞・参信　詳陳爪哇各島情形請速定國籍由」宣統元年正月初十日。

(27) 宣統元年二月初八日（一九〇九・二・二七）上諭、『東方雑誌』第六年第三号、外務部檔案 02-21-15-4「収農工商部文」宣統元年二月十二日。

(28) 李貴連は大清国籍条例制定の過程を検討し、その制定実現の功績を南洋華人に帰している。李貴連「晩清「国籍法」与「国籍条令」」『法学研究』一九九〇年第五期、一九九〇年。

(29) 川島真は、陸徵祥の札文は蘭印華商たちの集会に参加した王広圻の報告を受けて発せられたものとみなしているようだが、注(22)の史料などからは、陸徵祥の札文を蘭印華商たちが受け取ったのが光緒三十四年十一月十三日であること、スラバヤでの集会は十二月初八・初九日であり、また蘭印華人自ら集会で「遵札開導大衆」したと述べており、陸徵祥の札文が蘭印華商らの集会のきっかけとなったというのが因果関係として正しいことが分かる。川島真『中国近代外交の形成』（名古屋大学出版会、二〇〇四年）、一〇四～一〇五頁を参照。

(30)『清代軍機処電檔彙編』第三五冊、「収駐和陸大臣致外務部電」光緒三十四年十二月十三日、一八九～一九〇頁。

(31) 外務部檔案 02-14-7-2「収駐和陸大臣電」宣統元年五月初八日。

(32)『宣統朝清季外交史料』巻七、「使和陸徵祥咨外部和人治理屬地分爲二等情形文」宣統元年七月初七日付、頁四一～四二。

(33) 統治法一〇九条と「日本人法」については、吉田信「オランダ植民地統治法と法の支配——統治法一〇九条による「ヨーロッパ人」と「原住民」の創出」『東南アジア研究』第四〇巻第二号、二〇〇二年、同「文明・法・人種──「日本人法」制定過程をめぐる議論から」『東南アジア──歴史と文化』第三七号、二〇〇八年、貞好康志「蘭領期インドネシア華人の多重「国籍」と法的地位の実相」『近代』第九六号、二〇〇六年を参照。
(34) 貞好康志、同上論考、一三〜一四頁。
(35) 蘭印華人の台湾籍取得については、中村孝志「「台湾籍民」をめぐる諸問題」『東南アジア研究』第一八巻第三号、一九八〇年、工藤裕子「ジャワの台湾籍民──郭春秋の商業活動をめぐって」『歴史民俗』第三号、二〇〇五年を参照。
(36)『二二五五疏』巻上「和属僑狀疏」、頁一三。
(37) 白石隆「ジャワの華僑運動」、四二〜四七頁を参照。
(38)『二二五五疏』巻上「和属僑狀疏」、頁一四。
(39) 前注(32)。
(40) 外務部檔案 02-14-7-3「第一次致和外部咨」宣統元年十二月初七日。
(41) 同上。
(42) 外務部檔案 02-14-7-3「第二次致和外部文」宣統元年十二月二十四日(一九一〇・二・三)。
(43)『宣統朝清季外交史料』巻一三、「外部覆陸徵祥駐和領約及國籍不宜退讓電」宣統二年正月初十日付、頁一〇、「外部致陸徵祥和外部堅拒國籍法我寧不立約免爲束縛電」宣統二年正月二十九日付、頁三〇、外務部檔案 02-14-7-3「收駐和陸大臣信」宣統二年二月初五日。
(44) 外務部檔案 02-14-7-3「照譯和外部文」宣統二年正月二十七日(一九一〇・三・八)。
(45) 同上。
(46) 外務部檔案 02-14-7-3「收駐和陸大臣電」宣統二年正月二十八日、『宣統朝清季外交史料』巻一三、「外部致陸徵祥和外部堅拒國籍法我寧不立約免爲束縛電」宣統二年正月二十九日付、頁三〇。
(47) 外交檔案 02-14-7-3「照譯和外部來文」宣統二年四月二十日。
(48) 外務部檔案 02-14-8-2「八月十八日(一九一〇・九・二一)與和貝使第一次晤談問答」。
(49) 外務部檔案 02-14-7-3「收駐和唐代辦致外務部丞・參信」宣統二年七月二十八日(一九一〇・九・一)。
(50) 先行研究では、『宣統朝清季外交史料』巻八所収の唐在復の書簡の日付が宣統元年七月十八日(一九〇九・九・二)付となっていることから、外務部は唐在復の提案を一年間棚上げにしていたと理解している。だが、台湾中央研究院近代史研究所檔案館所蔵の外務部檔案によれば、この唐在復の書簡を外務部が受領したのは宣統二年七月二十八日(一九一〇・九・一)のことであり、また陸徵祥の帰国により唐在復が駐蘭公使代理を務めていた時期を考えても、この書簡は宣統元年のものとは考えられない。注(49)史料を参照。

(51) 外務部檔案02-14-7-3「外務部致農工商部函」宣統二年八月十五日（一九一〇・九・一八）。

(52) 注(48)史料。

(53) 同上。

(54) 同上。

(55) 『清代軍機処電報檔彙編』第三二冊、「収駐和唐代辦致外務部電」宣統二年九月二十日、五二三頁。

(56) 外務部檔案02-14-8-2「十月十六日（一九一〇・一一・一七）與和貝使第四次晤談概略」。

(57) 『宣統朝外交史料』巻一八、「外部致駐和代辦唐在復施行領約在和屬内照和律屬」宣統二年十一月十四日付、頁二三。

(58) 同書、巻二〇、「外部奏和領約磋議已定請派大員畫押摺」宣統三年四月初三日（一九一一・五・一）付、頁一七〜一九。

(59) 同上。

あとがき

近代中国外交史を研究テーマに選んでから今に至るまで、一貫してこの分野の課題だと感じていることが二点ある。

まず、列強の対華政策史ではなく中国外交史としての研究方法を確立することである。もっともこの課題は、近代中国外交史研究を志すものなら誰もが最初に挙げる点であろう。そして、具体的な外交交渉を論じるにあたり、中国側の外政担当者に注目し、彼らの具体的な言動やそれが交渉に持った意味、またその外交観や国際認識を論じた研究はこれまでも数多くなされてきた。特に本書の検討対象である清朝在外公使や在外公館員を扱った研究は枚挙にいとまなく、近代中国史の中でもむしろ研究蓄積の多い分野である。にもかかわらず外交史の研究方法が確立されていないと感じるのは、これまでの研究が思想史研究に偏っており、また個々の人物や交渉事件の検討に終始していて、それらが近代中国外交の総体を描き出すに至っていないからである。在外公使らの外交活動は、その開明性や愛国性を基準に個別に評価されてきたと言ってよい。

それは結局のところ、列強の対華政策史の観点や枠組みを超えていないということであり、さらにその根本には「伝統」と「近代」の二項対比的観点がある。日清戦争以前と民国以降に研究が集中する現状が如実に物語るように、近代中国外交史研究における「伝統外交」と「近代外交」の分断状況をいかに克服するか、それが二つ目の課題であった。

本書はこの二つ目の課題に対し、清国在外公館の外政機関としての機能・役割を検討することで、近代中国の対外態勢の変容過程と職業外交官誕生の経緯を明らかにした。特に本書の核心部分である第6章・第7章は、清国在外公館の洋務機関的性質に着目し、民国外交の主役となる職業外交官の誕生過程を中国の伝統的官僚社会の構造との関連の中で論じたものであるが、そうした視点に立つことにより、近代中国外交における清国在外公館の位置づけを明らかにするとともに、そこから誕生した職業外交官たちの中国近代外交の形成過程における役割について新しい視点を提示することができたと考えている。実際、これらの章の原型となった論考に対しては、従来の「壁」を突き破ったもの、あるいは新しい分野を切り開いたものとの評価をいただいた。本書の研究成果を基に、清末・民初の外交官たちの具体的な外交活動を検討することが次の目標であり、それが一つ目の課題につながると考えている。

また、第7章の原型となった論考に対し、台湾中央研究院の張啓雄先生に「このような制度史研究は、日本人にしかできない研究だ」と評していただいたことは嬉しかった。それは、外国史として研究する以上、外国人の自分にしかできない研究を行いたいと思ってきたからであるとともに、この研究手法を採るにあたり、概説的な、いわば職官史的なものではなく、制度の背景にある官僚社会の実態を捉え、そこに関わる外交官や官僚たちの姿が見える制度史研究を目指していたからである。張啓雄先生のお言葉から、その目標をある程度は達成できたのではないかと考えている。

だが、本書の中核となるこの研究手法・視点を得るまでには、長い試行錯誤の時間を要した。

京都大学の東洋史研究室に所属した後、近代史、特に外交や国家に関わることに興味を持ったのは、高校までを広島で過ごし、「ヒロシマ」を意識することが多かったことと無関係ではないと思う。そして、卒業論文では一九二〇年代の中国外交史を研究テーマに選んだ。だが、中華民国期の中国を理解するには、一九世紀の歴史を理解する必要があると考え、修士課程に進学してからは一九世紀後半の清末外交史を研究対象とした。

研究を始めたばかりの頃、「近代中国の外交史など研究できない」、「外交史を研究して何の意味があるのか」と言われたことが少なからずあった。現在ではそのような言葉はほとんど聞かないばかりか、外交史はむしろ注目を集める分野の一つとなっている。それは、中国の大国化に伴いその対外政策が国際社会の注視するところとなっているという情勢の変化と、檔案をはじめとする史料の整理・公開が進み史料状況が改善されたという、近代中国外交史を取り巻く「研究環境」の変化が大きく関わっている。だが、こと日本の学界についていえば、岡本隆司・川島真両先生のご活躍によるところが大である。お二人の精力的な研究活動は、日本の近代中国外交史研究の基礎を築いた坂野正高氏の研究を継承しつつ、現在の史料状況や研究動向に相応しいものへとその研究レベルを一気に押し上げられた。川島先生は各地の檔案館を調査して中国側の史料の活用に努められ、列強の対華政策史としてではなく、中国史としての外交史研究の可能性を示された。岡本先生は、精緻な史料批判とともに、近代中国の国家・社会や対外政策の特質を数百年という長期的スパンから、また世界史的な視座をもって捉えられており、先生のご研究に触れる中で、史料に対しいかに臨むべきなのか、あるいは史料から史実を見出すとはどういうことなのかについて多くを学ぶとともに、広い視野に立つことの重要性を痛感した。また、お二人の主宰される中国近代外交史研究会に参加させていただく中で、国内外の様々な研究者と意見交換を行う機会を与えていただいた。中国史としての外交史研究をいかに進めるべきか、なかなか研究方法を見いだせずにいた私が、まがりなりにも本書をまとめることができたのも、お二人の学恩に浴する幸運に恵まれたからである。深く感謝申し上げたい。

さて、本書の各章の初出は以下の通りである。

序論　書き下ろし
第1章　「清末領事派遣論——一八六〇、一八七〇年代を中心に」『東洋史研究』第六〇巻第四号、二〇〇二年

第2章　「清朝在外公館の設立について——常駐使節派遣の決定とその意味を中心に」『史林』第八六巻第二号、二〇〇三年
第3章　「清末出使大臣の外交活動とその清末政治・外交における位置づけ——出使美・日・秘大臣張蔭桓を例として」富士ゼロックス小林節太郎記念基金小林フェローシップ二〇〇二年度研究助成論文、二〇〇三年
第4章　「中英『ビルマ・チベット協定』（一八八六年）の背景——清末中国外交の性格をめぐる一考察」『史林』第八八巻第二号、二〇〇五年
第5章　「薛福成の滇緬界務交渉」、夫馬進編『中国東アジア外交交流史の研究』京都大学学術出版会、二〇〇七年
第6章　「科挙社会における外交人材の育成——在外公館の設立から日清戦争まで」京都大学文学研究科二一世紀COE計画「グローバル化時代の多元的人文学の拠点形成」第四回報告書、二〇〇六年、および「在外公館の伝統と近代——洋務時期の在外公館とその人材」、岡本隆司・川島真編『中国近代外交の胎動』東京大学出版会、二〇〇九年
第7章　「外交制度改革と在外公館——日露戦争後の人事制度改革を中心として」、森時彦編『二〇世紀中国の社会システム』京都大学人文科学研究所、二〇〇九年
第8章　書き下ろし
補論　書き下ろし
結論　書き下ろし

第1章の基となったのが修士論文であるが、私はこの修士論文を提出した後、先にも述べたように、従来の思想

史的アプローチや列強の対華政策史とは違う、中国史としての外交史研究の方法に悩み続けていた。ようやく自分なりの研究方法を見つけることができたのは、博士論文を提出する直前であった。本書の核となる第Ⅲ部（第6章〜第8章）は、二〇〇六年度に採用された学術振興会特別研究員（PD）の研究課題に基づいている。本書の主題となるこの研究課題を着想するに至った背景には、岡本・川島両先生をはじめとする諸先学の研究成果に接したことがあるのは間違いないが、二〇〇二年から〇三年にかけて留学した台北での経験も大きく影響していると、私自身は思っている。

二〇〇二年一〇月から一年三カ月の留学期間中に、私はまず中央研究院近代史研究所に、ついで漢学研究中心に所属し、多くの台湾の先生方のご指導を受けた。特に近代史研究所の劉素芬先生には公私にわたってお世話になった。劉先生には言葉では言い尽くせないほど感謝している。二カ月あまりの間、毎晩マンツーマンで史料の読解をご指導いただいたばかりか、いつも内向的な私を気遣ってくださった。そして、劉先生と中国の歴史や社会について語り合う中で、自分が中国の社会やそこに生きる人々に対し、必ずしも十分な関心を持っていなかったことに気づかされた。

台湾に留学する前は、京都大学東洋史研究室という中国史研究を行う上で恵まれた環境にありながら、前近代史を専攻する周囲の雰囲気に気後れし、あまり研究室に足が向かわなかった。自ら視野を狭めていたのである。それが、劉先生の穏やかで温かいお人柄に触れたことで、そうした殻を破り、視野を広げようという気持ちを持つようになれたのである。台湾から帰国してからは、前近代史を研究する同級生や後輩から助言や刺激を受けるため、研究室に「常駐」するようにした。特別研究員に採用されてからは、受け入れ機関である京都大学人文科学研究所に新設された現代中国研究センター共同研究室に移り、ここでも毎日研究室に入り浸った。この時期に学識豊かなスタッフの先生方の最先端の研究成果に触れ、またそれぞれの研究課題に真摯に打ち込む同年代の研究者から多くの刺激を受けたことが、新しい視点から職業外交官の誕生を問うことを可能にしてくれたと思う。

仙台に赴任した今、自分がこの京都での環境に物心両面においていかに依存していたか、痛感している。特に指導教官の夫馬進先生は、度胸があるようで肝心なところでは尻込みしてしまう私に対し、いつも大事な場面では必ず背中を押してくださった。近代史の高嶋先生には、年齢も近いことから先輩としてよく相談にのっていただいた。先生の気さくなお人柄に何度救われたか知れない。お二人の先生方に深く感謝申し上げたい。また、研究会でご一緒した青山治世氏と東洋史研究室の後輩の早川敦、宮原佳昭、毛利英介、石野一晴、張雯、望月直人の諸氏にも感謝したい。それぞれに個性豊かな同世代の研究者であり、時には夜中まで研究について語り合うことのできた皆さんは、私にとって非常に貴重な存在だった。この機会にお礼を申し上げたい。他にもお世話になった多くの先生方、先輩方、同級生や後輩の皆さんに感謝申し上げたい。

本書の執筆において、名古屋大学出版会の橘宗吾、長畑節子、丸山俊紀の諸氏にご迷惑をお掛けしたことをお詫びしたい。特に長畑節子氏には、編集にあたって細心のご配慮をいただいた。心より感謝申し上げたい。

なお、本書の研究を進める上で、富士ゼロックス小林節太郎記念基金小林フェローシップ二〇〇二年度研究助成と台湾漢学研究中心の外国研究者向け漢学来台研究補助（二〇〇三年度）を頂戴した。また刊行に際しては、日本学術振興会平成二十三年度科学研究費補助金（研究成果公開促進費）の交付を受けた。記してここに謝意を表したい。

思えば、小学六年生のある日の社会科、つまり歴史の授業がすべての始まりだった。具体的な内容は忘れてしまったが、私が手を挙げて発表したところ、担任の先生や同級生にいたく感心された（少なくとも私本人はそう感じた）。ネガティブ思考でコンプレックスの塊だった私は、「これなら私でも人並みのことができるのではないか、自分に自信を持って続けることができるかもしれない」と考え、「そうだ、将来は歴史に関わる仕事に就こう」と決意したのだった。それから二十数年。教員養成大学で外国史担当の教員となり、本書を上梓することとなった。勤務校の性質柄、小学校の授業を見学することが多く、自身の小学生の時の「決意」を思い出しては、いまこうして確かに歴史に関わる職業に就き初志を貫けたことを、そしてこれまでに本当に多くの方々に支えていただいたことを、幸せに感じている。ただ、ネガティブ思考は相変わらずで、また本書をまとめるにあたっても課題ばかりが残り、とても「自信を持って」とはいかないのが実状である。少しでも自信を持てるよう、精進していきたい。

最後に、歴史に関わる職業に就きたいという風変わりな小学生の夢を否定せず自由にさせてくれた両親、私の体調をいつも気遣ってくれる祖父母、頼りない姉の代わりにしっかり現実的な道を歩んでいる妹、これまで私に好きなことを続けさせてくれた家族に、改めて感謝の気持ちを伝えたい。

二〇二一年秋　仙台にて

著　者

《著者略歴》

箱田《はこだ》 恵子《けいこ》

1975 年生
2004 年　京都大学大学院文学研究科博士課程単位取得退学
2006 年　京都大学博士号（文学）取得
現　在　宮城教育大学教育学部准教授

外交官の誕生

2012 年 2 月 10 日　初版第 1 刷発行

定価はカバーに
表示しています

著　者　箱　田　恵　子

発行者　石　井　三　記

発行所　財団法人　名古屋大学出版会

〒 464-0814　名古屋市千種区不老町 1 名古屋大学構内
電話(052)781-5027/FAX(052)781-0697

印刷・製本 ㈱太洋社　ISBN978-4-8158-0687-3
乱丁・落丁はお取替えいたします。

索　引

あ　行

か　行

さ　行

た　行

な　行

は　行

ま　行

や　行

ら・わ行

参考文献

【檔案・文書】

中央研究院近代史研究所所蔵・外交檔案

総理衙門檔案　01-23　緬甸檔

総理衙門檔案　01-38　収發電

外務部檔案　02-12　出使設領

外務部檔案　02-21　保和會・紅十字會

外務部檔案　02-14　條約

外務省外交史料館所蔵・外務省記録

5 門軍事・1 類国防・1 項一般軍事軍備及軍費　「清國兵制改革一件（清國ニ於テ帝國武官招聘ニ関スル件）」第一巻

【和文】

青山治世「清朝政府による「南洋」調査派遣（1886～88 年）の背景」『文研会紀要』（愛知学院大学大学院文学研究科）第 13 号，2002 年。

――「清朝政府による「南洋」調査（1886～88 年）――華人保護の実施と領事設置の予備調査」『文研会紀要』第 14 号，2003 年。

――「清朝政府による「南洋」華人の保護と西洋諸国との摩擦――1886 年の「南洋」調査団の派遣交渉を中心」『東アジア近代史』第 6 号，2003 年。

――「清末における「南洋」領事増設論議――清仏戦争後の議論を中心に」『歴史学研究』第 800 号，2005 年。

――「清朝駐英公使薛福成の領事設置活動――総理衙門との論議を中心に」（金丸祐一編『近代中国と企業・文化・国家』ゆまに書房，2009 年）。

――「在外領事像の模索――領事派遣開始前後の設置論」（岡本・川島編『中国近代外交の胎動』2009 年）。

――「領事裁判権を行使する中国――日清修好条規の領事裁判規定と清朝在日領事による領事裁判事例を中心に」『東アジア近代史』第 13 号，2010 年。

五百旗頭薫「隣国日本の近代化――日本の条約改正と日清関係」（岡本・川島編『中国近代外交の胎動』2009 年）。

――『条約改正史――法権回復への展望とナショナリズム』有斐閣，2010 年。

岩井茂樹『中国近世財政史の研究』京都大学学術出版会，2004 年。

植田捷雄「南京条約の研究（一）」『国際法外交雑誌』第 45 巻第 3・4 合併号，1946 年。

宇都宮太郎関係資料研究会編『日本陸軍とアジア政策　陸軍大将宇都宮太郎日記』全 3 冊，岩波書店，2007 年。

王柯『20 世紀中国の国家建設と「民族」』東京大学出版会，2006 年。

王宝平『清代中日学術交流の研究』汲古書院，2005 年。

――「陶大均および甲午戦争以前に在日した日本語通訳たち」（陶徳民・藤田高夫編『近代日中関係人物史研究の新しい地平』雄松堂出版，2008 年）。

岡本隆司『近代中国と海関』名古屋大学出版会，1999 年。

――『属国と自主のあいだ――近代清韓関係と東アジアの命運』名古屋大学出版会，2004 年。

――『馬建忠の中国近代』京都大学学術出版会，2007 年。

――「属国と保護のあいだ――一八八〇年代初頭，ヴェトナムをめぐる清仏交渉」『東洋史研究』第 66 巻第 1 号，2007 年。

――「「洋務」・外交・李鴻章」『現代中国』第 20 号，2007 年。

――『中国近代外交史の基礎的研究――19 世紀後半における出使日記の精査を中心として』平成 17～19 年度科学研究費補助金（基盤研究 C）研究成果報告書，2008 年。

――「中国近代外交へのまなざし」（岡本・川島編『中国近代外交の胎動』2009 年）。

岡本隆司・川島真編『中国近代外交の胎動』東京大学出版会，2009 年。

小野川秀美『清末政治思想研究』東洋史研究会，1960 年。

片岡一忠『清朝新疆統治研究』雄山閣出版，1991 年。

可児弘明『近代中国の苦力と「豬花」』岩波書店，1979 年。

カリエール著，坂野正高訳『外交談判法』岩波文庫，1978 年。

川島真「中国における万国公法の受容と適用――「朝貢と条約」をめぐる研究動向と問題提起」『東アジア近代史』第 2 号，1999 年。

――「中国における万国公法の受容と適用・再考」『東アジア近代史』第 3 号，2000 年。

――『中国近代外交の形成』名古屋大学出版会，2004 年。

――「日露戦争における中国外交――満洲における局外中立」（東アジア近代史学会編『日露戦争と東アジア世界』ゆまに書房，2008 年）。

――「外務の形成――外務部の成立過程」（岡本・川島編『中国近代外交の胎動』2009 年）。

神戸輝夫「マーガリー事件をめぐる英清交渉――ウェードの第一次北京離脱まで」『東洋史研究』第 44 巻第 2 号，1985 年。

北岡伸一『日本陸軍と大陸政策 1906～1918 年』東京大学出版会，1978 年。

貴堂嘉之「19 世紀後半期の米国における排華運動――広東とサンフランシスコの地方世界」『地域文化研究』第 4 号，1993 年。

――「「帰化不能外人」の創造――1882 年排華移民法制度過程」『アメリカ研究』29，1995 年。

工藤裕子「ジャワの台湾籍民――郭春秧の商業活動をめぐって」『歴史民俗』第 3 号，2005 年。

黄漢青「清国横浜領事の着任と華人社会」『中国研究月報』第 557 号，1994 年。

孔祥吉・村田雄二郎『清末中国と日本――宮廷・変法・革命』研文出版，2011 年。

伍躍『中国の捐納制度と社会』京都大学学術出版会，2011 年。

近藤秀樹「清代の捐納と官僚社会の終末」（上）（中）（下）『史林』第 46 巻第 2 号～第 4 号，

1963年。

坂本ひろ子『中華民族主義の神話　人種・身体・ジェンダー』岩波書店，2004年。

佐々木揚「日清戦争後の清国の対露政策——1896年の露清同盟条約の成立をめぐって」『東洋学報』第59巻第1・2号，1977年。

——「1895年の対清・露仏借款をめぐる国際政治」『史学雑誌』第88巻第7号，1979年。

——『清末中国における日本観と西洋観』東京大学出版会，2000年。

貞好康志「蘭領期インドネシア華人の多重「国籍」と法的地位の実相」『近代』第96号，2006年。

佐藤三郎『近代日中交渉史の研究』吉川弘文館，1984年。

佐藤慎一『近代中国の知識人と文明』東京大学出版会，1996年。

実藤恵秀『明治日支文化交渉』光風館，1943年。

島田虔次編訳『梁啓超年譜長編』第一巻，岩波書店，2004年。

徐越庭「「日清修好条規」の成立」(一)(二)『法学雑誌』第40巻第2号〜3号，1994年。

白石隆「ジャワの華僑運動 1900〜1918年——「複合社会」の形成 (1)」『東南アジア』第2号，1972年。

——「華民護衛署の設立と会党——19世紀シンガポール華僑社会の政治的変化」『アジア研究』第22巻第2号，1975年。

支那研究会編『最新支那官紳録』北京，1918年（『中国人名資料事典』第2冊，日本図書センター，1991年に再録）。

篠崎守利「清末中国の赤十字活動に関する一考察——中国紅十字成立史の諸相」『学習院史学』第34号，1996年。

信夫淳平『外政監督と外交機関』日本評論社，1926年。

杉原高嶺ほか著『現代国際法講義』第2版，有斐閣，1995年。

鈴木智夫『洋務運動の研究——19世紀後半の中国における工業化と外交の革新について』汲古書院，1992年。

——『近代中国と西洋国際社会』汲古書院，2007年。

銭単士釐著，鈴木智夫訳註『癸卯旅行記訳註——銭稲孫の母の見た世界』汲古選書，2010年。

曽田三郎『立憲国家中国への始動——明治憲政と近代中国』思文閣出版，2009年。

園田節子「出使アメリカ大臣の「洋務」と「僑務」——南北アメリカへの「ひと」の移動と清国常駐使節の設置」『年報地域文化研究』第3号，1999年。

——「1874年中秘天津条約交渉の研究」『相関社会科学』第10号，2000年。

——『南北アメリカ華民と近代中国——19世紀トランスナショナル・マイグレーション』東京大学出版会，2009年。

太壽堂鼎『領土帰属の国際法』東信堂，1998年。

高木理久夫編「銭恂年譜」『早稲田大学図書館紀要』第56号，2009年。

高田時雄「トマス・ウェイドと北京語の勝利」（狭間直樹編『西洋近代文明と中華世界』京都大学学術出版会，2001年）。

谷渕茂樹「日清修好条規の清朝側草案よりみた対日政策」『史学研究』第231号，2001年。

田保橋潔「日支新関係の成立——幕末維新期に於ける」(一)(二)『史学雑誌』第 44 編第 2 号〜3 号，1933 年。

千葉功『旧外交の形成——日本外交 1900〜1919』勁草書房，2008 年。

陳捷『明治前期日中学術交流の研究——清国駐日公使館の文化活動』汲古書院，2003 年。

陳来幸「鄭孝胥日記にみる中華会館創建期の神戸華僑社会」『人文論集』(神戸商科大学経済研究所) 第 32 巻第 2 号，1996 年。

張偉雄『文人外交官の明治日本——中国初代駐日公使団の異文化体験』柏書房，1999 年。

張元済著，小野信爾訳「戊戌政変の回憶」『東洋史研究』第 17 巻第 3 号，1958 年。

角山栄「イギリスの領事制度および領事報告」(同編著『日本領事報告の研究』同文館，1986 年)。

手代木有児「清末の外交制度論と国際認識——張徳彝の場合」(村上哲見先生古稀記念論文集刊行委員会編『中国文人の思考と表現』汲古書院，2000 年)。

唐啓華著，廖敏淑・柳亮輔訳「周辺としての中国——20 世紀初頭の国際組織における中国と日本」(横山宏章・久保亨・川島真編『周辺から見た 20 世紀中国——日・韓・台・港・中の対話』中国書店，2002 年)。

堂ノ脇光朗「外交関係および外交特権に関する制度の法典化について」『外務省調査月報』第 2 巻第 2 号，1961 年。

——「領事の制度，職務および特権——領事関係に関するウィーン会議の議論をめぐって」『外務省調査月報』第 4 巻第 11〜12 号，1963 年。

永井算巳『中国近代政治史論叢』汲古書院，1983 年。

中西寛『国際政治とは何か——地球社会における人間と秩序』中央公論新社，2003 年。

中村孝志「「台湾籍民」をめぐる諸問題」『東南アジア研究』第 18 巻第 3 号，1980 年。

ニコルソン, H.著，斎藤真・深谷満雄訳『外交』東京大学出版会，1968 年。

バスチド, マリアンヌ著，島田虔次・長部悦弘訳「清末のヨーロッパへの留学生たち——福州船政局の近代技術導入をめぐって」『東亜』第 213 号，1985 年。

坂野正高『近代中国外交史研究』岩波書店，1970 年。

——『現代外交の分析——情報・政策決定・外交交渉』東京大学出版会，1971 年。

——『近代中国政治外交史——ヴァスコ・ダ・ガマから五四運動まで』東京大学出版会，1973 年。

——「張蔭桓著『三洲日記』(一八九六年刊) を読む——清末の一外交家の西洋社会観」『国家学会雑誌』第 95 巻第 7・8 号，1982 年。

——『中国近代化と馬建忠』東京大学出版会，1985 年。

平野聡『清帝国とチベット問題——多民族統合の成立と瓦解』名古屋大学出版会，2004 年。

馮青「陸徴祥と民初の外政機構改革 (1912〜16)」『史艸』第 43 号，2002 年。

藤村道生『日清戦争前後のアジア政策』岩波書店，1995 年。

朴鐘玄「19 世紀末中国改革論者の聯盟論について」『東洋史研究』第 42 巻 1 号，1983 年。

細谷雄一『大英帝国の外交官』筑摩書房，2005 年。

——『外交——多文明時代の対話と交渉』有斐閣，2007 年。

村上衛「五港開港期廈門における帰国華僑」『東アジア近代史』第 3 号，2000 年。

――「清末廈門における英籍華人問題」（森時彦編『20 世紀中国の社会システム』京都大学人文科学研究所，2009 年）。

――「清末中国沿海の変動と制度の再編」（『岩波講座　東アジア近現代通史　第 1 巻　東アジア世界の近代　19 世紀』岩波書店，2010 年）。

茂木敏夫「中華世界の「近代」的変容――清末の周辺支配」（溝口雄三他編『アジアから考える 2　地域システム』東京大学出版会，1993 年）。

――「中国における近代国際法の受容――「朝貢と条約の並存」の諸相」『東アジア近代史』第 3 号，2000 年。

――「東アジアにおける地域秩序形成の論理　朝貢・冊封体制の成立と変容」（辛島昇・高山宏編『地域の世界史』第 3 巻「地域の成り立ち」山川出版社，2000 年）。

百瀬弘訳，坂野正高解説『西学東漸記――容閎自伝』平凡社，1964 年。

森田吉彦「幕末維新期の対清政策と日清修好条規」『国際政治』139 号，2004 年。

――「日清関係の転換と日清修好条規」（岡本・川島編『中国近代外交の胎動』2009 年）。

矢野仁一『近世支那外交史』弘文堂書房，1940 年。

――『日清役後支那外交史』東方文化学院京都研究所，1937 年。

油井大三郎「19 世紀後半のサンフランシスコ社会と中国人排斥運動」（油井大三郎・木畑洋一他著『世紀転換期の世界――帝国主義支配の重層構造』未来社，1989 年）。

横田喜三郎『外交関係の国際法』有斐閣，1963 年。

――『領事関係の国際法』有斐閣，1974 年。

吉澤誠一郎『愛国主義の創成――ナショナリズムから近代中国をみる』岩波書店，2003 年。

吉田信「オランダ植民地統治法と法の支配――統治法 109 条による「ヨーロッパ人」と「原住民」の創出」『東南アジア研究』第 40 巻第 2 号，2002 年。

――「文明・法・人種――「日本人法」制定過程をめぐる議論から」『東南アジア――歴史と文化』第 37 号，2008 年。

劉建雲『中国人の日本語学習史――清末の東文学堂』学術出版社，2005 年。


【中文（拼音順）】


瑪麗昴娜・巴斯蒂著，張富強・趙軍訳「清末赴欧的留学生們――福州船政局引進近代技術的前前後後」（『辛亥革命史叢刊』第 8 輯，中華書局，1991 年）。

包遵彭『中國海軍史』全 2 冊，臺北：中華叢書編審委員會，1970 年。

『碑傳集補』全 61 巻，關爾昌纂録，北京：燕京大學國學研究所，1923 年。

蔡佩蓉『清季駐新加坡領事之探討（1877～1911）』新加坡：新加坡国立大学中文・八方文化企業公司，2002 年。

蔡振豐「晩清外務部之研究」（臺灣國立中興大學碩士論文），2005 年。

岑練英『中英煙臺條約的研究――兼及英國對華政策之演變概況』香港：珠海書院中國文學歴史研究所，1978 年。

陳體強『中國外交行政』重慶：商務印書館，1945 年。

陳育崧「新嘉坡中國領事設置史」『南洋雜誌』第 1 巻第 6 期，1947 年。
『籌辦夷務始末』道光朝，全 80 巻，同治朝，全 100 巻。
『出使公牘』全 10 巻，『庸盦全集』所収。
『出使美日秘日記』崔国因著，劉発清・胡貫中点注，黄山書社，1988 年。
『出使日記續刻』全 10 巻，『庸盦全集』所収。
『出使須知』蔡鈞撰，光緒 11 年，弢園王氏活字本。
『出使英法義比四國日記』全 6 巻，『庸盦全集』所収。
『出使奏疏』全 2 巻，『庸盦全集』所収。
『出洋瑣記』蔡鈞撰，光緒 11 年，弢園王氏排字印本。
『大清德宗景（光緒）皇帝實録』全 597 巻，華文書局影印本，1964 年。
『大清宣統新法令』全 35 冊，商務印書館編訳所輯，宣統元年～3 年，上海商務印書館鉛印本。
『大清搢紳全書』光緒 27 年冬季～宣統 3 年冬季，北京榮錄堂刊本。
『道咸同光四朝奏議』全 12 冊，王雲五主持，臺北：臺灣商務印書館，1970 年。
『德国外交文件有関交渉史料選訳』全 3 巻，孫瑞芹訳，北京：商務印書館，1960 年。
『東方雜誌』商務印書館，光緒 30 年～民國 37 年，臺灣商務印書館複製版，1976 年。
『滇緬劃界圖説』薛福成輯，中國方志叢書（華南地方第 249，雲南省），臺北：成文出版社，1974 年。
丁鳳麟『薛福成評伝』南京：南京大学出版社，1998 年。
『讀海外奇書室雜著』姚文棟撰，光緒 19 年跋刊本。
『二二五五疏』全 2 巻，錢恂撰，沈雲龍主編近代中國史料叢刊第 54 輯，臺北：文海出版社，1970 年。
『復菴先生集』全 10 巻，許珏撰，陶世鳳編，沈雲龍主編近代中國史料叢刊第 23 輯，臺北：文海出版社，1968 年。
『稿本航海述奇彙編』全 10 冊，張德彝撰，北京：北京図書館出版社，1997 年，影印本。
高超群「外務部的設立及外交制度的改革」（王暁秋・尚小明主編『戊戌維新与清末新政』北京：北京大学出版会，1998 年）。
高維廉「黄公度先生就任新嘉坡總領事攷」『南洋學報』第 11 巻第 2 輯，1955 年。
高暁芳『晚清洋務学堂的外語教育研究』北京：商務印書館，2007 年。
高貞白「清朝最後一任駐德公使梁誠」『傳記文學』第 74 巻第 5 期，1999 年。
關玲玲「許景澄與帕米爾交渉（1891～1896）」（『中國近代現代史論集』第 14 編，臺北：臺灣商務印書館，1986 年）。
関暁紅「従幕府到職官――清季外官制改革中的幕職分科治事」『歴史研究』2006 年第 5 期，2006 年。
『光緒朝東華録』全 5 冊，朱壽朋編，張静廬等校点，北京：中華書局，1984 年。
『光緒朝硃批奏摺』第 111 輯，中國第一歴史檔案館編，北京：中華書局，1996 年。
『光緒宣統兩朝上諭檔』全 37 冊，中國第一歴史檔案館編，廣西師範大學出版社，1996 年。
郭双林「晚清香港設領問題初探」『近代史研究』1998 年第 6 期。
――『西潮激蕩下的晚清地理学』北京：北京大学出版社，2000 年。

――「晩清駐外使領与維新運動」王暁秋主編『戊戌維新与近代中国的改革――戊戌維新一百周年国際学術討論会論文集』北京：社会科学文献出版社，2000 年。
『郭嵩燾日記』全 4 冊，郭嵩燾著，湖南人民出版社校点，長沙：湖南人民出版社，1981～83 年。
何炳棣「張蔭桓事蹟」『清華學報』第 13 巻第 1 期，1941 年。
「洪鈞使欧奏稿」『近代史資料』第 68 号，1988 年。
『華工出国史料彙編』第 1 輯「中国官文書選輯」全 4 冊，陳翰笙主編，北京：中華書局，1985 年。
『皇朝蓄艾文編』全 80 巻，于寶軒輯，上海官書局鉛印，光緒 29 年。
『回颿日記』陳春瀛撰，光緒 21 年旆蒙協洽涂月排印本。
姜鳴『龍旗飄揚的艦隊――中国近代海軍興衰史』北京：生活・読書・新知三聯書店，2002 年。
『金軺籌筆』曾紀澤撰，袁同禮輯，臺北：臺灣商務印書館，1966 年，光緒 13 年無錫楊氏刊本景印。
『經世報』旬刊，杭州經世報館編，光緒 23 年（1887）7～12 月排印本。
『景憲府君年譜』姚明輝撰，上海図書館所蔵。
『景憲先生苦口文』姚文棟撰，勧社輯，民國鉛印，1915 年。
孔祥吉「『翁文恭日記』稿本与刊本之比較」（同『清人日記研究』広州：広東人民出版社，2008 年）。
李晶「唐紹儀 1908 年的日美之行」（珠海市政協・暨南大学歴史系編『唐紹儀研究論文集』広州：広東人民出版社，1989 年）。
『李鴻章全集』全 165 巻，李鴻章撰・呉汝綸編，光緒 31～34 年，海口：海南出版社影印刊本，1997 年。
『李鴻章全集』全 39 冊，顧廷龍・戴逸主編，合肥：安徽教育出版社，2008 年。
『李鴻章全集（一）電稿一』顧廷龍・葉亜廉主編，上海：上海人民出版社，1985 年。
『李鴻章全集（二）電稿二』顧廷龍・葉亜廉主編，上海：上海人民出版社，1985 年。
李貴連「晩清「国籍法」与「国籍条令」」『法学研究』1990 年第 5 期，1990 年。
『李文忠公尺牘』全 32 冊，李鴻章撰，民國 5 年合肥李氏石印本。
李恩涵『曾紀澤的外交』臺北：中央研究院近代史研究所，1982 年。
李國祁『中國早期的鐵路經營』臺北：中央研究院近代史研究所，1976 年。
――『張之洞的外交政策』臺北：中央研究院近代史研究所，1984 年。
李華川『晩清一個外交官的文化歴程』北京：北京大学出版社，2004 年。
李家駒「同治年間清政府対華工出洋的態度与政策」『近代史研究』1992 年第 3 期。
梁碧瑩『艱難的外交――晩清中国駐美公使研究』天津：天津古籍出版社，2004 年。
林慶元『福建船政局史稿』福州：福建人民出版社，1986 年。
林友蘭「陳靄亭與香港華字日報」『報學』第 10 期，1978 年。
林学忠『従万国公法到公法外交――晩清国際法的伝入，詮釈与応用』上海：上海古籍出版社，2009 年。
劉伯驥『美國華僑史』臺北：行政院僑務委員會，1976 年。

劉石吉「清季海防與塞防之爭的研究」『故宮文獻』第 2 巻第 3 期，1971 年。
『劉忠誠公遺集』劉忠誠著，欧陽輔之編，沈雲龍主編近代中國史料叢刊第 26 輯，臺北：文海出版社，1968 年。
羅光『陸徵祥傳』臺北：商務印書館，1967 年。
羅香林『梁誠的出使美國』香港：香港大學亞洲研究中心，1977 年。
呂一燃「薛福成与中英滇緬界務交渉」『中国辺疆史地研究』1995 年第 2 期。
馬忠文「張蔭桓与戊戌維新」（王暁秋・尚小明編『戊戌維新与清末新政——晩清改革師研究』北京：北京大学出版会，1998 年）。
——「黄遵憲与張蔭桓関係述論」『学術研究』2002 年第 9 期。
『毛尚書奏稿』全 16 巻，毛鴻賓撰，宣統 2 年刊本。
潘光哲「王錫祺（1855～1913）伝」（郝延平・魏秀梅主編『近世中國之伝統與蛻變』第 2 冊，中央研究院近代史研究所，1998 年）。
『期不負齋全集』全 9 巻，周家楣撰，光緒 21 年刊本。
『清代官員履歴檔案全編』全 30 冊，秦国経主編，上海：華東師範大学出版社，1997 年。
『清代軍機処電報檔彙編』全 40 冊，中国第一歴史檔案館編，北京：中国人民大学出版社，2005 年。
『清代職官年表』全 4 冊，銭実甫編，北京：中華書局，1980 年。
『清光緒朝中日交渉史料』全 88 巻，北平故宮博物院編，1932 年。
『清季中外使領年表』中國第一歴史檔案館・福建師範大學歴史系合編，北京：中華書局，1985 年。
『清季外交史料』「光緒朝外交史料」全 112 巻，「宣統朝外交史料」全 24 巻，王彦威・王亮輯，民國 21～24 年，臺北：文海出版社影印刊本，1964 年。
『清史稿』全 536 巻，趙爾巽等撰，清史館，民國 16 年。
『三洲日記』全 8 巻，張蔭桓撰，光緒 22 年刊本。
桑兵「陳季同述論」『近代史研究』1999 年第 4 期，1999 年。
——『庚子勤王与晩清政局』北京：北京大学出版社，2004 年。
『申報』上海，日刊，同治 11 年～民國 38 年。
『使徳日記』李鳳苞撰，沈雲龍主編近代中國史料叢刊第 16 輯，臺北：文海出版社，1968 年。
『使東述略』何如璋撰，『甲午以前日本遊記五種』走向世界叢書，長沙：岳麓書社出版，1985 年所収。
石建国『陸徴祥伝』石家荘：河北人民出版社，1999 年。
——「論陸徴祥与顧維鈞——兼論在巴黎和会上的作用問題」（金光耀主編『顧維鈞与中国外交』上海：上海古籍出版社，2001 年）。
石霓『観念与悲劇——晩清留美幼童命運剖析』上海：上海人民出版社，2000 年。
施肇基『施肇基早期回憶錄』臺北：傳記文學出版社，1967 年。
『順天時報』北京，日刊，光緒 27 年～民國 12 年。
蘇精『清季同文館』自費出版，1978 年。
——『清季同文館及其師生』自費出版，1985 年。

『隨使英俄記』張徳彝撰，走向世界叢書，長沙：岳麓書社出版，1986 年。
『随軺紀游續集』呉宗濂訳纂・鳳淩編輯，光緒丁酉秋經世報館印。
『孫慕韓（寶琦）先生碑銘手札集』楊愷齡輯，沈雲龍主編近代中國史料叢刊續編第 45 輯，臺北：文海出版社，1977 年。
唐啓華「陸徵祥与辛亥革命」（中国史学会編『辛亥革命与二十世紀中国』北京：中央文献出版社，2002 年）。
——「清末民初中國對「海牙保和會」之參與（1899～1917）」『國立政治大學歷史學報』第 23 期，2005 年。
——「清季官方修約觀念與實踐之研究」『國立政治大學歷史學報』第 26 期，2006 年。
——『被“廃除不平等条約”遮蔽的北洋修約史（1912～1920）』北京：社会科学文献出版社，2010 年。
湯仁沢『経世悲歓——崇厚伝』上海：上海社会科学院出版社，2009 年。
湯志鈞著『戊戌變法人物傳稿』北京：中華書局，1982 年，増訂本，上下篇。
田涛『国際法輸入与晩清中国』済南：済南出版社，2001 年。
『萬國公法』全 4 巻，美國恵頓撰，清丁韙良譯，同治 3 年，京都崇實館刊。
『晩清國際會議檔案』全 10 冊，李國榮主編，揚州：廣陵書社，2008 年。
王宝平「清末駐日外交使節名録」（浙江大学日本文化研究所編『中日関係史論考』北京：中華書局，2001 年）。
王貴忱「張蔭桓其人其著」『学術研究』1993 年第 6 期。
王家儉『李鴻章與北洋艦隊——近代中國創建海軍的失敗與教訓』臺北：國立編譯館，2000 年。
『汪康年師友書札』全 4 冊，上海圖書館編，上海：上海古籍出版社，1986 年。
王立誠「蒲安臣使団与中国近代使節制度的発端」『檔案与歴史』1990 年第 1 期。
——『中国近代外交制度史』蘭州：甘粛人民出版社，1991 年。
——「外交家的誕生——顧維鈞与近代中国外交官文化的変遷」（金光耀主編『顧維鈞与中国外交』上海：上海古籍出版社，2001 年）。
王縄祖「馬嘉里案和煙台条約」（『中英関係史論叢』北京：人民出版社，1981 年）。
『王文韶日記』全 2 冊，王文韶撰，袁英光・胡逢祥整理，北京：中華書局，1989 年。
王璽『李鴻章與中日訂約（1871）』臺北：中央研究院近代史研究所，1981 年。
王暁秋『近代中日文化交流史』北京：中華書局，2000 年。
王暁秋・楊紀国『晩清中国人走向世界的一次盛挙』大連：遼寧師範大学出版社，2004 年。
王曾才「中國駐英使館的建設」（中華文化復興運動推行委員會主編『中國近代現代史論集　第七編　自強運動（二）外交』臺北：臺灣商務印書館，1985 年）。
——「自強運動時期中國外交制度的発展」（中央研究院近代史研究所編『清季自強運動研討會文集』上冊，臺北：中央研究院近代史研究所，1988 年）。
魏長江・李暁琴「張蔭桓述評」『新疆大学学報』哲学社会科学版，1998 年第 1 期。
『危言』湯震撰，原刻本，質學叢書初集（光緒 22～23 年）所収。
『文獻叢編』第 7 編，故宮博物院文獻館編，民國 19 年故宮博物院排印本。
『翁同龢日記』全 6 冊，翁同龢著，陳義杰整理，北京：中華書局，1989～98 年。

呉宝暁『初出国門——中国早期外交官在英国和美国的経歴』武漢：武漢大学出版社，2000 年。

呉福環『清季總理衙門研究』臺北：文津出版社印行，1995 年。

呉偉明「姚文棟——一個被遺忘了的清末「日本通」」『新亞書院歴史學系系刊』第 7 巻，1985 年。

『無錫楊仁山（楷）先生遺著』楊曾勗輯，沈雲龍主編近代中國史料叢刊，臺北：文海出版社，1970 年。

『（江蘇省）呉縣志』呉秀之修・曹允源纂，民國 22 年鉛字本影印，臺北：成文出版社，1970 年。

『西洋雜誌』黎庶昌撰，喩岳衡・朱心遠校点，走向世界叢書，長沙：湖南人民出版社，1981 年。

『湘綺樓箋啓』全 8 巻，王闓運撰，『湘綺樓全集』宣統 2 年上海國學扶輪社重刊本所収。

『小方壺齋輿地叢鈔』正編 12 帙，補編 12 帙，再補編 12 帙，光緒中，上海著易堂排印本。

『新嘉坡風土記』全 1 巻，李鍾珏撰，『靈鶼閣叢書』第二集所収。

熊月之『西学東漸与晩清社会』上海：上海人民出版社，1994 年。

許建英『近代英国和中国新疆（1840～1911）』哈爾浜：黒龍江教育出版社，2004 年。

『許文肅公（景澄）遺集』全 3 冊，許同莘著，沈雲龍主編近代中國史料叢刊第 19 輯，臺北：文海出版社，1968 年。

徐友春主編『民国人物大辞典』石家荘：河北人民出版社，1991 年。

『薛福成日記』全 2 冊，薛福成撰，蔡少卿整理，国家清史編纂委員会・文献叢刊，長春：吉林文史出版社，2004 年。

『薛福成選集』薛福成著，丁鳳麟・王欣之編，上海：上海人民出版社，1987 年。

『鴉片戰爭』全 6 冊，中國史學會主編，上海：新知識出版社，1955 年。

嚴和平『清季駐外使領館的建立』臺北：臺灣商務印書館，1975 年。

『顔恵慶自伝——一位民国元老的歴史記録』呉建雍・李宝臣・葉鳳美訳，北京：商務印書館，2002 年。

楊易「晩清外交官与戊戌維新運動」（王暁秋・尚小明編『戊戌維新与清末新政』北京：北京大学出版社，1998 年）。

——「晩清外交官及其著述」『北京檔案史料』1999 年第 1 期。

『楊儒庚辛存稿』中国社会科学院近代史研究所近代史資料編輯組編，北京：中国社会科学出版社，1980 年。

楊天宏『口岸開放与社会変革——近代中国自開商埠研究』北京：中華書局，2002 年。

『洋務運動』全 8 冊，中國史學會主編，上海：上海人民出版社，1961 年。

『庸盦海外文編』全 4 巻，『庸盦全集』所収。

『庸盦全集』全 2 冊，薛福成撰，華文書局股份有限公司，光緒 24 年刊本影印。

『庸盦文別集』全 6 巻，薛福成撰，光緒 29 年，上海古籍出版社標点本，1985 年。

『庸盦文編』全 4 巻，『庸盦全集』所収。

『譯書公會報』上海，譯書公會報館編，光緒 23 年 10 月～24 年 4 月，『中國近代期刊彙刊』第 2 輯（北京：中華書局，2007 年）影印収録。

『于氏家譜』于徳楙輯，中華民國 8 年，天津華新印刷局鉛印本。
余定邦「清朝政府在新加坡設置領事的過程及其華僑政策的転変」『中山大学学報』哲学社会学版，1988 年第 2 期。
――「清朝政府仰光設置領事的過程――兼論清廷所派領事与華僑的関係」『中山大学学報』哲学社会版，1990 年第 1 期。
――「清朝外交官眼中的香港和中英関於香港設領的交渉」『学術研究』1998 年第 3 期。
――『中緬関係史』北京：光明日報出版社，2000 年。
余縄武・劉存寛主編『十九世紀的香港』北京：中華書局，1993 年。
袁丁『晩清僑務与中外交渉』西安：西北大学出版社，1994 年。
『袁世凱奏議』全 3 冊，天津図書館・天津社会科学院歴史研究所編，天津：天津古籍出版社，1987 年。
岳謙厚『民国外交官人事機制研究』北京：東方出版社，2004 年。
『雲南北界勘察記』尹明徳編，中國方志叢書（華南地方第 247，雲南省），臺北：成文出版社，1974 年。
『雲南初勘緬界記』全 1 巻，姚文棟撰，光緒 18 年跋刊本。
『雲南勘界籌邊記』全 2 巻，姚文棟撰，光緒 18 年跋刊本。
『曾惠敏公遺集』全 17 巻，曾紀澤撰，江南製造総局，光緒 19 年。
『曾紀澤日記』全 3 冊，曾紀澤撰，劉志恵点校輯注，岳麓書社，1998 年。
張誠孫『中英滇緬疆界問題』北平：哈佛燕京學社出版，1937 年。
張鳳岐『雲南外交問題』上海：商務印書館，1937 年。
張富強「李鴻章与清末遣使駐外」『広東社会科学』1991 年第 2 期。
張国輝『洋務運動与中国近代企業』北京：中国社会科学出版社，1979 年。
張皓・楚双志「薛福成与中英滇緬劃界」『北京檔案史料』2002 年第 2 期。
張礼恒『從西方到東方――伍廷芳与中国近代社会的演進』北京：商務印書館，2002 年。
張齊顯「中國『職業外交官』的崛起與確立――北京政府外交部人事之研究（1912～1928）」『中興史學』第 7 期，2001 年。
張樹年主編『張元済年譜』北京：商務印書館，1991 年。
『張文襄公全集』全 229 巻，張之洞撰，臺北：文海出版社影印本，1963 年。
『張蔭桓日記』張蔭桓撰，任青・馬忠文整理，上海：世紀出版社・上海書店出版社，2004 年。
『張蔭桓戊戌日記手稿』張蔭桓撰・王貴忱注，澳門：尚志書社，1999 年。
張宇權『思想与時代的落差――晩清外交官劉錫鴻研究』天津：天津古籍出版社，2004 年。
張雲樵『伍廷芳與清末政治改革』臺北：聯経出版事業公司，1987 年。
『張元済詩文』張元済著，北京：商務印書館，1986 年。
『張元済書札』全 3 冊，張元済著，張樹年・張人鳳編，北京：商務印書館，1997 年。
『張之洞全集』全 12 冊，張之洞撰，苑書義・孫華峰・李秉新主編，石家荘：河北人民出版社，1998 年。
『政府公報』中華民國，1912～1928 年。
『鄭孝胥日記』全 5 冊，中国歴史博物館編，労祖徳整理，北京：中華書局，1993 年。

『中国海関与緬藏問題』中国近代経済史資料叢刊編輯委員会主編，北京：中華書局，1983年。

『中俄界約斠注』全 6 巻，錢恂撰，歸安錢氏自刻本，『質學叢書初集』光緒 22 年武昌質學會刊所収。

『中美關係史料』光緒朝，全 5 冊，中央研究院近代史研究所編，臺北：編者刊，1988 年。

『中美關係史料』同治朝，全 2 冊，中央研究院近代史研究所編，臺北：編者刊，1968 年。

『中外交渉類要表』全 2 冊，錢恂輯，戸部北檔房陝西司刊本，光緒 14 年。

鍾叔河『走向世界——近代知識分子考察西方的歴史』北京：中華書局，2000 年。

——『従東方到西方——走向世界叢書叙述論集』長沙：岳麓書社，2002 年。

周谷「鞠躬盡瘁的外交家楊儒」(上)(下)『傳記文學』第 49 巻第 1～2 号，1986 年。

『駐徳使館檔案鈔』全 2 冊，臺北：臺灣學生書局，1966 年。

「駐俄日公使胡惟徳往来電報」『近代史資料』第 99 号。

朱士嘉編『美国迫害華工史料』北京：中華書局，1958 年。

朱維錚『求索真文明——晩清学術史論』上海：上海古籍出版社，1996 年。

朱新光「英俄私分帕米爾与清朝政府的立場」『中国辺疆史地研究』2000 年第 1 期。

朱有瓛主編『中国近代学制史料』第 1 輯，上海：華東師範大学出版社，1986 年。

朱昭華「薛福成与滇緬辺界談判再研究」『中国辺疆史地研究』第 14 巻第 1 期，2004 年。

【英文】

Alder, G. J., *British India's Northern Frontier 1865-95 : A Study in Imperial Policy*, London : Published for the Royal Commonwealth Society by Longmans, 1963.

Anderson, David L., *Imperialism and Idealism, American Diplomats in China, 1861-1898*, Bloomington : Indiana University Press, 1985.

Archives of China's Imperial Maritime Customs, Confidential Correspondence between Robert Hart and James Duncan Campbell, 1874-1907, compiled by Second Historical Archives of China & Institute of Modern History, Chinese Academy of Social Sciences, Beijing : Foreign Language Press, 4vols., 1990-1993.

Biggerstaff, Knight, "The Establishment of Permanent Chinese Diplomatic Mission Abroad," *The Chinese Social And Political Science Review*, Vol. 20, 1936.

——"The Secret Correspondence of 1867-1868 : Views of Leading Chinese Statesmen Regarding the Future Opening of China to Western Influence," *Journal of Modern History*, Vol. 22, No. 2, 1950.

Boulger, Demetrius Charles, *The Life of Sir Halliday Macartney K. C. M. G.: Commander of Li Hung Chang's Trained Force in the Taeping Rebellion, Found of the First Chinese Arsenal, for Thirty Years Councillor and Secretary to the Chinese Legation in London*, London : J. Lane, the Bodley Head, 1908.

Cady, J. F., *A History of Modern Burma*, New York : Cornell University Press, 1958.

Campbell, Robert Ronald, *James Duncan Campbell : A Memoir by His Son*, Cambridge, Mass. : Harvard University Press, 1970.

Capie, Susan A., "James B. Angell, Minister to China 1880-1881 : His Mission and the Chinese Desire for Equal Treaty Right," *Chung-yang yan-chiu-yen chin-tai-shih yen-chiu-so chi-k'an* (Taipei, 1982), No. 11.

China, Imperial Maritime Customs, Ⅲ.-Miscellaneous Series : No. 30, *Treaties, Conventions, etc., between China and Foreign States*, 2vols., Shanghai : The Statistical Department of the Inspector General of Customs, 1908.

Chow Jen-hwa, *China and Japan : the History of Chinese Diplomatic Missions in Japan 1877-1911*, Singapore : Chapman Enterprises, 1975.

Ch'ü, T'ung-tsu, *Local Government in China under the Ch'ing*, Cambridge, Mass. : Harvard University Press, 1962.

Coates, P. D., *The China Consuls : British Consular Officers, 1843-1943*, Hong Kong : Oxford University Press, 1988.

Coolidge, M. R., *Chinese Immigration*, New York : Arno Press and The New York Times, 1969.

Fairbank, John King, Katherine Frost Bruner and Elizabeth Macleod Matheson, eds., *The I. G. in Peking : Letters of Robert Hart, Chinese Maritime Customs 1868-1907*, 2vols., Cambridge, Mass. : Belknap Press of Harvard University Press, 1975.

Folsom, Kenneth E., *Friends, Guest, and Colleagues : the Mu-fu System in the Late Ching Period*, Berkeley and Los Angeles : University of California Press, 1968.

Great Britain, Foreign Office, General Correspondence, China (1815-1905), FO17.

Gong, Gerrit W., *The Standard of 'civilization' in International Society*, Oxford : Clarendon Press, 1984.

Hart, Robert, "Note on Chinese Matters." in *North-China Herald*, Sharghai, 9th November,1869.

Hoare, J. E., *Embassies in the East : the Story of the British and their Embassies in China, Japan and Korea from 1859 to the Present*, Richmond : Curzon Press, 1999.

Hsü, I. C., *China's Entrance into the Family of the Nations : the Diplomatic Phase 1858-1880*, Cambridge, Mass. : Harvard University Press, 1960.

——"The Great Policy Debate in China, 1874 : Maritime Defence vs Frontier Defence," *Harvard Journal of Asiatic Studies*, XXV, 1965.

——*The Ili Crisis : a Study of Sino-Russian Diplomacy, 1871-1881*, Oxford : Clarendon Press, 1965.

Irick, Robert L., *Ch'ing Policy toward the Coolie Trade 1847-1878*, Taipei : Chinese Materials Center, 1982.

Irish University Press, *British Parliamentary Papers*, 1876 LXXXII, China No. 1 (1876): *Correspondence Respecting the Attack on the Indian Expedition to Western China, and the Murder of Mr. Margary, 1876.*

Lee, Gong-way (李恭蔚), "Chang Yin-huan and Sino-American Relations (1886-1889)"『屏東師範院學報』第 4 期, 1991 年。

——"Chang Yin-huan's (張蔭桓) San-chou Jih-chi (三洲日記) and His Diplomatic Experiences in America," *Chinese Culture Quarterly*, Vol. 34, No. 4, 1993.

——"Comments on the Study of Chang Yin-huan : the Diplomat and Reformer of the Late Nineteenth Century China (1837-1900)" 国立屏東師範学院『初等教育研究』第 5 期, 1993 年。

The Marquis Tseng, "China, the Sleep and the Awakening," *The Asiatic Quartly Review*,Vol. 3, Jan. 1887.

Morse, H. B., *The Interntional Relations of the Chinese Empire*, Vol. 2, Shanghai, Kelly and Walsh, 1918.

Nish, Ian, ed., *British Documents of Foreign Affairs : Reports and Papers from the Foreign Office Confidential Print*, Part 1, Series E, Asia, 1860-1914, Vol. 23, University of Publications of America, 1989.

North-China Herald, Shanghai, weekly, 1850-

Pain, S. C. M., *Imperial Rivals : China, Russia, and their Disputed Frontier, 1858-1924*, Armond : M. E. Sharpe, 1996.

Sandmeyer, Elmer Clarence, *The Anti-Chinese Movement in California* (1939), Urbana : University of Illinois Press, 1973 (reprint).

Skrine, C. P. and Pamela, Nightingale, *Macartney at Kashgar : New Light on British, Chinese and Russian Activites in Sinkiang, 1890-1918*, London : Methuen, 1973.

The Times, London, daily, 1785-.

Tsai, Shih-shan Henry, *China and the Overseas Chinese in the United States, 1868-1911*, Fayetteville : University of Arkansa Press, 1983.

——*The Chinese Experience in America*, Bloomington : Indiana University Press, 1986.

United States, Department of State, General Records of Department of State, Notes from the Chinese Legation in the United States to the Department of State, 1868-1906.

——, Notes to Foreign Legations in the United States from the Department of State, China, 1868-1906.

United States of America, Department of States, *Papers Relating to the Foreign Relations of the United States, 1875.*

——*Papers Relating to the Foreign Relations of the United States, 1888.*

Wang, S. T., *The Margary Affair and the Chefoo Agreement*, London : Oxford University Press, 1940.

Wheaton, H., *Elements of International Law : with a Sketch of the History of the Science*, London : B. Fellowes, 1836.

Wickberg, E., *The Chinese in Philippine Life 1850-1898*, New Haven : Yale University Press, 1965.

Williams, F. W., *Anson Burlingame and the First Chinese Mission*, New York : Charles Scribner, 1912.

Wright, M. C., *The Last Stand of Chinese Conservatism : The T'ung-Chih Restoration, 1862-1874*, Stanford : Stanford University Press, 1957.

Wright, S. F., *Hart and the Chinese Customs*, Belfast : The Queens's University, 1950.

Wong, Owen Hong-Hin, *A New Profile in Sino-Western Diplomacy : The First Chinese Minister to*

Great Britain, Kowloon : Chung Hwa Book, 1987.

Yen Ching-Hwang, *Coolies and Mandarins : China's Protection of Overseas Chinese during the Late Ch'ing Period (1851–1911)*, Singapore : Singapore University Press, 1985.